Erinnern und verantworten

Erinnern und verantworten

Bernhard Heisig
zum 100. Geburtstag

Gedenkband

mit Beiträgen von

Eduard Beaucamp
Eugen Biser
Gudrun Brüne
Bernhard Heisig
Johannes Heisig
Heiner Köster
Luc Jochimsen
Norbert Lammert
Bernhard Maaz
Dietulf Sander
Hans-Werner-Schmidt
Helmut Schmidt
Jörg Sperling

herausgegeben von
Heiner Köster

E. A. Seemann Verlag

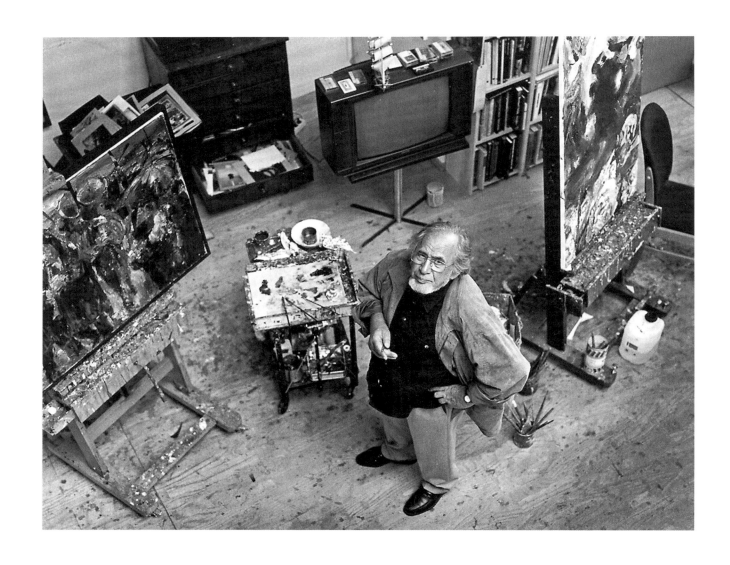

Bernhard Heisig in seinem Atelier in Strodehne, um 2002

INHALT

Heiner Köster
Zur Entstehung des Buches — 11

ERINNERUNGEN AN BERNHARD HEISIG

Heiner Köster
Das Lieblingsgedicht von Bernhard Heisig:
Bertolts Brechts *Legende von der Entstehung des Buches
Taoteking auf dem Weg des Laotse in die Emigration* — 14

Gudrun Brüne
So malte Bernhard Heisig voller Leidenschaft — 17

Heiner Köster
Der Freund und Künstler — 19

Eduard Beaucamp
Vom Wir zum Ich — 29

Norbert Lammert
Zeit und Leben. Bernhard Heisig im Reichstagsgebäude — 33

Luc Jochimsen
Es begann mit einem Skandal — 37

Helmut Schmidt
„Er bleibt – vergleichbar dem Spanier Goya zu seiner Zeit –
ein großer Maler des die Deutschen erschreckenden zwanzigsten Jahrhunderts" — 41

ZUM WERK VON BERNHARD HEISIG — 42

Heiner Köster
Vorbilder – Pablo Picasso, Lovis Corinth, Max Beckmann, Oskar Kokoschka — 43

Bernhard Maaz
Bernhard Heisig und die Alten Meister — 53

Hans-Werner Schmidt
Flugversuche im Atelier. Bernhard Heisig zwischen Himmel und Erde — 71

Dietulf Sander
Das druckgrafische Werk von Bernhard Heisig — 85

Eugen Biser
Das Bild, das noch fehlt … 107

Bernhard Heisig
Antwort an eine Schulklasse … 110

Johannes Heisig
Bildfindung im Werk meines Vaters … 113

Jörg Sperling
Versuch über Bernhard Heisigs Werkstattgedanken.
Aus dem Blickwinkel von Johannes Heisig … 117

GEMÄLDE AUS DER SAMMLUNG MARIANNE UND HEINER KÖSTER

Heiner Köster
Unser Zugang zum Werk von Bernhard Heisig … 129

Das Selbstbildnis des Künstlers … 133

Der alte gejagte Jude … 137

Mann am Fenster … 141

Faust und Mephisto. „Wenn wir uns drüben wiederfinden …" … 143

Der Weißclown in der Zirkusarena … 147

Alter Puppenspieler … 151

Alter Lehrling … 153

Mutter Courage und ihre Kinder – eine Ölstudie … 157

Stadtlandschaften (Dresden) … 158

Drei Porträts von Marianne Köster … 162

Das Porträt von Heiner Köster … 168

Die beiden Porträts des Theologen und Religionsphilosophen Eugen Biser … 171

Nur Blumen? … 177

BERNARD HEISIG IM SPIEGEL SEINER ZEIT   180
Heiner Köster

1925 bis 1941	Kindheit und Jugend	181
1942 bis 1945	Im Krieg	182
1945 bis 1947	Zurück in Breslau	183
1948 bis 1952	Neuanfang in Leipzig · Heirat · Formalismus-Streit · Abbruch des Studiums	184
1953 bis 1955	Der 17. Juni und die Folgen	187
1956 bis 1959	Beruflicher Aufstieg · Ehescheidung · Aufstand in Ungarn · Bitterfelder Weg	190
1960	Heisig bleibt in Leipzig – der Kunst wegen	192

Die Studentin Gudrun Brüne   194

1961	Heisig wird Rektor · Die Berliner Mauer	194

Heisigs Söhne   196

1962 bis 1964	Forderung nach künstlerischer Freiheit · Der V. Kongress des VBKD · Abberufung als Rektor und „Selbstkritik"	200

Heisigs Geschichtspessimismus   203

1965 bis 1968	Das 11. Plenum des ZK der SED · 7. Leipziger Bezirkskunstausstellung · Kündigung der Professur an der HGB	204

Heisigs Bilder zur Pariser Kommune   206

1969/70	8. Leipziger Bezirkskunstausstellung und Heisigs *Brigadier*	210

Arbeit als freischaffender Künstler (1968–1976)   211

1971/72	Neue Kulturpolitik · Erholung im Havelland · Vorsitz der Gesamtjury der VII. bis X. Kunstausstellung der DDR · Rehabilitierung	215

Staatlicher Kunsthandel der DDR   222

1973 bis 1975	Retrospektive · Präsidentschaft im VBK-DDR · Reisen nach Rom und Colmar	

Wolf Biermann		223
1976 bis 1978	Erneute Berufung zum Professor und Rektor der HGB · Ehrungen, Erster Vizepräsident des VBK-DDR, Reisefreiheit · Tod der Mutter · Beobachtung durch die Staatssicherheit	225
Leipziger Schule		231
documenta 6		233
1979 bis 1981	Irene und Peter Ludwig · Ausstellung *Kunst heute in der Deutschen Demokratischen Republik* · Ausstellung in Bremen · Ausstellung in Paris *Peinture et Gravure en République Démocratique Allemande*	235
1982/83	Wiederwahl als Vizepräsident des VBK-DDR und Ehrungen · Ausstellung *Zeitvergleich. Malerei und Grafik aus der DDR*	241
1984/85	Begegnung mit Peter Beckmann · 1. Leipziger Herbstsalon · Ausstellungen *DDR heute* und *Durchblick* · Heisigs 60. Geburtstag · Das Porträt des Bundeskanzlers Helmut Schmidt	245
1986/87	Ausstellung *Menschenbilder. Kunst aus der DDR* · Michail Gorbatschow · Erich Honecker in der Bundesrepublik Deutschland · Niederlegung des Rektorats	251
1988	Kurswechsel in der Politik der DDR zum Holocaust und zu Israel · Heisig stellt sich dem Thema der Shoah · Ausstellung *Zeitvergleich '88. 13 Maler aus der DDR* · X. Kongress des VBK-DDR	254
1989/90	Retrospektive · Zum Fall der Mauer · Austritt aus der SED, Rückgabe der Nationalpreise und Emeritierung · Ausstellung zum 65. Geburtstag · Ausstellung *Ausgebürgert Künstler der DDR 1949–1989*	259
Henri Nannen im Porträt		266
Deutsch-deutscher Bilderstreit		268
Georg Baselitz		268
Weitere Gegensätze		268
***Kunst in der DDR* – eine faire Ausstellung**		270

1991 bis 1996	Wegzug von Leipzig · Heirat · Strodehne · 70. Geburtstag · Ausstellung im Krochhaus in Leipzig · Maximilian Speck von Sternburg Stiftung	271
1997 bis 1999	Bild für den Deutschen Bundestag · Ausstellung *Bernhard Heisig. Bilder aus vier Jahrzehnten*	273
2000 bis 2004	Abschied von den Malerkollegen Wolfgang Mattheuer und Werner Tübke · Ausstellung *Eine Malerfamilie* · Ehrenmedaille der Stadt Leipzig · Drei Dirigenten · Preußentum und Friedrich II.	275
2005	Heisig wird achtzig · Ausstellung *Die Wut der Bilder* · Ausstellung *Bernhard Heisig. Bilder einer Sammlung*	281
2006 bis 2011	Die Kräfte lassen nach · Ehrungen und Ausstellungen zu Heisigs 85. Geburtstag	284

Der 70. Geburtstag der Künstlerin Gudrun Brüne — 286

Der Tod des Künstlers — 288

Fortwirken von Heisigs künstlerischer Arbeit — 288

Anhang

Kurzvita Bernhard Heisigs — 293

Verzeichnis der Einzel- und Gruppenausstellungen in Auswahl — 295

Literaturverzeichnis — 300

Die Autorinnen und Autoren — 320

Danksagung — 323

Abkürzungsverzeichnis — 324

Verzeichnis der abgebildeten Gemälde von Bernhard Heisig — 324

Bildnachweis — 326

Marianne und Heiner Köster

Heiner Köster

Zur Entstehung des Buches

Seit über 30 Jahren begeistern meine Frau Marianne und mich die Gemälde und Grafiken von Bernhard Heisig. Für uns ist der Künstler einer der faszinierendsten Maler des 20. Jahrhunderts, in das er auf mehrfache Weise eingebunden ist: als Soldat im Nationalsozialismus, der im Zweiten Weltkrieg in jugendlichem Alter grauenvolle Erfahrungen macht und schwere Verwundungen erleidet; als Heimatvertriebener, der Breslau gemeinsam mit seiner Mutter verlassen muss; als Maler und Grafiker in der DDR; als Professor und Rektor der Hochschule für Grafik und Buchkunst Leipzig (HGB); als Vizepräsident des Verbandes Bildender Künstler der DDR und nach der Wiedervereinigung als Künstler, der im Zentrum des deutsch-deutschen Bilderstreits steht und im November 1997 vom Kunstbeirat des Deutschen Bundestags den ehrenvollen Auftrag erhält, ein Kunstwerk für den umgebauten Reichstag zu schaffen.

Selbstbildnis mit erhobener Hand
1973
Öl auf Leinwand
80 x 60 cm
Kunstsammlung der Berliner Volksbank

Bernhard Heisig hat seine Biografie als Angehöriger des Jahrgangs 1925 zu seinem wohl wichtigsten Thema gemacht. Sein Erschrecken über sich selbst wird in seiner Kunst ein Erschrecken über die Irrungen und Wirrungen des Menschen schlechthin.

Unsere hohe Wertschätzung für sein künstlerisches Werk und seinen Lebensweg, der durchaus nicht immer geradlinig verlief, führt zu dem Plan, über unsere 20-jährige Freundschaft, die unvergesslichen Begegnungen mit dem Künstler und seinen Bildern zu schreiben. Die Arbeit eröffnet mir immer wieder neue Zugänge zum Werk und zur turbulenten Vita des Künstlers. Marianne spricht mir Mut zu, das Vorhaben zu erweitern und einen Gedenkband zu Heisigs 100. Geburtstag herauszubringen. Mit der kenntnisreichen und wertvollen Unterstützung von Johannes Heisig und Gudrun Brüne sowie kompetenter Kunsthistoriker, befreundeter Berater und einer umsichtigen Lektorin stelle ich mich dieser Aufgabe. Ich knüpfe damit an die von meiner Frau und mir herausgegebene Festschrift zum 80. Geburtstag von Bernhard Heisig *Gestern und in dieser Zeit* an.

Im Jahr seines 100. Geburtstags liegt Heisigs Tod erst 14 Jahre zurück. Trotzdem stellt sich die Frage: Wie verlässlich ist der Nachruhm eines Künstlers? Ständig drängen neue Künstlerinnen und Künstler in unsere Wahrnehmung und verlangen Aufmerksamkeit. Umso schwerer ist es, am Kanon des Großen und Bedeutenden festzuhalten.

Dieses Buch soll einen Beitrag zum ehrenden Gedenken an Bernhard Heisig und zur Würdigung seines Werks leisten. Es möge dem interessierten Leser einen vertieften Zugang zum Menschen Bernhard Heisig eröffnen und soll sein Werk im Kontext der Kunstgeschichte präsentieren. Diese Anliegen verbinde ich im Kapitel *Bernhard Heisig im Spiegel seiner Zeit* mit einer zweifellos subjektiv gefärbten Betrachtung der gesellschaftlichen und politischen Verhältnisse der Jahre 1925 bis 2011, also der Lebenszeit von Bernhard Heisig. Dabei kann ich auf persönliche Erinnerungen und Erfahrungen, Begegnungen und Gespräche mit dem Künstler, seiner Familie und Weggefährten zurückgreifen.

Helmut Schmidt schreibt in seinem Nachruf: „[Heisig] war nacheinander zwei extremen Obrigkeiten unterworfen: er hat keinem seiner Mitmenschen geschadet. Gewiss hat er sich angepasst, er ist mancherlei Kompromisse eingegangen. Er war jedoch kein Held, auch kein Widerstandskämpfer. Er war vor allem anderen ein besessener Maler"[1], ein Maler, der für seine Kunst lebte mit seinen spezifischen Vorstellungen von Inhalt und Form seiner Gemälde, Zeichnungen und Grafiken.

Mithilfe seiner hohen Ämter als Rektor der HGB Leipzig und als Erster Vizepräsident des Verbandes Bildender Künstler der DDR (VBK-DDR) hat er in der Diktatur immer wieder Freiräume für Kunst und Lehre erstritten und Menschen aus politischen Verstrickungen herausgeholfen.

Aus Gründen der besseren Lesbarkeit habe ich auf die gleichzeitige Verwendung weiblicher und männlicher Sprachformen verzichtet und das generische Maskulinum verwendet. Sämtliche Personenbezeichnungen gelten gleichermaßen für beide Geschlechter.

1 Schmidt, H. 2011, S. 49.

Erinnerungen an Bernhard Heisig

Bernhard Heisig mit Helm und Trompete in seinem Atelier in Strodehne, 2000

Heiner Köster

Das Lieblingsgedicht von Bernhard Heisig:

Bertolts Brechts
*Legende von der Entstehung
des Buches Taoteking auf dem Weg des Laotse
in die Emigration*

Gern und häufig rezitiert Bernhard Heisig aus dem Stegreif das wohl berühmteste Gedicht von Bertolt Brecht aus dem Jahr 1938, die *Legende von der Entstehung des Buches Taoteking auf dem Weg des Laotse in die Emigration*. Ich sehe ihn noch heute vor mir und höre seine ausdrucksstarke Stimme. Mit der Art seines Vortrags eröffnet er mir einen einzigartigen Blick auf seine Persönlichkeit und auf die Themen, die ihn als Künstler und Menschen existenziell bewegen.

Als er 70 war und war gebrechlich
drängte es den Lehrer doch nach Ruh
denn die Güte war im Lande wieder einmal
   schwächlich
und die Bosheit nahm an Kräften wieder einmal zu.
Und er gürtete den Schuh.

Und er packte ein, was er so brauchte:
Wenig. Doch es wurde dies und das.
So die Pfeife, die er immer abends rauchte
und das Büchlein, das er immer las.
Weißbrot nach dem Augenmaß.

Freute sich des Tals noch einmal und vergaß es
als er ins Gebirge den Weg einschlug.
Und sein Ochse freute sich des frischen Grases
kauend, während er den Alten trug.
Denn dem ging es schnell genug.

Doch am vierten Tag im Felsgesteine
hat ein Zöllner ihnen den Weg verwehrt:
„Kostbarkeiten zu verzollen?" – „Keine."
Und der Knabe, der den Ochsen führte, sprach:
   „Er hat gelehrt."
Und so war auch das erklärt.

Doch der Mann in einer heitren Regung
fragte noch: „Hat er was rausgekriegt?"
Sprach der Knabe:
   „Dass das weiche Wasser in Bewegung
mit der Zeit den mächtigen Stein besiegt.
Du verstehst, das Harte unterliegt."

Dass er nicht das letzte Tageslicht verlöre
trieb der Knabe nun den Ochsen an
und die drei verschwanden schon
   um eine schwarze Föhre
da kam plötzlich Fahrt in unsern Mann
und er schrie: „He, du! Halt an!

Was ist das mit dem Wasser, Alter?"
Hielt der Alte: „Interessiert es dich?"
Sprach der Mann: „Ich bin nur Zollverwalter
doch wer wen besiegt, das interessiert auch mich.
Wenn du's weißt, dann sprich!

Schreib's mir auf! Diktier es diesem Kinde!
Sowas nimmt man doch nicht mit sich fort.
Da gibt's doch Papier bei uns und Tinte
und ein Nachtmahl gibt es auch: ich wohne dort.
Nun, ist das ein Wort?"

Über seine Schulter sah der Alte
auf den Mann: Flickjoppe. Keine Schuh.
Und die Stirne eine einzige Falte.
Ach, kein Sieger trat da auf ihn zu.
Und er murmelte: „Auch du?"

Eine höfliche Bitte abzuschlagen
war der Alte, wie es schien, zu alt.
Denn er sagte laut: „Die etwas fragen
die verdienen Antwort."
   Sprach der Knabe: „Es wird auch schon kalt."
„Gut, ein kleiner Aufenthalt."

Und von seinem Ochsen stieg der Weise
7 Tage schrieben sie zu zweit
und der Zöllner brachte Essen (und er fluchte nur
   noch leise
mit den Schmugglern in der ganzen Zeit)
Und dann war's soweit.

Und dem Zöllner händigte der Knabe
eines Morgens 81 Sprüche ein.
Und mit Dank für eine kleine Reisegabe
bogen sie um jene Föhre ins Gestein.
Sagt jetzt: kann man höflicher sein?

Aber rühmen wir nicht nur den Weisen
dessen Name auf dem Buche prangt!
Denn man muss dem Weisen seine Weisheit
   erst entreißen.
Darum sei der Zöllner auch bedankt:
Er hat sie ihm abverlangt.[1]

---

[1] Brecht 2013, S. 121–123.

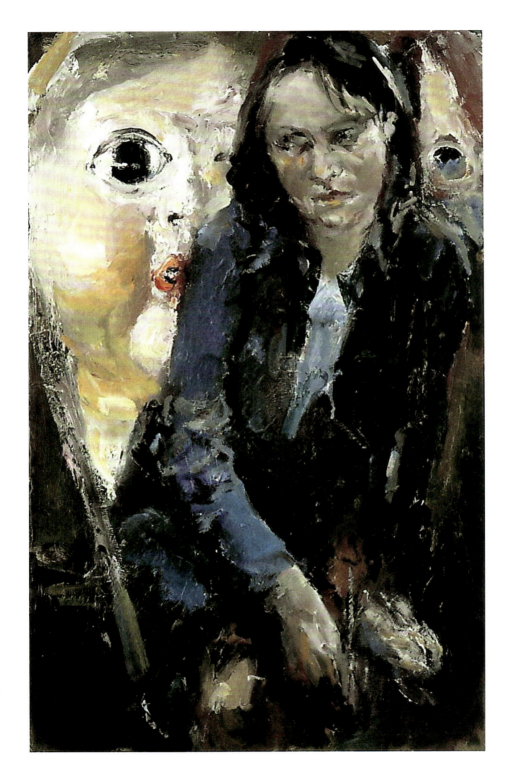

Die Malerin Gudrun Brüne
1994
Öl auf Leinwand
110 × 66 cm
Privatbesitz

Gudrun Brüne

So malte Bernhard Heisig voller Leidenschaft[*]

Für mich ist Bernhard Heisig ein großer Künstler. Ich liebe seine Malerei und finde seine Zeichenkunst grandios. Ich habe viel von ihm gelernt und profitiert. Für ihn gehörten das Handwerkliche und das Geistig-Inhaltliche untrennbar zusammen.

Bernhard Heisigs Maxime war: Der Maler braucht ein Thema. Er unterschied zwischen Bildstoff und Thema. Als Beispiel zur Unterscheidung führte er gern die Kreuzigung an. Sie sei der Bildstoff, mit dem ganz unterschiedliche Themen behandelt werden können. So sei Christus zum Beispiel als Sieger, als Leidender, als Mahnender oder als Weltenrichter gemalt worden. Bernhards Thema aber war der Konflikt. Er ist in allen seinen Bildern enthalten.

Der Krieg war Bernhard Heisigs Jugendtrauma. Sein Leben lang verarbeitete er seine grauenhaften Erinnerungen in Bildern. Immer wieder malte er Kriegsbilder – über den Zweiten Weltkrieg, über seine Heimatstadt Breslau, die zur Festung erklärt worden war. Aber ein Bild, wenn es gut gemalt und große Kunst ist, kann der Betrachter es selbst dann genießen, wenn es Grausamkeiten vor Augen führt. Denn die Kunst ‚frisst' das Thema auf.

Bernhard malte auch wunderschöne Landschaftsbilder und Stillleben, vor allem Blumenstillleben. Aber er hat nie Bilder nur wegen des schönen Farbeffekts gemalt. Auch in seinen Blumenstillleben ist der Konflikt. Die Blumen kämpfen ums Überleben, die Vase steht unsicher und droht mitunter zu kippen. In seinen Landschaftsbildern geht es auch nie friedlich zu. Es weht ein scharfer Wind, Bäume, Gras und Spaziergänger haben es schwer.

Bernhard Heisig war auch ein sehr humorvoller Mensch und Maler. Auf einem seiner Bilder stürmen Hühner buchstäblich unser Gartentor in Warnau im Havelland, er nannte es *Die Invasion der Hühner*. Der Titel ist lustig.

So malte Bernhard Heisig voller Leidenschaft, zwischen Kampf und Melancholie, zwischen Schönheit und Humor: Leben, Liebe und Tod.

[*] In einem Gespräch mit Ada Raev am 10. März 2022 äußert sich Gudrun Brüne zu der Kunst ihres Mannes (Raev 2022).

Selbst mit Brille
1997
Lithografie
31 × 22,5 cm
Sammlung
Marianne und
Heiner Köster,
München

Heiner Köster

Der Freund und Künstler

Im *heute journal* des ZDF am 11. November 1986 sehen meine Frau und ich erstmals den Maler Bernhard Heisig und das von ihm gefertigte Porträt von Helmut Schmidt, das an diesem Tage in die Reihe der Bildnisse ehemaliger Bundeskanzler im Bundeskanzleramt aufgenommen wird. Wir sind fasziniert, ein großartiges Gemälde! Helmut Schmidt bedankt sich bei Bundeskanzler Helmut Kohl für sein Kommen und ergänzt leicht lächelnd: „Ich will nicht die Hoffnung aussprechen, dass Sie möglichst schnell da mit dem sechsten Bild folgen."[1]

Es dauert weitere drei Jahre, bis wir Anfang Oktober 1989 in der Bernhard-Heisig-Retrospektive im Westberliner Martin-Gropius-Bau sein künstlerisches Gesamtwerk mit großer Begeisterung zum ersten Mal sehen.

Bei unserem nächsten Besuch Mitte November 1989 treffen wir in Berlin auf eine dramatisch veränderte politische Lage. Die Mauer ist gefallen. Durch die Westberliner Straßen ziehen viele junge Menschen aus der DDR, neugierig und gut gelaunt. Ausgestattet mit 100 DM Begrüßungsgeld, das sie als Geschenk der Bundesrepublik Deutschland bei jeder Westberliner Sparkasse und Bankfiliale abholen können, stürmen viele die Elektronikabteilungen der Kaufhäuser, Videoläden und Supermärkte. Die freudige, offene Atmosphäre in der Stadt und unser erneuter Besuch der Heisig-Retrospektive verbinden sich in unserer Erinnerung zu einem unvergesslichen Erlebnis. Beim Verlassen des Museums hören wir das vielstimmige Hämmern der sogenannten Mauerspechte. Kleine und größere Stücke werden überall aus der bis vor kurzem als unüberwindlich geltenden Mauer zur persönlichen Erinnerung und als Geschenk für Freunde herausgemeißelt. Der staatliche Zusammenbruch der DDR ist absehbar.

Meine Frau und ich lernen Johannes Heisig, den Sohn Bernhard Heisigs, in Dresden kennen. Er ist zu dieser Zeit Rektor der Hochschule für Bildende Künste Dresden und arbeitet in dem alten, sehr geräumigen Atelier Oskar Kokoschkas, dessen große Fenster den Blick auf die blühenden Uferhänge der Elbe freigeben. Er zeigt uns seine neuesten Arbeiten. Wir erwerben von ihm als erstes Bild unserer Johannes-Heisig-Sammlung seine *Landschaft bei Francocci*, die er 1989 auf einer gemeinsamen Studienreise mit Hubertus Giebe vor einem aufziehenden Gewitter gemalt hat, und später das abgebildete Gemälde *Zwei Puppen (Der Fremde und das Schwein)*. Wir sprechen

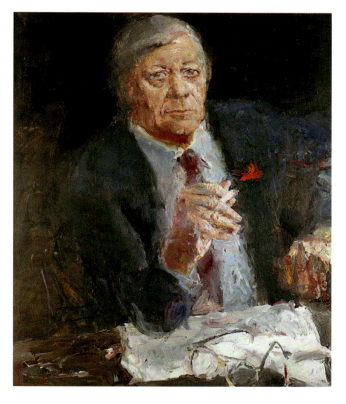

Bildnis Helmut Schmidt
1986
Öl auf Leinwand
121 × 101 cm
Kanzlergalerie im
Bundeskanzleramt, Berlin

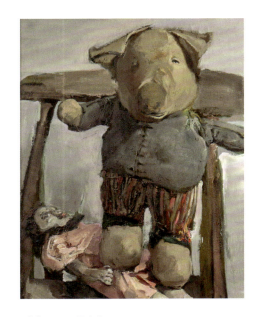

Johannes Heisig
Zwei Puppen (Der Fremde und das Schwein)
1990
Mischtechnik auf Leinwand
100 × 130 cm
Sammlung Marianne und
Heiner Köster, München

Seeräuberjenny
1979/80
Öl auf Leinwand
200 × 150 cm
Sprengel Museum Hannover

auch über das künstlerische Werk seines Vaters und unseren Wunsch, ihn persönlich kennenzulernen.

Am 5. November 1991 empfängt uns Bernhard Heisig in seinem Wohn- und Atelierhaus in Leipzig mit neugierig-kritischem Blick und einladender Liebenswürdigkeit. Dieser Besuch ist für uns ein wahrer Glücksfall, der Beginn einer Freundschaft, die uns mit dem 17 Jahre älteren Künstler über zwei Jahrzehnte bis zu seinem Tode verbinden wird. Wir sind beeindruckt von seiner hohen Sensibilität, seinem Charisma, seinem ausgeprägten Humor, zuweilen bis zur Ironie gesteigert, seiner funkelnden Fabulierkunst, seiner Freude an klassischer Musik, an Sprache, am mühelosen auswendigen Rezitieren von Bertolt Brecht, Johann Wolfgang von Goethe und Wilhelm Busch, passend zu den jeweiligen Anlässen. Gelegentlich intoniert er mit kraftvoller Stimme Lieder von Hans Albers. Die Seeräuberjenny inszeniert er in über 30 Gemälden.

Als Beispiel für seine herzerfrischende Selbstironie mag das Faksimile seines Briefes vom 8. April 1992 dienen, in dem er sich als „Geburtstags-Pinguin" mit „Azarro-Fimmel" porträtiert und sich für das Geschenk eines Herrendufts bedankt. Auf unseren Geburtstagswunsch „für faszinierende Erlebnisse" antwortet er: „Immerhin, die wahren Abenteuer sind im Kopf."

Wir empfinden es als einen besonderen Vorzug, den Künstler bei vielen unserer Besuche bei seiner Arbeit erleben und den Entstehungs- und Veränderungsprozess mehrerer Bilder in seinem Atelier verfolgen zu dürfen. Zu jedem Gemälde, jeder Zeichnung und jeder Lithografie, die wir erwerben, gehören Erinnerungen, die sich in dem Werk selbst nicht spiegeln, aber von uns „hinzugesehen" werden, ein „Mehrwert" der Freundschaft.

Heisigs schauspielerisches Talent ist frappierend. Wäre er, wie er sich manchmal wünschte, Filmregisseur geworden, hätte er in den Filmen wichtige Rollen für sich vorgesehen, ebenso wie er vielen Akteuren in seinen Gemälden und Lithografien das eigene Antlitz verleiht. Die Fähigkeiten eines Filmregisseurs und den Blick eines Kameramannes demonstriert Heisig in den Bühnenarrangements seiner Simultanbilder.

Wir sprechen über Filmproduzenten, Filmregisseure und Drehbuchautoren. Die Werner-Herzog-Filme *Nosferatu* und *Fitzcarraldo* mit Klaus Kinski schätzt Heisig sehr, besonders begeistert ist er von Wolfgang Petersens Film *Das Boot*. Heisig spricht in höchsten Tönen über den Autor des gleichnamigen Romans, Lothar-Günther Buchheim, der wiederum Heisigs „Malfaust" bewundert.[2]

Unvergesslich sind uns die stets anregenden Begegnungen mit dem Künstler und seiner Lebensgefährtin Gudrun Brüne in Leipzig und Strodehne. Dies gilt auch für die zahlreichen Ausstellungseröffnungen, an denen wir in Berlin, Düsseldorf, Leipzig, Reutlingen, Weimar, Bad Homburg, Wuppertal, Chicago und Wrocław (Breslau) teilnehmen. Die denk-

Skizze
1997
Bleistift auf Papier
21 × 27 cm
Sammlung Marianne und
Heiner Köster, München

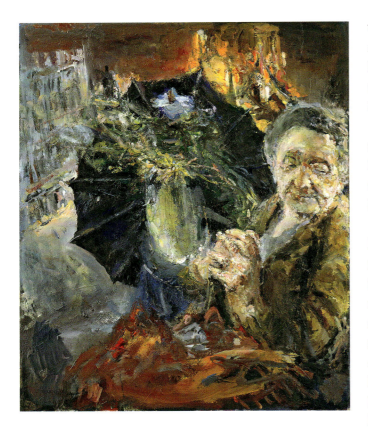

Erinnerung an meine Mutter
1997
Öl auf Leinwand
110 × 90 cm
Privatsammlung

würdigen Nachfeiern im kleinen Kreis und die Festlichkeiten zum 70. und 80. Geburtstag des Künstlers sind für uns besondere Höhepunkte, ebenso wie die gemeinsamen Tage in Oberbayern, das Erlebnis der Salzburger Festspiele und die Besuche des Künstlers bei uns in München.

Im Dezember 1997 unterzieht sich Heisig einer Operation bei seinem Freund, dem Chefarzt Meinhard Classen im Klinikum Rechts der Isar. Bei einem Besuch Mariannes kommentiert er die Anprobe neuer Hausschuhe skizzenhaft aus dem Krankenhausbett.

Auf einem unserer Spaziergänge in Strodehne erzählt uns Heisig von seiner vor 20 Jahren verstorbenen Mutter. Er mache sich zum Vorwurf, versucht zu haben, seiner Mutter ihren christlichen Glauben auszureden. Tröstlich sei ihm nur die Gewissheit, dass ihm dies nicht gelungen sei. Von seinen Mutterbildnissen in Öl, die er zu ihren Lebzeiten malt, sind circa zehn erhalten.[3] An dem Bild *Erinnerung an meine Mutter*, mit dem er sich nach ihrem Tod zehn Jahre lang befasst, hätte er vielleicht noch weiterarbeiten sollen, erklärt der Künstler. Die Erinnerung an seine Mutter beschäftige ihn immer wieder. Mehrfach integriert er sie als skeptische Beobachterin in wichtige Bilder wie *Der Zauberlehrling I* und *Der Zauberlehrling II* (1978/1981).

Bernhard Heisig überrascht uns gelegentlich mit seinen profunden Kenntnissen der Bibel und der kirchlichen Traditionen, obwohl er seit Jahrzehnten überzeugter Atheist ist. Eine Welt, die so sehr im Zeichen des Leidens steht, könne er nicht als Schöpfung eines weisen und gütigen Gottes verstehen. Er empfiehlt, zu denken wie John Lennon: „Imagine there's no heaven / It's easy if you try / No hell below us / Above us only sky."[4]

In unseren Gesprächen über Politik frage ich Heisig vor allem nach seiner Meinung über das vereinte Deutschland. Im Zentrum steht für ihn die Bewahrung des Friedens und die Befreiung der Menschen von Not und Furcht. Heisig erinnert sich, dass „die" Ostdeutschen bis in den Herbst 1989 nicht lückenlos für Freiheit und Demokratie auf den Straßen demonstriert haben, sondern eine große Mehrheit die Entwicklung abgewartet hat. Erst mit dem Fall der Berliner Mauer wenden sie sich vom DDR-Regime ab. Eine Minderheit von etwa zwei Millionen Menschen bleibt dem alten System verbunden.[5] Wichtiger als Parteien sind für Heisig einzelne Persönlichkeiten, wie Helmut Schmidt, Gerhard Schröder (bis zum Ende seiner Bundeskanzlerschaft), Willy Brandt sowie zeitweise Gregor Gysi und Oskar Lafontaine.

Nach seinen Erfahrungen in der DDR ist Heisig dankbar für die Freiheit von staatlich auferlegten Pflichten zur Erfüllung vielfältiger politisch-gesellschaftlicher Aufgaben. Er weiß, dass die Gestaltung einer Demokratie aktives Mitwirken der Bürger in Eigenverantwortung erfordert,

Skizze
1997
Bleistift auf Papier
21 × 27 cm
Sammlung Marianne und
Heiner Köster, München

bezweifelt aber, dass die Mehrheit der Bürger darauf vorbereitet sei. Den Leistungs- und Wettbewerbsdruck in der Gesellschaft und der globalen Wirtschaft sieht er kritisch bis hin zu der Befürchtung, dass sich aus den Verdrängungsmechanismen eines aggressiven Kapitalismus nationaler und internationaler Unfrieden, tiefe, soziale Spaltung in der Gesellschaft und – in bitterster Konsequenz – verheerende Kriege entwickeln könnten. Für ihn persönlich bleiben Wettbewerb und Leistungsbereitschaft wichtig, um sich selbst zu vervollkommnen und sein Bestes hervorzubringen: „Es macht nur Spaß zu malen, wenn man das letzte aus sich herausholt."[6]

Der Maler Markus Lüpertz schreibt in den letzten Strophen seines Gedichts zu Heisigs 80. Geburtstag (31. März 2005):

> „Denn es gibt nichts
> (hohes Talent vorausgesetzt),
> was die Wut,
> malen zu müssen,
> verhindert.
> So schufen die Maler hinter der Mauer
> eine große Trotzdem-Bildwelt,
> die man lesen können mußte.
>
> Bernhard Heisig ist ein Gigant
> in dieser vergangenen Bretterwelt gewesen
> und beweist heute
> nach dem Zerspringen
> dieses Spiegelkabinetts der Zweistaatlichkeit,
> dass die Waffe gegen
> klebrige Doktrin und Politik
> immer die individuelle Größe
> einer eigenständigen Malerei ist."[7]

In allem bleibt unser Freund bodenständig, versendet handgezeichnete, humorvolle Neujahrsgrüße, genießt die gewöhnliche Bockwurst und den feinsten Champagner, liebt den Fußball und den Boxsport. Letzteres auch schon mal aktiv bei einer Fete mit seinen Studenten, wie Ulrich Hachulla berichtet.[8] Narzisstisches Getöse ist ihm fremd.

1 Volke 2018.
2 Buchheim 2005.
3 Heinke 2005, S. 168–171, mit sechs ganzseitigen Abbildungen, S. 172–177.
4 Du Noyer 2020, S. 50 ff.
5 Kowalczuk 2024, S. 187.
6 Knöfel/Petersohn 2009, S. 138–141.
7 Lüpertz 2005, S. 143.
8 Hachulla 2005.

‹ Heroenwechsel
Öl auf Leinwand
1973/74
128 × 88 cm
Militärhistorisches Museum der Bundeswehr, Dresden

Neujahrsgrüße an das Ehepaar Köster

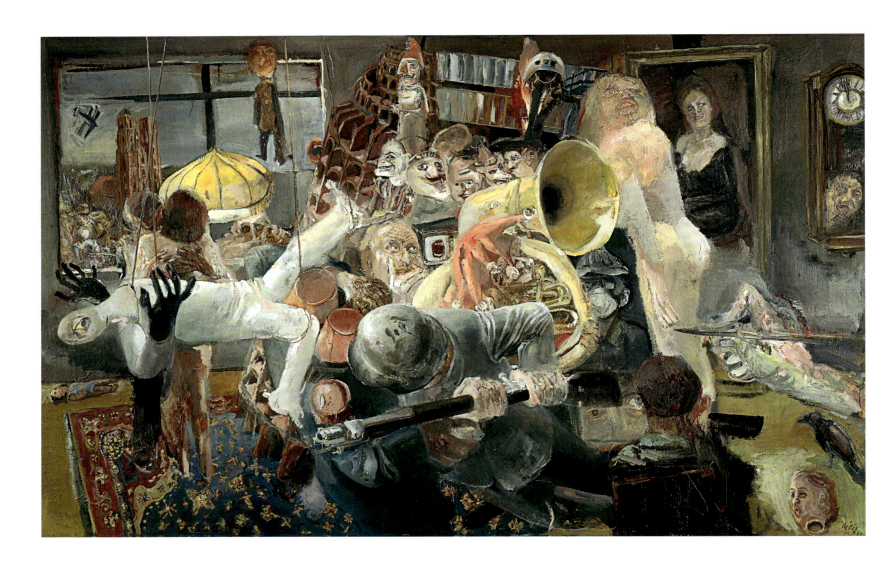

Das Atelier
1979
Öl auf Leinwand,
150 × 240 cm
Hessen Kassel Heritage,
Neue Galerie – Sammlung der
Moderne

Eduard Beaucamp

Vom Wir zum Ich*

Im März 1968 besuchte ich Bernhard Heisig zum ersten Mal in Leipzig. Während der Frühjahrsmesse, bei der eine Visumsbeschaffung keine Schwierigkeiten machte, war ich durchs Bildermuseum im Provisorium des Reichsgerichts geschlendert und anschließend beim Museumsdirektor vorstellig geworden. Aus meiner Enttäuschung über die ausgestellten Beispiele der DDR-Kunst machte ich keinen Hehl. Wider Erwarten konnte man mit dem Museumsleiter freimütig diskutieren. Er beschwichtigte meine Vorurteile, räumte ein, dass die besten jüngeren Maler Leipzigs nicht in der Galerie gezeigt würden, da sie mit ihrer Produktion bei der Obrigkeit Anstoß erregt hätten und in Ungnade gefallen seien. Erstaunlicherweise bot er mir aber Atelierbesuche an. Wenn ich Zeit hätte, wolle er mich am nächsten Tag ins Atelier einiger der beargwöhnten Maler führen. So kam ich zu Werner Tübke in die Hauptmannstraße und zu Bernhard Heisig, der damals in der dunklen Parterrewohnung eines pompösen wilhelminischen Miethauses schräg gegenüber der noblen Gewandhaus-Ruine lebte, wo just in jenen Tagen die Abrissbirne aufgefahren war.

Ich hatte keine Ahnung davon, was mich erwartete, wusste nicht, dass ich es hier mit den Repräsentanten einer einschneidend neuen, ja epochemachenden Leipziger Malerei zu tun hatte, die alle Doktrin und Parteilichkeit hinter sich gelassen hatte. Natürlich ahnte ich auch nichts davon, welchen Konflikten ihre Kunst abgerungen worden war. Wir Kritiker lebten damals noch im Hochgefühl des Fortschritts und der Weltüberlegenheit westlicher Kunst und sahen hochmütig über die östlichen Entwicklungen hinweg. Die Arroganz rührte auch daher, dass das aufmüpfige Jahr 1968 zugleich ein großes Jahr der Westkunst war. Wir standen unter der Suggestion der Auftritte von Joseph Beuys, und die New Yorker Avantgarde eroberte spätestens auf der vierten Kasseler documenta im Sommer 1968 die Bundesrepublik. Der Darmstädter Fabrikant Karl Ströher hatte Anfang des Jahres mit der amerikanischen Sammlung Kraushar die weltweit größte Sammlung, darunter viele Spitzenbilder, erworben; gleichzeitig tätigte Peter Ludwig in New York seine ersten Fischzüge.

In Heisigs Wohnatelier hingen eher harmlose Werke, Stillleben und Landschaften. Der Maler erinnert sich noch heute daran, dass ich als tumber Tor damals Bedenken ob der Zeitgemäßheit seines Spätexpressionismus äußerte. Heute, so soll ich wenig taktvoll gesagt haben, erfülle sich die Ästhetik im ironischen Recycling der Pop-Art und im Design. Der Abweichler Heisig war 1965 als Rektor der Leipziger Hochschule für Grafik und Buchkunst abgesetzt worden und kündigte just in diesem Jahr 1968 seine

Lehrtätigkeit ganz auf und kehrte erst acht Jahre später an die Schule zurück. Ich wusste nichts von diesen Hintergründen, spürte aber deutlich den Unmut und die Rastlosigkeit des Künstlers: Er schimpfte über borniere Funktionäre und ging im Zimmer erregt auf und ab.

Erst im Laufe der 1970er Jahre wurde Heisigs Werk für westdeutsche Augen allmählich sichtbar. Gleich wurde klar, dass man hier weit mehr vor sich hatte als ein Phänomen des Spätexpressionismus. Wir erkannten mit der Zeit die Kraft, die Eindringlichkeit und den furiosen Moralismus einer Malerei, die ihre Energie aus einer dramatisch erlebten Zeit- und Menschheitsgeschichte bezog. Deutlich wurde damit, dass Heisigs Bilder keine ideologischen Botschaften verkünden, sondern Konfliktfelder der Geschichte eröffnen und den Betrachter in die Qual der Erinnerung und die Verzweiflung des Gewissens verstricken. Es ist, so wurde allmählich klar, Heisigs immense Leistung, dass er von den linearen, parabelhaften Erzählungen und Historien des Frühwerks zu gemalten Bewusstseinsanalysen und Erinnerungstechniken und damit zu immer vielschichtigeren Wirklichkeitsbildern und sich durchdringenden Raum-Zeit-Gefügen vordrang.

Die DDR entrückt in die Geschichte. Es bleibt erstaunlich, welch starke, selbstbestimmte Künstlerpersönlichkeiten sich in diesem repressiven System, und trotz dieses Systems entwickelt haben. Zu bewundern bleiben die Macht der bildnerischen Reflexion bei Heisig, die Wucht der kritischen Allegorik bei Mattheuer oder die Phantastik eigenen Rechts im Fall Tübke. Durch ihren Mut zum eigenen Ich überwanden sie den Sozialismus, als dieser im Westen gerade in Mode kam. Maler wie Heisig haben schon in den 1960er Jahren den Bitterfelder Weg (vgl. S. 191), diesen „Weg vom Ich zum Wir" der Lächerlichkeit preisgegeben und den Rückweg vom „Wir zum Ich", und zwar zu einem repräsentativen, passionierten zeitgenössischen Ich angetreten. Sie hatten das Kollektiv satt, als die revoltierende Jugendbewegung im Westen sehnsuchtsvoll nach neuer Geborgenheit im Kollektiv, nach Massensolidarität und der Organisation in Gruppen suchte. Noch im Jahr 1973 veranstaltete der WDR in Köln eine sonntägliche Vortragsreihe unter dem Motto „Vom Ich zum Wir", zu der ich eine Analyse zur Problematik des spätmodernen Avantgardismus, also zum unaufhaltsamen Zerfall programmatischer Fortschrittsbewegungen beisteuerte.

Andy Warhol, zweifellos ein Ich-Verleugner und ironischer Propagandist des Künstlers als Maschine und Automat, lieferte damals einen sarkastischen Kommentar zum linken Übereifer der westlichen Boheme: Er verstehe nicht, so Warhol, warum heute alle so emphatisch zum kommunistischen Modell drängten. Der Kommunismus sei doch längst überflüssig, da er im Westen „ganz von selbst und ohne Staat" käme: „Wenn es ohne Zwang geht, warum kann es nicht auch ohne Kommunismus gehen? Jeder sieht gleich aus und verhält sich gleich, und wir bewegen uns mehr und mehr in dieselbe Richtung. Ich meine, jeder sollte eine Maschine sein. Ich meine, jeder sollte wie jeder sein."

Paradox, dass ich in jenen Jahren (und bis heute) den stärksten Glauben an die Zukunft der Kunst, an auktoriale, weltbewegende Künstler ausgerechnet aus dieser Generation Leipziger Maler und bald auch ihrer Schüler bezog. Die Leipziger Schule erschien mir als Auftritt höchst individueller, gegensätzlicher, keineswegs gleichgeschalteter Maler, die sich gerade nicht zur Gruppe, zum Programm und zum Stil verbanden, die wieder eine ebenso starke wie labile Subjektivität ins Spiel brachten und Geschichte ins Bild zurückholten. Die kontroverse Vielfalt der Leipziger Kunst ist ein Modell posttotalitärer, auch postavantgardistischer Kunst – eine kritische, dennoch gesellschaftlich operierende Kunst, die seit den 1960er Jahren den Rückzug aus der Doktrin, aus der Parteilichkeit, aus der Zukunft und Utopie angetreten hatte. Heisig ist der Paradefall: Er war mit seinem Werk in die Geschichte zurückgekehrt und hatte zu einer skeptischen Zeitgenossenschaft gefunden.

* Auf Bitte des Herausgebers, sich mit einem Beitrag an diesem Gedenkband für Bernhard Heisig zu beteiligen, gestattet Eduard Beaucamp freundlicherweise, seinen Beitrag in der Festschrift zum 80. Geburtstag von Bernhard Heisig wieder abzudrucken (Beaucamp 2005, S. 10–12).

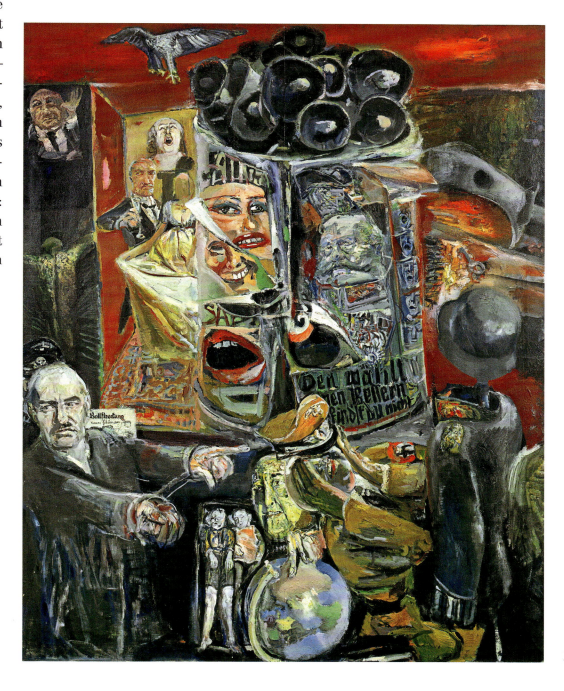

Gestern und in unserer Zeit
(Polyptychon, Tafel 1)
1972/1974
Öl auf Leinwand
240 × 190 cm
Staatliche Museen zu Berlin,
Nationalgalerie

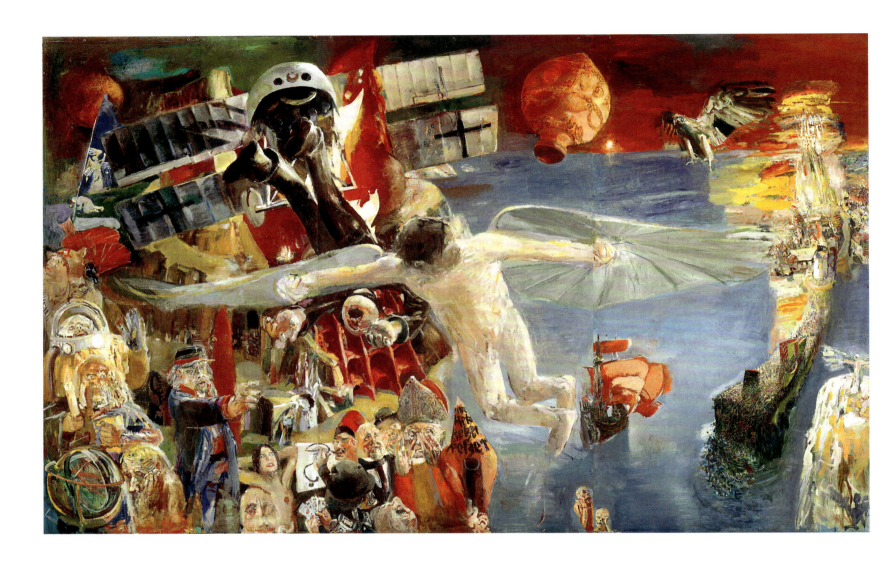

Ikarus
1975
Öl auf Leinwand
280 × 450 cm
Deutsches Historisches
Museum, Berlin

Norbert Lammert

Zeit und Leben. Bernhard Heisig im Reichstagsgebäude

Ferdinand Victor Eugène Delacroix, der große französische Historienmaler des 19. Jahrhunderts, hat einmal gesagt: „Wie eine mächtige Zauberin nimmt dich die Malerei auf ihre Flügel und trägt dich davon." Auch die Malkunst seines deutschen Nachfolgers Bernhard Heisig vermag es, den Betrachter in ihren Bann zu ziehen und davonzutragen, mit ihm sprichwörtlich davonzufliegen – ähnlich dem Ikarus, ein in Heisigs Werken oft anzutreffendes Motiv, dessen Schicksal es bekanntlich war, von den Göttern für seinen Übermut bestraft zu werden und in den Tod zu stürzen.

Als ich im Jahr 2010 im Kunstraum des Deutschen Bundestages im Berliner Marie-Elisabeth-Lüders-Haus zu Ehren Bernhard Heisigs anlässlich seines 85. Geburtstags die Ausstellung *Bernhard Heisig – Das große Welttheater* eröffnen durfte, war sein Werk *Ikarus* einer ihrer Höhepunkte. Zum einen, weil es damals zum ersten Mal seit zehn Jahren wieder öffentlich ausgestellt wurde. Zum anderen – und vor allem –, weil es bereits 1976 im Palast der Republik in Ost-Berlin hing und das Motiv Ikarus, dieser Mythos von Ehrgeiz, Selbstbewusstsein, Stolz und tiefem Fall, damals ein Politikum gewesen war: Viele im Westen betrachteten Bernhard Heisig als exponierten „Staatskünstler" und „Jubelmaler" der DDR, für andere wiederum war der *Ikarus* ein Beleg dafür, dass er sich für die DDR-Staats- und Parteiführung als Staatsmaler eigentlich disqualifiziert habe. Höhepunkt dieser jahrzehntelangen Kontroverse war der deutsch-deutsche „Bilderstreit", der in den 1990er Jahren um die Hängung der Bestände in der Neuen Nationalgalerie entbrannt war und in dessen Mittelpunkt die eher absurde Frage stand, ob unter den Bedingungen einer Diktatur entstandene Kunst überhaupt als Kunst gelten könne beziehungsweise, ob sie mit in der Bundesrepublik nach 1949 geschaffenen Kunst verglichen werden könne.

In diesen Streit fügte sich auch die erste große Debatte über das Kunstprogramm für das Reichstagsgebäude in Berlin ein: 1997 hatte der Kunstbeirat des Deutschen Bundestages Bernhard Heisig, zusammen mit etwa einem Dutzend prominenter west- und ostdeutscher Künstler mit internationalem Ruf, einen Auftrag erteilt, woraufhin überwiegend ostdeutsche Künstler und Kunstkritiker im Januar 1998 in einem Offenen Brief forderten, die Einladung zurückzunehmen. Die Vorwürfe reichten von „politischer Instinktlosigkeit" bis hin zu „kunsthistorischem Irrtum". Die Reaktion war ein weiterer Offener Brief zugunsten Heisigs, ebenfalls von Künstlern und Kritikern, die sich für ihn aussprachen – ebenso wie der Kunstbeirat: Er entschied einstimmig, bei seiner Entscheidung zu bleiben, mit der Begründung, der Ausschlag für Heisigs Beauftragung sei einzig und allein das

Zeit und Leben
1999
Öl auf Leinwand
124,5 × 591,5 cm
Kunstsammlung des Deutschen
Bundestags, Berlin

„formale und gehaltliche Niveau seiner Malerei, insbesondere seine engagierte Auseinandersetzung mit Themen deutscher Geschichte. Seine freiwillige Meldung zur Wehrmacht im jugendlichen Alter von sechzehn Jahren oder seine Haltung gegenüber dem DDR-Regime spiegeln die Verwerfungen der deutschen Geschichte im 20. Jahrhundert wider und empfehlen daher ihn, den Miterlebenden und Betroffenen, besonders für eine Aufgabenstellung im Rahmen dieser vielschichtigen Thematik. Der Kunstbeirat des Deutschen Bundestages ist sich seiner Entscheidung bewusst, er wird jedoch keine Gesinnungsprüfung vornehmen. Die Achtung vor der Freiheit der Kunst, wie sie im Grundgesetz garantiert ist, lässt keine andere Handlungsweise zu."[1]

Bernhard Heisig schuf dann für den Deutschen Bundestag den sechs Meter langen Geschichtsfries *Zeit und Leben*, ein beeindruckendes, zugleich bedrückendes Panorama der deutschen Geschichte, dessen Vielzahl an Bildmotiven den Betrachter zu Beginn gefühlt in Chaos und Ordnung stürzen lässt, sich aber – je länger man es betrachtet – mehr und mehr beruhigt und klärt. Auch hier findet sich das Motiv des Ikarus als Symbol für das Scheitern einer Utopie und der menschlichen Sehnsucht nach Freiheit. Am „Ende" des Bildes lässt ein kleiner Junge auf einer grünen Wiese einen Drachen steigen als Sinnbild für Ruhe und Unbeschwertheit, aber vor allem auch für die Hoffnung, dass die Irrungen und Wirrungen der deutschen Geschichte, die das Panorama wiedergibt, hoffentlich überwunden sein mögen – eine Hoffnung, die aktuell

wieder verloren zu gehen scheint, die wir aber gerade deswegen niemals aufgeben dürfen und für die wir uns Tag für Tag engagieren müssen.

Als das Parlament am 19. April 1999 das Reichstagsgebäude in Berlin offiziell bezog, wurde *Zeit und Leben* zusammen mit anderen Kunstwerken dem Deutschen Bundestag übergeben. Anfangs hing es ausgerechnet in der Cafeteria des Bundestages, womit insbesondere Bernhard Heisig selbst äußerst unzufrieden war. Er habe aus diesem Grund das Reichstagsgebäude nie besucht, aber wohl auch ironisch bemerkt, dass sein Werk an jenem Ort wenigstens von mehr Menschen angeschaut werden müsse als Werke von Künstlerkollegen aus dem Westen. Auch mein erster Eindruck war, als ich das Werk in der Cafeteria hängen sah, dass es dort sicher fehl am Platz war – als dekorativer Kontrast zur pastellfarbigen Möblierung. Aus diesem Grund setzte ich mich für einen anderen Platz ein. Mit Zustimmung des Kunstbeirates wurde es Ende des Jahres 2011, leider wenige Monate nach dem Tod Heisigs, in der Parlamentspräsenzbibliothek auf der Plenarsaalebene des Reichstagsgebäudes aufgehängt – ein für die Wirkmächtigkeit des Gemäldes angemessener Ort und für einen Künstler mit einer wahrhaft deutsch-deutschen Biografie.

Bernhard Heisigs Künstlerbiografie ist beispielhaft für jene Generation, die Tiefen und Tragödien der deutschen Geschichte im 20. Jahrhundert erlebt und erlitten hat. Zwei Diktaturen und die Erfahrungen eines mörderischen Krieges haben ihn geprägt. Heisigs künstlerisches Werk erzählt immer wieder davon, auch am Sitz der Volksvertretung.

1 Volke 2018, S. 198.

Luc Jochimsen

Es begann mit einem Skandal

Es begann mit einem Skandal. 1977. In Kassel. Auf der documenta. Ein Kalter-Krieg-Kulturkampf war ausgebrochen. Der Kurator Manfred Schneckenberger hatte, offensichtlich nach langen Verhandlungen mit DDR-Ministerien, vier prominente Maler aus der DDR eingeladen: Bernhard Heisig, Wolfgang Mattheuer, Willi Sitte, Werner Tübke. Durfte er das überhaupt? Sollten tatsächlich DDR-„Staatskünstler" auf der wichtigsten Kunstschau der BRD ihre Bilder zeigen?

Ich war damals PANORAMA-Redakteurin. In der Programmkonferenz diskutierten wir, ob das nicht eine Geschichte für uns wäre. Aber Kunst war die Sache von PANORAMA nicht, und die Kultursendungen hatten bereits ausführlich berichtet. Pro und Contra. Pro überwog, obwohl die Galerien von Markus Lüpertz und Gerhard Richter mit Boykott drohten und A. R. Penck urteilte: „Das sind keine Maler, sondern Arschlöcher." Es war schließlich Joseph Beuys, zentraler Künstler dieser 6. Ausgabe der documenta, der ostentativ für die DDR-Gäste eintrat und damit die Sache entschied. Die Bilder und die Maler selbst kamen nach Kassel.

Also fuhr ich privat zur documenta – wie all die Jahre vorher schon – seit der ersten Ausgabe. Ich war 31 Jahre alt, in Frankfurt am Main zur Schule gegangen bis zum Abitur, der erste Besuch war noch eine Klassenfahrt – und was haben wir da nicht alles Neues, Unbekanntes, augenöffnendes gesehen? Eine neue Welt: Pop-Art, die Amerikaner, Franzosen, Briten, Skandinavier, Marino Marini und die anderen Italiener … Und wenn die Bundesrepublik damals liberal und weltoffen war, dann auf der documenta. Ein Lichtblick, alle vier Jahre, für einige Wochen …

Und nun dieses Jahr 1977! Ausgerechnet in dieser Zeit einer neuen Ostpolitik und des Versuchs, Wandel durch Annäherung zu erreichen – oder vielleicht gerade deswegen – so ein Rückfall. Also ab nach Kassel. Zuvor hatte ich noch ein Fernsehinterview mit den „Vieren" gesehen, angeblich traten sie nur gemeinsam vor die Presse, typisch DDR eben … Da sagte Werner Tübke: „Ich begreife mich nicht als politischen Künstler. Wenn ich einen Auftrag annehme, dann male ich." Willi Sitte neben ihm, mächtiger Präsident des Verbandes Bildender Künstler der DDR und ZK-Mitglied – am meisten verschrien und gehasst von den Dissidenten, lächelte. Und Bernhard Heisig, der 1977 nach achtjähriger freiberuflicher Tätigkeit wieder zum Professor und Rektor der Leipziger Hochschule für Grafik und Buchkunst (HGB) berufen worden war, verschränkte seine Arme über der Brust, als die Interviewreihe an ihm war und er auf den Skandal angesprochen wurde, der die Ausstellung überschattete. „Skandal?", fragte er zurück, „das ist doch höchstens ein Skandälchen. Wir sind das übrigens

‹ **Festung Breslau –
Die Stadt und ihre Mörder**
1969
Öl auf Leinwand
180 × 171 cm
Kunstforum Ostdeutsche Galerie, Regensburg, Dauerleihgabe des Lindenau-Museums Altenburg

in der DDR gewohnt. Unsere Bilder sind ja auch dort umstritten." Die Malverbote für sich und Sitte erwähnte er nicht …

Was dann zu sehen war, war wiederum ein völlig neues, augenöffnendes Erlebnis. Andere Bildwelten als die gewohnten, andere Weltbilder als die gewohnten. Zu besichtigen im prominenten Flügel des Fridericianums, gleich hinter dem Eingang. Mittendrin das große Tableau von Heisigs *Festung Breslau*.

Ich irrte durch dieses Labyrinth an Gewalt, Schrecken, Angst und Hoffnung … das war die Welt meiner Kriegskindheit und der Nachkriegsalbträume. Seitdem bin ich im Bann dieser Malerei, bin ihr nachgereist, wo immer und wann auch immer sie für uns zugänglich war und wurde. Wobei der Skandal, das Politikum unvergessen blieben.

Damit könnte man die Erinnerungsgeschichte 2024 eigentlich abschließen. Wenn da nicht auch noch diese zweite Skandalgeschichte wäre, genau 20 Jahre später, in der Berliner Republik, unserm einig Vaterland …, 1997 also. Bonn war abgewählt, Berlin neue Hauptstadt. Der Bundestag hatte einen Kunstbeirat, der für das umgebaute Reichstagsgebäude zeitgenössische Künstler zur Ausgestaltung einlud. Riesenaufträge für Bilder, Plastiken, Objekte, ganze „Kunsttrassen" kreuz und quer durch den gigantischen Bau. Auch Bernhard Heisig war eingeladen. Und nun ging es wieder los: Der nächste Kulturkampf, „Bilderstreit" genannt, brach aus.

Im Januar 1998 wandten sich in einem Offenen Brief 80 ostdeutsche Künstler und Kritiker an den Kunstbeirat mit der Forderung, diese Einladung zurückzunehmen. Es gab anschließend aber auch einen prominenten Künstlerappell, an der Einladung unbedingt festzuhalten. Wie in Kassel. Wie 20 Jahre vorher. Pro und Contra. Und weil ich sicher in dieser Sache parteiisch bin, zitiere ich aus der offiziellen Veröffentlichung des Bundestages, was nun geschah: „Der Kunstbeirat prüfte und wog die Argumente beider Seiten und lehnte eine Gesinnungsprüfung ab."[1]

Bildentwicklung
(Entwurf für *Zeit und Leben*)
1998
Öl auf Leinwand
43 × 200 cm
Privatsammlung

Das Gremium beschloss einstimmig, an seiner Entscheidung festzuhalten, mit der Begründung, dass einzig „das formale und gehaltliche Niveau" von Heisigs Kunst für seine Beauftragung ausschlaggebend gewesen sei.

Noch Jahre später argumentiert der Kurator der Kunstsammlung des Deutschen Bundestages, Andreas Kaernbach, in einem seltsamen Rechtfertigungsstil: „Die Erwartung des Beirates, dass Heisig einen bedeutenden, sowohl generationenübergreifenden wie biografisch-selbstkritischen Diskussionsbeitrag zum Kunstkonzept für das Reichstagsgebäude leisten würde, sollte sich alsdann auch erfüllen."[2] Braver Heisig. Das Gemälde *Zeit und Leben* ist ein Welttheater deutscher Geschichte – von Friedrich dem Großen über Kaisertum, zwei Weltkriege, das Hitler-Regime und die Nachkriegszeit in der DDR ... Mittendrin ein Selbstporträt des Künstlers und an einem Rand ein kleiner Junge mit Flugdrachen, eine Ikarus-Ahnung – bezugnehmend auf das große Ikarus-Bild im Palast der Republik, der da schon zum Abriss freigegeben war, allen Protesten zum Trotz. *Zeit und Leben* hing, nein füllte die Rückwand der Abgeordnetenkantine auf der Parlamentsebene aus. Auch ich habe einige Jahre dort gegessen. Ich hielt es immer für fehl am Platz. Es hatte ein tausendfaches Publikum. Das stimmt, aber es war kein Kantinenbild, das stimmt eben auch. So war es von Anfang an stets umstritten, abgelehnt, bewundert ... irgendwann gleichgültig geworden ... Nach mehr als zehn Jahren wurde es umgehängt. Zwei Türen weiter. In die Präsenzbibliothek auf der gleichen Ebene. Dort hat es einen angemessenen Platz. Allerdings sieht es da so gut wie niemand. Andererseits werden in der Bibliothek die namentlichen Abstimmungen ausgezählt. Da ist dann großer Betrieb – Wahlurnen, Saaldiener mit weißen Handschuhen betreiben praktische parlamentarische Demokratie. Das würde Heisig vielleicht gefallen – vielleicht.

1 Kaernbach [o. J.].
2 Ebd.

Atelierbesuch
(Bildnis Helmut Schmidt)
1986
Öl auf Leinwand
119,8 × 101 cm
Museum der bildenden Künste Leipzig,
Dauerleihgabe der Peter und Irene
Ludwig Stiftung

Helmut Schmidt

„Er bleibt – vergleichbar dem Spanier Goya zu seiner Zeit – ein großer Maler des die Deutschen erschreckenden zwanzigsten Jahrhunderts"*

Vor langer Zeit sind Heisig und ich einmal – auf Veranlassung der Redaktion der ZEIT – in ein Gespräch über die Kunst und ihren gesellschaftlichen Auftrag geraten. Wir schienen in diesem Gespräch zunächst ein unterschiedliches Verständnis vom Verhältnis Künstler, Kunst, Auftrag und gesellschaftliches Umfeld zu haben, konnten uns dann aber doch darauf verständigen, dass Künstler nicht im luftleeren Raum arbeiten, sondern den Resonanzboden der Gesellschaft brauchen. Später kam das Gespräch auf Henry Moore und auf das Bundeskanzleramt. Heisig sagte, er habe Moore jahrelang bewundert, seine eigene Graphikserie „Faschistischer Alptraum" sei unter Moores Einfluss entstanden. […]

Wenn ich heute unser damaliges Gespräch lese, vor dem Ende der Honecker-Ära geführt, so wird mir zumindest zweierlei erkennbar: Zum einen die Übereinstimmung im Geschmacksurteil, keineswegs allein bezüglich Henry Moores – und später, auf Gudrun Brünes Seite, auch bezüglich Paula Modersohn-Beckers. Zum anderen lässt Heisigs Betonung des Auftrages für den Künstler mich erkennen, dass nicht jede Kunst ihren Sinn in sich selbst findet, wie ich, dank meiner liberalen hamburgischen Erziehung, anzunehmen geneigt war.

Ob aber kraft eines Auftrages – wie deutlich empfunden oder wie undeutlich auch immer – oder ob aus der Tiefe des eigenen Erschreckens vor der Geschichte geboren, jedenfalls ist Bernhard Heisig sich selbst treu geblieben. Der eindrucksstarke malerische Ausdruck seines Fortschritts-Unglaubens und seines Zivilisations-Pessimismus ist im Laufe des Lebens eher noch gewachsen, unbeeinflusst von den sich wandelnden politischen Zeitläufen. Als das wiederhergestellte Gebäude des alten Reichstages ausgemalt werden sollte, haben einige Anti-Kommunisten Heisig etwas kleinlich-rechthaberisch davon ausschließen wollen. Jedoch hatten sie weder die philosophische Unabhängigkeit Heisigs begriffen noch die Qualität seiner Bilder. Er bleibt – vergleichbar dem Spanier Goya zu seiner Zeit – ein großer Maler des die Deutschen erschreckenden zwanzigsten Jahrhunderts.

---

* Der hier abgedruckte Ausschnitt ist einem Text entnommen, mit dem der Autor den Künstler Bernhard Heisig zu dessen 80. Geburtstag im Jahr 2005 gewürdigt hat (Schmidt, H. 2005a, S. 207 f.).

Zum Werk Bernhard Heisigs

Die Mutter misstraut den Bildern
1972,
Öl auf Hartfaser
119,5 × 84 cm
Brandenburgisches Landesmuseum für moderne Kunst, Frankfurt (Oder)

Heiner Köster

Vorbilder – Pablo Picasso, Lovis Corinth, Max Beckmann, Oskar Kokoschka

Bernhard Heisig äußert sich wiederholt über seine künstlerischen Vorbilder und die Gemälde, die ihn nachhaltig beeindruckt haben. Zu Matthias Grünewalds Isenheimer Altar bekennt er in einem Gespräch mit Hanno Rauterberg: „Der hat mich umgehauen und tut es immer noch."[1] Er bringt damit seine hohe Wertschätzung für die Malweise der Alten Meister zum Ausdruck, die durchaus nachahmenswert sei, und zitiert Pablo Picasso: „Was soll das eigentlich heißen, daß einer den anderen imitiert? Was ist da Arges dabei? Es ist im Gegenteil gut, und man muß immer versuchen, einen anderen nachzuahmen."[2] Dem stimmt Heisig zu: „[E]s ist nie alles auf dem eigenen Mist gewachsen. Und in dieser Hinsicht bin ich bei Picasso ohnehin vor der rechten Schmiede. Von Steinlen über Toulouse-Lautrec, von den Spaniern über Manet bis zurück zu den Alten war ihm alles recht, und so hat er kräftig gepumpt. Die großen alten Meister taten das auch, und warum denn nicht?"[3]

Matthias Grünewald
Kreuzigung Christi
Isenheimer Altar
1. Schauseite, Mitteltafel
zw. 1512–1516
Öl auf Lindenholz
269 × 307 cm
Musée Unterlinden, Colmar
vgl. auch die große Abb. S. 227

Pablo Picasso
Seine erste Bekanntschaft mit Werken Picassos macht Heisig nach Ende des Zweiten Weltkriegs, als er im Auftrag der Künstlergenossenschaft Paleta in Breslau/Wrocław in den teilweise zerstörten, verlassenen deutschen Kunst- und Buchhandlungen mehrere Jahrgänge der Kunstzeitschrift *Sturm* sichtet.

> „Und so starrte und blätterte ich ratlos und auch einigermaßen empört darin herum. Nichts stimmte da mit meiner Vorstellung von Kunst überein, und in den Zeitschriften stieß ich immer wieder auf einen Namen Picasso. […] Zeichnen im akademischen Sinne hatte ich […] gelernt; aber hier auf diesen Zeichnungen und Bildern war doch alles seltsam, gewissermaßen frech verzerrt. Manchmal war etwas erkennbar, Gitarren vielleicht oder Clowns, Harlekins; aber ich fühlte mich verspottet."[4]

Picassoides I
1965
Öl auf Leinwand
67,5 × 48 cm
Privatsammlung

Den polnischen Malern in der Genossenschaft gefällt dieser Stil, sodass Heisig beginnt, über Sinn und Unsinn seiner bisherigen Vorstellungen über Kunst nachzudenken.

Wenige Jahre nach der Vertreibung aus seiner schlesischen Heimat sieht Heisig in einem Leipziger Antiquariat mehrere Reproduktionen von Werken Picassos. Beim Betrachten eines Stilllebens hat er „plötzlich den Eindruck, als sei hier ein Lebewesen, ein Tier etwa, seziert worden, und man schaue in das Getriebe seines Lebens. Ich habe das Blatte [sic!] heute noch, und es war der Beginn meines Begreifens dessen, was da vor sich ging. Übrigens nicht nur bei Picasso. Ich versuchte, beim Betrachten von Bildern vom Stoff loszukommen,

Picassoides II
1965
Öl auf Leinwand
80 × 60 cm
Kunstmuseum Moritzburg Halle (Saale)

begann auch bei den Alten Zusammenhänge zu sehen, die ich mir im verbohrten programmatischen Betrachten verbaut hatte."[5] Er stellt fest:

> „[F]ast jedes der Picasso-Bilder ist von einer Formkonsequenz, gegen die man kein Argument hat. Bei allem Neuen war sein Werk auch ein Zusammenfassen und Beantworten der großen Traditionen, selbst wenn sich das kubistisch und sonst wie äußerte. Und es war die Antwort auf eine brutale Umwelt, war also auch Gesellschaftskritik. Wer dies nicht sieht oder nicht sehen will, möchte ihn ins nur Artifizielle, Artistische, ins Unverbindliche abdrängen."[6]

Deutlich wird Heisigs Nachahmungsversuch in den abgebildeten Gemälden *Picassoides* von 1965, aber er verfolgt diese Linie nicht weiter und gerät bei aller Verehrung des Jahrhundertgiganten nicht in den Sog, bei den Picasso-Epigonen zu landen.

In seinem Gemälde *Die Mutter misstraut den Bildern* von 1972 ist ein vom linken Bildrand abgeschnittenes abstraktes Bildnis zu sehen. Es erinnert mich an Heisigs Geschichte, dass er in der Breslauer Wohnung gegen den erbitterten Widerstand seiner Mutter eine Picasso-Reproduktion aufgehängt habe, „auf der das ‚normale' Menschenbild auf besonders gräuliche Weise verbogen [war]", und fährt fort: „Als wir später aus Breslau wegmußten, nahm meine Mutter die Reproduktion mit und hängte sie in der neuen Bleibe auf. Als ich es wegnehmen wollte, weil ich das Ding satt hatte, protestierte sie: sie hatte sich gewöhnt. Und sah nun keine Verzerrungen und Verhöhnungen mehr. ‚Das bleibt an der Wand', sagte sie."[7]

Im Proust'schen Fragebogen beantwortet Heisig im August 1989 die Frage nach seinen Lieblingsmalern in dieser Reihenfolge: „Picasso, Beckmann, Kokoschka"[8], Lovis Corinth wird nicht erwähnt.

Lovis Corinth

Zu Beginn eines Gesprächs mit Marie Amélie zu Salm-Salm erklärt Heisig allerdings ganz pauschal: „Wer für Corinth kein Verständnis hat, ist kein Maler"[9] und erläutert dies an ausgewählten Gemälden wie dem Corinth-Bildnis des Reichspräsidenten *Friedrich Ebert* (1924) und seinem letztes *Selbstporträt*. Beide Bilder begeistern und erstaunen Heisig gleichermaßen: „Das Ebert Bild ist ein ganz besonders wichtiges Bild […], weil es so gut ist! Ich kann es nicht anders beantworten. So wie Corinth porträtiert, das konnte doch kein Anderer […]. Das letzte Selbstporträt (7. Mai 1925) ist ebenfalls ein tolles Bild. Was soll man dazu sagen. Da kann man nur staunen."[10]

Heisig verdankt Corinth nicht nur sein Verständnis für die Porträtkunst, sondern auch für Blumenstillleben. In dem oben erwähnten Fragebogen antwortet er auf die Frage „Ihre Lieblingsblume?": „Die von Corinth gemalten".

Lovis Corinth
Porträt des Reichspräsidenten Friedrich Ebert
1924
Öl auf Leinwand
140 × 100 cm
Kunstmuseum Basel

In einem seiner Kataloge blätternd, räsoniert Heisig gegenüber Marie Amélie zu Salm-Salm:

> „Wenn aus unserem Gespräch nur herauskäme, dass hier einer lebt, der Corinth für dringend notwendig hält. Schauen wir uns doch noch an, was von mir Corinth nahe steht. Diese Bilder sind gar nicht ohne Corinth denkbar: *Selbstbildnis mit erhobenem Pinsel* und *Sitzendes Mädchen*. Das Bild meiner Mutter ist auch ein wichtiges Werk. Diese Bilder wären alle ohne Corinth nicht denkbar, dieses zum Beispiel, *Václav Neumann*. Da steckt eine Menge Corinth drin!"[11]

Max Beckmann

Vielen Kunsthistorikern gilt Max Beckmann als wichtigstes Vorbild von Bernhard Heisig. Im September 1951 besuchen Bernhard Heisig und Wolfgang Mattheuer die große Kunstausstellung *Max Beckmann zum Gedächtnis. 1884–1950*,[12] die im Westberliner Schloss Charlottenburg gezeigt wird. Die Begegnung mit den Originalen hat für Heisig, der am Anfang seines Studiums steht, eine tiefgehende und nachhaltige Wirkung, schreibt Ursula Mattheuer-Neustädt. „Als wir uns das Beckmann-Buch von Lothar-Günther Buchheim besorgt hatten, wechselte es in der Hauptmannstraße zwischen der ersten [Wohnung Heisig] und der zweiten [Wohnung Mattheuer] Etage hin und her."[13]

Im Vorwort des Leipziger Ausstellungskatalogs zu Beckmanns 100. Geburtstag schreibt Oberbürgermeister Karl-Heinz Müller: „Sein umfangreiches Lebenswerk wurde für viele Maler der DDR zur wichtigen Quelle der Anregung."[14] Dieter Gleisberg, langjähriger Direktor des Museums der bildenden Künste Leipzig, fügt hinzu: „Doch kein anderer Leipziger hat sich so exemplarisch zu Beckmann bekannt wie Bernhard Heisig. Er scheint ihn weit besser verstanden zu haben, als so mancher Spezialist, der Beckmann bis in die fernsten Windungen gnostischer Geheimlehren und kabbalistischer Philosophien auf die Schliche zu kommen versuchte."[15]

In der Entwicklung seiner figurativen Kunst und der Wucht seiner Triptychen nutzt Heisig wie im folgenden Beispiel seine Beckmann-Kenntnis und Erkenntnis:

> „Der programmatische Nahkampf mit der Form war seine Sache, nicht das Spiel. ‚Dort alles auf dem Boden, nichts im Gehirn', notiert [Beckmann in seinem Tagebuch] am 3. November 19[47], nachdem ihm ‚die Picassos höhnisch von den Wänden entgegengrinsen'. Und ‚unter ängstlichem Gebrüll nach Hause …'. Plötzlich hat man die Formel seiner Bilder. Die Angst, der mit Gebrüll begegnet werden muß. Nun sieht man sie als steten Begleiter seiner Figuren, die er in kistenartige,

Selbstbildnis mit erhobenem Pinsel
1973/74
Öl auf Leinwand
80 × 60 cm
Kunstmuseum Moritzburg Halle (Saale)

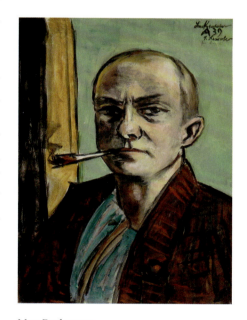

Max Beckmann
Selbstbildnis auf Grün mit grünem Hemd
1938
Öl auf Leinwand
65,5 × 50 cm
Museum der bildenden Künste Leipzig
(Nachlass Mathilde Q. Beckmann)

 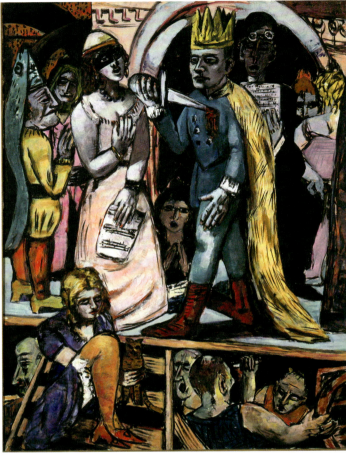 

Max Beckmann
Schauspieler (Triptychon)
1941/42
Öl auf Leinwand
200 × 85 cm, 200 × 150 cm, 200 × 85 cm
(Rahmenmaße)
Harvard Art Museums/Fogg Museum,
Gift of Lois Orswell, Cambridge, MA

hart stabilisierte Räume klemmt, wo sie mit großen Augen, etwas ratlosen oder fratzenhaften Gesichtern lieben, tanzen und morden. Kindertuten scheinen irgendwo zu quäken, geheiligte Texte werden höhnisch verballhornt."[16]

Das Charakteristische von Heisigs wie von Beckmanns Bildern sieht Eberhard Roters darin, „dass sich dort im Bildbühnenraum die Dinge und Gestalten gegenseitig bedrängen […], die figurative Füllstruktur des Traums und des Alptraums […] hat nach meiner Erkenntnis ausgesprochen deutsche Wurzeln."[17] Die berstende Fülle verlangt nach einem Gerüst. Heisig spricht vom „Bildapparat", der die Bildformel gegen die Bilderflut ausbalanciert. Bereits zu Beginn seines Studiums in Leipzig spielt Beckmann für Heisig eine bedeutende Rolle:

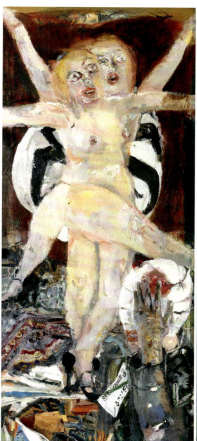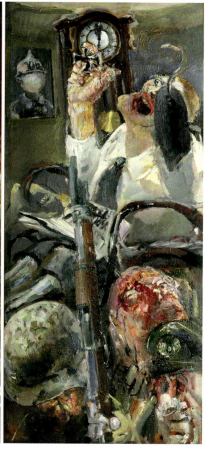

„Als junge Maler, unsichere Realisten, über die man lachte (was sollen sie denn heute noch mit Figurativem, gar mit Realistischem), versuchten wir uns nach dem Krieg aus dem Chaos der Kunsturteile und Prognosen auf eine Plattform zu retten. In einer Zeit also, wo es von den Leinwänden spritzte und tröpfelte und das Arbeiten mit der menschlichen Figur als niedrigste Form der Kunstübung galt. Da war die Begegnung mit Beckmann eine hilfreiche Erleichterung. Hier war etwas herübergerettet von den Alten und der Mensch das ausdrucksfähigste, bezugreichste Medium geblieben. Von da aus gab es noch die Verantwortung zur Form. Bilde Künstler, rede nicht. ‚12 Stunden am rechten Kopf von Argo – welcher Wahnsinn', heißt es am 16. Dezember 1950, 11 Tage vor seinem Tode. Eben nicht schwätzen reden, sondern bilden formen."[18]

Die Festung (Triptychon)
1979/80
Öl auf Leinwand
Mitteltafel: 151 × 141 cm
Seitentafeln: je 150 × 66 cm
Landesmuseum Mainz

Oskar Kokoschka

Mit Hinweis auf Oskar Kokoschkas monumentales *Thermopylae-Triptychon* (1952/1955)[19] schreibt Heisig:

„Für jeden erkennbar liegt in der Nähe meines Kommune-Bildes das Thermopylae-Triptychon von Oskar Kokoschka. Aber in dem Augenblick, wo ich die Figuren und Gesichter individualisieren, wo ich sie in einen Handlungszusammenhang stellen muß, wo sie sich gegenseitig im Sinne der Bildaussage antworten müssen, ist es notwendig, daß ich etwas hinzutue. Ich muss eine Hand durchformulieren, sonst bekomme ich sie nicht ausdrucksfähig, ich muß eine Gesichtsfalte malen usw., komme also in eine Kettenreaktion von schwierigen Prozessen hinein. Was Kokoschka noch so machen konnte, kann ich schon nicht mehr machen. So habe ich ihn beiseitegelegt und versucht, auf das Thema direkt zu stoßen, mit der Zeit verschwindet das Vorbild völlig; es steht nur noch dahinter, ist verarbeitet; es hat die erste Hilfestellung gegeben, dann ist es aber nicht mehr nützlich."[20]

Oskar Kokoschka
Thermopylae (Triptychon)
1951–1955
Tempera auf Leinwand
225 × 800 cm
Universität Hamburg

‹ **Pariser Kommune** (Polyptychon)
1971/72
Öl auf Hartfaser
gesamt: 272 × 624,5 cm
Museum der bildenden Künste Leipzig

Dresden
(Ausschnitt von S. 159)
1996
Öl auf Leinwand
100 × 130 cm
Sammlung Marianne und
Heiner Köster, München

In der Lesbarkeit seiner politischen Allegorien steht Heisig laut Werner Schmidt „den zeitkritisch engagierten Allegorien Kokoschkas näher als den hermetischen Gleichnissen Beckmanns."[21]

Heisig und Kokoschka verbindet nach Isabel Greschat inhaltlich „die Zuwendung zur einzelnen Persönlichkeit in zahlreichen Porträts (darunter viele Selbstbildnisse), die Stadtlandschaften mit Fluß, sowie die Verarbeitung politisch-zeitgeschichtlicher Zusammenhänge in komplexen allegorischen Ensembles".[22] Den dichten Farbauftrag, bewegten Pinselduktus und das Aufsetzen der Farbe in strichförmigen Flecken hat Heisig mit dem späten Kokoschka gemeinsam. Die oft komplizierte Räumlichkeit und die Bildformen erwachsen ganz aus der Farbgestaltung.[23]

Beide Künstler verfechten den Gedanken, dass Kunst funktionsbezogen, dass sie Mitteilung von Mensch zu Mensch sein solle.[24] Sie lehnen die These ab, dass Kunst nichts als Kunst zum Ziel habe, also „l'art pour l'art" sei. Abstrakte Kunst ist für beide Künstler – bei allem Respekt für gelungene Farb- und Formgestaltungen – nicht mehr, als was sie darstellt.

Heisig würdigt die Malkunst Kokoschkas: „Für mich ist er heute, im Jahr 1975, so etwas wie ein großer Meister. Übrigens sind die guten seiner Bilder sehr stabil und haben eine Menge gemeinsam mit den großen Alten. [...] Und natürlich hat er auch schlechte Gemälde gemalt. Gott sei Dank, das wäre sonst direkt unmenschlich, wenn es nicht so wäre. Es gibt ja auch langweilige Rembrandts."[25]

Heisig kennt die eigenen Pannen in der künstlerischen Produktion und versteht sich zu trösten: „Kürzlich freute ich mich über einen Männerkopf von Velázquez, bei dem es dem Meister offensichtlich danebengegangen war. Ich würde gern ein Buch mit Abbildungen mißlungener Bilder großer Meister kaufen. Das würde die Sache menschlicher und die eigenen Pannen erträglicher machen. Dauernd diese Halbgötter. Thomas Mann meint, man solle nicht so eitel sein, immer alles vollkommen machen zu wollen."[26]

Heisig studiert, mit welchen künstlerischen Mitteln seine großen Vorgänger komplexe Inhalte transportiert haben und schafft sein eigenes unverwechselbares Werk.

1   Rauterberg 2005, S. 51.
2   Heisig 1986a, S. 282.
3   Ebd.
4   Ebd., S. 283.
5   Ebd., S. 284.
6   Ebd., S. 286.
7   Ebd.
8   Heisig 1989b, S. 291.
9   Salm-Salm 2008, S. 368.
10 Ebd., S. 372.
11 Ebd., S. 373.
12 Ausst.kat. *Max Beckmann* 1951.
13 Mattheuer-Neustädt 2005, S. 12.
14 Müller, Dr. 1984.
15 Dieter Gleisberg in: Ausst.kat. Max Beckmann 1984, S. 9.
16 Heisig 1979.
17 Roters 1994, S. 22.
18 Ebd.
19 Dargestellt ist die Niederlage der Griechen gegen die Perser bei den Thermopylen zu Beginn des zweiten Perserkrieges im Spätsommer 480 v. Chr.
20 Kober 1973, S. 45.
21 Schmidt, W. 1996, S. 267.
22 Greschat 1996, S. 269.
23 Ebd.
24 Wingler 1956, S. 7 f.
25 Schumann 1976, S. 114.
26 Heisig 1975, S. 74.

Ich auf abendlicher Dorfstraße
1989
Öl auf Leinwand
100 × 90 cm
Kunstsammlung Hannover Rück-Gruppe

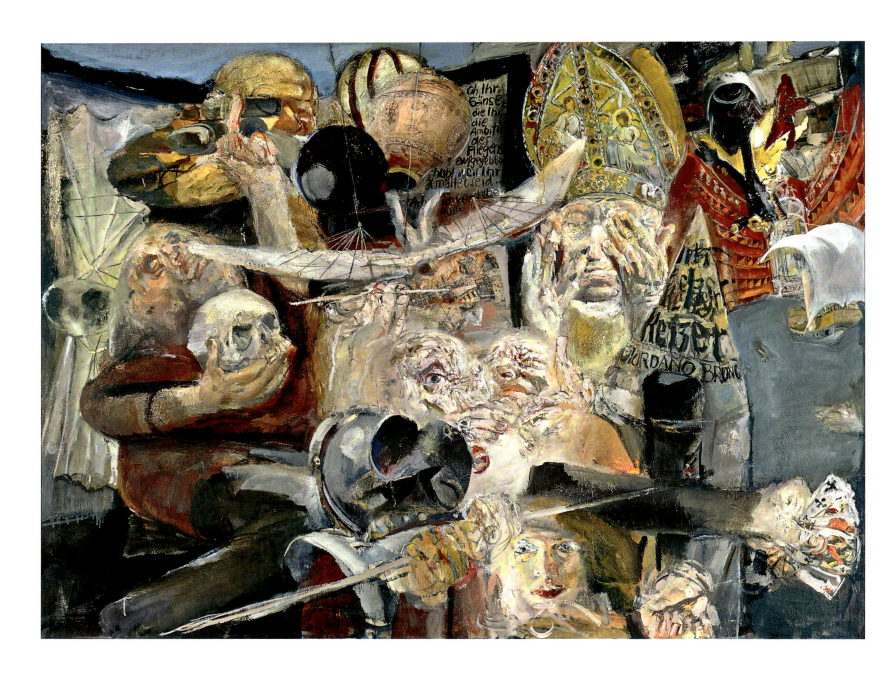

Lob der gelegentlichen Unvernunft
1979/80
Öl auf Leinwand
150 × 200 cm
Kunsthalle St. Annen, Lübeck

Bernhard Maaz

Bernhard Heisig und die Alten Meister

Kaum ein Maler hat nach Max Beckmann, Pablo Picasso und Francis Bacon im 20. Jahrhundert die Turbulenzen und Katastrophen der Weltgeschichte so augenfällig gemacht wie Bernhard Heisig, der die Zerstörung der Menschlichkeit, die Verirrungen des Denkens und das Chaos der Ereignisse in eine stringente Ordnung der Bilder zu übersetzen vermochte und das Zweifeln an der Humanität des Menschen in bestürzenden Gestalten und Gestaltungen zur Anschaulichkeit zu bringen unternahm. Diese Zweifel aber wurzelten einerseits in einer tiefen Sehnsucht nach und in den Hoffnungen auf Menschlichkeit, die aus bitteren und inhumanen Erfahrungen erwachsen waren, und andererseits in einer intensiven Beschäftigung mit der Welt- wie der Kunstgeschichte. Das hinterließ Spuren in den Gemälden und basierte auf eindringlichen Seherfahrungen – im Leben wie in der Kunst. Diesem verinnerlichten Bilderschatz soll hier nachgegangen werden. Die hinlänglich bekannten Bezüge zu den Malern der Moderne wie Max Beckmann, Lovis Corinth und Oskar Kokoschka bleiben hier unberücksichtigt; sie werden in diversen anderen aktuellen Studien betrachtet und wurden bereits häufig umkreist, benannt oder zumindest skizziert.

Mittelalter, Bildordnung, Maßstab

Es sei gleich eingangs festgestellt: Bernhard Heisig hat sich aller Epochen der europäischen Malerei bedient. Aber nicht präzise repetierte Zitate sind das Ziel seiner Kunst und seiner Aneignung, sondern eigenständige Annäherungen und freie Ableitungen von älterer Kunst. Dabei kann es nicht verwundern, dass Heisig auf die Visionen und Katastrophenwelten seit der spätmittelalterlichen Zeit rekurrierte. Er „bewunderte die Simultanbühne der mittelalterlichen Altarmalerei und ihren heterogenen Erzählstil"[1], konstatierte Eduard Beaucamp. Und in diesen Kontext gehören die polyfokalen, zwischen irdischer und imaginierter Welt, zwischen Menschen- und Teufelswesen oszillierenden Szenen von spätmittelalterlichen Altären wie etwa Jan Pollacks *Sturz des Magiers Simon*: Natürlich wollte ein Meister wie Pollack nicht nur Geschichten illustrieren, sondern zugleich zeigen, wie er kompositorisch – und also künstlerisch – jongliert und brilliert, wie er die unterschiedlichsten Wesensmerkmale, Haltungen, Verhaltensformen mit künstlerischen Mitteln zu veranschaulichen vermochte.[2] Darin und etwa auch im Wechsel der Figurengrößen, im „Sturzflug" mancher Figuren, in den gestischen und szenischen Relationen und Interaktionen der Personen zu- und untereinander ist Heisigs Bildpersonal greifbar vorgeprägt. Dass damit nicht gesagt sei, der Leipziger Künstler habe just dieses Werk sei-

Jan Pollack
Sturz des Magiers Simon
(Tafel des Petri-Altars)
um 1490
Mischtechnik
und Vergoldung
auf Fichtenholz
175 × 185 cm
Diözesanmuseum Freising

nes ein Halbjahrtausend früher tätigen Münchner Berufsgenossen gekannt, versteht sich von selbst.

Künstlerische Mittel wie die erwähnte ‚Simultanbühne', wie die gezielt eingesetzten Schriftbänder oder auch die bei Heisig beliebten Lichthöfe um Figuren gehen zweifelsohne auf seine Kenntnis mittelalterlicher Malerei zurück. Selbst manche Gestaltungsdetails lassen sich historisch herleiten: *Im Lob der gelegentlichen Unvernunft* hält links eine männliche, wohl als Selbstbildnis lesbare Figur einen Totenschädel auf der Hand – ganz so, wie mittelalterliche Heiligenfiguren ihre Attribute vorweisen, um eindeutig identifiziert werden zu können.

Viele Szenen in Heisigs Schaffen haben apokalyptischen Charakter, verweisen als Katastrophenbilder auf Weltgericht, Endlichkeit, Gefährdung, Untergang. Sie verhandeln nicht das biblische „Jüngste Gericht", aber die jüngste Geschichte – als ein Inferno. Dass Heisig sich dafür einer Bildregie bediente, die ihm aus kunstgeschichtlichen Büchern bekannt sein konnte, liegt auf der Hand. So lässt sich Stephan Lochners *Jüngstes Gericht* mit all seinen isolierten und farbig abgesetzten Hauptfiguren, mit den „geworfenen" Menschen (um es mit Martin Heidegger zu sagen) und den erhabenen Engelsscharen,

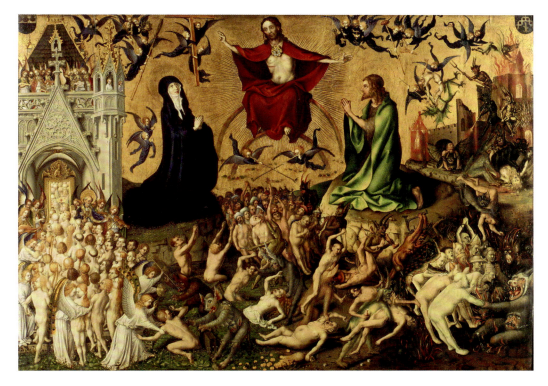

Stephan Lochner
Jüngstes Gericht
um 1435
Öl und Gold auf Eichenholz
124,5 × 174 cm
Wallraf-Richartz-Museum & Fondation Corboud, Köln

mit drei unterschiedlichen Figurenmaßstäben und einer polyfokalen Komposition als idealer Kronzeuge vorbildhafter Werke, als ein Konglomerat unterschiedlicher Narrations- und Symbolisierungselemente verstehen, die – wie bei Heisig – erst im Verbund zu einem komplexen Welten-Bild werden.[3]

Zahlreiche bildende Künstler und Literaten namentlich des 20. Jahrhunderts haben sich auf Hieronymus Bosch bezogen:[4] Seine Apokalypsen – man denke hier an das bekannte *Weltgerichtstriptychon*[5] – wurden als Präfigurationen der modernen Kriege und Katastrophen begriffen, seine vielfältigen, oft aus unendlich vielen einzelnen szenischen Bausteinen zusammengesetzten Bilder zeugen von Erzählwillen und Phantasie – und nicht zuletzt auch von einer Welt ohne Gott – oder doch zumindest ohne einen ausschließlich gütigen –, die die Nachgeborenen an die apokalyptische Gegenwart gemahnte oder an die jüngste Vergangenheit des 20. Jahrhunderts erinnerte. Heute benutzt man das Wort „Dystopie", früher hätte man mitunter wohl von Existenzängsten, noch früher von Gottesfurcht gesprochen, immer aber das Bedrohliche und die Ängste gemeint. Und hinsichtlich der künstlerischen Mittel gilt immer, dass diese Bilder – von Bosch bis Heisig – sich nicht in Windeseile ausdeuten lassen, sondern dass nach dem ersten Gesamteindruck ein Dechiffrieren erfolgen muss, das die Zeit und Geduld aufmerksamer Betrachter erforderlich macht und für das ein Eindenken, Einschauen, Einfühlen, Einlassen erforderlich sind. Eben dieses verlangsamte und verlangsamende Verhalten, diese verhaltene und innehaltende Wahrnehmung verlangt auch Heisig den Menschen ab, die sich seine Werke zu erschließen bereit sind.

Hieronymus Bosch
Weltgerichtstriptychon
Ausschnitt aus der Mitteltafel
um 1490/1505
Öltempera auf Eichenholz
164 × 127 cm
Akademie der bildenden Künste Wien

Es ist vielfach geschrieben worden, dass Heisigs Wurzeln zwischen Otto Dix und Max Beckmann zu suchen seien, doch – wie bei jeder Wurzel in der Flora – gibt es zahllose Stränge. Sie führen ins Erdreich der Kunstgeschichte und lassen sich vielleicht nie komplett freilegen. Umso wichtiger ist es, einige von ihnen prototypisch zu definieren und beispielhaft aufzudecken. Dabei geht es hier nicht darum, etwa eine Geschichte der Sakralformel von Triptychen darzulegen, die natürlich auch die genannten Maler der Moderne, Bacon und Beckmann, umfassen würde.

Am Beispiel des Gemäldes *Unterm Hakenkreuz* lässt sich manches präziser verorten. Die oben in der Mitte flammende Aureole goldgelb strahlenden Lichtes mit rotem Rand, diesen entweder infernalischen oder göttlichen Lichthof, kennt man gut aus der Geschichte der europäischen Malerei. Das vielleicht berühmteste Beispiel ist Matthias Grünewalds unendliche Male reproduzierter Isenheimer Altar, eine ikonische Referenz für die Maler der Moderne seit dem Expressionismus, auf dem der Auferstandene von

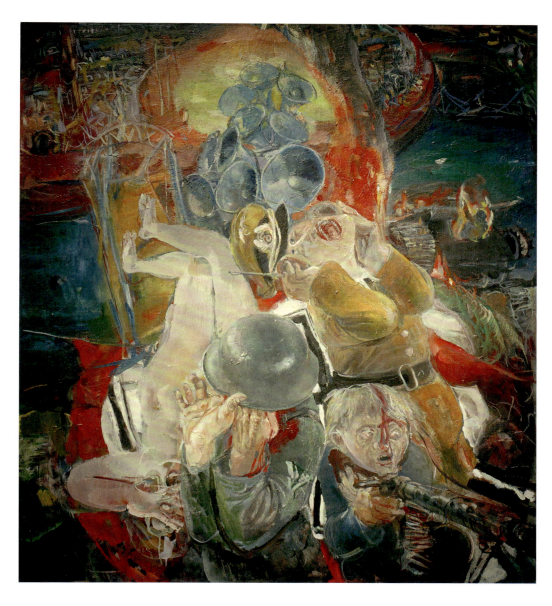

Unterm Hakenkreuz
1973
Öl auf Leinwand
139,5 × 125 cm
Staatliche Museen zu Berlin,
Nationalgalerie

einer solchen Lichterscheinung umgeben ist, während zu seinen Füßen das restliche Bildpersonal geradezu durcheinanderpurzelt. Dass Grünewald zu Heisigs Kanon gehörte, ist überliefert, ebenso wie Jörg Ratgeb – der widersetzliche Maler – sowie Bosch, Pieter Bruegel d. Ä. bis hin zu Francesco Goya.[6] (Auf die jüngeren Referenzen ist an dieser Stelle nicht einzugehen.) In Heisigs Gemälde schrillen nicht die Posaunen des Jüngsten Gerichtes, wohl aber die Lautsprecher, die als grelle Werkzeuge der Propaganda firmieren. Ein Opfer hält sich die Ohren zu – und schreit zugleich gellend. Das multisensorische Erleben ist Konzept; die Imagination des Schreis durch die Betrachter ist gewollt. Eine Aktfigur fällt in die Bildtiefe wie bei einem Höllensturz. Das moderne Inferno kennt hier keine Erlösung.

Masse und Macht – Bildordnung und Weltordnung

Referenz und Reverenz greifen ineinander, wenn sich Heisig mit Albrecht Altdorfers legendärer *Alexanderschlacht* befasst, einem der gestalterisch stärksten Geburtszeugnisse einer Weltgeschichts-Malerei, die über jede bloße Geschichtsmalerei weit hinausgeht.[7] Der innere Bildervorrat, über den der Künstler verfügte, den er – dem Zeugnis seines Sohnes gemäß – anhand seiner heimischen, vielgenutzten Bibliothek stetig nachtankte und den er zweifellos in den gut sortierten Leipziger Bibliotheken von der Hochschule für Grafik und Buchkunst bis zur Deutschen Bücherei hätte noch weiter auffüllen können (jedoch war ihm die unmittelbare Verfügbarkeit der Kunstbände wichtig[8]), machte ihm weitaus mehr verfügbar als nur Vor-Bilder. In den legendären Ateliergesprächen mit Henry Schumann findet sich eine Passage, in der Heisig sich mit dem Problem des reichen, überreichen oder gar massenhaften Bildpersonals auseinandersetzt: „Ich finde es sehr erregend, mit *vielen* Figuren zu arbeiten. Die beeinflussen sich gegenseitig, beantworten sich in ihrer Gestik, in der Farbe."[9] Heisigs künstlerische Meisterschaft spricht sich hier gleich mehrfach aus: Ihn faszinieren die Gestaltungsfragen (Farbe, Komposition, Beleuchtung) ebenso wie die Narration (Gestik, Mimik, Relation des Bildpersonals zueinander); er fügt aus den Figuren wie aus einzelnen und oft durchaus eigenwertigen Bausteinen ein Gesamtgebäude.

Heisig sah in Altdorfers Schlachtengemälde „ein gewaltiges Bild"[10]; es ist ein bildgewaltiges und zugleich ein gewaltsames, eines von Flucht, Verfolgung, Sieg und Gemetzel: kein Wunder, dass Heisig sich damit auseinandersetze. Doch er behielt neben den thematischen Aspekten immer auch die künstlerischen Mittel im Blick; ihn beschäftigten das Was und das Wie immer parallel. Zum letzteren Aspekt gehörte für ihn die Fernwirkung. Schon aus der Distanz lasse sich dieses Gemälde der Alten Pinakothek als „Bildsignal" lesen und entfalte es seine anziehende Wirkung. Diese Lesbarkeit erwächst – wie bei Heisig auch – aus einer strikten Farbregie, mit der die menschlichen Gestalten, die Krieger, die Fliehenden, in der Fläche und zueinander geordnet werden. Masse und Macht greifen thematisch ineinander.

Bei Altdorfer wird – erstmals in der Kunstgeschichte (?) – innerhalb eines Historiengemäldes das Individuum des Helden (Alexander der Große) vernachlässigt und die Menschenmenge, die den Bildraum ausfüllt und ohne die der ‚Held' seinen Ruhm nicht hätte entfalten, seine Taten nicht vollbringen können, zum Hauptakteur. Dass diese Schlacht übrigens zugleich ein apokalyptisches Schlachten ist, wird erst dem ganz nahe herantretenden Betrachter bewusst. Helden und Heldentaten sind entpersonalisiert. Auch das – dieser Akt der Anonymisierung einer Massenschlacht, der in ein Geschichtsbild von Zeitlosigkeit und ohne augenfällig exponierte Helden mündet – muss Heisig fasziniert haben, denn bei Altdorfer wird tausendfach gestorben und gemordet. Es gibt nicht nur historische Sieger und Helden:

‹ Albrecht Altdorfer
**Die Schlacht bei Issus
(Die Alexanderschlacht)**
1529
Malerei auf Lindenholz
158,4 × 120,3 cm
Bayerische Staatsgemäldesammlungen,
Alte Pinakothek, München

Pieter Bruegel d. Ä.
Sturz des Ikarus
um 1558/1560
Öl auf Leinwand
73,5 × 112 cm
Königliche Museen der
Schönen Künste, Brüssel

Alles endet schon dort in einer zertrümmerten Welt, wovon die Ruinen künden. Somit muss dieses Bild, das einst die Tugend eines Feldherrn lobpreisen sollte, für einen Künstler wie Heisig auch die absolute Fragwürdigkeit von Schlachtenruhm und Heldentat enthalten haben.

Traum und Hybris – Babylon und Ikarus

Das Land, in dem Bernhard Heisig lebte, verkündete allgegenwärtig und tagtäglich, man wolle ‚den Sozialismus aufbauen', und das System griff mit dem ersten bemannten Flug der Sowjetunion ins Weltall und mit der Landung auf dem Mond nach den Sternen. Dass das Vorhaben mit dem Fliegen eine schwierige Sache sei, hatte Leonardo da Vinci theoretisch durchdacht und Bruegel praktisch konterkariert. Sein Gemälde *Sturz des Ikarus* zeigt eine weite Landschaft und darin den winzigen abstürzenden Ikarus. Dieser war von seinem Vater gemahnt worden, mit seinen Flügeln aus Federn und Wachs der heißen Sonne nicht zu nahe zu kommen, da letzteres schmelzen werde, doch ignorierte er die wissende Warnung, sodass das vorhergesehene Unglück eintrat und er abstürzte. Bruegel dürfte für Heisig überhaupt und generell ein inspirierender Künstler gewesen sein, wie man auch anhand von dessen Engelssturz in derselben Sammlung ermessen kann, einem geradezu turbulenten Bild, dessen Gesamtheit und Gesamtgedanke sich erst im mehrfachen Abtasten der reich besiedelten Bildfläche, mit dem sukzessiven Erfassen aller Teilmotive erfahren lässt.[11] Mit *Der sterbende Ikarus* greift Heisig die Geschichte und die polyfokale Erzählweise von

Bruegel auf, rekurriert aber darüber hinaus – bewusst? – auch auf Hendrick Goltzius mit dessen abstürzendem Himmelsstürmer Ikarus, seinem wohl bekanntesten druckgrafischen Blatt, das sich in diversen Grafischen Sammlungen erhalten hat und vielfach reproduziert wurde.

Heisigs Gemälde trägt auch den alternativen oder Untertitel *Verspottung der Unvernünftigen*[12]; und damit sind Kategorien wie Spott und Unvernunft eingeführt, die in der niederländischen Kunst des 16. Jahrhunderts als Zentralbegriffe moralisierender Themenfindungen in einer als „verkehrte Welt" empfundenen Realität verhandelt wurden.[13] Heisigs Bild, das hier beispielhaft auf seine Wurzeln hin untersucht wird, amalgamiert jedoch weitere Vorläufer zu dem ganz eigenen Motiv. Bruegel hatte 1563 einen *Turmbau zu Babel* gemalt, der sich im Kunsthistorischen Museum in Wien befindet.[14] Dem folgte rasch eine zweite Version, die nach Rotterdam gelangte,[15] sowie eine Fülle von Adaptionen durch jüngere Künstler. Eine davon war für Heisig mühelos und auch im Original zugänglich, nämlich Marten van Valckenborchs d. Ä. *Der Turmbau zu Babel* von 1595 in der Dresdner Ge-

Der sterbende Ikarus
1978/79
Öl auf Leinwand
84 × 125 cm
Museum am Dom, Würzburg

Marten van Valckenborch d. Ä.
Der Turmbau zu Babel
1595
Malerei auf Eichenholz
75,5 × 105 cm
Staatliche Kunstsammlungen Dresden,
Gemäldegalerie Alte Meister

mäldegalerie.[16] Nicht nur der vielstufige und reich durchfensterte konische Turmbau in Heisigs Bild stammt aus jener Bildtradition, sondern auch der Zeigegestus einer Gestalt im Bild (hier links, dort rechts) und die Anwesenheit vieler weiterer Personen oder auch der Fernblick aufs Wasser. Und Heisig bleibt sich treu, indem er bekanntermaßen häufig die vermeintlich beendeten Gemälde späterhin erneut weiterbearbeitete, und auch, indem er Motive, die einmal final durch- und ausgearbeitet schienen, in mehreren weiteren Versionen und Varianten hinterließ. So war dem *Sterbenden Ikarus* ein noch nicht so komplex aufgeladenes Werk vorangegangen, nämlich *Neues vom Turmbau*, in dem die Hybris sich primär mit und in der Metapher des babylonischen Turmbaus aussprach, aber nicht mit dem Ikarus-Mythos verwoben worden war. Die Genese der Heisig'schen Komplexität beziehungsweise die komplexe Genese seiner Werke, sie lassen sich sowohl an den Bildtiteln als auch in der Malerei ablesen. Und bei den zahlreichen Ikarus-Themen geht es für den Maler ebenso wie beim Turmbau um eine elementare menschheitliche Frage, um die Balance von Mut oder Tatendrang einerseits und von Hybris und Scheitern andererseits. Heisigs grundlegend skeptische Frage gilt also den Grenzen, die dem Menschen gesetzt werden, sei es durch natürliche Gegebenheiten wie das Schmelzen des Wachses beim Ikarus, sei es durch göttlichen und also allgemein obrigkeitlichen Einspruch in ein gar zu groß geratenes Projekt, sei es durch Regeln und Restriktionen, wie sie der Parteiapparat und jegliche Bürokratie in jedwedem System generieren. Hybris oder Experiment, das war die Frage –

> **Neues vom Turmbau**
1977
Öl auf Leinwand
148 × 118 cm
Kunstmuseum Moritzburg Halle (Saale)

und sie dürfte von Heisig auch auf das politische System des sogenannten Sozialismus angewandt worden sein: Kann ein Land (oder ein System des sogenannten Sozialismus), das sich durch Mauern, Zensur, Doktrinen und Kleingeistigkeit abgeschirmt hat, sich entfalten? Wird es von sowjetischen Mächten in seine Grenzen gewiesen, so wie die Babylonier durch Gott? Ist es legitim oder gar notwendig, um die Gefahr des Scheiterns zu wissen und dennoch zu wagen?

Man kann diese Bilder als persönliche Zeugnisse eines gut unterrichteten Künstlers lesen, der seinen Platz in der Gesellschaft gefunden und doch zuvor auch Erfahrungen mit politischen Restriktionen gemacht hatte. Man sollte diese intelligente Auseinandersetzung aber auch mit der Kulturpolitik vernetzen, die die Künstler im Lande immer wieder einzuengen versuchte, etwa dadurch, dass man forderte, Historienmalerei solle der Fortschrittsdoktrin folgen und ihr Ausdruck verleihen.[17] Insbesondere vor diesem Hintergrund erkennt man Heisigs Bildwelt als eine widersetzliche, widerständige, fragende, in der das indoktrinierte Geschichtsbild sich nicht wiederfinden ließ, und als eine künstlerische Welt, die aus allen Zeiten und Ländern ihre Referenzen beziehen konnte. Viele dieser Chiffren werden etwaige Zensoren gar nicht begriffen haben, und diese Freiheit machte sich Heisig zunutze. Er stand damit nicht allein, denn beispielsweise der Dissident und Liedermacher Wolf Biermann und viele Autoren befassten sich ihrerseits mit dem Mythos. Um die Gegenwart zu erhellen, ließ sich eine solche Motivwelt – weit über Landes- oder Systemgrenzen hinaus – sehr gut einsetzen, stiftete sie doch eine Gemeinschaft der Andersdenkenden mittels Allgemeinbildung.

Komposition und Peinture
Schon aus biografischen Gründen (hierzu der Beitrag von Heiner Köster im vorliegenden Buch) kann es nicht verwundern, dass Bernhard Heisig sich mit der in einem aus der Kunstgeschichte bestens bekannten Gemälde dargestellten historischen Belagerung einer Stadt, die zum Wendepunkt wurde, befasste: Die *Übergabe von Breda* von Diego Velázquez gehört zu den Inkunabeln der Historienmalerei und steht wie ein erratischer Block einer pazifistischen Wendung neben der martialischen Tradition der Kriegs- und Schlachtenmalerei. Diese letztere Gattung vergegenwärtigte die Kriege, die Schlachtenverläufe, Fronten, Uniformen, Geschütze, Belagerungszustände mit Zelten und Kanonen, die Brände und Katastrophen, die Schäden an gegnerischen Bauten und Verteidigungsanlagen und zeigte allenfalls die mehr oder weniger exponierten Feldherren als die wichtigsten Zentralfiguren, als die Lenker der Schicksale. Die barocke Schlachtenmalerei diente nicht selten gar der militärischen Selbstvergewisserung, da sie die Gründe für Siege und Niederlagen verdeutlichen oder veranschaulichen konnte, seien es taktische Fragen der Truppenaufstellung oder geografi-

Diego Velázquez
Die Übergabe von Breda
1634/35
Öl auf Leinwand
307 × 367 cm
Museo del Prado, Madrid

sche Gegebenheiten wie etwa die Formen des Geländes. Von all diesem sah Velázquez konsequent ab; seine Übergabe einer Stadt an die gegnerischen Feldherren wird grandios zum Bild eines Kriegsendes und damit einer humanen Wendung: Die lange belagerte Grenzfestung Breda wurde von den Holländern durch Justin von Nassau an die spanischen Truppen übergeben: ohne weitere Kampfhandlungen. Natürlich gehören Details wie die Rauchschwaden, Zelte und Lanzen zur traditionellen Schlachtenmalerei (und sie zeigen das Ende des Kampfes), doch das Faktum, dass der Holländer den Schlüssel zum Stadttor in einerseits untergebener, jedoch andererseits in nicht unterwürfiger Geste an den gegnerischen Feldherren übergibt, macht aus dem Schlusspunkt militärischer Konflikte – wohl erstmals in der Geschichte der europäischen Malerei – den Beginn einer versöhnlichen Situation: Be-Friedung ist möglich.

Wo immer sich Heisig mit Kriegs- und Kampfesgeschehen befasste, muss ihm ein so starkes, so versöhnliches Bild vor Augen gestanden haben. Er bekannte gesprächsweise: Man „muß einen langen Traditionsverlauf mit aufnehmen bis zu Velázquez und noch weiter, viel weiter zurück. Wenn man mit diesen Bildern im Kreuz versucht, dann einigermaßen auf den Beinen zu bleiben, so ist das schon viel. Will man zum Beispiel ein so gewaltiges Bild wie die ‚Übergabe von Breda' von Velázquez überhaupt nur irgendwie zu Rate ziehen, dann muss man das alles ‚fressen'."[18] Diese letzte Vokabel ist geradezu verräterisch: Es geht nicht um ein bloßes schöngeistiges Verinnerlichen, sondern um eine maximale Aufnahme des geistigen Gehaltes, des kompositorischen Konzeptes und der malerischen Qualität. Das Wort ‚fressen' trifft es nicht präzise, aber gemeint ist hier: vorbehaltlos verinnerlichen, sich rückstandslos zu eigen machen.

Heisig durchdrang vorbildhafte Kunst so intensiv, dass es keiner Übernahme von etwaigen Details bedurfte, sondern allenfalls einer Anlehnung an das Ältere. Natürlich kann man beispielsweise in dem frühen Bild *Pariser Kommune III* von 1962 Anleihen sehen wie etwa die (seitenverkehrte) Platzierung einer ins Bild führenden Rücken- oder Seitenfigur, wie die (in Leserichtung) gebückte Haltung eines Mannes in der Bildmitte, wie die parallelen Vertikalen von Lanzen beziehungsweise Bajonetten oder die weitreichende Konzentration auf die Isokephalie. Was bereits oben im Kontext mit Altdorfers *Alexanderschlacht* erörtert wurde, ist ein dauerhaftes künstlerisches Thema für Heisig: Wie lassen sich Menschenmassen kompositorisch so ordnen, dass man sie den Lagern und Vorgängen zuordnen kann? Daneben beschäftigte ihn auch der Umgang mit dem Farbauftrag bei Velázquez. Doch man gewinnt den Eindruck, dass die Tatsache, wie vor Breda einem Belagerungszustand ein einvernehmliches Ende gesetzt werden konnte, ehe alle Menschen der eingekreisten Stadt mit ihrem Leben bezahlt hatten, eine hoffnungsvolle Botschaft in sich trug. Diese Situation muss in einem tieferen Sinne für Heisig als maßgebliche Bildbotschaft gegolten haben, war er doch in Breslau einem solchen kriegerischen Belagerungsende mit äußerster Not entkommen.

Bildsignal als Leitgedanke
Wird man je alle Bildelemente Heisigs dechiffrieren und ihre Herleitungen ermitteln können? Wird man es wollen? Ist es überhaupt erforderlich? Die Polyvalenz, die Heisig dem Bildpersonal und den Attributen eingeschrieben hat, trägt – darin ähnelt dieser Maler dem auch für ihn so anregenden Max Beckmann – zu der Bedeutungsfülle und Deutungsvielfalt bei. Heisigs zahllose Seherfahrungen und Bildeindrücke, die in sein Schaffen bewusst oder unbewusst einflossen, kann man sicherlich nur pars pro toto aufzeigen; und dies genügt letztlich auch, um seine Schaffensweise, die Methodik des Komponierens und Revidierens, des Variierens und Modifizierens, des Imaginierens und Memorierens zu beschreiben, die zwar oftmals auf kunsthistorische Ahnen zurückverweisen mochte, aber doch immer absolut eigenständig blieb und Gesehenes, Geschehenes oder Gekanntes frei anverwandelte. Hier ließe sich die Frage anschließen, was sich an Bildbänden in der vom Maler viel und intensiv genutzten eigenen Bibliothek befand; sie ist aber insofern nicht zielführend, als ihm auch die Bibliothek der

Hochschule für Grafik und Buchkunst verfügbar war. Und hierzu berichten Zeitgenossen wie Volker Stelzmann: „Die Leipziger Hochschule war, dank Bernhard Heisig, ganz gut in Schuss. Es gab in der Bibliothek verschiedene West-Zeitschriften."[19] Dass damit in der Buchstadt und der Stadt der regelmäßigen Buchmessen hinreichend Anschauungsmaterial aus der Welt-Kunstgeschichte und der künstlerischen Gegenwart disponibel war, darf als erwiesen gelten: Bücher waren verfügbar, Reproduktionen von Kunstwerken – die ehedem beliebten und verbreiteten Kunstdrucke – nicht weniger, wenngleich die Werke eben oftmals nicht im Originale gesehen, nicht in der ursprünglichen Dimension, Rahmung, Präsentation erlebt werden konnten: Daraus ergab sich, dass die Künstler Bildmotive und Kompositionen von

Pariser Kommune III
1962
Öl auf Leinwand
123,5 × 152,5 cm
Museum der bildenden Künste Leipzig

Meistern aller Zeiten und Orten kennen konnten und vor allem die Feinheiten der *Peinture* ihnen vorenthalten blieben. Sich im Strom der europäischen kunsthistorischen Bildmotive orientieren und verorten zu können, das hieß zunächst vor allem, sich den Sinngehalt von nicht oder allenfalls schwer im Original erreichbaren Kunstwerken zumindest in großen Umrissen erschließen zu können.

Bernhard Heisig wuchs in eine Zeit hinein, in der den Kunststudenten noch die gesamte Kunstgeschichte eröffnet wurde und sie diese Unterrichtung über die – oder Konfrontation mit den – Großen ihres Faches, die mehr als ein halbes Jahrtausend Malereigeschichte hinterlassen hatten, nicht umgehen konnten. Heisig würde allerdings vermutlich auch aus eigenem Antrieb zu jenen Studenten gezählt haben, die dies gar nicht beabsichtigten: Sein Verhältnis zur Kunstgeschichte war sichtlich ein begierig aufnehmendes, ein dankbar empfangendes – und zugleich stets ein eigenständig verarbeitendes.

Über die Wirkung von Gemälden reflektierte Heisig, der allererste Anblick sei der entscheidende (wobei er bezeichnenderweise wiederum auf ein Schlachten-, Katastrophen- und Weltbild als Referenz zurückgriff): „Nehmen Sie beispielsweise noch Albrecht Altdorfers *Alexanderschlacht*. In der Münchner Pinakothek hängt das in einem Raum zusammen mit einigen Bildern, die auch diese Schlacht darstellen und im Format ähnlich sind. Aber auf den Altdorfer geht man sofort zu und weiß, noch ehe man davorsteht: ein gewaltiges Bild."[20] Dass es sich bei dem Schlachtenzyklus um die Ausstattung eines längst aufgelösten Raumes in der Münchner Residenz handelt und dass darin unterschiedliche Kriege und nicht immer derselbe dargestellt sind, spielt hier keine Rolle.[21] Intuitiv hat Heisig die immer fälschlich für zugehörig gehaltenen Sujets der weiblichen Tugenden in dem Kontext gar nicht erwähnt,[22] sondern sich alleinig auf die Schlachtenbilder konzentriert.

Mit Blick auf Altdorfer und dessen Zeitgenossen sowie auf jegliche historische Darstellung vergleichbarer Art fährt Heisig in seinen Äußerungen fort, um im Kontext weiterer künstlerisch-ästhetischer Überlegungen schließlich herauszuarbeiten, welche zentrale Leitidee ihn grundsätzlich beschäftigt: „Aber alles untergeordnet dem großen Bildgedanken. So entsteht ein Bildsignal. Für den Maler ist es das eigentliche Thema."[23] Was Altdorfer auszeichnete und Heisig beeindruckte, das war die kraftvolle gliedernde Verteilung der großen Farbenwerte, die Ordnung von dunkler Dichte, gleißendem Gelb, strahlendem Blau, von hellem Schriftfeld. Nicht zufällig hat Heisig wie nur wenige Zeitgenossen die Tradition der Schrifttafeln und -bänder aus Mittelalter und Renaissance in seine Kunst transferiert: Auch diese Elemente nutzt er kompositorisch, ordnend, kommentierend. Wo immer Heisig ansetzt, zielt er auf diesen Begriff des starken Bildsignals, aber auch auf die menschliche Dimension. Einfühlsam hat Katrin Arrieta das formuliert: „Existenz, wie Bernhard Heisig sie gemalt hat, ist tragisch, aber kostbar, und sie ist vor allem gefährdet."[24] Diese Ambivalenz und die Formen ihrer Darstellbarkeit zog der Maler aus vielen Gemälden zahlreicher Meister der Vergangenheit, um doch daraus immer das Eigene zu machen.

1 Zitiert nach: Brusberg 2014, S. 48.
2 Musper 1961, S. 111.
3 Ausst.kat. *Renaissance im Norden* 2023, S. 189.
4 Maaz 2015.
5 Büttner/Nauhaus/Pokorny/Silver 2020.
6 Johannes Heisig an den Verfasser, 01.05.2024.
7 Maaz 2022, Bd. 1, S. 198–202.
8 Johannes Heisig an den Verfasser, 01.05.2024.
9 Schumann 1976, S. 113.
10 Ebd., S. 114.
11 Draguet 2015, S. 88 f.
12 Brusberg 2014, S. 90 f.
13 Vgl. zum Beispiel: Ausst.kat. *Verkehrte Welt* 2016.
14 Ausst.kat. Bruegel 2018, S. 174–181.
15 Ebd., S. 182–185.
16 Maaz 2014, S. 178 f., 181.
17 Schirmer 2011, S. 10.
18 Schumann 1976, S. 112.
19 Pooth 2024, S. 232.
20 Heisig 1989a, S. 108.
21 Goldberg 2002.
22 Maaz 2022, Bd. 1, S. 202–204.
23 Heisig 1989b, S. 108.
24 Brusberg 2014, S. 14.

**Ikarus – Schwierigkeiten
beim Suchen nach der Wahrheit**
1973
Öl auf Leinwand
118 × 165 cm
Museum der bildenden Künste
Leipzig

Hans-Werner Schmidt

Flugversuche im Atelier.
Bernhard Heisig zwischen Himmel und Erde*

Bernhard Heisig beginnt 1966, sich mit der Figur des Ikarus auseinanderzusetzen. Ikarus ist in der griechischen Mythologie der Sohn des Daidalos. Beide wurden wegen Unbotmäßigkeit von König Minos im Labyrinth des Minotauros auf Kreta gefangen gehalten. Da Minos Kontrolle über die Landwege und die Küsten ausübte, entschlossen sie sich zur Flucht durch die Lüfte. Daidalos entwickelte ein Fluggerät, Flügeln gleich, bei dem Federn durch Wachs an ein Gestänge fixiert wurden. Der Vater schärfte seinem Sohn ein, die Flugbahn einzuhalten, nicht zu tief zu fliegen, da die aufsteigende feuchte Luft des Meeres die Federn durchweichen könnte, aber auch nicht zu hoch zu fliegen, da die Strahlen der Sonne das Wachs zum Schmelzen brächten. Es galt, die Balance zwischen zwei Elementen zu halten. Doch Ikarus stieg in jugendlichem Leichtsinn auf. Die Federn lösten sich und er stürzte ins Meer. Der Mythos kündet davon, dass Übermut von den Göttern im Himmel bestraft wird.

1964 war Heisig aus seinem Amt als Rektor der Hochschule für Grafik und Buchkunst in Leipzig entlassen worden. Er hatte in einer Rede gefordert, dass Kulturpolitik die künstlerische Sicht nicht einengen dürfte. In der abverlangten Selbstkritik, die einer Denunziation des Ego gleichkam, musste Heisig eine Fehlleistung gegenüber dem Wahrheitsregime einräumen. Die Freistellung vom Lehrbetrieb erfolgte vier Jahre später. Die gewonnene Freiheit machte es ihm möglich, die eingeschlagenen künstlerischen Radien zu erweitern und zu Bildern zu finden, in denen Heisig die persönliche Situation infolge seines unbotmäßigen Handelns zu Gesellschaftsbildern verarbeitete. Ikarus zwischen Übermut und Scheitern wird ihm zum Lebensbegleiter, ermöglicht ihm wider Erwarten sogar den Höhenflug, als sein Ikarus im monumentalen Format (2,8 × 4,5 m) 1975 in den Palast der Republik einzieht.

Dabei ist Bernhard Heisig nicht allein, wenn er Ikarus als historischen Zeugen benennt für die gefährliche Grenzgängerei und das Scheitern infolge des Übermuts. In die akademische wie parteipolitische Diskussion um das kulturelle Erbe und die Benennung fortschrittlicher Kräfte und deren Widerpart sind die Kulturschaffenden in der DDR eingebunden. Ikarus erlebt in der DDR während der 1970er Jahre in den Künsten einen Aufwind. Eine Ausstellung in Magdeburg 1981 versammelt Ikarus-Darstellungen und 20 Jahre später treten Ost-Ikarus und West-Ikarus in den Dialog unter dem Titel *Ostwestlicher Ikarus. Ein Mythos im geteilten Deutschland* (Schloss Gotha 2004/05). Mythologische Figuren sind im Stellvertretereinsatz, vor allem die, deren Handeln für Hoffnung und Scheitern steht.

Der sterbende Ikarus
1978/79
Öl auf Leinwand
84 × 125 cm
Museum am Dom, Würzburg
vgl. auch die große Abb. S. 61

In diesem Zusammenhang schreibt Johannes Heisig in der FAZ einen ausführlichen Beitrag anlässlich der 1999 in Weimar gezeigten Ausstellung zur Kunst in der DDR. In der Einleitung zu seinem Text heißt es: „In Bausch und Bogen wurde gute und schlechte Kunst aus der DDR in liebloser Präsentation auf die Müllhalde der Geschichte geworfen." Johannes Heisig stellt dagegen die „kommunikative Kraft des DDR-Bürgers". „Und war nicht auch das ptolemäische Weltbild das letzte wirklich abbildbare? Liegt hier vielleicht sogar ein Grund für die Tatsache, dass so viele Maler in dieser DDR zurückgriffen und zurückgreifen konnten auf das Vokabular etwa der griechischen Mythologie oder des deutschen Mittelalters? Wenn ich ein Bild der Kujonierung des Individuums geben will, finde ich die großartigsten Anknüpfungspunkte bei Jörg Ratgeb. Aber man finde einmal ein selbständiges Bild für individuelle Freiheit! Vielleicht ist ja auf verquere Weise der tragische Fenstersturz des Rex Gildo eines." (FAZ, 30.11.1989). Bei letzterem handelt es sich um ein Opfer der Spaßgesellschaft, das im Schlagerhimmel seinen Kompass verlor und ohne heroische Begleitmusik einsam in den Tod stürzte. Dabei kann Heisigs Ikarus, tragischer Held in einem Welttheater, nicht Pate stehen, so wie in *Ikarus – Schwierigkeiten beim Suchen nach Wahrheit* (1973). Hier versammelt Heisig seine Akteure, die auch bei künftigen Unternehmungen für eine disparate Gesellschaft stehen. „Wahrheit" scheint angezeigt in der zum Himmel erhobenen Schwurhand des Galileo Galilei. Die Gestalt verdankt Heisig der Galilei-Figur von Fritz Cremer (1969–1972). Den Gegenpol bildet ein Bischof im Ornat, der angesichts der „Wahrheit" die Hände vor die Augen hält und dem das Ketzerbekämpfungsinstrument zur Seite steht. Ihn hinterfängt der Turmbau zu Babel, dessen oberste Plattform durch das begrenzende Format gedeckelt erscheint. Zwischen Wissenschaft und Glaube versammelt Heisig ein Welttheater mit Vertretern der Bourgeoisie, des Militarismus und des Amüsierbetriebs. Leicht verdeckt erscheint der Künstlerkollege Salvador Dalí im clownesken Outfit. Am Bildrand tritt Heisig selbst als Zeuge auf, deutlich gealtert, als gelte dieses historische Spektakel auch für die Zukunft. Während der Mann des Glaubens mit dem Turm im Rücken einen stabilen Pol bildet, sorgt die expressive Geste des Wissenschaftlers für Turbulenzen am Himmel wie auch auf See. Ikarus flattert wie ein hilfloses Insekt, ein im Ersten Weltkrieg in Dienst gestellter Doppeldecker stürzt ab und reißt neues Fluggerät mit sich, eine Montgolfiere, ein früher Heißluftballon, gerät in Turbulenzen – und vor der Küste versinkt eine Kogge. Heisig wird diese Motivparallele, angeregt durch die Sprachparallele, nämlich Luftfahrt und Schifffahrt, beibehalten. Auf Augenhöhe mit Ikarus ist der Betrachter bei *Der sterbende Ikarus*. Sein Körper erscheint wie niedergestreckt, so als sei er mit dem mächtigen Sonnenkörper kollidiert, der gleichsam aus dem Hinterhalt, verborgen hinter dem babylonischen Turm, seine sphärische Macht behauptet und den Himmel in ein blutrotes Licht taucht. Doch wenn Figuren aus der antiken

Mythologie gleich Metaphern zu Bildgestalten und Erzählungen wurden, warum dann nicht Daidalos, der Vater von Ikarus? Dabei kann man in ihm einen begnadeten Technikvisionär sehen, ihn als Pionier der Luftfahrt begreifen, die im 20. Jahrhundert den Weg aus der Erdatmosphäre in die Stratosphäre fand. Sputnik 1 musste nicht die Strahlen der Sonne fürchten, jener sowjetische Satellit, der 1957 im Westen den „Sputnik-Schock" auslöste. Gleich darauf umkreiste die Hündin Laika in einem Sputnik den Globus und Sputnik 10 brachte 1961 den ersten Menschen, den Kosmonauten Juri Gagarin, ins All. Es folgte später der NVA-Kampfflieger Sigmund Jähn, der 1978 als erster Deutscher in die Geschichte der Raumfahrt einging. Diese vermeintliche Fortschrittsgeschichte kommt bei Heisig nicht zur Darstellung. Der Fortschritt bleibt in seinen Bildern ein Befragungswürdiger in einem Geflecht widerstreitender Interessen, wobei Macht und Ohnmacht in einem gesellschaftlichen Gefüge zu verorten sind.

Bei Heisig emanzipiert sich Ikarus aus dem mythologischen Kontext. In dem Bild *Neues vom Turmbau* (1977), hat er einen Vertreter, der von nun an der Gefährte im Unglück bleiben wird. Es ist ein dunkel gekleideter Mann, der kopfüber in die Tiefe stürzt. Hier, und nicht nur hier, bekennt sich Heisig zu Max Beckmann, für den er vor allem in dessen Geburtsstadt Leipzig mit großem Engagement um Anerkennung wirbt. Beckmann malt in seinem Todesjahr den *Stürzenden* (1950). Bereits 1928 spielt er gedanklich mit dem Absturz. Mit den *Luftakrobaten* gerät eine Fahrt im Heißluftballon zum waghalsigen, zirzensischen Akt. Die mitgeführte stilisierte amerikanische Flagge kündet vom Traum, dass jenseits des Atlantiks ein Mehr an Freiheit auf den Maler warten könnte. Dieser Traum einer möglichen Entgrenzung wird für Heisig obsolet. Ikarus verpuppt sich und gleicht immer mehr einer Atelierpuppe. Halt findet er in einer doppelreifigen Metallkonstruktion, an der mächtige, faltbare Flügel befestigt sind – so in den Bildern *Der kleine Katastrophenfilm I* und *Der kleine Katastrophenfilm II*, entstanden und überarbeitet in den Jahren 1977 und 1985, wie auch modifiziert in der *Verspottung der Unvernünftigen* (1981–1984). Längst geht es nicht mehr um den Höhenflug. Eingepfercht und von Angst gezeichnet wirkt dieses Menschlein im Fluggerät, das an die Gleitfahrzeuge des Luftfahrtpioniers Otto Lilienthal erinnert. Heisig kann den Himmel gänzlich aussparen, denn Lilienthal stürzte sich von der Abbruchkante einer Kiesgrube im Gleitflug in die Tiefe. Es war dennoch ein Spektakel, das medial begleitet wurde in Bildern, gedruckten Texten und Tondokumenten. So baut Heisig bewusst den Kameramann in den „Katastrophenfilm" ein. Es geschieht noch mehr Unheil. Der Turmbau zu Babel erscheint gekappt, ein Doppeldecker stürzt ab, ein Dampfschiff versinkt – ein Tragödienkonzentrat im Haifischbecken. 1896 stirbt Lilienthal bei einem Flugversuch. Auf seiner Grabplatte steht geschrieben: „Opfer müssen gebracht werden."

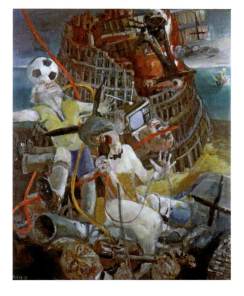

Neues vom Turmbau
1977
Öl auf Leinwand
148 × 118 cm
Kunstmuseum Moritzburg Halle (Saale)
vgl. auch die große Abb. S. 63

Der kleine Katastrophenfilm I
1977/1978/1985
Öl auf Leinwand
127,5 x 190,5 cm
Museum der bildenden Künste Leipzig

Heisig traut der Mythosfigur Ikarus im Laufe der Jahre immer weniger zu. Sein ins Bild gesetzter Fluchtversuch, sein Eskapismus mit Todesfolge, wirkt zunehmend wie ein Metaphernverschleiß. Zudem hatte Heisigs *Ikarus* im Palast der Republik seine Rätselhaftigkeit und damit sein Bedeutungspotenzial eingebüßt. Für die politischen Vertreter in der Volkskammer stellte die politische Doktrin die Lesehilfe dar. Auf die Flucht als in jeder Hinsicht verantwortungsloses Unternehmen folgt die Strafe. Der eigentliche Antrieb, befördert durch den Konflikt zwischen individuellen Träumen und staatlichen Disziplinierungen wie einem unschönen Erwachen in der Selbstdisziplinierung, war nur für die nachvollziehbar, die in ihren Projektionen das Weite suchten. Doch nicht nur das. An die Stelle des Traums vom galaktischen Fliegen in Gestalt der sowjetischen Raumstation MIR, verstanden als Botschaft des Friedens über der Erde, trat nach 1990 der bezahlbare Traum vom Fliegen in Gestalt der Flüge von TUI. Heisig fasst seine Ernüchterung zusammen im Bild *Der verbrauchte Ikarus* (1993–1995). Die Textbeigabe lautet „Deine Leistung wird Dir gestrichen", „Es wird Dir nicht

Fliegen lernen im Hinterhof
1996
Öl auf Leinwand
210 × 200 cm
Galerie Berlin

zugesehen" und „Du stirbst für Dich ...". Der Einsatz der Worte kündet gar von einem Vertrauensverlust gegenüber dem Bild.

Der Traum vom Fliegen aus der Enge der Verhältnisse war ausgeträumt. Dafür fand der Maler ein anderes Bild, das der Flugversuche im Hinterhof. Verschattet und düster stehen die Wände gegen den Auftrieb. Das *Fliegen lernen im Hinterhof* (1996) belustigt allenfalls die Nachbarn, die das Sich-Abstrampeln unter Schirmkonstruktionen als Unterhaltung goutieren. Dass hier das Ziel, der Himmel, abwesend ist, reiht sich ein in Heisigs Horizontverschiebung. Zurück auf „Anfang".

Bernhard Heisigs Gemälde sind, wenn man einen gewohnten Aufteilungskanon von Himmel und Erde vor Auge hat, himmelsabstinent. Die Horizonte sind im Bildaufbau weit nach oben geschoben, was den Himmel auf einen schmalen Streifen reduziert. Und eben dieser ist die Folie für

Christus verweigert den Gehorsam II
1986–1988
Öl auf Leinwand
141 × 281 cm
Staatliche Museen zu Berlin,
Nationalgalerie
vgl. auch die große Abb. S. 112

Der Feldherrnhügel
1988
Öl auf Leinwand
80 × 60 cm
Privatbesitz

ein apokalyptisch anmutendes visuelles Vokabular. Bei *Festung Breslau – Die Stadt und ihre Mörder* (1969, vgl. Abb. S. 36) erscheint der Himmel als pechschwarzer Streifen, so als würde sich die ebenfalls tiefdunkle Oder in ihn ergießen. Die obere Bildkante ist unerbittlich. Demzufolge erscheint die Doppelturmfassade der Kirche wie gekappt. Eben diese Türme erscheinen im Hintergrund von *Meine Mutter vor brennender Stadt* (1976, vgl. Abb. S. 170). Wenn Heisig hier dem Himmel mehr Raum zubilligt, dann, um dem verheerenden Feuer ein Bild zu geben, in dem die Kirche, Ort des Glaubens und der Zuversicht unter himmlischem Gewölbe, zu verglühen scheint. Bei *Christus fährt mit uns* (1985–1987) erscheint der Himmel als schmale dunkle wie schwefelgelbe Folie, um Bildzitate aufzunehmen. Da ist zum einen Oskar Kokoschkas Ei aus dem Bild *Das rote Ei* (1941), das zwischen Adolf Hitler, Benito Mussolini und dem tatenlosen englischen Löwen zum Köpfen angerichtet ist, eine Büchse der Pandora, die im Rahmen der Münchner Konferenz zur „Sudetenfrage" unter Verschluss gehalten wurde. Daneben finden sich bei Heisig Hinrichtungsszenen aus Jacques Callots Bildfolgen zum 30-jährigen Krieg wie auch Pieter Bruegels Höllenvergegenwärtigungen auf Erden. In *Christus verweigert den Gehorsam II* (1969), erscheint der Himmel als schmales schwarz-rot-goldenes Farbpanorama. Im tiefen Schwarz zeichnet sich ein aufgespießter Soldat im Stacheldrahtverhau ab, den Heisig als Zitat aus dem verschollenen *Schützengraben*-Bild von Otto Dix übernimmt, während sich der Christus vor gelb-roten Schlieren schmerzverzerrt die Dornenkrone vom Haupt reißt. Die Zone gleicht einer Partitur für Schreckensnotate. Dabei ist Dix mit weiteren Bildzitaten in Heisigs Kriegsdarstellungen präsent wie aus dem Dresdner Triptychon *Der Krieg* (1929–1932), *Flandern* (1934–1936) und eben dem *Schützengraben* (1923). Es sind – wie in diesen Bildern – auch die geschundene Erde, der von Granateinschlägen zerfurchte Boden, morastig, durchtränkt mit Blut, versetzt mit Verwesendem und die von Feuerwalzen hinterlassenen Fraßstellen, die Heisigs Pinselführung und die mittels Spachtel aufgetragenen Farbschichten zur Übersetzung auf die Leinwand auffordern. In den Bildern scheint sich in Umkehrrichtung die malträtierte Erde sintflutartig in den Himmel zu ergießen.

Auch die ältere Geschichte erscheint als dunkles Himmelskapitel – so die Bilder zum Leben von Friedrich dem Großen. Ein Bildtitel wie *Der Feldherrnhügel* (1988) verspricht Überblick als Grundlage strategischen Geschicks. Doch hier schwebt die Szenerie vor einem tiefschwarzen Abgrund, aus dem ein gefräßig wirkender Totenschädel in fahlem Licht aufscheint. Bei *Der große König und sein Soldat* (1992) wirkt der Himmel wie eine Blutlache, in der der Soldat liegt, und in der preußischen Geschichte fortschreitend verleiht Heisig dem Regenten in *Der Kaiser steht früh* auf (2005) einen umjubelten Auftritt. Dabei zeigt der weite Himmel keine himmlischen Konturen, es ist einfach Preußisch-Blau.

So sind Bernhard Heisigs Bilder aussichtslos, verstellt von tumultartigen Szenerien und Trophäenhaufen der Geschichte in apokalyptischer Trübung. Wenn all die Abstürze, Strangulierungen und Malträtierungen unter anscheinend ohrenbetäubendem Lärm bei der Verkeilung von Menschen und Maschinerien stattfinden, dann ist Heisig als Zeuge präsent wie in Bildern, die er mit *Das Atelier* (1979) oder *Der Zauberlehrling I* und *Der Zauberlehrling II* (1978–1981 und 1981, vgl. Abb. S. 126) betitelt. Sollte sich ein kleiner Engel mit Trompete in die schmale Himmelszone verirren, dann bleibt er mit seiner musikalischen Botschaft ungehört, denn aus Heisigs Atelier dröhnen die Tuben, stoßen die Fernsehgeräte akustische Kaskaden aus, während Schalltrichter im Wildwuchs die Schreie der Akteure zu übertönen scheinen. Mittendrin der verstört wirkende Heisig, der im Strudel der Motive zu versinken droht.

Der Zauberlehrling I
1978/1981
Öl auf Leinwand
142 × 190 cm
Museum Junge Kunst
Frankfurt (Oder)

Bildnis der Mutter III
1967
Öl auf Leinwand
79,5 × 59,5 cm
Lindenau-Museum Altenburg

Doch Heisig kennt nicht nur das Involviertsein, diese Zeugenschaft, mit der man die Niederungen „mit eigener Haut" erfahren kann. Er beansprucht auch eine Lufthoheit. Sein Blick schwingt sich auf gen Himmel, den er nie als Ort des Versprechens begriffen hat. Er findet hier zu einer imaginären Warte, um den Überblick nicht zu verlieren. Mit Geschick setzt er die Doppelperspektive um, so bei einigen seiner Mutterbilder. *Bildnis der Mutter III* (1976) zeigt die alte Dame, ihrem Sohn im Atelier gegenübersitzend. Es ist eine

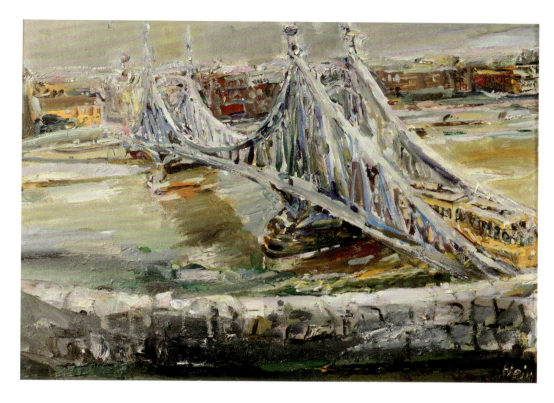

Freiheitsbrücke in Budapest
1972
Öl auf Hartfaser
60 x 80 cm
Museum Ludwig Köln,
Leihgabe Peter und
Irene Ludwig Stiftung

klassische Porträtdarstellung, doch unvermittelt begrenzt eine Stadtansicht von Breslau den Raum, gesehen aus der Vogelperspektive, die das urbane Konglomerat als plastisch akzentuierten Stadtplan lesen lässt. Er begegnet der Mutter in der Nahsicht, unmittelbar und emotional ungeschminkt – gleichzeitig schafft er Distanz zur entrückten Heimat in Gestalt des „Luftbilds". Heisig nimmt damit einen Kunstgriff El Grecos auf. In dessen Gemälde *Ansicht und Plan von Toledo* (1610–1614) präsentiert ein junger Mann den Stadtplan von Toledo vor der Ansicht der Stadt. Die kartografierte Lokalität, präsentiert von einer Assistenzfigur, tritt vor das Panorama. In dem Roman von Michel Houellebecq *Karte und Gebiet* (2010) heißt es „Die Karte ist interessanter als das Gebiet". Auf dem planimetrischen Untergrund können die Bilder der Betrachter gedeihen.

So weit geht Heisig nicht, doch die imaginären Flugbewegungen leiten ihn weiter an. Ob es die *Freiheitsbrücke in Budapest* (1972) ist, *Moskau* (1980), wiederkehrend die Brühlsche Terrasse in Dresden, die Punta della Dogana in Venedig mit der Kirche *Maria della Salute* (1985), die sagenhafte Stadt *Vineta* (1993) an der vorpommerschen Küste, *Lugano bei Tag und bei Nacht* (1990/91 und 1991), *Tangermünde* (1995) – Bernhard Heisig scheint sich im Gestänge von Lilienthals Fluggleitkörper zu befinden. Dabei haben ihm Postkarten und Städtebildbände die Flugbahn vorgezeichnet. Mehr noch hat ihn ein anderer Künstler zu diesen Höhenflügen motiviert. Pate steht der überaus geschätzte Oskar Kokoschka. Die Wertschätzung veranlasst Heisig sogar, den von 1917 bis 1923 in Dresden tätigen Kollegen zweimal ins Bild zu setzen, jeweils als monumentalen Kopf vor der charakteristischen Silhouette des südlichen Dresdner Elbufers. Einmal droht Heisig bei seinem Überflug den Dachreiter von Notre Dame zu schrammen, doch nur so ergibt sich für ihn der Blick auf die sich gabelnde Seine, die das Kirchenschiff unter sich wie ein das Meer teilendes Schiff erscheinen lässt – lapidar betitelt mit *Über der Stadt* (1984). „Paris" benennt er nicht, vielleicht weil er spürt, wie weit er sich von seinen Bildern der Pariser Kommune der 1960er und 1970er Jahre entfernt hat. Eine Kirche geht in einem anderen Bild mit einem deutlichen Ortsverweis einher. Im *Bildnis Peter Ludwig* (1983/84, vgl. Abb. S. 236) erscheint der Kunstsammler mit dem Finger in der Wählscheibe und den Hörer zum Ohr führend vor einer großen Stadtansicht in seinem Büro. Es ist Aachen aus der Vogelperspektive und der Fokus scheint auf den Aachener Kaiserdom eingestellt zu sein, sicherlich zum Gefallen des in Aachen geborenen Süßwarenherstellers Ludwig.

Auch das Land wartet mit vergleichbaren Perspektiven auf. 1992 siedeln Bernhard Heisig und seine Ehefrau Gudrun Brüne von Leipzig nach Strodehne im Havelland. Die dortigen Alleen weisen einen dichten Baumbestand auf, der gleichsam wie ein Tunnel den Straßenverlauf überwölbt. Der Himmel darüber ist nur durch eintretende Lichtflecken erahnbar. Dorfstraßen, meist von hoher Warte aus gesehen, werden für Heisig besonders bildwürdig im Herbst, wenn der Regen sie zu morastigen Bahnen aufgeweicht hat und diese dem Maler die Möglichkeit geben, mit dem Farbmaterial nicht zu sparen, um die tiefen Furchen wie Verwerfungen der Erde erscheinen zu lassen. Regen kennt Heisig nur als Regenfront, sodass Wiesen durchtränkt in tiefem Moosgrün erscheinen. Es darf schon als Seltenheit angesehen werden, wenn in *Wintertage im Havelland* (1993) die Sonne den Schnee zum Leuchten bringt. Und als „Ausreißer" muss man das Bild *Maler im Kornfeld* (1991, vgl. Abb. S. 272) bezeichnen. Da steht der Maler mit Sonnenhut vor goldenem Ährenfeld und alles leuchtet unter einem Himmel, der an die Provence denken lässt. Dies bleibt der einzige Ausflug von Heisig in das Werk von Vincent van Gogh. In späten Bildern wie *Freyenstein, altes Schloss, Rathaus Nauen* und *Zu Tangermünde* – alle 2005 entstanden – darf der blaue Himmel über üppiger Botanik leuchten und Türme werden nicht mehr unter der Restriktion des Formates gekappt.

Ein Kapitel darf hier nicht unerwähnt bleiben, eben die zahlreichen Interieurs mit üppigen Blumenstillleben. Hier wundert die Perspektive. Die visuelle Annäherung erfolgt meist von der Decke, als sei der Blick des Malers auf der Flugbahn eines Insekts zu verorten, das sich im Landeanflug auf das prächtige Blumenmeer befindet. Hat sich Ikarus einer Ovid'schen Metamorphose unterzogen und sich somit in sichere Gefilde begeben? In *Geburtstagsstillleben mit Ikarus* (1985) steht eben jene mythologische Figur im handlichen Format auf einer Anrichte, umzingelt von floralen Grüßen, die das Wohnzimmer wie ein Blumengeschäft erscheinen lassen. Die

Allee in Brandenburg
2008
Öl auf Leinwand
50 × 70 cm
Sammlung Marianne und
Heiner Köster, München

Geburtstagsstillleben mit Ikarus
1985
Öl auf Leinwand
120 × 161 cm
Museum der bildenden Künste Leipzig

Ikarus-Figur als Trophäe? Sie trägt die Jakobinermütze der Französischen Revolution. Der Lilienthal'sche Gleitflugapparat, die mächtigen Flügel, wirken nun wie mächtige Schulterblätter und die hinterrücks aufgeschnallte Rakete verspricht einen donnernden Höhentrieb. Sighard Gille hat sie aus Pappmaché gefertigt und seinem Lehrer zu dessen 60. Geburtstag geschenkt. Aus dem tollkühnen, den Himmel stürmenden Ikarus ist eine skurrile Figur geworden, die ihren Einsatz im Dekorbereich findet. „Geschichte wiederholt sich: Zuerst als Tragödie, dann als Farce." Übersetzt Heisig mit seiner in der Stube vollzogenen Miniaturisierung des Tatmenschen eine Einschätzung von Karl Marx, der mit diesen Worten den Staatsstreich von Napoleons Neffen und dessen Kaiserambitionen karikiert?

Heisig bleibt den Freiheitsversprechen auf der Spur. Die Kogge aus früheren Ikarus-Bildern kommt wieder zum Einsatz. Schifffahrt wird zur Luftfahrt in Bildern wie *Menschen am Fenster und ein blaues Schiff* (1990). Es ist eine sich hysterisch gebärdende Neugier, mit der Menschen, dicht gedrängt in den Fenstern, den Flug einer blauen Kogge unter vollen Segeln durch die Straßen verfolgen. Wie das Abbild eines Raunens gleitet das Schiff an den Fassaden vorbei, ein nicht definiertes Versprechen suggerierend, das die Menschen wie „aus dem Häuschen" erscheinen lässt. Noch einmal ein Flugversuch im Hinterhof?

Heisigs Kogge ist blau. Die blaue Blume steht in der Romantik für Sehnsucht und Liebe, sie ist das Schlüsselbild für das metaphysische Streben nach dem Unendlichen. Doch diese mit der Gefahr des Bodenlosen einher-

Menschen am Fenster und ein blaues Schiff
1990/91
Öl auf Leinwand
151 × 201 cm
Nachlass Heisig
vgl. auch die große Abb. S. 142

gehende Vorstellung findet in Heisigs kritischer Sicht auf die Welt keinen Widerhall. Als Bildidee für die *Menschen am Fenster und ein blaues Schiff* kann A. Paul Webers Lithografie *Das Gerücht* (1953) benannt werden. Ein schlangenähnliches Wesen gleitet an einer wabenähnlichen Fassade vorbei. In einer Sogwirkung absorbiert das verschlagene Wesen, eben das Gerücht, die Menschen in ihrer Leichtgläubigkeit, sodass der sich schlängelnde Leib immer länger wird. Ist das Gerücht einmal in die Welt gesetzt, wird es in seinem Verlauf übermächtig. Heisig greift die Bildidee auf, aber nicht den karikierenden Duktus. Sein blaues Schiff scheint vielmehr dem Volksmund ein Bild zu geben: „das Blaue vom Himmel versprechen". Es geht dabei um uneinhaltbare Versprechen und unseriöse Praktiken – sicherlich Erfahrungen, die viele DDR-Bürger nach 1990 machen mussten, als sie dann ihr „blaues Wunder erlebten". Eingedenk dessen und vielleicht auch in Kenntnis, dass das Blau des Himmels kein Substanzielles ist, sondern durch Streulicht erzeugt wird, spart Heisig bei seiner Schiffspassage entlang von Fassaden den Himmel komplett aus.

Ikarus hat bei Heisig spätestens seit *Der verbrauchte Ikarus* (1993–1995) seine Laufbahn beendet, während die Kogge weiterhin im Einsatz bleibt. Ging sie noch bei *Ikarus – Schwierigkeiten beim Suchen nach Wahrheit* auf Grund, scheint sie zwischenzeitlich geborgen worden zu sein, denn in weiteren Ikarus- und Turmbaubildern ist sie unter vollen Segeln auf Kurs. Sie scheint Ikarus beerbt zu haben. Auf das Bild der mit dem Scheitern einhergehenden Tollkühnheit folgt nun das der Suggestion, der nicht wahrnehmbaren manipulativen Beeinflussung gerade in unstabilen Verhältnissen. Heisig findet erneut zu einem Bild, dem nicht zu trauen ist. Auf dem Weg des „Suchens nach Wahrheit" bewegt sich das blaue Schiff im Strom falscher Hoffnungen. Dessen eingedenk können nur die Betrachter für eine Kurskorrektur sorgen.

Zum Schluss ein Gedankensplitter, eine vielleicht unwesentliche Bemerkung, über deren Unerheblichkeit oder doch Erheblichkeit das Nachdenken lohnt. Es gibt ein Bild, in dem Heisigs Himmelsaskese nicht zum Tragen kommt. Bei Das *Endspiel* (1995) bleibt der Himmel in einer Partie unverstellt. Während in einer Torraumszene sich Körper beim Kampf um das runde Leder verkeilen, fliegen drei weitere Bälle vor sphärischer Weite in die Höhe. Bernhard Heisig liebte neben dem Boxsport das Fußballspiel. Zudem hegte er Sympathien für Hansa Rostock. Der Vereinstrainer Jörg Berger, der seine Karriere bei Lokomotive Leipzig begann, bekannte sich zu Bernhard Heisig, in dem er den Inbegriff der Malerei sah. Das Signet des Vereins zeigt eine Kogge unter blauem Segel. Somit endet dieser Beitrag mit einer Randbemerkung, denn von den Rändern, von der Außenlinie ergibt sich ein anderes Bild als aus der Mitte des Geschehens.

* Für Hinweise danke ich Johannes Heisig und Sighard Gille.

Das Endspiel
1995
Öl auf Leinwand
150 × 200 cm
Kunstsammlung der
Berliner Volksbank

Die verbrauchten Götter
9. Zustand
um 1970
Lithografie
37,6 × 48,7 cm

Dietulf Sander

Das druckgrafische Werk von Bernhard Heisig

Bernhard Heisigs Name verbindet sich vorrangig mit seinen Gemälden, die er seit Mitte der 1960er Jahre geschaffen hat. Aber schon in den 1950er Jahren erarbeitet der Künstler ein bedeutendes druckgrafisches und zeichnerisches Œuvre.

Heisig lithografiert

Als beweglichste druckgrafische Technik kommt die von Alois Senefelder Ende des 18. Jahrhunderts erfundene Lithografie dem Naturell Bernhard Heisigs und seiner Lust am Verändern sehr entgegen, sie bietet ihm die gewünschten Freiheiten für die künstlerische Gestaltung. Während seiner Lehrtätigkeit an der Leipziger Hochschule für Grafik und Buchkunst (HGB) und bis zu seinem Umzug von Leipzig nach Strodehne Ende des Jahres 1992 stehen Heisig die gut ausgestattete grafische Werkstatt der Hochschule und deren ausgezeichnete Steindrucker zur Verfügung.

Steindrucker Arloth I
1975
Lithografie
48 × 35,5 cm

Seinen experimentellen Umgang mit der Steindruck-Technik beschreibt der Künstler am Beispiel des Blattes *Panzerwrack* aus der Lithofolge *Der faschistische Alptraum* (1965): „Ich wollte bei dem Blatt die Wirkung einer durchschlagenen Panzerplatte zeigen. Ich mühte mich unentwegt, aber es gelang mir nicht. Als ich nahezu drei Tage an dem Stein herumgearbeitet hatte und nicht mehr weiter wusste, habe ich in einer Art Verzweiflungsakt versucht, mit der Lötlampe den Stein zu zerstören, und hielt den Strahl voller Wucht auf das bisher gezeichnete Formgebilde. In der Regel zerspringt bei so etwas der Stein, aber ehe das eintrat, bemerkte ich plötzlich durch das Schmelzen der Kreide, dass sich der Effekt einstellte, den ich im direkten Verfahren nicht erreicht hatte. Diesen Zufall benutzte ich dann mehrfach in den anderen Blättern und setzte das Entdeckte bewusst ein."[1]

Die Meisterschaft der Heisig'schen Druckgrafik ist zu nicht unwesentlichen Teilen auch das Verdienst seiner Drucker, die er über viele Jahre in den Werkstätten der HGB in Leipzig fand. Zwischen 1950 und 1958 war Paul Lange Leiter der Litho-Werkstatt und damit der Drucker der frühesten Lithografien Bernhard Heisigs. Zu einer ungemein schöpferischen Zusammenarbeit zwischen Künstler und Drucker kam es dann mit Horst Arloth. In ihm fand der Künstler einen versierten Partner, der auf jeden Versuch einging. Mit ihm war ein flüssiger Arbeitsstil möglich, der Heisigs produktivem Schaffen einen reibungslosen Verlauf garantierte.[2]

Der Künstler zeichnete direkt auf den Stein oder auf Umdruckpapier. Zustandsdrucke oder Abzüge auf unterschiedlichsten Papieren wurden bei Bedarf umgehend mit Tusche, Kohle, Lithokreide oder Deckweiß überarbeitet. Das genügte der gemeinsamen, sofortigen Kontrolle und Verstän-

Panzerwrack
3. Zustand
Bl. 2 in Mappe I und Bl. 3 in Mappe II:
Der Faschistische Alptraum
1965
Lithografhie
34,5 × 48 cm

digung über die Weiterarbeit, die Heisig auf dem Stein vornahm. Dieser angespannte Arbeitsprozess lässt sich an der Fülle von Zustandsdrucken sehr gut nachempfinden. Sie zeigen Heisigs Bemühen um inhaltliche und gestalterische Konzentration, von kleineren Eingriffen und grundlegenden Überarbeitungen bis zu radikalen Motivveränderungen reichend.

Dem Künstler war somit je nach Bedürfnis über Zeichnungen und Lithografien ein freies Fabulieren möglich, das sich gerade an Bertolt Brechts *Mutter Courage* oder der *Dreigroschenoper* sowie an Hans Jakob Christoffel von Grimmelshausens *Courasche* entzündete und an einem kaum zu überschauenden motivischen Variantenreichtum nachzuweisen ist. Gemeinsam mit seinem Drucker Horst Arloth und der Litho Werkstatt der Hochschule für Grafik und Buchkunst erlangte Heisig eine Meisterschaft in der Beherrschung der Technik, der alle ästhetischen Reize und Ausdrucksmöglichkeiten abgewonnen wurden. Ihren Höhepunkt erreichte diese gemeinsame Arbeit an den Blättern zum *Faschistischen Alptraum*.

Die lithografischen Werke

Heisigs Lithografien sind gekennzeichnet durch eine sparsame lineare Formgebung oder eine breitgefächerte Strich- und Strukturskala, das bewusste Aufgreifen von Zufälligkeiten und konzentrierte Detailarbeit.

Es gibt den sicher gezeichneten Entwurf und die langwierige Arbeit über Zustandsdrucke. „Wie in einem Halbrelief, das bei starkem Seitenlicht kräftige Schatten erzeugt, so bildet Heisig mit einer zwar kontrastreichen, aber nur geringen Spannweite des Halbdunkelgegensatzes in Grauwerten aus der Papierfläche die Volumina von Figuren und Gegenständen oder die Hebungen und Senkungen eines Antlitzes heraus. Oft erzielt er in seinen Grafiken eine geradezu illusionistische Materialwirkung, die aber sogleich durch das skizzenhafte Weiterführen der Zeichnung über das illusionistisch Gegenständliche hinaus aufgehoben wird. Das ist ein mehrfach erkennbarer Kunstgriff Heisigs. Er unterbindet die plastische Illusion und betont den künstlerischen Eigenwert der Grafik. Die Spannweite des mit solchen Mitteln Erreichbaren ist erstaunlich", schreibt Wolfgang Hütt.[3]

Die Kreidelithografie mit ihrem nahezu unbegrenzten Nuancenreichtum an Ton- und Strukturwerten steht für den Künstler im Vordergrund. Phasenweise bevorzugt er die Arbeit mit Feder und Pinsel in Tusche, mehrfach auch in Kombination mit der Kreidelithografie.

Heisig, der sich als Maler mit der Farbe und im virtuos-impulsiven Malvorgang artikuliert, setzt in der Druckgrafik selten Farbe ein. Die meisten seiner Darstellungen sind in Schwarz gedruckt, oft in farbiger Brechung. Der Verzicht auf die Farbe in der Druckgrafik, der eine Fülle farbiger Zeichnungen gegenübersteht, unterstreicht die Bedeutung, die der Künstler der Lithografie als eigenständigem Metier zumisst.

Bis 1990 entstehen mehr als 560 Druckgrafiken, zuzüglich einer kaum vollständig nachzuweisenden Anzahl von Zustandsdrucken.

Der Künstler umkreist die ihn bewegenden Bildstoffe häufig parallel in Malerei, Grafik und Zeichnung und verbindet sie zu einem vielfältigen und vielgestaltigen Beziehungsgefüge. Diese drei Kunstformen sind ihm gleichermaßen wichtig, um zu der für ihn prägnantesten Bildformulierung zu gelangen: „Ich habe so etwas wie eine gleitende Projektierung"[4], umschreibt der Künstler seine Art zu arbeiten als einen fortlaufenden Prozess, bei dem das jeweilige Werk Ausdruck seiner Erfahrungen zum Zeitpunkt seiner Realisierung ist. Die Auseinandersetzung mit dem aufgegriffenen Thema/Bildstoff/Bildmotiv und seiner variierenden und neue Aspekte entwickelnden Gestaltung geht zum Teil über Jahre hinweg oder wird nach Jahren erneut aufgenommen. Dies führt zu einem beständigen Wechsel zwischen Malerei, Zeichnung und Druckgrafik und zu einer mitunter vollständigen Überarbeitung bereits abgeschlossener Werke.

Mit dem Umzug Heisigs nach Strodehne im Jahr 1992 tritt die Zusammenarbeit mit den Druckern an der HGB zurück und verschiedene andere Dru-

Titelblatt von Mappe II:
Der faschistische Alptraum
1976
Lithografie
48 × 34,5 cm (Blattmaß)

cker sichern auch weiterhin die drucktechnische Qualität der Heisig'schen Lithografien. Bis zu seinem Tod erweitert sich sein grafisches Œuvre um mehr als 200 Einzelblätter.

Die 1950er Jahre

Das Studium an der Leipziger HGB (1949 bis 1951) und seine dortige Lehrtätigkeit, zuletzt als Leiter der Grafikklasse (1954 bis 1960), erklären Heisigs Konzentration auf die Grafik. Er wendet sich zunächst historischen Bildstoffen zu und schafft Blätter zur Revolution von 1848 mit den Varianten zur *Aufbahrung der Märzgefallenen* (um 1953/1955), zu Ludwig Renns *Krieg* (1955/56) und zur Pariser Kommune (um 1956 bzw. um 1958).

Die Blätter haben einen eindeutigen Zeichnungscharakter, einige wirken in ihrer nervös-sensiblen Art wie rasch hingeschrieben, in anderen verdichten sich Strichlagen zu erdiger Dunkelheit. Eine kleinere Gruppe von Blättern zeigt einen verknappten, an Max Beckmann geschulten kraftvollen Zeichenstil. In anderen werden erstmals Tuschlavierungen dünnflüssig aufgetragen, die den Eindruck eines schmutzig-fleckigen, unruhig-flackernden Halbdunkels unterstreichen.

Zu seiner Wahl der historischen Stoffe schreibt der Künstler: „[…] Der Stoff ist für mich immer nur Transportmittel für einen Reflex auf die Gegenwart, deren Konfliktsituationen mich beschäftigen. Ja, als mein Generalthema könnte ich die Auseinandersetzung mit den Konflikten der Gegenwart unter unseren konkreten gesellschaftlichen Verhältnissen und allen Reibungsflächen, die in ihnen entstehen, bezeichnen."[5] Er ergänzt im Ateliergespräch mit Henry Schumann: „Aber die sogenannte historische Wahrheit lasse ich mir nicht vorschreiben. Ich will auch den Freiraum haben und benützen dürfen, um die Sache aus meiner Sicht zu sehen, um nicht nur auf den historischen Vorgang fixiert zu sein. Ich muss mit dem Stoff arbeiten können, sonst bin ich nur Illustrator einer Konzeption. Das ist zu wenig."[6]

Die ersten druckgrafischen Selbstbildnisse schafft Heisig gemeinsam mit der 16-teiligen Grafikfolge *Köpfe* in den Jahren 1956 bis 1958.

‹ **Ketzertod (Für Giordano Bruno)**
3. Zustand
1971
Lithografie
53,8 × 43,8 cm

Die 1960er Jahre

Die lithografische Meisterleistung mit dem Mappenwerk *Der faschistische Alptraum* (Mappe I, 1965/66; vgl. S. 96) demonstriert die Vorrangstellung, die die Druckgrafik auch noch in den 1960er Jahren im Gesamtwerk des Künstlers einnimmt.[7] Der erreichte Schritt zum Sinnbildhaften findet in Blättern wie *Allegorie der Lüge* und *Umgebung eines Schlagers* (beide 1966) eine Vertiefung und bietet zugleich motivische Anregungen für nachfolgende Gemälde.

Heisig lithografiert befreundete Leipziger Künstlerkollegen und zumeist sitzende weibliche Modelle. Sein 18 Feder-Tusche-Lithografien umfassender Illustrationsversuch (um 1964) zu Erich Maria Remarques Roman *Im Westen nichts Neues* bleibt unvollendet.

Die 1970er und 1980er Jahre

In diesen beiden Jahrzehnten beherrscht die Malerei Heisigs Werk. Das druckgrafische Blatt ist nicht mehr fester Bestandteil des Arbeitsprozesses an einem Bildstoff, sondern gewinnt an Eigenständigkeit. Die Beteiligung an Grafikmappen, wie der Mappe *Grafik. Zum 450. Jahrestag des Deutschen Bauernkrieges*, wird jetzt für das Entstehen einzelner Blätter ausschlaggebender.

Die Arbeit an historischen Bildstoffen geschieht zunächst durch das Wiederaufgreifen der Kommune-Problematik von 1871. Zwischen 1955/56 und 2004 entstanden 26 Lithografien zum Thema Pariser Kommune.

Beachtliche druckgrafische Porträts entstehen: zwei den gemalten *Mutter*-Bildnissen nahestehende Lithografien (1971), das *Selbstbildnis als Zeichner* (1971), die beiden Porträts von *Max Schwimmer* (1972/73) sowie die Variationen zur Person und Tätigkeit des Steindruckers *Horst Arloth* (1975). Zu erwähnen sind ebenfalls die Lithografien *Ketzertod (für Giordano Bruno), Gedenkblatt für Ziolkowski* (beide 1971) und *Die Armee konnte sich nicht länger ihrer Verantwortung entziehen. Chile, 12. September 1973* (1973). Die Mappe II *Der faschistische Alptraum* folgt im Jahr 1976;[8] sie wird in einem der folgenden Abschnitte näher beschrieben.

Der Verlag Philipp Reclam jun. gibt im Jahr 1979 Heisigs Lithografien zu Renns *Krieg* als Grafik-Edition V in einer Mappe mit 24 Originalen heraus, parallel zu einer Buchausgabe. Trotz einiger Übereinstimmungen mit der Buchausgabe stellt sich die Mappen-Edition dennoch als separates und eigenständig konzipiertes Ganzes dar. Die isolierte Gestalt eines Soldaten bestimmt die Titelseite und damit die Wirkung der nachfolgenden Blätter. Heisig gibt ein anschauliches Bild von Renns Hauptfigur, von der der Schriftsteller meinte: „Mein Held gehorcht, weil er nicht weiß, um welches Zieles willen er nicht gehorchen sollte."[9] Nach diesem Eingangsblatt entfaltet sich das Panorama des Krieges, ohne dass das Grauen sich sofort einstellt.

Als Gesamtwerk erweist sich die Folge zu Renns Roman in der souveränen Handhabung der lithografischen Technik als das zweite druckgrafische

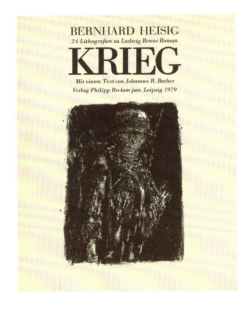

Titelblatt der Mappe:
Bernhard Heisig:
24 Lithografien
zu Ludwig Renns Roman *Krieg*
1979
Lithografien
48 × 36 cm (Blattmaß)

Der Wagen der Courage
Bl. 1 in der Kassette Bertolt Brecht:
Mutter Courage und ihre Kinder
2000
Lithografie
48 × 38 cm (Blattgröße)

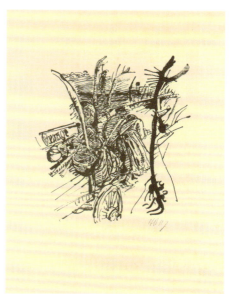

Kattrin und der Koch ziehen den Wagen der Courage II
(zu Bertolt Brechts
Mutter Courage und ihre Kinder)
1964/65
Lithografie
31,8 × 21,2 cm

Hauptwerk Bernhard Heisigs, dem in Horst Arloth auch diesmal ein versierter Drucker zur Seite stand.

Eduard Beaucamp schrieb 1980 in der FAZ: „Was Heisig mit dem Stift, dem Pinsel, der Rasierklinge oder auch mit der Lötlampe an Effekten aus dem Stein herausholt, wie er zum Beispiel im Wechsel der Strukturen und Stimmungen das Kriegsgeschehen abhandelt, das steht in der zeitgenössischen Grafik einzigartig da."¹⁰

Anfang der 1980er Jahre entstehen mehrere psychologisch eindrucksvolle Selbstbildnisse (1981/82) und Ausdrucksstudien zum *Faust* (1981/82) nach dem eigenen Gesicht. Heisig illustriert Johann Wolfgang von Goethes *Faust. Der Tragödie Erster Teil* (1982) in einer Gesamtausgabe mit den Federzeichnungen von Max Beckmann zu Teil II.

Einen deutlichen Akzent setzen schließlich jene Lithografien, die Heisig parallel zu seinen zeitkritischen Gemälden fertigt, wie die beiden Lithografien *Lichtsucher* und *Lichtbringer* (1982), jeweils abgeleitet vom Gemälde *Ende des Abendprogramms* (1982), oder die Lithografie *Der kleine Katastrophenfilm* (1982).

Die 1990er Jahre
Auffällig ist der hohe Anteil lithografischer Illustrationen für Buchausgaben von Hugo Ball (1992), Hanns Eisler (1995/96), Heinrich Böll (1998) und Theodor Fontane (1998). Seit 1994 befasst sich Heisig in mehreren Gemälden mit dem Faust-Stoff und verbindet damit eine kleine Gruppe von eigenständigen Lithografien.

Im Zusammenhang mit den Illustrationen zu Theodor Fontanes Roman *Schach von Wuthenow* schafft Heisig ein Blatt, das den Künstler am Lithostein arbeitend zeigt, während im Hintergrund gewissermaßen als momentanes Ergebnis des schöpferischen Aktes bereits das Porträt des Dichters erscheint. Der Titel *Als ich den preußischen Selbstmord des Herrn von Schacht begriffen hatte...* (1998/99) zielt auf das Prozesshafte der gedanklichen und bildkünstlerischen Annäherung an den jeweiligen Bildstoff. Über Jahrzehnte hat sich Heisig mit dem Preußentum und mit Friedrich dem Großen beschäftigt.

Der Werkbestand zur „Wende- und Wiedervereinigungsthematik" umfasst die beiden Variationen der Blätter *Das Leerstück* (1989/90), die das von den DDR-Bürgern zur Wendezeit als sehr ernüchternd empfundene, geradezu nahtlose Übergehen der einen großen Belehrung in die nächste thematisiert, sowie die grafischen und malerischen Fassungen vom *Mann am Fenster* (ab 1989). Dazu gehören auch die Lithografien *Die große Uhr* (1999), *Segeln in der Nacht* (2000), *Vom Fliegen im Hinterhof* (zum 3. Oktober 2000) und das Porträt von *Willy Brandt* (1999), als Hommage an den Politiker, der mit „seiner" Ostpolitik die Grundlagen für den späteren Einigungsprozess der beiden deutschen Staaten gelegt hat.

‹ Das Leerstück I
1989/90
Lithografie
39,5 × 30 cm

Das Jahrzehnt 2000 bis zum Tod des Künstlers 2011
In der letzten Dekade seines Schaffens erscheinen Heisigs Illustrationen zu Bertolt Brechts *Mutter Courage und ihre Kinder* (2001), zu Johann Wolfgang von Goethes *Faust. Der Tragödie Erster Teil* (2002) und zu Wolfgang

Schützenlöcher
1982
1. Zustand
1965/66
Lithografie
37,5 × 48,5 cm

Kohlhaases Erzählung *Die Erfindung einer Sprache* (2005), ebenso wie seine lithografischen Darstellungen *Selbst mit Brecht und Dresen* (2001), *Gustave Courbet* (2006), *Johann Sebastian Bach* (zwei Fassungen, 2006), *Heinrich Mann* (2007), *Bertolt Brecht* (2008) und *Thomas Mann* (2008).

Für die *Grafikedition Retrospektive 2005* schafft der Künstler drei Mappen: Mappe 1 (vier Lithografien) *Köpfe*, Mappe 2 (sechs Lithografien) *Figuren und Szenen* und Mappe 3 (sieben Lithografien) *Landschaften und Szenen*. In diesen Editionen hat Heisig mehrere in seinem Gesamtwerk seit Jahren behandelte Bildstoffe und Motive zu einer letzten Ausformung gebracht. In dem Blatt *Selbst 04*, in dem er sich als aufmerksamer Beobachter beim Zeichnen erfasst, formen verdichtete Kreidestrukturen Gesicht und Hand und heben sie wie Inseln aus der sich ansonsten bis hin zu unbearbeiteten Partien auflösenden Körperlichkeit und Räumlichkeit hervor.

Von großer Eindringlichkeit sind die letzten etwa zehn Selbstbildnisse, ergreifend in der unnachgiebigen Erforschung des eigenen Selbst in den Spuren des alternden Gesichts. Zwei von ihnen werden durch das Motiv des Breslauer Doms (2003 bzw. 2007/08) und zwei andere durch Mephistopheles bzw. einer an ihn gemahnende Gestalt gedanklich erweitert (2002/03). In *Schnauze voll* (2005) sitzt der Künstler vor seinem Arbeitstisch, verzweifelt die Hände ans Gesicht pressend, während hinter ihm eine bedrückende Szene wie aus Renns *Krieg* den mahnenden Fonds bildet.

Schützenlöcher
5. Zustand
Bl. 16 in Mappe I:
Der faschistische Alptraum
1965/66
Lithografie
31,5 × 41 cm

Schützengraben II
(ehem. Schützenlöcher)
10. Zustand
Bl. 14 in Mappe II:
Der faschistische Alptraum
1974/75
Lithografie (Kreide)
31,5 × 40,5 cm

Der faschistische Alptraum

Als Heisigs erste Blätter zum *Faschistischen Alptraum* in den Jahren 1965/66 entstehen, wenden sich vor dem Hintergrund des Eichmann-Prozesses in Jerusalem (1961) und der Frankfurter Auschwitz-Prozesse (1963 bis 1968) viele Künstler der Thematik des Faschismus zu. Heisig erläutert seine Position im Gespräch mit Henry Schumann: „Ich habe mich immer gegen die Behauptung gewehrt, dass ich eine Anklage mache. In dem ‚Faschistischen Alptraum' [...] habe ich nur versucht eine Bewusstseinslage darzustellen, in welcher ich mich im Krieg befand, die ich aber damals nicht begriff und die ich im Nachhinein mir erst einmal klar gemacht habe."[11]

Die künstlerische Qualität der Blätter verleiht dem Werk *Der faschistische Alptraum* den Rang eines Meisterwerks europäischer Kunstgeschichte des 20. Jahrhunderts. Seine ungebrochene Gültigkeit bewahrt das Werk, weil sich der Künstler als beteiligter Zeitgenosse der angesprochenen Geschehnisse nicht nur erinnert, sondern – sich selbst als Täter und Opfer begreifend –, mitten in das Geschehen hineinstellt. Der zeitliche Abstand von mehr als 20 Jahren bietet den notwendigen Raum für verallgemeinernde Reflexionen.

Diese tiefgreifende Selbstanalyse ermöglicht Heisig den künstlerischen Schritt vom Abbildhaften zum Sinnbildhaften. Es gelingt ihm eine faszinierende Eindringlichkeit und Einfachheit der formalen Gestaltung und der gedanklichen Konzeption. Es geht um das Sichtbarmachen der Mechanismen von Unterdrückung und Manipulation und um die eigene Bereitschaft, sich bestehenden Machverhältnissen auszuliefern.

Den Urzustand der Folge belegt das einzige vollständig erhaltene Exemplar der Mappe I mit 32 Blättern (1965/66), das sich im Besitz des Museums der bildenden Künste Leipzig befindet. Hinzu kommt eine Fülle von Zustandsdrucken, Varianten und verworfenen Darstellungen.

Die „Mappe II" kommt als Edition des Verlags der Kunst in Dresden 1976 mit 25 Lithografien in einer Auflage von 30 Exemplaren heraus. Der Drucker Horst Arloth erinnert in seinem Grußwort zu Heisigs 80. Geburtstag daran, er habe bei der Feier seines 60. Geburtstags Rudolf Mayer vom Verlag der Kunst mitgeteilt, „dass zirka 50 Steine Deiner Serie der Kriegsblätter noch in meinem Regal stünden. Er solle Dich fragen, ob nicht eine Mappe vom Verlag herausgegeben werden könne. So entstand aus einer Auswahl der vorhandenen Steine (1974/75) die Mappe ‚Der faschistische Alptraum' und ich erhielt meine Belegexemplare. Lange ist es her!"[12]

Die „Mappe II" ist nach inhaltlichen Komplexen gegliedert: Das titelgebende *Alptraum*-Blatt erinnert an Francisco de Goyas *Desastres de la guerra* (1810–1814). Dessen Eingangsblatt benennt die „düsteren Vorahnungen von dem, was geschehen wird". Goya zeigt darin einen in Lumpen gekleideten Mann, der mit ausgebreiteten Armen kniet und dessen aufwärts gerichteter Blick unendliches Leid ausdrückt. Heisig dagegen geht in seinem Blatt *Der Alptraum* von einem liegenden, verstümmelten

› Christus fährt mit uns
2. Zustand
um 1972
Lithografie
54 × 37,7 cm

Menschenbündel aus, das angesichts einer unfassbaren Bedrohung gequält aufschreit.

Beide Menschen werden von etwas Schrecklichem bedrängt, bei Goya von tiefer Düsternis, die den Kopf eines Ungeheuers kaum sichtbar werden lässt, bei Heisig durch ein Wesen, von dem nur Flügel und Geierkopf am oberen Bildrand auszumachen sind und das seine Krallen dicht neben dem Kopf des Liegenden in die Holzbalken geschlagen hat. In seinem Körperschatten entwickelt er eine grauenvolle Vision: ein Panzer zermalmt inmitten allgemeiner und totaler Zerstörung Menschenleiber. Lavaartig droht diese Masse sich über den am Boden Liegenden zu ergießen. Darin erinnert die Szene an Höllensturzdarstellungen. Der so Bedrängte ist das Produkt eines Alptraums, der längst Realität geworden ist. In der Bildmitte fügt der Künstler das Hakenkreuz ein.

Der Reichsadler und das Hakenkreuz-Motiv durchziehen die Folge in ihrer Gesamtheit und lassen damit generalbassartig den geschichtlichen Hintergrund dieser Blätter mitklingen. Herausgreifen werde ich nachstehend nur einige Blätter und möchte den interessierten Leser auf meine Texte in anderen Veröffentlichungen hinweisen.[13]

Thematisiert wird in der *Alptraum*-Folge die Rolle der Medien bei der Manipulierung der Menschen, bei der *Herstellung faschistischer Leitbilder*. In dem Blatt *Der Traum des Soldaten* attackiert der Künstler eine Bewusstseinshaltung, in der sich der Mangel an Widerstandswillen, die bereitwillige Verführbarkeit, das allzu schnelle Verdrängen des Erlebten und die verklärende Rückschau miteinander vermischen.

Zu den herausragenden Bildfindungen Heisigs gehören auch jene Blätter, die das Kruzifix, ein uraltes Hoffnungssymbol der Menschheit, in seiner tragischen Verstrickung mit der faschistischen Ideologie und als Zielscheibe erneuter Angriffe *(Probleme der Militärseelsorge)* in den Mittelpunkt rücken. Bernhard Heisig gehört damit zu den ersten Künstlern der DDR, die am Ende der 1960er Jahre traditionelle Bildmotive und -themen der Kunstgeschichte aufgreifen und als Gleichnisse für Zeitvorgänge nutzen.

Eine der frappierendsten Bildideen fügt Heisig der Folge mit dem um 1972 geschaffenen Einzelblatt *Christus fährt mit uns* hinzu. Es ist das einzige Blatt der Folge, in dem Heisig deutlicher auf politische Zeitereignisse Bezug nimmt. Für den Vietnamkrieg stehen das Sternzeichen und die nur in zwei Zustandsdrucken zu findende Inschrift „US army".

In den Kreislauf von Zerstörung und Vernichtung bindet Heisig unausweichlich die Täter mit ein *(Verbrannter Pilot)*. Zum Prinzip der Verallgemeinerung gehört, dass die Verantwortlichen, zum Beispiel in *Heldische Zeiten* oder im *General 1945* nicht wirklich personifiziert werden. Die (Hakenkreuz-)*Spinne* gemahnt an die Hekatomben von Toten, die sie produziert hat und symbolisiert die den Menschen bedrängenden und von ihm ausgehenden Gefahren. In der *Straße der Wartenden* steigert

Allegorie der Lüge
1966
Lithografie
58,7 × 46,5 cm

Heisig, Wolfgang Hütt zufolge, „die tonwertige Zeichnung bis zu irrealer Wirkung hin, um damit das grauenhaft Hintergründige, das Entwürdigende, tierhaft Vermassende der sich verbreitenden Furcht zu verdeutlichen, auf die der Faschismus einen Teil seiner Macht begründet".[14] Der angstgepeinigte Schrei der *Sirene*, das letzte Blatt der Folge, lässt ein Vergessen nicht zu.

„[…] Ich bin der Meinung, dass niemand damit fertig ist. […] Ich sehe auf Schritt und Tritt immer noch Dinge, die sich aus dieser Zeit herleiten. Gedankenstrukturen, Vorstellungen. Dinge, die einen Teil meiner Generation und auch der nächsten geprägt haben. Der Faschismus ist nicht tot in der

Gesellschaft, weil es das Jahr 1945 gegeben hat. Potentielle Faschisten befinden sich überall in unserer unmittelbaren Umgebung."[15]

Immer wieder finden Motive aus der Folge *Der faschistische Alptraum* in verschiedenen Abwandlungen Eingang in Heisigs malerisches Werk.

Im Begleittext zur Mappe II äußert Heisig die Absicht, sich mit dem Stoff weiterhin zu beschäftigen, und realisiert dies ab 1988 mit vier neu entwickelten Lithografien. Das Blatt *Christus fährt mit* gerät zu einer „apokalyptischen Endzeitvision".[16] Wie viele andere seiner Bildallegorien der 1980er Jahre ist es von Gemäldefassungen (unter anderem *Der Ölberg*, 1987/1989) abgeleitet und als druckgrafische Zwischenlösung innerhalb dieser Werkreihe von Bedeutung.

Das Blatt *Nationaler Altar* zeigt einen Repräsentanten des faschistischen Dritten Reiches mit unterwürfigem Nazi-Gruß vor einem Hitlerporträt. Dieses Motiv einer sich den Machthabern andienenden Person findet sich bereits in Heisigs Illustrationen zu Anna Seghers Roman *Das siebte Kreuz* (1984/85, erschienen 1986) und später auch in seinen Illustrationen zu Heinrich Manns *Der Untertan* (1991/92, erschienen 1992).

Das Blatt *Heldengedenktag* hat seinen Ursprung in der Serie der Denkmal-Bilder ab 1977, und schließlich bringt sich der Künstler in dem Blatt *Selbstbildnis mit Straße* ganz persönlich als Zeitzeuge in die Grafikfolge ein.

Heisig als Illustrator
Mit 16 illustrierten Büchern der Weltliteratur hat sich Bernhard Heisig als ein zeitgenössischer Illustrator von hohem Rang ausgewiesen.[17] Die frühzeitige Beschäftigung Heisigs mit dem Illustrieren literarischer Texte verwundert nicht, wenn man bedenkt, welchen Stellenwert Buchgrafik und Buchgewerbe in der Stadt Leipzig bis ans Ende des 20. Jahrhunderts hatten. Den hohen Stand der Buchillustration führte Heisigs Lehrer Max Schwimmer nach dem Ende des Zweiten Weltkrieges weiter. Er stand gemeinsam mit Josef Hegenbarth und Werner Klemke am Beginn der rasch aufblühenden Kunst der Buchillustration in der DDR.

In der heutzutage oft negativen Bewertung der Begriffe ‚Illustration' und ‚illustrativ' sah Heisig zunächst „einen Beweis für die sich herausbildende Funktionsunsicherheit des bildenden Künstlers in Hinblick auf seine Aufgaben, mit dem Bild zu berichten, zu erläutern, zu illustrieren, ein Bild von der Sache zu geben".[18] Das Illustrieren soll der Ergänzung, Vertiefung oder auch Erweiterung der literarischen Vorlage dienen. Heisig betont den Unterschied „[…] zwischen den nur dem Text dienenden Menzelschen Kugler-Illustrationen und den die Romanvorlage lediglich tangierenden Illustrationen Picassos etwa zum *Unbekannten Meisterwerk* von Balzac. Beides ist große Zeichenkunst, aber möglicherweise bietet sich dem Illustrator eine neue Chance, indem er sich auf die Illustrationsform der Texterläuterung

besinnt. In diesem Sinne sind natürlich auch die großartigen zeichnerischen Improvisationen Joseph Hegenbarths auf weiten Strecken nicht so sehr Textausdeutungen, sondern von der literarischen Vorlage angeregte Demonstrationen eines hervorragenden zeichnerischen Könnens. Es geht dem modernen Illustrator zunächst um den Vortrag seines grafisch-künstlerischen Anliegens und nicht so sehr um Textinterpretation."[19]

Heisigs Illustrationen begleiten den Text im Sinne einer bildkünstlerischen Antwort, sie drängen sich nicht vor, sondern ordnen sich ihm ein. Heisig geht es darum, den emotionalen Grundklang eines Textes möglichst exakt ins Bild zu übertragen und die Textautonomie zu wahren.

Etwa die Hälfte von Heisigs lithografischen Blättern sind im Zusammenhang mit seiner Illustration von Werken der Weltliteratur entstanden. Der Künstler entwickelt eine Fülle von Motiven, die ihre Spuren im Gesamtwerk

Der kleine Katastrophenfilm
2. Zustand
1982
Lithografie
37 × 46,5 cm

unübersehbar hinterlassen haben. Illustrationsmotive zu Renn, Brecht, Goethe, Seghers oder Heinrich Mann übernimmt Heisig seit Anfang der 1980er Jahre zunehmend in die Malerei.

Was Heisig an einem Buchgestalter schätzt, hat er so formuliert: „Manchmal illustriere ich Bücher und bin immer zufrieden, wenn Walter Schiller die Buchgestaltung übernimmt. Ich bin da sicher, einen Partner zu haben, der auf die Vorstellungen des Zeichners eingeht, Vorschläge macht und nicht drängelt. Wenngleich ich ihn sicher manchmal durch meine fortwährenden Änderungswünsche zu zurückhaltenden Seufzern nötige."[20]

Ein Schlüsselerlebnis für Bernhard Heisig als junger Künstler ist der 1947 im Berliner Aufbau-Verlag erschienene Roman von Anna Seghers *Das siebte Kreuz*, der ihn tief berührt. Auf dieses Buch, zu dem er in den Jahren 1949 bis 1951 erste Zeichnungen schuf, kommt er immer wieder zurück, wie auch auf Ludwig Renns *Krieg* oder auf Werke von Bertolt Brecht und Johann Wolfgang von Goethes *Faust. Der Tragödie Erster Teil*.

Um 1963 entwirft Heisig im Eigenauftrag die Blätter zu Brechts *Dreigroschenoper*. Für den Illustrationsauftrag zum *Dreigroschenroman* (erschienen 1978 im Verlag Neues Leben, Berlin; Gestaltung: Walter Schiller) greift Heisig auf diese unveröffentlichten Arbeiten zurück und ergänzt sie nur um etwa drei neue Blätter.

„Meine Brecht-Illustrationen zur ‚Courage' hat Helene Weigel übrigens abgelehnt. Sie hat mir geschrieben, das sei nicht Brecht. Da hatte sie recht. Das war ich. Denn Brecht brauchte mich sowieso nicht. Wozu auch. Ich habe ihn benutzt, um meine Vorstellungen zu formulieren."[21]

Das von Albert Kapr gestaltete Buch mit Heisigs Illustrationen wurde vom Institut für Buchgestaltung Leipzig 1965 aus Anlass der Internationalen Buchkunst-Ausstellung herausgegeben. Lithografien, Siebdrucke und Monotypien und teils auch farbig angelegte Pinsel-, Feder- oder Kugelschreiberzeichnungen entstanden in einer kurzen, aber sehr intensiven Arbeitsphase. In mehrfacher Hinsicht hat dieses Illustrationsvorhaben gegenüber den anderen einen experimentellen Charakter, so weist der Einsatz freier, das Formgerüst der Blätter bestimmender Pinselspuren auf die Beschäftigung mit Picasso hin.

Für Johann Jakob von Grimmelshausens Roman *Trutz Simplex oder ausführliche und wunderseltsame Lebensbeschreibung der Erzbetrügerin und Landstörzerin Courage [...]* schafft Bernhard Heisig eine Illustrationsfolge mit 61 Lithografien (erschienen 1969 im Verlag Philipp Reclam jun., Leipzig). Dieser von Max Schwimmers Illustrationsstil beeinflusste Band erzeugt „ein rundum kräftiges Vergnügen [...]. Soviel Fabulierlust, Frechheit im Detail und Überzeugungskraft im Ganzen, gewürzt mit Esprit, findet man hierzulande nicht alle Tage."[22] Mit der Feder umspielt Heisig die Formen, verdichtet Linien, setzt mit dem Pinsel gelegentlich Stege und Flächen ein, die Formen betonen und Figuren zu praller Körperlichkeit verhelfen oder als freie, assoziative Formen ein stabiles Gerüst bilden. Beachtenswert sind in ihnen auch die häufig stehen gelassenen, korrigierenden oder Form suchenden Strichführungen. Obwohl Heisig mehrfach in Reihen von meist zwei bis drei, höchstens vier bis fünf Varianten, sowohl eine zeichnerisch gelöstere – oft auch detaillierter beschreibende – als auch eine expressiv-verknappte Auffassung entwickelt, entscheidet er sich bei der Buchausgabe fast immer für die ersteren. Deshalb ordnen sich die wenigen als Vorlage dienenden Zeichnungen der Gesamtfolge ganz zwanglos unter.

Heisig begründet mit diesem Werk seine fruchtbare Zusammenarbeit mit dem Leipziger Verlag Philipp Reclam jun., der im Jahr 1979 eine repräsentative bibliophile Ausgabe des Buches *Krieg* von Ludwig Renn mit Illustrationen von ihm herausgibt. Heisig hat das Buch öfter gelesen und sehr bewundert: „Der Krieg als Situation, an die sich der Mensch sogar gewöhnen kann, das ist das Gefährliche. Normale Menschen, die zum Schlimmsten in der Lage sind, normale Menschen auch, die dulden müssen – das sind Renns und übrigens auch meine Erfahrungen."[23]

Von allen literarischen Werken hat Bernhard Heisig keines so intensiv beschäftigt wie Johann Wolfgang von Goethes *Faust. Der Tragödie Erster Teil*.

Stilistisch unmittelbar an die späteren Zeichnungen zu Goethes *Faust* anschließend, führt Heisig die Darstellungen zu Georg Büchners *Woyzeck* noch einmal als reine Federzeichnungen aus.[24]

In der zweiten Illustrationsfolge zu Anna Seghers Roman *Das siebte Kreuz*[25] und in den Illustrationen zu Heinrich Manns *Der Untertan*[26] schöpft Heisig die gestalterischen Möglichkeiten der Zeichnung in der Kombination verschiedener Techniken und Materialien (Feder, Pinsel, Tusche, Kreiden, Deckweiß) nochmals voll aus und erweitert damit künstlerisch den Inhalt des jeweiligen Romans.[27]

In seinen Illustrationen zum *Siebten Kreuz* gibt Heisig die Grundstimmung der Menschenjagd auf Georg Heisler wieder, indem seine Bilder einerseits von einem getriebenen, gehetzten Duktus bestimmt sind und, andererseits aber auch statisch verharrend, mitunter gespenstisch leere Szenen zeigen. Darin berühren sie sich mit der *Alptraum*-Folge von 1965/66.

Bei seinen Illustrationen setzt Heisig die Farbe eher selten ein. Eine Ausnahme bilden seine Illustrationen zum Roman *Der Untertan*. Dort nutzt der Künstler die Farbe als ein wesentliches Aussage- und Gestaltungsmittel. Reine Federzeichnungen bleiben aber in der Mehrzahl. Sie setzen in sensibel ausgewogenem Grau-Schwarz eigene Akzente, reich an Differenzierungen, von impulsiver Strichführung bis hin zu dichten Schraffuren. Herausragend ist in diesem Band die hohe Kunst der Charakterisierung, mit der Bernhard Heisig die handelnden Personen in ihrer Eigenart, aber auch als Vertreter ihres Standes und ihrer Geisteshaltung erfasst

Heinrich Mann: *Der Untertan*
Schutzumschlag der Buchausgabe der Büchergilde Gutenberg, Frankfurt am Main/Wien 1992
23,9 × 15,8 cm

Bl. 1 aus der Mappe:
Wolfgang Kohlhaase/Bernhard Heisig:
Erfindung einer Sprache
2005
Lithografie
25,5 × 16 cm

Drei der letzten von Heisig illustrierten literarischen Werke existieren zugleich als Buchausgabe und als Mappenwerk:

– Hugo Balls *Der Henker von Brescia. Drei Akte der Not und Ekstase* (erschienen 1993 als Sechster Druck der Sisyphos Presse Berlin, Faber & Faber).[28]
– Theodor Fontanes *Schach von Wuthenow. Erzählung aus der Zeit des Regiments Gendarmes* (erschienen 1998 als Sonderdruck der Edition Brusberg Berlin).

- Bertolt Brechts *Mutter Courage und ihre Kinder. Eine Chronik aus dem Dreißig jährigen Krieg* (Insel-Verlag Frankfurt am Main, 2001) und als Mappenwerk *Bertolt Brecht Mutter Courage und ihre Kinder* (Edition Galerie Brusberg, Berlin, 2001).

Zuletzt illustriert Heisig Wolfgang Kohlhaases Novelle *Erfindung der Sprache* für eine Mappe mit fünf Originallithografien nebst einem beigelegten Text Kohlhaases mit vier reproduzierten Federzeichnungen Heisigs (Faber & Faber Leipzig, 2005). Kohlhaase gelingt mit der Novelle eine große Metapher auf die menschliche Erfindungskraft in lebensbedrohenden Situationen. Heisig fügt eindringliche Bilder des Widerstands hinzu. Es geht um den verzweifelten Überlebenskampf eines in NS-Gefangenschaft geratenen holländischen Studenten mittels einer Lüge.

Der Theater- und Opernregisseur Adolf Dresen meint zur Heisig'schen Eigenart des bildkünstlerischen Gestaltens und Illustrierens: „Man muss selbst einiges in das Bild hineinsehen, manchmal vielleicht sogar das Wichtigste. Man muss es ergänzen, es gewissermaßen fertig malen. Da ist eine Beziehung zum Partner, die diesen an der Erzeugung selbst beteiligt, ihn zum Mitschöpfer macht – und darin vor allem liegt die Lust an der Kunst."[29]

---

1 Kober 1981, S. 44.
2 Ausst.kat. Arloth 2000, S. 46, mit dem Abdruck der Gratulation von Bernhard Heisig: „Gelegentlich mache ich noch Lithos und lasse das bei der Berliner Tabor Presse drucken. Aber unsere Zusammenarbeit und Deine Geduld mit meinem ewigen Korrigieren habe ich nie vergessen". Sein Verständnis von der Zusammenarbeit zwischen Drucker und Künstler beschreibt Arloth (2000), ebd., S. 28: „Die Lithografie ist nicht nur Vervielfältigung einer Zeichnung. Erst in der Zusammenarbeit eines genialen Künstlers mit einem einfühlsamen Drucker lassen sich die im Stein schlummernden Möglichkeiten entdecken. Das Ergebnis ist jedes Mal: Eine Wanderung in ein neues Land mit seinen Überraschungen."
3 Hütt 1979, S. 64.
4 Engelhard 1989.
5 Bauer 1974.
6 Schumann 1985.
7 Der Zyklus war vom 24. April bis 30. Mai 1966 im Museum der bildenden Künste Leipzig ausgestellt und wurde von dem Museum übernommen. Es ist das einzige Exemplar der ersten geschlossenen Ausgabe des Zyklus (Mappe I). Populär wurde der Zyklus *Der faschistische Alptraum* hauptsächlich durch seine modifizierte Herausgabe als Mappe (II) 1976 im Verlag der Kunst Dresden, gedruckt 1975/76 in 30 Exemplaren Bekannt wurden einzelne Darstellungen bzw. der gesamte Zyklus seit dem Ende der 1960er Jahre durch zahllose Ausstellungen und Publikationen.
8 Mappe (II) mit 25 Lithografien, gedruckt 1975/76 in 30 Exemplaren, VEB Verlag der Kunst Dresden, 1976. In dem begleitenden Text dieser Ausgabe schreibt Heisig über den Werdegang des Werks: „[...] Der Zyklus umfasste zunächst etwa sechsunddreißig Lithografien. Anfangs wollte ich für eine Ausstellung nur zwei Steinzeichnungen machen und begann mit dem Blatt, das dann der Folge den Namen gab: ‚Der faschistische Alptraum'. Das zweite Blatt war das ‚Panzerwrack'. Nun kamen aber immer neue Einfälle. Auch konnte ich zwei der drei älteren Kompositionen, die in der Nähe des Themas lagen, verwenden, und ich begann eine Blattfolge zu planen".
9 Renn 1989, S. 332.
10 Beaucamp 1980.
11 Schumann 1976, S. 112.
12 Arloth 2005, S. 9.
13 Sander 1989; Ausst.kat. Heisig 1985, S. 38–47; Sander 2005.
14 Hütt 1979, S. 64.
15 Deloffre 1990.
16 Gillen 1988, S. 112.
17 Der Text ist eine stark gekürzte und überarbeitete Fassung aus der Publikation: Sander 2007, S. 5–30.
18 Heisig 1965, S. 47.
19 Ebd., S. 49.
20 Ausst.kat. Walter Schiller 1985, S. 2.
21 Schumann 1976, S. 124 f.
22 Hartleb 1971.
23 Florstedt 1979.
24 Heisig/Büchner 2004.
25 Heisig/Seghers 1986.
26 Heisig/Mann 1992.
27 Negendanck 2005, S. 12.
28 Der Verleger Michael Faber beschreibt seine erste Begegnung mit Bernhard Heisig bei diesem Projekt, siehe Faber 2005.
29 Dresen 2001, S. 46.

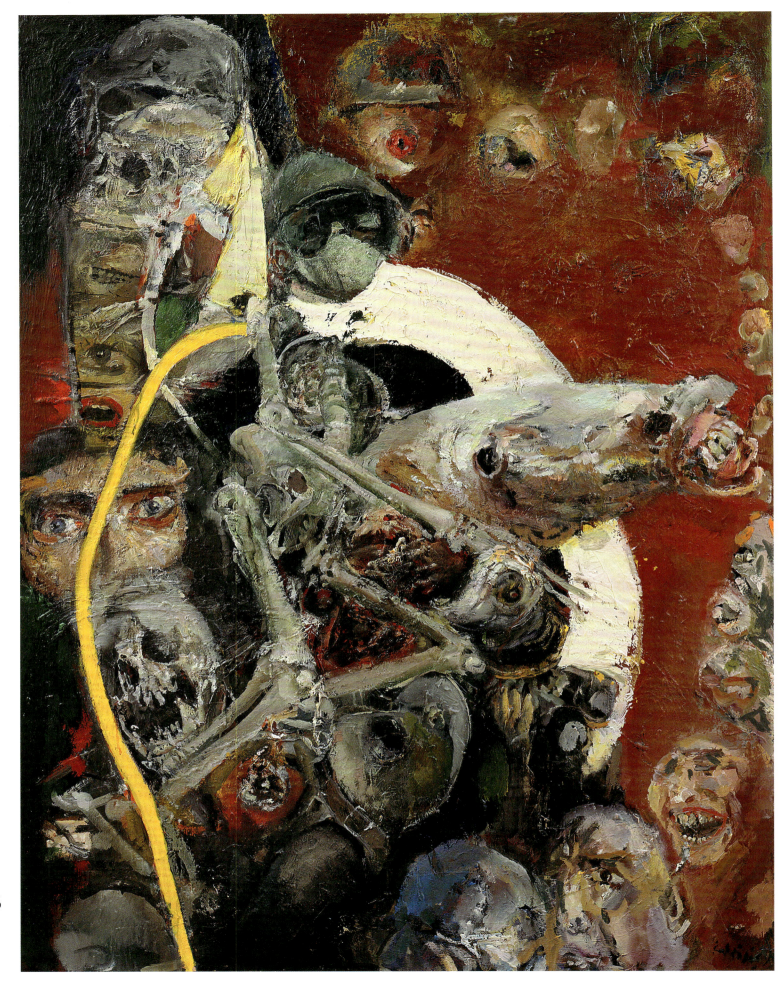

Eugen Biser

Das Bild, das noch fehlt*

Einen Künstler kann man nicht besser als dadurch ehren, dass man versucht, sein Werk für ihn sprechen zu lassen; denn seine wirkliche und erwähnenswürdige Biografie ergibt sich aus seinen Werken. Doch was hat das künstlerische Werk Bernhard Heisigs zu sagen?

Aufs Ganze gesehen wirkt es wie ein Kompendium traumatischer Erinnerungen, enttäuschter Hoffnungen, entsetzter Einsichten, eindringlicher Warnungen, verzweifelten Aufbegehrens, beredten Mitleids und heimlicher Menschenliebe. In seinem Grundton ist Heisigs Werk auf das Erlebnis eines vom Zeitgeschehen zutiefst Betroffenen und in Mitleidenschaft Gezogenen abgestimmt, das ihn auf Grund dieser Motivation unablässig dazu drängt, ein seinem Wesen nach unabgeschlossenes Zeitbild zu entwerfen. Auch dort, wo es sich bei diesem ungemein facettenreichen Werk nicht um Triptychen oder Reihungen, sondern um Einzeldarstellungen handelt, ordnen sich diese in ihrer Gesamtheit doch in einer Weise zu, dass sie einen riesigen Fries ergeben, der dem Betrachter das Zeitgeschehen wie einen aus dem Ungefähr kommenden und in einem Nirgendwo endenden Film vor Augen führt.

Heisig selbst spricht im Hinblick darauf von einer Geisterbahn. Dadurch erklären sich zwar die meist auf geradezu impressionistische Manier verschwimmenden Konturen, nicht aber die peinigende Betroffenheit, in die das Werk den von ihm attackierten Betrachter versetzt und über die erst die Frage nach dem Stil Aufschluss zu geben vermag. [...] Dabei wirkt es bisweilen schockierend, dann wieder, akzentuiert durch eingeblendete Schriftreihen, belehrend, oftmals bis zur Erschütterung erregend, seltener erheiternd, gelegentlich um seine Stoffe ringend, dann wieder sie virtuos gestaltend, und in alledem ebenso faszinierend wie provozierend. Was das Modell des zentralen Frieses anlangt, so erinnert er unwillkürlich an die Prozessionsstraße zum Ischtartor im Pergamon-Museum, von der er sich jedoch gleichzeitig nachhaltig unterscheidet. Dort die ständige Wiederholung von Löwen und Fabelwesen, die dem antiken Geschichtsbild von der ewigen Wiederkehr des Gleichen (Nietzsche) entspricht; hier der aus der Vergangenheit herkommende und sich in eine offene Zukunft verlierende Zug einer ebenso bewegten wie zielgerichteten Geschichte und somit eine an dem progressiven Geschichtsbild des jüdischen Prophetismus (Cohen) orientierte Schau. Doch auch davon unterscheidet sich Heisigs Geschichtsbegriff durch dessen vorwiegend pessimistischen, eher einer Unheilsgeschichte entsprechenden Grundzug. Wie aber gestaltet sich das Verhältnis des Künstlers zu seinem Werk, und wie ordnet sich dieses ein in das Panorama der heutigen Kunstszene?

‹ **Geisterbahn**
1995
Öl auf Leinwand
130 × 100 cm
Galerie Berlin

Wie sich aus seinen wiederholten Selbstdarstellungen in den Gemälden auf seine Position schließen lässt, ist er in seine Bilder so sehr involviert, dass sie als Produkte seiner entfesselten Phantasie, als Imaginationen eines vom Zeitgeschehen traumatisch Betroffenen, wenn nicht gar als Obsessionen eines davon Überwältigten erscheinen. Die Außenwelt ist bei Heisig derart verinnerlicht, dass sie im Rückbezug auf ihn wie eine einzige, vielgesichtige Selbstprojektion anmutet. Von einem Zugeständnis an den staatlich verordneten „sozialistischen Realismus" kann daher in seinem Fall keineswegs die Rede sein. Eher könnte man sagen, dass sich das Zeitgeschehen in seinem Werk auf sein eigenes Unwesen besinnt und so in seiner wahren „Realität" ersichtlich wird.

Mythische Motive wie der Turmbau zu Babel tauchen daher in ihm ebenso auf wie geschichtliche Reminiszenzen. Vor allem haftet sein Blick auf dem Einfall Friedrichs des Großen in das friedliche Schlesien, auf dem niedergeschlagenen Aufstand der Pariser Kommune (1871) und auf der für ihn mit bitteren Erinnerungen verbundenen Ardennen-Offensive (1944), die er als Inbegriff des Widersinns des Zweiten Weltkriegs versteht. Die deutsche Wiedervereinigung (1989/90) scheint bei ihm lediglich in einem Bild mit aus ihren Fenstern herausschauenden Menschen auf, in deren Blicken sich Überraschung, Befürchtung und Skepsis, aber kaum Hoffnung bekundet. Das Spruchband in dem Gemälde *Christus verweigert den Gehorsam*, wonach doch „alles so weise eingerichtet" ist, wirkt wie ein Hohn auf das die Zeitgenossen von damals bewegende Vorsehungsmotiv. Umso überraschender ist es, dass der kreuztragende Christus wiederholt als Symbol mitleidender Betroffenheit erkennbar wird, wenngleich mit der durch die abgeworfene Dornenkrone angedeuteten Konnotation, dass er „den Gehorsam verweigert". So wirkt Heisigs Geschichtsschau wie ein modernes Gegenstück zu den Schreckens- und Höllenbildern des Hieronymus Bosch, und das gerade auch darin, dass es vom Gedanken der Deformation und Entfremdung des Menschen wie von einem Leitmotiv durchzogen wird. […]

Wenn unter Heisigs Bildern noch eines fehlt, dann das des Hamlet, der eine aus den Fugen geratene Welt wieder „einzurichten kam", und in der er sich wie in keiner anderen Gestalt der Dichtung hätte wiedererkennen können. Denn auch er kam, um […] die aus den Fugen ihrer großen Tradition gegangene Welt der Kunst wieder in die ihr zugewiesene Bahn zurückzulenken.

⟨ **Die Ardennenschlacht**
1979/1981
Öl auf Leinwand
200 × 150 cm
Staatliche Museen zu Berlin,
Nationalgalerie

---

* Mit dem hier abgedruckten, leicht gekürzten Text hat der 2014 gestorbene Theologe und Philosoph Eugen Biser den Künstler Bernhard Heisig zu dessen 80. Geburtstag im Jahr 2005 gewürdigt (Biser 2005, S. 19–21).

Christus verweigert den Gehorsam I
1984–1986
Öl auf Leinwand
150 × 300 cm
Ludwig Forum für Internationale Kunst
Aachen, Leihgabe Sammlung Ludwig

Bernhard Heisig

Antwort an eine Schulklasse

Eine 10. Klasse des Stadtgymnasiums Dortmund fragt den Künstler nach dem Besuch der Ausstellung *Menschenbilder – Kunst aus der DDR* im Frühjahr 1987: „Ihr Gemälde ‚Jesus verweigert den Gehorsam' fiel uns durch die angesprochenen Themen und die Farbgebung besonders auf. Wir waren uns uneinig bei der Deutung Ihres Bildes. Besondere Probleme bereitete uns das Spruchband ‚Alles so weise eingerichtet'."[1]

Heisig antwortet mit Brief vom 13. April 1987:

„Liebe Freunde, und hoffentlich darf ich Sie so nennen,
Ihren Brief vom 31. 3. 1987 habe ich erhalten und mit Interesse gelesen. Vielleicht kann man von einem Katalog, den ich übrigens recht gut gemacht finde, nicht erwarten, daß er alle Bilder ‚erklärt'. Was den Christus betrifft, will ich Ihnen, so gut ich es jetzt kann, Absicht und Werdegang der Sache kurz schildern: Der Bildhauer, Fritz Cremer, einer der großen Alten der Bildhauer der DDR, von dem auch das Buchenwald-Denkmal stammt, machte im Auftrag der Kirche einen Christus, bei dem er als Grundthema ‚genug gekreuzigt' wählte, also einen Christus, der sich nicht ans Kreuz schlagen lassen will. Das war eine thematische Anregung für mich, die ich aufgriff und in drei Fassungen bearbeitete. Also ebenfalls ein Christus, der den Gehorsam, den Kelch, der ihm gereicht wird, verweigert und nicht im Erdulden die Lösung anbietet. Das im Bild auftauchende Spruchband ist eine christliche Formel, die mich schon immer geärgert hat, weil ich sie nirgends bestätigt fand; daß nämlich Gott alles so weise eingerichtet habe, und der Mensch, dieses Gottesgeschöpf, nun alles oder das meiste ins Negative verkehre. Es lag mir fern, dem christlichen Gottesbegriff seine Bedeutung und seine Dimension, die natürlich besonders in der Natur des duldenden Erlösers deutlich wird, hier zu persiflieren, aber es reizte mich, mir einen Christus vorzustellen, der auch nein sagt.

Die, wie ich glaube, wichtigste Fassung hängt in der Sammlung Ludwig in Oberhausen. Sie ist dort auch recht gut in einem Katalog abgebildet. Die erste Fassung habe ich zerstört, weil sie mir nicht gültig erschien und den Gedanken zu illustrativ vorstellt. Die Fassung, von der Sie in Ihrem Brief sprechen, und die in der Ausstellung in Münster hing, ist die dritte. Aber ich werde sie nach Beendigung der Ausstellung, die z. Zt. in Saarbrücken läuft, wieder nach Leipzig ins Atelier nehmen und nochmals überarbeiten. Ich glaube, daß da einiges noch nicht stimmt.

Über Ihr Interesse und Ihren Brief habe ich mich sehr gefreut und danke Ihnen herzlich. Mit besten Grüßen Prof. Bernhard Heisig"[2]

1 Schreiben einer 10. Klasse des Stadtgymnasiums Dortmund an Bernhard Heisig vom 31. März 1987, Archiv der HGB Leipzig.
2 Schreiben von Bernhard Heisig an eine 10. Klasse des Stadtgymnasiums Dortmund vom 13. April 1987, Archiv der HGB Leipzig.

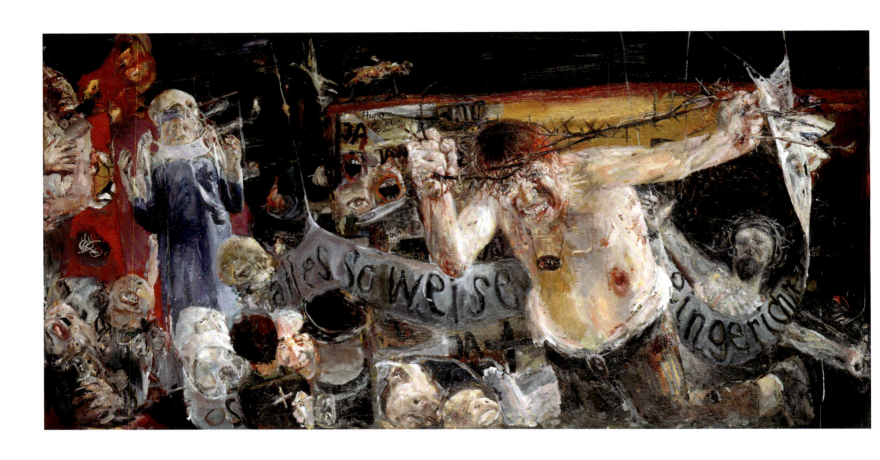

Christus verweigert den Gehorsam II
1986–1988
Öl auf Leinwand
141 × 281 cm
Staatliche Museen zu Berlin,
Nationalgalerie

Johannes Heisig

Bildfindung im Werk meines Vaters

Die folgenden Bemerkungen entstammen meinen langjährigen Beobachtungen im Atelier meines Vaters Bernhard Heisig und den Gesprächen, die ich mit ihm dort hatte. Obwohl also einigermaßen authentisch, sind sie, schon weil auch ich Maler bin, natürlich sehr subjektiv.

Die Bilder meines Vaters sind nicht ablesbar im direkten Sinne. Seine Absichten als Künstler gingen dahin, Assoziationsfelder anzubieten, sowohl dem Betrachter wie auch sich selbst. Dementsprechend blickte er auf seine Arbeit als auf eine Art ausgelagertes Selbstgespräch. Die Personage seiner Bilder (und das meint vor allem immer wieder zitierte Figuren der Zeit- und Kulturgeschichte) wählte er nach vielen unterschiedlichen, gelegentlich sogar disparaten Faktoren aus.

Was ihn zu einem bestimmten „casting" bewegte, konnte also ganz verschiedener Art sein. Es gab Anregungen von außen, Dinge, Köpfe, Personen, die er zum Beispiel im TV gesehen hatte. In früheren Zeiten, als er in der DDR noch nicht an die Bilderfluten der heutigen Medienlandschaft kam, hatte er zwei polnische Filmzeitschriften abonniert, die wesentlich internationaler und experimentierfreudiger bebildert waren als jedes ostdeutsche Journal. Nicht um Cineastisches ging es ihm dabei, er suchte lediglich den seltsam belichteten Kopf, die dramatische Geste oder ungewöhnliche Körperverschränkungen.

Manche dieser Fotos klebte er auf Pappe und verwendete sie lebenslang in unterschiedlichsten thematischen Zusammenhängen. Gelegentlich löste er sogar allseits bekannte Persönlichkeiten aus ihren inhaltlichen Zusammenhängen, falls ihr Gehabe, ihre Gestik oder Mimik oder auch ihre Inszenierung im Licht ihm für seine Zwecke passend erschienen. So findet man auf mehreren großen Bildern eine Papstfigur, deren Äußeres von einem sehr speziellen Fotoporträt Konrad Adenauers geborgt ist. Der Maler sah da plötzlich eine tiefere Wahrheit, die die Identität des Altkanzlers beiseiteschob.

Manchmal war es auch schlicht der formale Apparat, der, fast unabhängig von der im Bild erzählten Story, eine Definition des Vordergrundes mittels einer zusätzlichen Figur verlangte: „Da muss noch was hin." Die Entscheidung, was das sein könnte, war dann oft ganz instinktiv, ohne dass er sich selbst sofort Rechenschaft über Gründe und Sinnhaftigkeit gab. Er spürte die Plausibilität, ohne sie sofort benennen zu können.

Auch persönliche Stimmungslagen, die nicht unbedingt mit dem eben verhandelten Stoff zu tun haben mussten, konnten dafür sorgen, dass sich eine bestimmte Art der Inszenierung, ein bestimmter Farbklang etwa durchsetzte.

Meist wirkten alle diese Faktoren zusammen. Im Picasso'schen Sinne „fand" er intuitiv Dinge, Personen, Konstellationen, von denen er spürte, dass sie das Thema des Bildes präzisieren – oder auch Ambivalenzen erzeugen, die die schnelle „Aha-Erkenntnis" verbauen. Die nämlich war ihm sehr zuwider. Sein Adressat war zunächst – wie bei jedem ernstzunehmenden Künstler – er selbst. Er wollte sich – und in der Folge damit die Betrachter seiner Bilder – unterhalten. Gern zitierte er den entsprechenden Satz Bertolt Brechts, wonach die Kunst zuvörderst unterhalten müsse. Das bedeutete für ihn (und vermutlich auch für Brecht) das lustvolle Nutzen aller Antennen. Malen hieß für meinen Vater zuallererst, das optische Sensorium zu füttern.

Das mag angesichts der Monumentalität der Stoffe, die er beackerte, und dem nicht verhehlten Impuls zum Beschreiben der Welt überraschen. Doch war es der Satz Max Beckmanns, den er sich geradezu zum Motto erkor: „[…] nichts wäre lächerlicher und belangloser als eine zerebrale gemalte Weltanschauung ohne den schrecklichen Furor der Sinne […]."[1]

Die kaum einzugrenzende Komplexität der Erregungen sinnlicher und rationaler Art, die ihn an die Leinwand trieb, macht es schwer, die Bilder meines Vaters in einfache Erklärungen zu fassen. Sie mag auch der Grund für die permanenten Überarbeitungen sein, die zum Anekdotenkranz verzweifelnder Kunsthistoriker und Galeristen geworden sind. Ein vollständiges Werkverzeichnis wird wohl frommer Wunsch bleiben müssen. Man wird es wie stets in den Fällen großer Kunstleistungen hinzunehmen haben, dass ihr Autor sich weniger als solcher, sondern eher als ein Medium versteht, durch dessen empfindliche Naivität die Ströme seiner Zeit fließen. Seine Äußerungen sind konsistent schon deshalb, weil sie in diesem individuellen Kosmos Gestalt erhalten. Wiederum treten sie in eine ausdifferenzierte Gestalt nur durch unerhörtes handwerkliches Bemühen – dem Gegenpol der empfindenden Naivität.

Es ist verdienstvoll, im Betrachten der Bilder Bernhard Heisigs nach den Quellen zu suchen und mögliche Erklärungen anzubieten, gerade weil dem Maler selbst viele davon verborgen blieben. Oft wird das künstlerische Arbeiten mit dem Träumen verglichen. Wirklich analog ist wahrscheinlich das mähliche Steigen der Bildwelt aus dem Unbewussten. Die Selbstkontrolle beim Malen ist freilich ungleich größer, weshalb ebenso oft wie fast immer aussichtslos versucht wird, diese Kontrolle einzudämmen. Auch in der Mühe, an die Bilder des Unbewussten zu kommen, findet sich ein Grund für die zahlreichen Überarbeitungen bei Bernhard Heisig. Denn erst, wenn sich ein Bild (respektive sein Autor) ganz dem Spannungsfeld zwischen Erzählung und sinnlichem Affekt hingibt, entsteht ein Geheimnis, das zu faszinieren vermag.

Eine Seite zum staunenden Kontrollverlust hin braucht auch der Betrachter, um sich der Faszination durch das Geheimnis zu öffnen. Das erklärende Interpretieren wird dabei nur – allerdings hilfreiches und nötiges! – Hilfsmittel bleiben können.

[1] Beckmann, Max 1938.

Der Maler und sein Thema
1977/1979
Öl auf Leinwand
150 × 240 cm
Privatsammlung

Der Ruhm von gestern
1981
Öl auf Leinwand
151,2 × 252 cm
Kunsthalle zu Kiel

Jörg Sperling

Versuch über Bernhard Heisigs Werkstattgedanken.
Aus dem Blickwinkel von Johannes Heisig*

Der Begriff Werkstatt meint in unserem Falle nicht einfach das Künstleratelier im landläufigen Sinne, in dem in der Regel der Maler als Einzelkämpfer seine Kunst erschafft. Sondern die seit dem Mittelalter überlieferte Form des künstlerisch-handwerklichen Arbeitens in einer Räumlichkeit, wo der Meister gemeinsam mit Gesellen und Lehrlingen die Produktion von Kunstwerken betreibt. Diese aber umfasst weit mehr als nur die Endfertigung eines Tafelbildes, so all die nötigen planerischen, dann zumeist handwerklichen Vorkehrungen, wie die Gewinnung von Pigmenten, das Herstellen und Anrühren von Malfarben und Firnissen nach oft eigenen – teils geheim gehaltenen – Rezepturen, das Vorbereiten von Bildgründen und nicht selten auch die Gestaltung der Rahmen. Die Erschaffung des Kunstwerkes, als der eigentliche Malprozess, erscheint eingebettet in eine Vielzahl von oft zeitaufwendigen Tätigkeiten und steht somit am Ende einer langen Kette von handwerklich-schöpferischen Voraussetzungen.[1]

Das alles hat sich im Laufe der Jahrhunderte grundlegend gewandelt und längst kann die Malerin, der Maler die fertigen Farbtöne in vielerlei Ausfertigung wie die fix und fertig vorgrundierten Leinwände im Künstlerbedarf als industrielle Massenprodukte erwerben und ohne weitere Umstände ans Bildermalen gehen.[2] Aber genau in dem unvermittelten Draufzu sah auch Bernhard Heisig, wie sein Sohn Johannes Heisig sich erinnert, hin und wieder ein Arbeitsproblem. Was bei seiner expressiven, pastosen wie überschichtenden und zudem sehr prozesshaften Malweise zunächst erstaunen mag. Doch schon 1974 stellt er in einem Ateliergespräch fest: „Was ich früher nicht richtig gemacht habe, das war, daß ich diese Vorstellung sofort auf die Bildfläche brachte. Ich dachte, die Spannung, das Anrennen müßte ausreichen, etwas zuwege zu bringen. ... Dann habe ich begriffen, dass man über das Handwerkliche eine Sicherung einbauen kann, die das freie Malen erst wirklich erlaubt."[3]

Es nimmt also nicht wunder, wenn sich Bernhard Heisig wohl schon frühzeitig mit den mittelalterlichen Malerwerkstätten und ihrem Geheimnis, wie auch besonders mit dem Familienbetrieb der Cranachs ebenso wie mit den Holländern beschäftigte.[4] Johannes Heisig konstatiert: „Der ganze zeitgenössische Originalitätswahn war ihm [Bernhard Heisig] zuwider! Dabei gibt es einen ganzen kulturellen Fundus, der brachliegt." Und ebenso steht „die Verabsolutierung des Innovativen in der heutigen Kunst für Bernhard Heisig im Gegensatz zur traditionellen, am schrittweisen Entwickeln einer Formvorstellung orientierten Werkstattidee des Bildermachens."

Die Forschung hat in den letzten beiden Jahrzehnten deutlich herausgearbeitet, wie die künstlerischen Tätigkeiten in der Werkstatt Lucas Cranachs d. Ä. funktionierten.[5] Im Gegensatz zur Malerwerkstatt eines Albrecht Dürer, wo man die Hände der Mitarbeiter klar unterscheiden kann, verfolgte Cranach d. Ä. ein anderes Programm mit seinen beiden Söhnen. „Denn nachdem Cranach der Ältere seine Wittenberger Werkstatt einmal auf einen einheitlichen Cranachstil eingeschworen hatte, entstanden Hunderte von Gemälden – die mit dem Cranach-Signet versehen – als echte Cranachs von ihm verkauft wurden, ganz gleich, wer sie in seiner Werkstatt ausgeführt hatte."[6]

Allerdings wissen wir so gut wie nichts über die Anleitungen und Übungen, die der Meister seinen beiden Söhnen, Lucas d. J. und Hans, ebenso wie den Lehrlingen, auferlegte. Aufzeichnungen dazu hat die Kunstwissenschaft bislang nicht ausfindig machen können. Aber letztlich weist jene manufakturmäßig straff durchorganisierte Bilderproduktion ganz deutlich in eine andere Richtung, als Bernhard Heisig dies in praxi, wie wir sehen werden, realisierte. „Diese von den Zeitgenossen sehr geschätzten Eigenschaften der Cranach-Bilder sorgten andererseits für insgesamt sehr strikte, geradezu rigide Einschränkungen für die Herausbildung eigenständiger Künstlerpersönlichkeiten innerhalb der Cranach-Werkstatt und damit wiederum für eine Beschränkung der Entfaltungsmöglichkeiten Cranachs d. J."[7], hält Andreas Müller fest.

Was Bernhard Heisigs Denkfluss in Richtung Werkstatt ebenso inspirierte, war die Art, mit der Otto Dix in Vorlesungen Ende der 1950er Jahre in New York, seine in den frühen 1920er Jahren am Studium der Alten Meister entwickelte Schichtmalerei den Studentinnen und Studenten nahebrachte. In der „Lektion 19. Malerei und Komposition"[8] geht er eingangs insbesondere auf die Abläufe in den Werkstätten ein und zitiert aus dem *Libro dell'arte* des Cennino Cennini, entstanden im ausgehenden 14. Jahrhundert, weil dort unter anderem die aufwendigen Malvorbereitungen und das langwierige Erlernen der Techniken hervorgehoben werden. In einer weiteren „Lektion 20. Das Malen einer figürlichen Komposition in Tempera und Öl"[9] stehen ausführlich die Vorarbeiten für die Malmaterialien und Bildgründe, zum Teil in Form eines Gespräches zwischen Professor und Student, im Vordergrund. Auch die Dialogform dürfte Bernhard Heisig angeregt haben. Jedenfalls habe er daraus eigene Versuche abgeleitet, wie Johannes Heisig sich erinnert. Er sah offenbar eine Notwendigkeit, den Werkstattgedanken neben der Akademie wieder aufleben zu lassen. Zumindest gab es in seinem Unterricht erste Versuche in jene Richtung; zunächst ging es ihm darum, „den schrittweisen Aufbau des Bildes zu vermitteln, um den Studentinnen und Studenten eine Art technisches Gerüst anzubieten. Daraus entstand auch die Idee des Kollektivs, das sich temporär zusammenfindet, um einem Einzelnen in seiner Mitte zum Resultat zu verhelfen. Kann man – im Brecht'schen Sinne – einer individuellen Idee kollektiv ‚Baumaterial' zuführen? Wer malt dafür was im Bild? Gleichzeitig wollte er damit die Studierenden motivieren, Dinge anzugehen, die sie persönlich gescheut hätten. Sie sollten mögliche Alternativen zum selbstreferentiellen Dümpeln im Ego erfahren." Durchaus lassen sich hier Parallelen zur arbeitsteiligen Praxis unter anderem in der Bruegel-Familie erkennen. Praktische Ansätze, abgeleitet aus dem historischen Werkstattgedanken, die über den traditionellen Rahmen einer Kunstakademie hinausweisen und darin auch Kritik an den herkömmlichen Lehrmethoden beinhalten. Auf dem Weg zum Endresultat die Arbeit aufzuteilen, erwies sich letztlich als ein utopischer Gedanke. Mag sein, dass jener Zwiespalt bzw. die immer lauter werdende Befragung der Lehrinhalte den Hochschulrektor Bernhard Heisig unter anderem zur Gründung der legendären „Experimentalklasse" (1979 bis 1983) veranlasste.[10]

Derartige Entwicklungen artikulierten sich vor dem biografischen Hintergrund, dass Bernhard Heisig selbst das Studium nach dem Weggang seines Lehrers Max Schwimmer 1951 abbrach; freilich existierte damals ohnehin keine Malklasse an der Hochschule für Grafik und Buchkunst in Leipzig (HGB). „Und dann mußte ich wie viele meiner Generation alles, was wir nicht gelernt hatten, autodidaktisch nachholen."[11] Die von ihm, als er selbst ab 1958 Lehrer an der Hochschule wurde, 1961 eingerichtete Klasse „Farbiges Gestalten" entsprang also auch eigenen, elementaren Bedürfnissen. Zugespitzt in Bezug auf jenen Umstand formulierte das sein damaliger Schüler Hartwig Ebersbach in einem späteren Interview so: „[…] [Bernhard Heisig,] der etwa zeitgleich mit uns [Studenten] zu malen anfing."[12]

Von unterschiedlichen Punkten her sei damit ein Produktionsfeld angerissen, das bislang – wenn überhaupt – nur peripher in der sehr umfangreichen Literatur zur Kunst und zum Schaffen von Bernhard Heisig, genauso wie zu Johannes Heisig, berührt wird. Schon die zeitlichen Umrisse lassen sich für das Zusammenwirken beider, oft bezeichnet als „Mitarbeit in der Werkstatt des Vaters", nur annähernd bestimmen. Das mag einerseits an der Erinnerung nach einem halben Jahrhundert liegen, wie auch an den unterschiedlichen Quellen. Andererseits, wie Johannes Heisig rückblickend anmerkt, „war jene Zeit nicht von einem programmatischen, gar unterrichtsmäßigen Rahmen bestimmt, sondern geschah phasenweise und unregelmäßig", etwa in der Zeit seines Studiums an der HGB zwischen 1973 und 1977.[13] Die Studienzeit allerdings stellte sich für ihn als recht unstet dar. Denn eine nachwirkende Lehrerfigur ist ihm aus jenen Jahren nicht erinnerlich, „eine merkwürdige Situation", was zum einen daran lag, dass Arno Rink im Grundstudium eben erst als Lehrer begonnen hatte und noch unsicher wirkte. Dietrich Burger, der ab 1974 als Assistent in der Malklasse unterrichtete, bot mit seinem eher stillen Charakter auch wenig Kontur, ähnlich Gerhard Eichhorn, der Leiter der Werkstatt für Radierung und

Max Schwimmer V
1972/73
Lithografie
34,5 x 26,5 cm

Brigadier II
1979
(nach der Übermalung)
Öl auf Leinwand
139,5 × 124,5 cm
Museum der bildenden Künste Leipzig

Kupferstich. „In meinem Diplomjahr kam mein Vater zurück an die Schule und übernahm meine, die Malklasse. Wir sind uns da sicherheitshalber aus dem Weg gegangen."

Doch wo beginnen? Johannes Heisig erwähnt eine Episode, die vielleicht als Einstiegspunkt für unsere nähere Untersuchung dienen könnte. Es muss Ende der 1960er Jahre gewesen sein, eine Phase, in der Bernhard Heisig wiederholt mit Malereien hadert und sie vernichtet, wie frühe Fassungen des Kommune-Themas, worauf noch zurückzukommen sein wird. Im speziellen Falle handelt es sich um ein Brigadebild, das vom DEFA-Film *Spur der Steine* (1966 – mit Manfred Krug) angeregt worden war.[14] Er hatte sich in dieser Zeit, wie Johannes Heisig berichtet, „intensiv mit dem späten Kokoschka auseinandergesetzt und wollte malerisch zu neuen Ufern aufbrechen." Doch die offizielle Kritik verriss jene Tafel regelrecht, und so wanderte sie in den Keller. Eines Tages sagte Bernhard zu Johannes: „Lass' uns mal runter in den Keller gehen, wir müssen da mal was machen." Er sollte dem Vater beim Zersägen der Malerei zur Hand gehen, „um aus den Trümmern die Hauptfigur herauszulösen. Und nach einigem Glätten und Überarbeiten" entstand daraus eine erste Fassung des *Brigadier* (1968/1970/1979). Damit wurde Johannes Heisig als Sohn des Malers in ein Bilderschicksal quasi mit hineingezogen. Überhaupt, „wie schonungslos Bernhard Heisig mit Bildträgern umging, das hab ich öfter gesehen und das hat mich beeindruckt." Das vitale Porträt mit dem Daumen-hoch-Pathos jedenfalls trat danach einen ungeahnten Siegeszug an, bis zur Abbildung auf einer Briefmarke.

In dieser Zeit entschied sich Johannes Heisig, Abstand zwischen sich und das Strahlungsfeld des Vaters zu bringen und begann ein Biologiestudium in Leipzig. Nur ließ der Abbruch der Zelte dort nicht lange auf sich warten, nach drei Semestern siegten die unterschwellig wirkenden Kräfte, die Johannes doch wieder und wieder zum Zeichnen und Malen zogen. Als ein entsprechender Vorrat an Bildern vorhanden war, „habe ich dafür gesorgt, dass mein Vater meine Versuche in Malerei entdeckte. ‚Wenn Du das tatsächlich willst, dann muß Du als Heisig besser als jeder andere sein!' – sein Kommentar. Mein Vater war in diesem Falle bereit, mich dafür zuhause ‚zu drillen'. Ich lernte, ihm die Malgründe zu präparieren und das war manchmal ‚Sklavenarbeit'. Unter seiner Anleitung habe ich das Grundieren, später auch die Untermalung, Imprimatur, Weißhöhung usw. genauer gelernt, als ich es selbst heute praktiziere." Und in dem Lernprozess geschah es schon einmal, wie Johannes Heisig anmerkt, dass ihn der Vater „mit Befehlsstrenge vors Bild zitierte: ‚So was in der Bildstruktur geht nicht!' Oder: ‚Hör mal, hier muss noch mehr Kontrast rein.' In den Sommerferien, als ich mich ihm entziehen konnte, gab er mir ‚Schularbeiten' mit: Er wollte sehen, was ich an Landschaft oder Porträt fertigbringe. Die Vorbereitung bei ihm auf die Eignungsprüfung

Johannes Heisig
Pilze sammeln
2021
Öl auf Leinwand
145 × 165 cm
Privatbesitz

an der HGB bemaßen sich circa auf ein halbes bis ein dreiviertel Jahr: durchaus als erbarmungsloses Coaching."

„In seiner Werkstatt war ich dann mit Riesenformaten konfrontiert, an denen ich mitarbeitete. Das war eine neue, ganz sinnliche Erfahrung, denn meine eigenen Formate waren damals eher klein. Da stand ich und dachte: Das kannst Du eigentlich auch. Die Erinnerungen an diese Zeit: Es war durchaus nicht nur fröhlich, aber erwartungsfroh. Manchmal hat es mich auch angestunken."

Später gab es bei der Bewerbung an der HGB „einen Vorfall". Zu der Zeit war Werner Tübke Rektor. „Er schaute sich meine Mappe an – und sagte kein Wort. Nach einer längeren Pause: ‚Das 1. Studienjahr ist voll, aber es gibt noch einen Platz im 2. Studienjahr. Ihre Arbeiten hier reichen dafür.' So bin ich also gleich ins 3. Semester gekommen!" In den Anfangsmonaten an der HGB malt Johannes Heisig, wie er anmerkt, „zum ersten Mal mit Untermalung und Lasur" ein klassisch aufgefasstes Selbstbildnis (1974); mit konzentriertem Blick und durchaus selbstbewusst, darin eingebettet ein leichtes Erstaunen, vielleicht – wie mir scheint – über seine grundveränderte Rolle.

Johannes Heisig
Ausblick
2022
Öl auf Leinwand
170 × 210 cm
Privatbesitz

Naturgemäß schlug sich in solch einer Werkstattkonstellation – vor und während des Studiums – der Vater-Sohn-Konflikt auf besondere Art nieder. Johannes Heisig konstatiert heute, „dass sich in den Auseinandersetzungen mit dem [übermächtigen] Vater eben seine Art Wertschätzung ausdrückte" und führt aus:

„Es ging nicht nur ums Malen, sondern auch um Maltechnologie, um Kunst- und Kulturgeschichte, ganz allgemein darum, in Dialog und Streit ein Weltbild zu skizzieren. […] Noch bei jedem Bild, das ich male, jeder Zeichnung, jeder Äußerung als Künstler, der ich bin, spreche ich mit ihm. Es sind keine kollegialen Gespräche. Er ist mein Gegenüber, mein eigentliches Publikum, das zu erobern und zu überzeugen ist; hinter seinem Urteil stehen alle anderen zurück."

Doch zurück in die väterliche Werkstatt und zum gemeinsamen Wirken. Dort herrschten einige Grundsätze, denen sich Bernhard Heisig in seiner künstlerischen Arbeit verschrieben hatte. Seine Hauptmaxime lautete: Die Form frisst das Thema. Johannes Heisig vermutet, dass der entscheidende Gedanke aus Max Beckmanns Schriften stammt, mit dem sich sein Vater sehr intensiv auseinandersetzte. „Unterstellt wird oft, dass er [Bernhard Heisig] ein programmatischer Maler war. Er hat jedoch immer klar unterschieden: Stoff, das bildet die Batterie, bedeutet malerische Anspannung.

Im Stoff aber verborgen liegt das dem Maler eigene, urpersönliche Thema, das er sozusagen lebenslang umkreist." Johannes Heisigs Malerei drängt die Gewichtung des Stoffes noch weiter zurück, wenn er feststellt: „Ich habe mir Techniken zurechtgelegt, um den Kopf so oft wie möglich auszutricksen. Zum Beispiel entwickele ich Bilder nicht über Skizzen. Ich will, dass das Material die Chance hat, seine eigenen Bewegungen, auch gegen meine Pläne, auszuführen."

Was Johannes Heisig anschaulich erleben konnte, war jener Umgang mit „Problemphasen im Bild"; wie Bernhard Heisig „im Fundus rumgewühlt hat", um einen passenden Anstoß zum Weitermalen ausfindig zu machen. Und gleichzeitig „das ‚Rumsitzen' vor dem Bild! Lange grübelnd zu sitzen, um dann wiederum nächtelang durchmalen. Da entzündete sich etwas, was das normale Leben gar nicht so berührte. Das war gar nicht so einfach, sich dem zu entziehen." Bernhard Heisig, der Vater, „der außerhalb seines Ateliers kaum zu greifen war – und das Atelier als Zentrum seiner Welt. Das kenne ich von mir selbst auch."

In einem wichtigen Schaffensabschnitt hat Johannes Heisig die Aufgabe, eine von Bernhard Heisig zu schnell vernichtete Ursprungsversion „des malerischen Großunternehmens ‚Pariser Commune'", – von zwei bis drei solcher Neuansätze ist an anderer Stelle die Rede – nach Fotografien, Arbeitsaufnahmen, nachzubilden und damit zu „retten". „Das Ergebnis taugt ihm aber doch nur zum Ausgangspunkt für neue Wege." Womöglich lässt sich in dem Aspekt bereits eine indirekte Partnerschaft ablesen: Das Nutzen kleiner Andersartigkeiten der Malauffassung des „Gesellen" könnte dem

Ikarus
(Ausschnitt von S. 32)
1975
Öl auf Leinwand
280 × 450 cm
Deutsches Historisches Museum, Berlin

„Meister" neue Bildhorizonte eröffnet haben, die ihm wichtiger waren, als der (gescheiterte) Versuch, des Verlorenen in der Rekonstruktion doch noch habhaft zu werden.

Das erinnert Johannes an eine frühere Phase in der Werkstatt des Vaters, als er noch am Anfang stand: „All das, was an Ungeschicklichkeiten da reinkam [von seiner oder des Bruders Hand in die Komposition Bernhard Heisigs], kontrapunktisch einzusetzen. Er hat es so stehen lassen oder zum Teil überfummelt, eingebunden. Und aus der Not eine Tugend gemacht". Malerkniffe, wie das Setzen von Glanzlichtern oder die Führung von Schatten, hatte Bernhard Heisig seinen beiden Söhnen schon frühzeitig gezeigt, als für sie das Thema „Malerwerden" noch gar nicht auf der Agenda stand.

Einen „Höhepunkt" fand Johannes Heisigs Mitarbeit im Entstehungsprozess des Gemäldes *Ikarus* (1975) für den Palast der Republik in Berlin. Unter anderem entstammt der oben rechts einschwebende Adler von seiner Hand. Auch hier wirkt, wie so oft in Bernhard Heisigs Kompositionen, das Prinzip der Montage. Johannes Heisig malte ebenso die Figur unten links als Zitat aus einem früheren Kommune-Bild oder unten rechts die strömenden Massen als Anspielung auf Albrecht Altdorfers *Alexanderschlacht* (1529). Wie in manch anderem seiner Gemälde griff der Vater bedenkenlos auf die Zuarbeit seines Sohnes zurück. „In dem Verhältnis als ‚Geselle' hab ich das akzeptiert und verstanden: Hier kann ich etwas für mich mitnehmen." Dabei konnte schon einmal geschehen, dass sie beide nebeneinander an einer Leinwand arbeiteten. Und Johannes lernt zugleich an jenem Großformat, wie sein Vater große Flächen erzeugt, zum Straffen und zur Verbindung der Details.

Als prägnantes Beispiel der Mitwirkung von Johannes Heisig mag das Gemälde *Beharrlichkeit des Vergessens* von 1977 gelten. Auf einer Idee des Vaters beruhend, fügt Johannes Heisig den Tuba blasenden Clown am rechten unteren Bildrand ein. Bernhard Heisig „hat ein paar Knacker draufgesetzt – und das war's". Die Gestalt bildet nicht nur in einer rosarot-goldgelben Farbgebung eine Bilddominante. Denn sie scheint jene, die Komposition durchziehende Losung „Wir sind doch alle Brüder und Schwestern" dem Betrachter entgegenzuschmettern. In der alptraumartigen Bühnenkomposition, mit Zitat aus Dix' Kriegstriptychon – ebenfalls von Johannes gemalt – steht der Clown quasi vor dem ganzen Aufbau, er, der in weiteren Gemälden aus dieser Werkphase wie *Zauberlehrling* (1978–1981) oder *Der Ruhm von gestern* (1981) anverwandelt wieder ins Bildgeschehen eingreift. Vielleicht ist dieser Musikclown als Alter Ego zu deuten. Worin sich die Arbeitsweise von Bernhard Heisig, die mit Übermalen, Weitertreiben und Variantenreichtum charakterisiert wird, widerspiegelt. Es wäre interessant zu untersuchen, wie sich in dem Gemälde die beiden Hände von Vater und Sohn en détail unterscheiden. So durchwandert die Figur wie selbstverständlich den Bilderkreis des Vaters und ist hierin womöglich der oben erwähnten Praxis in der Cranach-Werkstatt vergleichbar.

Beharrlichkeit des Vergessens
1977
Öl auf Leinwand
151 × 242 cm
Staatliche Museen zu Berlin,
Nationalgalerie

„Dann kam um 1978 die Phase, wo mein Bruder Walter mich ablöste in der Werkstatt des Vaters. Er war [als der Jüngere] eher distanziert zu ihm. Und hat die Wertschätzung nicht so bekommen." In der Aufsatzsammlung *Väter und Söhne* gar zeigt Bernhard Heisig gegenüber Walter eine sehr harsche Haltung, wie sich jener erinnert: „[…] der radiert ihm schon mal vor versammelter Mannschaft eine Zeichnung aus. Da hab ich ganz schön geschluckt […]."

Die Jahre, die dem Malereistudium folgen, erweisen sich als sehr kompakt. „Zunächst habe ich mich bei Werner Tübke als Meisterschüler beworben. Ich wollte etwas lernen bei ihm, er war immer faszinierend. Er hat sich damals (ab 1976) beurlauben lassen von der HGB. Auch unter dem Motto: Wenn ich nicht einmal im Jahr nach Italien komme, geht hier gar nichts! Ein sturer Arbeiter, das wusste ich. Also bin ich eines Abends hin. Sein Wunsch: Ich als Vorarbeiter für sein großes Vorhaben in Bad Frankenhausen. Ob ich bereit wäre, mehrere Jahre dafür zu arbeiten. Danach sprach Tübke mit meinem Vater, erzählte ihm, dass ich mich beworben hatte. Man solle in der HGB einen Raum zum Arbeiten für mich zur Verfügung stellen. Da fühlte ich mich zwischen den beiden als Mittel zum Zweck! Habe abgeschrieben. Das war der Punkt, wo ich begriffen habe, in Leipzig kommst Du nie auf einen grünen Zweig, weil Du ständig in jenen Beziehungen gesehen wirst. Der Wunsch war klar: aus diesem toxischen Magnetfeld heraus. Zumal ich ein Defizit gespürt habe: Zeichnung wurde in Leipzig nicht als eigenständig betrachtet und gelehrt, sondern zum Großteil reduzierend als Vorbereitung für Malerei oder Grafik verstanden."

Was hier auf dem gesonderten Feld des tradierten Werkstattgedankens aus Erinnerungen und einigen schmalen Äußerungen zusammengetragen werden konnte, erweist sich als fragmentarisch und gegenüber der Kunstproduktion von Bernhard Heisig und Johannes Heisig als peripher. Jedoch wird deutlich, wie die imaginierte Künstlerwerkstatt sich grundsätzlich von der Praxis des Meisterschülers unterscheidet; zumal bei Bernhard Heisig eine ganze Reihe namhafter Künstlerinnen und Künstler, wie Hubertus Giebe, Sighard Gille, Christel Maria Göthner, Walter Libuda oder Trak Wendisch

Der Zauberlehrling II
1981
Öl auf Leinwand
141,5 × 202,5 cm
Kunstsammlung der
Hannover Rück-Gruppe

die besondere Schaffensphase absolvierten. Insgesamt haben wir also einen Anriss vor uns, der allerdings eine spannende Problematik freilegt, die nach wie vor – wie ich überzeugt bin – nichts an Aktualität verloren hat; gerade heute, wo der von einer künstlerischen Idee geleitete Zugriff auf das – nicht selten außerkünstlerische – Material oftmals mehr als „nehmerische" Geste, denn als handwerklich-sinnliche Durchdringung auftritt. Hier eröffnet sich für die Gegenwartskunst ein weites Forschungsfeld.

Abschließend resümiert Johannes Heisig: „Schritt für Schritt konnte ich im Mikrokosmos des ‚Meisterateliers' einen Weg nehmen über Drill und Machenlassen, bis zur ‚Gesellenzeit' des selbständigen Arbeitens. Am Ende stand die Abnabelung, die Emanzipation. Und selbst die sah er, Bernhard Heisig, als notwendiges Ergebnis, ja sogar als finalen Zweck der Zusammenarbeit in seiner Werkstatt."

* Der Aufsatz beruht auf Ateliergesprächen, die der Autor mit Johannes Heisig in Teetz am 8. Februar und 16. April 2024 führte. Alle nachfolgenden, nicht ausgewiesenen Zitate beziehen sich darauf.

1 Vgl. Cassanelli 1998.
2 Vgl. Albus 1999, besonders Kapitel VII. Der Teufel in der Tube, S. 68–86.
3 Schumann 1976, S. 119.
4 Allerdings finden sich in den bislang veröffentlichten Texten des Künstlers dazu keine Hinweise.
5 Vgl. Ausst.kat. Cranach 2009; Ausst.kat. Cranach d. J. 2015.
6 Tacke 2009, S. 13.
7 Müller 2015, S. 21.
8 Schmidt, D. 1981, S. 229–243.
9 Ebd., S. 243–250.
10 Jedoch stand diese mit ihren forschenden wie aktionistischen Grenzüberschreitungen dem Werkstattgedanken, in seiner Bindung an die Maltradition, komplementär gegenüber. Vgl.: Grundmann/Michael/Seufert 1996, hier: Die Akademie als Experimentierfeld. Hartwig Ebersbach und die Folgen, S. 47–55.
11 Schumann 1976, S. 112.
12 Interview mit Hartwig Ebersbach, 25.07.2001, Leipzig, geführt von Karl-Siegbert Rehberg und Paul Kaiser, zitiert nach: Ausst.kat. *60 40 20* 2009, S. 24.
13 Bernhard Heisig war in jenen Jahren, nachdem er 1968 selbst seine Lehrtätigkeit an der HGB gekündigt hatte, bis 1976 freischaffend, bevor er erneut zum Rektor berufen wurde. So bot sich geradezu an, im eigenen Atelier neue, ungewohnte Wege zu beschreiten.
14 Der Film von Frank Beyer nach dem gleichnamigen Roman von Erik Neutsch wurde wenige Wochen nach der Premiere verboten. Vgl. https://de.wikipedia.org/wiki/Spur_der_Steine_(Film), letzter Abruf: 14.12.2024.
15 Dazu Karl Max Kober: „Der aus der weiteren Bearbeitung des Stoffes hervorgegangene ‚Brigadier' hatte sogleich Erfolg, weil er den Vorstellungen von zeitgenössischen Helden entgegenkam. Heisig selbst jedoch stand dem Ergebnis schon bald skeptisch gegenüber. Die Figur schien ihm zu einschichtig aufgefaßt." Kober 1981, S. 70.
16 Vgl. Hametner 2017, Kapitel 1. Vater und Vater-Staat, S. 21–31.
17 Heisig, J. 2012, S. 31.
18 Hametner 2017, S. 44 f.
19 Heisig, J. 2005, S. 102.
20 Zitiert nach: Lahann 1998, S. 406.
21 Vgl. das Zitat von Johannes Heisig zu seinem Bruder Walter Eisler in der vorliegenden Publikation, S. 198 f.
22 Angemerkt werden muss, dass Werner Tübke eine gänzlich andere Werkstattidee als Bernhard Heisig verfolgte und realisierte, bei der sich alle Mitarbeiter am großen Rundbild seinem Entwurf und seiner Handschrift unterzuordnen hatten – und darin der Praxis in der Cranach-Werkstatt nicht unähnlich.
23 So berichtet Hubertus Giebe: „Ich traf ihn gar nicht so oft, arbeitete eher ‚randständig' in der Lithographiewerkstatt; Heisigs Hinweise und Korrekturen waren mehr knapp, karg, trafen den Kern. So lernte ich wesentlich am hingestellten Werk, suchte ähnliche Dichte und Gespür der Komposition, studierte den Formapparat, seine Konstruktion, sein ‚Farblicht'. Für mich, fürs Eigene, vielleicht näher bei Dix und Grosz liegend als bei Corinth." Giebe 2005, S. 58.

**Selbstbildnis
vor Staffelei**
1973
Öl auf Hartfaser
95,5 × 51,4 cm
Kunstsammlung Gera

Heiner Köster

Unser Zugang zum Werk von Bernhard Heisig

Wie Heisig die menschliche Figur als das „bezugs- und ausdrucksfähigste Medium des Malers"[1] mit all ihren Kommunikationschancen in Szene setzt, fasziniert uns immer wieder neu. Wir haben Freude an den geschmeidigen Farbbahnen, mit denen der Künstler ein Gemälde durchzieht, an dem Flackern und Funkeln eines Bildes, den aufmodellierten, pigmentgesättigten Schichten neben borstig-krausen, mageren Flecken.[2]

Heisig gelingt es, uns geradezu in seine Bilder hineinzuziehen. Eberhard Roters erklärt:

> „Heisig dringt während des Malens langsam, stetig und mit beharrlichem Temperament in das Bild, das er schafft, vor. Es ist ein Malprozess von mahlender, knetender und schichtender Eindringlichkeit, hier wird etwas weggenommen, dort etwas hinzugefügt, dort werden ganze Schichten neu übermalt. So verwandelt sich das Bild unter seiner arbeitenden Hand in ein Wesen von protheischer Lebendigkeit, das am Ende fünfmal und mehr sein Gesicht verändert haben kann. Heisigs Malweise hat etwas Saugendes an sich, der Maler saugt sich selbst immer mehr in die Bildtiefe hinein. Den Sog, der so geschaffen wird, üben die Bilder auch auf den Betrachter aus."[3]

Für Heisig gilt, was er über Wolfgang Mattheuer schreibt: „Er geht mit seinen Stoffen wirtschaftlich um. Er malt nicht dauernd ganz neue Bilder, sondern verwendet Erworbenes wieder unter neuen Aspekten. Seine Bilder stehen aufeinander in ihrer Bilderfindung und in jedem sieht man die Erkenntnisse des vorherigen."[4] So schafft Heisig – Übermalungen inbegriffen – oft 10, 20 oder mehr Gemälde, unter anderem zu den Bildstoffen der Revolution (Pariser Kommune von 1871), des Kriegs (Zweiter Weltkrieg), der Shoah, der Leidensgeschichte Christi, der Faust-Tragödie, des Preußentums und der Weltpanoramen.

Zur Wahl eines Bildstoffs erläutert der Künstler:

> „Sie kennen das: ‚Eine gut gemalte Kohlrübe ist besser als eine schlecht gemalte Madonna'. Das ist Demagogie. Der Satz muss eigentlich heißen: ‚Eine gut gemalte Madonna ist besser als eine gut gemalte Kohlrübe!' […] Man muss die Wertigkeit der Stoffe unter allen Umständen anerkennen. Ich kann mit Hilfe einer Kohlrübe einfach nicht genug transportieren. Schließlich hat Grünewald auch eine Kreuzigung gebraucht, um ein solches gewaltiges Bild zu malen. Es gibt aber auch die Gefahr, das Ding umzudrehen und die Wertigkeit der Stoffe als einziges

Kriterium zu nehmen. Und da gilt der Satz, dass die gute Absicht immer das Gegenteil von Kunst ist. […] entscheidend wird sein, was in einem Bilde an Kraft der Erfindung, an Kraft der Form auf mich zukommt."[5]

Bernhard Heisig ist sich mit Markus Lüpertz einig: „Wenn der Inhalt die Schönheit der Malerei überlagert, wenn das Dargestellte wichtiger ist als die Form, dann kommen wir zu einer Art Verwendbarkeit von Kunst, die fürchterlich ist."[6] Er zitiert gern aus Friedrich Schillers Briefen *Über die ästhetische Erziehung des Menschen* von 1795:

„Darin also besteht das eigentliche Kunstgeheimnis des Meisters, daß er den Stoff durch die Form vertilgt; und je imposanter, anmaßender, verführerischer der Stoff an sich selbst ist, je eigenmächtiger derselbe mit seiner Wirkung sich vordrängt, oder je mehr der Betrachter geneigt ist, sich unmittelbar mit dem Stoff einzulassen, desto triumphierender ist die Kunst, welche jenen zurückzwingt, und über diesen die Herrschaft behauptet."[7]

Über seine Arbeit sagt Heisig: „Tatsächlich ist aber meine Art zu leben und auch zu arbeiten, von dem beeinflußt was mich beunruhigt. Weniger von dem, was mich beglückt. Wäre ich so etwas wie ein ausgeglichener Mensch, würde ich wohl nicht malen. Aber so ähnlich geht es vermutlich allen Leuten, und ich habe das Glück, daß ich mit der Malerei vieles abreagieren kann."[8]

Die hier abgebildeten Heisig-Bilder aus unserer Sammlung lassen sich in drei Kategorien ordnen:

Bilder, in denen der Künstler sich und sein Leben reflektiert:

– *Der Tod des Weißclowns* (1992)
– *Selbst mit Puppe I* (1994)
– *Alter Puppenspieler* (1996)
– *„Wenn wir uns drüben wiederfinden"* (Faust) (2002)
– *Alter Lehrling* (2003)

Die stillen Bilder, wie Stillleben und Porträts:

– *Dresden* (1996)
– *Blumen und Maske* (1990/91)
– *Blumen und Schachtisch vor einem Bild* (1991)
– *Marianne Köster* (1994, 1994, 1994/2004)
– *Der Anwalt Dr. Köster* (1998)
– *Der Theologe Eugen Biser* (2004)
– *Der Religionsphilosoph Eugen Biser* (2005)

Dorfstraße im Regen
Bl. 1 in der 3. Grafikedition
zur Heisig-Retrospektive 2005:
Landschaften und Szenen
2004/05
Lithografie
37 × 30 cm

Die dramatischen Gemälde:

- *Der alte gejagte Jude* (1987/1991)
- *Mann am Fenster* (1992)
- *Mutter Courage und ihre Kinder* (2008)

Weitere Werke hätten wir gern erworben. Aber die Bilder waren schon vergeben, Museen, wichtigen Sammlern und Galeristen zugesagt, noch in Arbeit oder als Geschenk vorgesehen, wie das kleine Gemälde *Landregen im Havelland*, das wir bei unserem ersten Besuch in Heisigs Atelier entdecken und nicht erwerben können. Später sehen wir eine Abbildung in dem Buch *Kanzlers Kunst*[9] und lesen Helmut Schmidts Beschreibung des Gemäldes: „[…] auf dem – in wunderbarer impressionistischer Manier gemalt […] ein einsamer Mann unter dem Regenschirm dem Wind und dem Regen entgegengeht, auf einem ungepflasterten Weg, in dessen Fahrspuren sich Pfützen gebildet haben. Loki und ich lieben dieses Bild eigentlich noch mehr als Heisigs Porträtskizze, die an der gleichen Wand hängt."[10]

Heisigs überwältigende Werke, die sich mit den menschlichen Katastrophen, mit Krieg, Zerstörung und unermesslichem Leid befassen, diese Ikonen der Malerei, finden sich nicht in unserer Sammlung. Wir möchten die erworbenen Bilder an den Wänden unserer Wohnung sehen und nicht in einem Depot für eine Ausstellung oder einen günstigen Verkauf vorhalten. Die tägliche Begegnung mit den von Heisig eindringlich dargestellten Lebenswirklichkeiten menschlichen Versagens wäre für uns eine zu hohe Belastung. Diese Bilder gehen unter die Haut. Heisig sagt zu mir: „Ich hätte gern mehr freundliche Bilder gemalt. Aber wo ich hinsehe, finde ich Konfliktstoffe."

Die Dorfstraße im Regen
1988
Öl auf Leinwand
60 × 80 cm
Privatsammlung

1 Heisig 1988, S. 30.
2 Kober 1973, S. 15.
3 Ausst.kat. *Zeitvergleich* '88 1988, S. 32.
4 Heisig 1979, S. 33.
5 Hartleb 1976, S. 140 f.
6 Sager 1997, S. 29.
7 Zitiert nach: Baumeister 1960, S. 37.
8 Pachnicke 1989, S. 15.
9 Weimar 2020, S. 159.
10 Schmidt, H. 1996, S. 85.

Selbstporträts
um 1956 bzw. 1957/58, Lithografien, unterschiedliche Maße, u.a. aus der Folge: *Köpfe*

Das Selbstbildnis des Künstlers

In seinem Selbstbildnis spiegelt sich jeder Künstler variantenreich: nachdenklich, selbstbewusst, mysteriös, kritisch, je nach Intention. Er inszeniert seine Körperlichkeit, seine Identität, sein gesellschaftliches Rollenspiel. Das muss nicht stets ein abbildhaftes Selbstporträt sein; das Animalische im Menschen lässt sich auch anders ausdrücken: „[S]o wie Picasso seine Stierbilder malt. Das sind auch alles Selbstbildnisse."[1] Neben diesem Aspekt der Selbstdarstellung steht das Verlangen nach Selbsterkundung, das Erfassen der eigenen Persönlichkeit im Selbstbildnis. Über die Selbstbildnisse von Max Beckmann sagt Heisig: „Er wußte, wie er aussah. Gemalt hat er sich, wie er gesehen werden wollte."[2]

Heisig spielt in seiner 16-teiligen Grafikfolge *Köpfe* so einfühlsam mit seiner Physiognomie, dass jedes Blatt wie ein Psychogramm die jeweilige Gestimmtheit des Künstlers als Reaktion auf die komplexen persönlichen Erlebnisse und politischen Ereignisse in den Jahren von 1956 bis 1958 in rücksichtsloser Offenheit widerspiegelt. Der Künstler verarbeitet seine Stimmungen in dem intimen Medium kleinformatiger Druckgrafik für die eigene Selbstvergewisserung, nicht für eine Veröffentlichung. Der sozialistisch-realistischen Kunstauffassung vom „neuen Menschen", der tatkräftig und optimistisch sein solle, dem „Fortschritt täglich zugewandt, unverdrossen werktätig in Stadt und Land, frischauf gegen die Skeptiker, Miesmacher und Feinde dieser rosigen sozialistischen Zukunft"[3], steht Heisigs Werk diametral entgegen. In der Form bekennt er sich zum expressionistischen Duktus, zu Max Beckmanns kantigem, disharmonischem Zeichenstil im Gegensatz zu seiner bisherigen Orientierung an Adolph Menzel.

Sein erstes repräsentatives Selbstbildnis, das den Künstler selbstbewusst mit kräftigem Zeichengestus zeigt, gestaltet Heisig im Jahr 1971 in dem als Frontispiz dieses Buches abgebildeten grafischen Blatt *Selbst*. Er reagiert damit auf die zunehmende Anerkennung, die sein Kunstschaffen Anfang der 1970er Jahre findet.

Die ersten vier Selbstporträts in Öl aus den Jahren von 1970 bis 1972 sind Vorläufer der drei überragenden Selbstbildnisse aus dem Jahr 1973: *Selbstbildnis vor Staffelei*, *Mit erhobener Hand* und *Mit erhobenem Pinsel* (1973/74). Diese Werke und deutlicher noch die Selbstporträts aus den 1980er Jahren zeigen das soziale Rollenbild, in dem sich Heisig mit „Stolz auf die nun erreichte unanfechtbare Position als Maler und Rektor der wichtigsten Kunsthochschule des Landes" sieht.[4]

In der ersten Hälfte der 1990er Jahre arbeitet der Künstler an acht Selbstporträts. Er wählt das knapp gefasste Bruststück; der Körper findet nur in schmalen Schulterpartien sein Abbild. Farben und Formen bestimmen die psychologische Selbstaussage.

Selbstporträt III
2. Zustand
1957/58
Lithografie
ca. 37,5 × 25,7 cm (Steinmaß)

Selbst mit Grafik
III. Zustand
1988
Lithografie
ca. 31,4 × 25,2 cm (Steinmaß)

Das Gemälde *Selbst mit Puppe I*

In dem Bild *Selbst mit Puppe I* inszeniert sich Bernhard Heisig mit der Handpuppe des Kaspers in seiner Linken. Er kleidet den Kasper mit einem feuerroten Kostüm und gelbem Spitzhut und stattet ihn mit verschmitzten Gesichtszügen sowie einem listigen Blick aus. Das Licht fällt auf ihn. Den Bildraum aber dominiert der Kopf des Künstlers mit leicht verschatteter Physiognomie: sein offener, beobachtender Blick und die geschlossenen Lippen mit angedeutetem, wissendem Lächeln bekunden skeptische Zurückhaltung und Kontrolle der Situation. Welche Aktion hat Heisig für die Handpuppe vorgesehen? Ist es sein alter Kampfmodus „Ruhig mal die Zähne zeigen, am besten lächelnd, weil man sie dann besser sieht", den er auf den Kasper überträgt?[5] Der Blick des Kaspers ist nach rechts auf ein Geschehen außerhalb des Bildes gerichtet. Die Interpretation ist offen.

Herwig Guratzsch zieht einen Vergleich mit Heisigs früherem Bild: *Selbst als Puppenspieler* von 1982 „mit der ‚korrekten' Bethaltung eines Totengerippes, das wie mit diktiertem Drill die subversive Vorführpose des Künstlers kontradiktorisch aufnimmt, entspricht seinem *Selbst mit Puppe* von 1991. Statt einer diffusen Puppe aber drängt hier ein neckischer Kaspar keck und listig aus dem Bild […]. Das ist makaber – oder Zynik des reifen Mannes, der seit 1992 vom Havelland aus immer farbenkräftiger auf die hiesige [Leipziger] Kunstszene zu wirken begann."[6]

Ist der Kasper in dem Gemälde Heisigs Partner? Heisig erwidert: „Das ist so wie mit dem schönen englischen Stück ‚Mein Freund Harvey'. Das ist der Hase, der dauernd mit ihm herumläuft, mit dem er sich unterhält, der sein Partner ist. Das ist mein Harvey sozusagen."[7]

Selbst als Puppenspieler
1982
Öl auf Leinwand
100 × 81 cm
Kunstsammlungen Chemnitz

〉 **Selbst mit Puppe I**
1991
Öl auf Leinwand
90 × 70 cm
Sammlung Marianne und
Heiner Köster, München

1 Ebersbach 1994.
2 Heisig 1979, S. 276.
3 Cammann 2023.
4 Eisman 2005, S. 228.
5 Vgl. Heisig 2005a, ab S. 21.
6 Guratzsch 1997, S. 48 f.
7 Ferdinand-Ude 1998, S. 25.

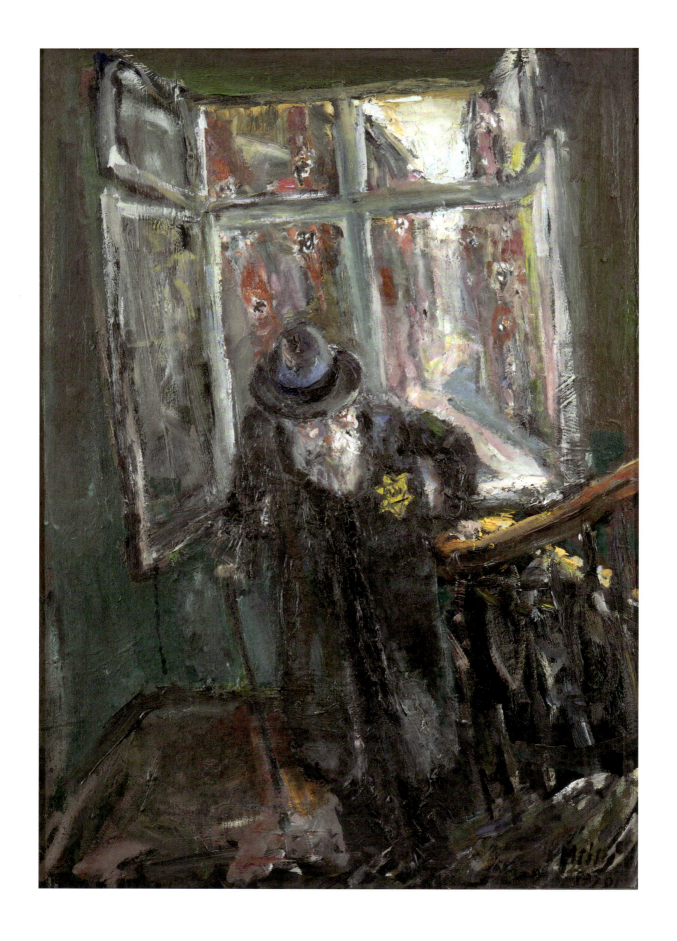

Der alte gejagte Jude

Bei unserem ersten Besuch im Atelier des Künstlers im November 1991 sehen wir die Ölstudie (1987) zu der ersten Fassung des Gemäldes *Der Gejagte*,[1] das meine Frau und mich in Bernhard Heisigs Retrospektive im Martin-Gropius-Bau in Berlin tief berührt hatte. Der Künstler bemerkt unser Interesse. Wir erzählen von unseren Israel-Reisen und unserer Mitgliedschaft im deutschen Freundeskreis des Israel-Museums in Jerusalem. Da überrascht er uns mit dem kaum erhofften Angebot, aus der Studie für uns ein selbstständiges Bild zu schaffen. Wir sind hoch erfreut. Schon einen Monat später hat Heisig die Arbeit beendet.

Dem Bild geht eine Tuschzeichnung voraus, die Heisig als Illustration für eine Szene aus dem Roman *Das siebte Kreuz* von Anna Seghers schuf: Hilfesuchend, mit schwer verletzter Hand, steigt der aus dem Konzentrationslager Westhofen geflohene politische Häftling Georg Heisler die Treppen hinauf zur Praxis des jüdischen Arztes Dr. Herbert Löwenstein, der die Hand des Verfolgten verbindet, ungeachtet der Gefahr, die diese Heilbehandlung für sein eigenes Leben bedeutet.[2]

Der Gejagte I
1988/89
Öl auf Leinwand
100 × 80 cm
Privatsammlung Niedersachsen

Das Gemälde *Der alte gejagte Jude*

Die Komposition des Bildes *Der alte gejagte Jude* ist von höchster Konzentration. Hat der graubärtige Mann mit dem gelben Judenstern, dem Zeichen für „namenloses Elend"[3] auf dem schwarzen Mantel, gerade Zuflucht in seinem Wohnhaus vor üblen antisemitischen Beschimpfungen gefunden? Seine Angst vor der täglichen Drangsal und Verfolgung ist deutlich sichtbar. Der alte Mann hat den Hut tief in die Stirn gedrückt. Beschwerlich ist ihm der Aufstieg im dämmrigen Treppenhaus zu seiner Wohnung. Die Kehre auf einem Treppenabsatz hinter sich lassend ist er auf seinen Stock gestützt dabei, die nächste Stufe zu nehmen. Es ist später Nachmittag. Das Geschehen ist von beklemmender Stille erfüllt.

Hinter dem alten Mann steht das große Treppenhausdoppelfenster mit seinen Oberlichtern sperrangelweit offen. Das Fensterkreuz ist deutlich zu einer Kreuzform ausgearbeitet. Ob Heisig dieses christliche Symbol, das für Leid, Tod und Erlösung steht, auf den alten Mann bezieht? Als ich den Künstler auf das Kreuz anspreche, schaut er mich an und sagt: „Im Zeichen des Kreuzes haben Christen immer wieder entsetzliche Verbrechen begangen."

Durch das offene Fenster fällt der Blick auf die menschenleere, sich im Horizont verlierende Straße. In dichter Folge hängen blutrote Hakenkreuzbanner vor den Hausfassaden. Ist ein Aufmarsch der SS in Vorbereitung? Die Hakenkreuze auf dem weißen Grund der Fahnen wirken wie lauernde Augen, die alles kontrollieren wollen.

‹ **Der alte gejagte Jude**
1987/1991
Öl auf Hartfaser
70 × 50 cm
Sammlung Marianne und
Heiner Köster, München

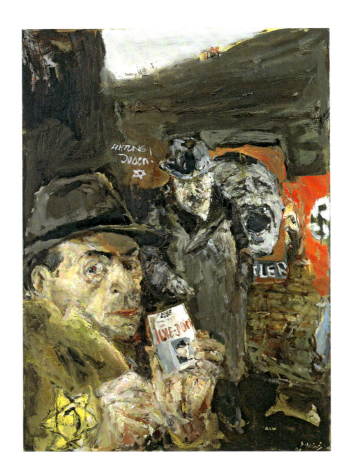

**Zwei deutsche Maler,
Felix Nussbaum und Max Liebermann**
1996
Öl auf Leinwand
120 × 85 cm
Privatsammlung

Es ist nicht auszumachen, ob der durchdringende Blick des alten Mannes von Angst oder Anklage erfüllt ist oder aber von Bitterkeit, mit der Pogrom-Stimmung allein gelassen zu sein. Um nicht täglich mit diesem Blick konfrontiert zu sein, bitten wir den Künstler, dass der alte Mann auf unserem Bild den Betrachter weniger direkt als bei dem großformatigen Bild anschauen möge und seine Augen etwas mehr unter der Hutkrempe verborgen bleiben. Es ist das aufwühlendste Bild unserer Sammlung mit der Mahnung: Wehret den Anfängen!

Zwei deutsche Maler – oder „Wenn du vergessen hast, daß du Jude bist, die Umwelt wird dich daran erinnern."[4]
In seinen beiden Gemälden *Zwei deutsche Maler* stellt Bernhard Heisig eine imaginierte Begegnung zwischen dem gebeugt am Stock gehenden Max Liebermann und Felix Nußbaum dar, der seinen Fremdenpass mit dem Stempeleindruck „JUIF – JOOD" in die Höhe hält. Hakenkreuze, ein Hitlerporträt, Schriftzüge, die vor Juden warnen, laden die hoch expressiven Darstellung sinnbildlich und in Worten auf. Sie nehmen Bezug auf Nußbaums Gemälde: *Orgelmann* (1942), *Selbstbildnis an der Staffelei* (1943) und *Selbstbildnis mit dem Judenpass* (1943), das der Künstler kurz vor seiner Verhaftung und Deportation im Pariser Exil gemalt hat. Die Ge-

stalt Max Liebermanns erinnert in dem Gemälde entfernt an Heisigs Bilder *Der Gejagte* und *Der alte gejagte Jude*.

„Aber Gott sieht zu, Herr Offizier …"

Heisigs erschütterndes Gemälde mit dem Titel *„Aber Gott sieht zu, Herr Offizier"* … geht zurück auf seine Grafiken von 1979 zu dem Gedicht von Johannes R. Becher *Die Ballade von den Dreien*:

> „Der Offizier rief: ‚Grabt den Juden ein!'
> Der Russe aber sagte trotzig: ‚Nein!'
>
> Da stellten sie den in das Grab hinein.
> Der Jude aber blickte trotzig: ‚Nein!'
>
> Der Offizier rief: ‚Grabt die beiden ein!'
> Ein Deutscher trat hervor und sagte: ‚Nein!'
>
> Der Offizier rief: ‚Stellt ihn zu den zwein!
> Grabt ihn mit ein! Das will ein Deutscher sein!'
>
> Und Deutsche gruben auch den Deutschen ein."[5]

„Aber Gott sieht zu, Herr Offizier …"
2006
Öl auf Leinwand
60 × × 50 cm
Kunstmuseum Walter, Augsburg

Dargestellt ist auf dem Gemälde ein alter Mann, wohl ein Rabbiner, auf seinen Stock gestützt, mit gelbem Stern auf der Brust, vor einem Schädelhaufen ermordeter Menschen. Mit seinem himmelwärts erhobenen Zeigefinger – vom Maler expressiv gestreckt – droht er dem im Bild nicht sichtbaren Offizier mit der zu erwartenden Gottesstrafe. Das Gemälde erinnert mich an das erschütternde Gedicht *Todesfuge* von Paul Celan, das mit folgenden Worten endet:

> „der Tod ist ein Meister aus Deutschland sein Auge ist blau
> er trifft dich mit bleierner Kugel er trifft dich genau
> ein Mann wohnt im Haus dein goldenes Haar Margarete
> er hetzt seine Rüden auf uns er schenkt uns ein Grab in der Luft
> er spielt mit den Schlangen und träumet der Tod ist ein Meister
> aus Deutschland
>
> dein goldenes Haar Margarete
> dein aschenes Haar Sulamith."[6]

„Aber Gott sieht zu, Herr Offizier …"
1995
Öl auf Leinwand
90 × 70 cm
Christian Heinlein, Baiersdorf

1   Abbildung der ersten Fassung von *Der Gejagte*, 1989, in: Ausst.kat. Heisig 1989, Abb.118; der zweiten Fassung, 1989, in: Ausst.kat. Heisig 1994, Abb. 37; der dritten Fassung, 1990, in: Ausst.kat. Heisig 1998, S. 111. Hinzu kommen mehrere kleinere Bildfassungen zu dem Thema.
2   Heisig/Seghers 1988. Später schenkt uns der Künstler sein „vorletztes Exemplar", wie er bei seinen großzügigen Buchgeschenken an uns zu sagen pflegt.
3   Klemperer 2022, Bd. 2, Eintrag vom 19.9.1942, S. 200.
4   Hervol 2010.
5   Becher 1971, S. 45.
6   Celan 2004, S. 12.

Mann am Fenster
1992
Öl auf Hartfaser
70 × 50 cm
Sammlung Marianne und
Heiner Köster, München

Mann am Fenster

Heisigs künstlerische Reaktion auf die Zeit der Wende

Der Schriftsteller und Bürgerrechtler Stefan Heym bringt bei der Großdemonstration am 4. November 1989 in Ostberlin die Stimmung im Land bildhaft zum Ausdruck:

> „Es ist, als habe einer die Fenster aufgestoßen nach all den Jahren der Stagnation – der geistigen, wirtschaftlichen, politischen –, den Jahren von Dumpfheit und Mief, von Phrasengewäsch und bürokratischer Willkür, von amtlicher Blindheit und Taubheit. […] Einer schrieb mir – und der Mann hat recht – wir haben in den letzten Wochen unsere Sprachlosigkeit überwunden und sind jetzt dabei, den aufrechten Gang zu erlernen."[1]

Heisig greift das Motiv des aufgestoßenen Fensters in einer Reihe von Gemälden mit den Titeln *Mann am Fenster* und *Menschen am Fenster* auf. Seine Protagonisten schauen in den unterschiedlichsten Gemütszuständen voller Erwartung ins Freie.

Am Ende unseres ersten Besuchs im November 1991 schenkt uns der Künstler einen Probedruck von zwei Lithografien, die auf einem Bogen jeweils einen Mann am geöffneten Fenster zeigen: der eine schaut aggressiv, schimpfend, der andere eher sorgenvoll. Die zwiespältige Erwartungshaltung der Menschen in den damaligen neuen Bundesländern ist unübersehbar. Wird „zusammenwachsen, was zusammengehört", wie Willy Brandt formuliert?

Das Gemälde *Mann am Fenster*

Der Mann am Fenster trägt ein graues Sakko mit weißem, offenem Hemd. Er stößt das Doppelfenster mit sperriger Mittelstrebe weit auf. Sein Blick verrät neugierige Anspannung. Mit zu Fäusten geballten Händen umfasst er die Fenstergriffe und schiebt den Oberkörper über die Fensterbrüstung hinaus, ohne dabei aggressiv zu wirken. Seine Haltung scheint von tiefer Verunsicherung geprägt. Sein detailreich durchgebildetes Konterfei erinnert ein wenig an Heisigs frühe Auseinandersetzung mit der Malkunst Adolph Menzels. Das Schwarz des Hintergrunds verleiht dem Bild eine warme Atmosphäre und verschließt zugleich den Blick in das Zimmer, den privaten Innenraum des Mannes.

Der in der Politik propagierte „Aufbau Ost" kommt nicht voran. Zweifel und Zukunftsangst, scheue Zurückhaltung und Unsicherheit nehmen unter den Menschen in Ostdeutschland ständig zu. Heisig bringt diese Ungewissheit der Menschen in mehreren Fenster-Bildern meisterhaft zum Ausdruck:

Menschen am Fenster und ein blaues Schiff
1990/91
Öl auf Leinwand
151 × 201 cm

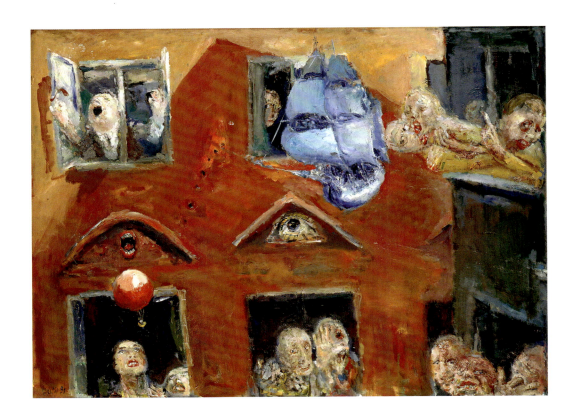

Blick, Gesichtszüge und Verhaltensweise des jeweiligen Mannes zeigen die ganze Skala menschlicher Empfindungen.

Die großformatigen Gemälde *Menschen am Fenster*

Heisig ergänzt die Bilder eines Mannes am Fenster mit vier großformatigen Gemälden, in denen eine Vielzahl aufgeregter Männer und Frauen aus den wabenförmig angeordneten Fensteröffnungen großer Wohnblöcke mit erwartungsfrohen, aber auch skeptischen Blicken schaut.[2] Er überarbeitet auch diese Gemälde häufig, sodass die Bilder mancher Katalogabbildungen verschwunden und neue entstanden sind.

Den großformatigen Fenstergemälden ist ein Motiv gemeinsam: Ein Miniaturfesselballon steigt an der Hausfassade auf, während ein gänzlich blau eingefärbtes „Traumschiff" unter vollen Segeln durch die Luft gleitet. Diese Szene weckt große Neugier und erregt bei manchen der aus den Fenstern schauenden Menschen einen solchen Überschwang, dass gleich zwei Gestalten vom Balkon herunterzustürzen drohen. Ballon und Dreimaster scheinen die Stimmung der Hausbewohner für das „Neue" regelrecht anzufeuern. Doch ein Ballon kann schnell platzen und eine Flaute nimmt den Segeln jeden Wind. So erweist sich Bernhard Heisig auch als kritischer Seismograf seiner Zeit.

1 Heym 1989.
2 Heinke 2008, S. 120–128.

Faust und Mephisto. „Wenn wir uns drüben wiederfinden …"

Das Faust-Thema in der Grafik

Goethes Faust-Tragödie fasziniert Heisig früh in seinem Leben aufgrund ihrer philosophischen Tiefe und genialen Sprachgewalt. Mit seinen Söhnen Johannes und Walter sowie Gudrun Brüne liest er den mitreißenden Text gerne in verteilten Rollen. Lustvoll übernimmt er beim Lesen die Rolle des Mephisto – im Unterschied zu seinen bildnerischen Interpretationen, in denen oft Faust seine Züge trägt.

Als der Reclam-Verlag Leipzig Heisig mit der Illustration von Goethes *Faust. Der Tragödie Erster Teil* beauftragt und ihm im Jahr 1982 mitteilt, dass der Verlag seine Lithografien mit den 44 Federzeichnungen von Max Beckmann zu Faust *Der Tragödie Zweiter Teil* zu einer Gesamtausgabe verbinden will, sagt er freudig zu.[1] „Ich hab's gemacht und mich neben den Giganten gewagt."[2] Er beginnt sogleich mit dem Werk, „arbeitet zyklisch einkreisend, schafft Varianten und erarbeitet Neufassungen. Dieses drängende Suchen nach tragfähigen, überzeugenden Bildformen und -zeichen ist seine Weise, Wahrheiten auf die Spur zu kommen. Wenn man will, kann man dies ‚faustisch' nennen."[3] Dabei ist es Heisigs Absicht, als „Illustrator den Text nicht [zu] stören, aber eine Art eigener Regie [zu] führen".[4]

20 Jahre später bietet ihm der Leipziger Verlag Faber & Faber an, den ersten Teil der Faust-Tragödie nochmals zu illustrieren. Elmar Faber will Heisigs Zeichnungen zusammen mit furiosen Kreidelithografien von Max Slevogt zu *Faust. Der Tragödie Zweiter Teil* als zweibändige Gesamtausgabe herausbringen.[5] Auf 49 Blättern zu *Faust I* gelingt Heisig eine spektakuläre Darstellung des seelischen Aufs und Abs der drei Hauptfiguren. Sein breites Spektrum der grafischen Ausdrucksmittel und seine unerschöpfliche Vorstellungskraft sind überwältigend. Das gilt auch für die selbstständige fünfteilige Grafikfolge zum Faust-Thema mit den Titeln:

– „*… bin Faust. Bin Deinesgleichen …*"
– „*Bedenkt es wohl, wir werden's nicht vergessen*"
– „*Sie ist die Erste nicht*"
– „*Du siehst mit diesem Trank im Leibe, Helenen in jedem Weibe*"
– „*Wo so ein Köpfchen keinen Ausweg sieht, stellt es sich gleich das Ende vor*"

Das Faust-Thema in der Malerei

Beginnend in den Jahren von 1994 bis 1997, sodann von 2002 bis 2004 und von 2008 bis 2009 verarbeitet Heisig den Faust-Stoff malerisch, ohne bei einmal gefundenen Ausdrucksformen zu bleiben. Er gestaltet seine Bilder immer wieder neu. Die Grenzen der Illustration sprengend, schlägt er

„*… bin Faust. Bin Deinesgleichen …*"
um 1995
Lithografie, Probedruck
53 × 37 cm (Blattmaß)
Sammlung Marianne und
Heiner Köster, München

„*Du siehst mit diesem Trank im Leibe bald Helenen in jedem Weibe*"
um 1995
Lithografie, Probedruck
53 × 37 cm (Blattmaß)
Sammlung Marianne und
Heiner Köster, München

seinen unverwechselbaren Ton an und umkreist in virtuos hingeworfenen Gemälden die Kernszenen der Dichtung.⁶

Bei einem Besuch im Frühjahr 2002 in Strodehne erwirbt meine Frau als Geschenk zu meinem 60. Geburtstag das Bild „*Wenn wir uns drüben wiederfinden …*". Heisig schlägt vor, das Bild zur Geburtstagsfeier nach München mitzubringen. Er könne bis dahin überlegen, ob das Bild wirklich „fertig" sei oder er daran noch fortmalen wolle. „Im Fertigmachen steckt ein doppelter Sinn: abschließen, beenden, ja, aber auch umbringen, vernichten."⁷ Heisig ist berüchtigt für das Übermalen beziehungsweise Fortmalen seiner Bilder,⁸ gelegentlich selbst noch in den Museen, und erklärt: „[S]elbst ein so genialer Künstler wie Diego Velazquez habe seine Werke auch dann noch ‚korrigiert', wenn sie längst in den Königsschlössern und Adelspalästen hingen."⁹

Als ich bei der Geburtstagsfeier zu meiner Überraschung eine Staffelei sehe, bin ich begeistert, als Bernhard Heisig und Gudrun Brüne das Faust-Gemälde enthüllen. Das gilt auch für die Geburtstagsgäste.

Das Gemälde „*Wenn wir uns drüben wiederfinden …*"
Das Bild zeigt in expressionistischer Manier die Szene, in der Mephisto in „rotem, goldverbrämtem Kleide" erscheint. Er fasst den an seinem Arbeitstisch sitzenden Faust von hinten unsanft bei den Schultern und blickt beschwörend mit stechenden Augen zum Betrachter des Bildes. Sein Gesicht ist maskenhaft weiß geschminkt, die Augenbrauen scheinen wie Energiestränge die Stirn aufzuladen. Die grell geschminkten, roten Lippen sind das vampirhafte Fanal für Mephistos später genussvoll geäußerte Sentenz: „Blut ist ein ganz besondrer Saft."¹⁰

Abwehrend, in höchster Anspannung, hebt Faust die geballte Linke vor sein Gesicht. Er trägt die Züge des Künstlers, der in diesem Selbstbildnis den Selbstzweifel in den Mittelpunkt zu stellen scheint. Darf ich mich einem Teufelspakt unterwerfen? Kann ich durch politisches Taktieren und Paktieren für „das Gute" Raum gewinnen? Auf dem Tisch liegt aufgeschlagen ein großer Foliant, auf dessen linker Seite ein lückenhaft gezeichnetes Pentagramm zu sehen ist, das in die Szene mit Mephisto und dem Pudel einführt:

> „Beschaut es, recht! Es ist nicht gut gezogen […].
> Der Pudel merkte nichts, als er hereingesprungen.
> Die Sache sieht nun anders aus,
> Der Teufel kann nicht aus dem Haus. […]. 's ist ein Gesetz der Teufel und Gespenster,
> Wo sie hineingeschlüpft, da müssen sie hinaus."¹¹

› „Wenn wir uns drüben wiederfinden …"
2002
Öl auf Leinwand
80 × 60 cm
Sammlung Marianne und Heiner Köster, München

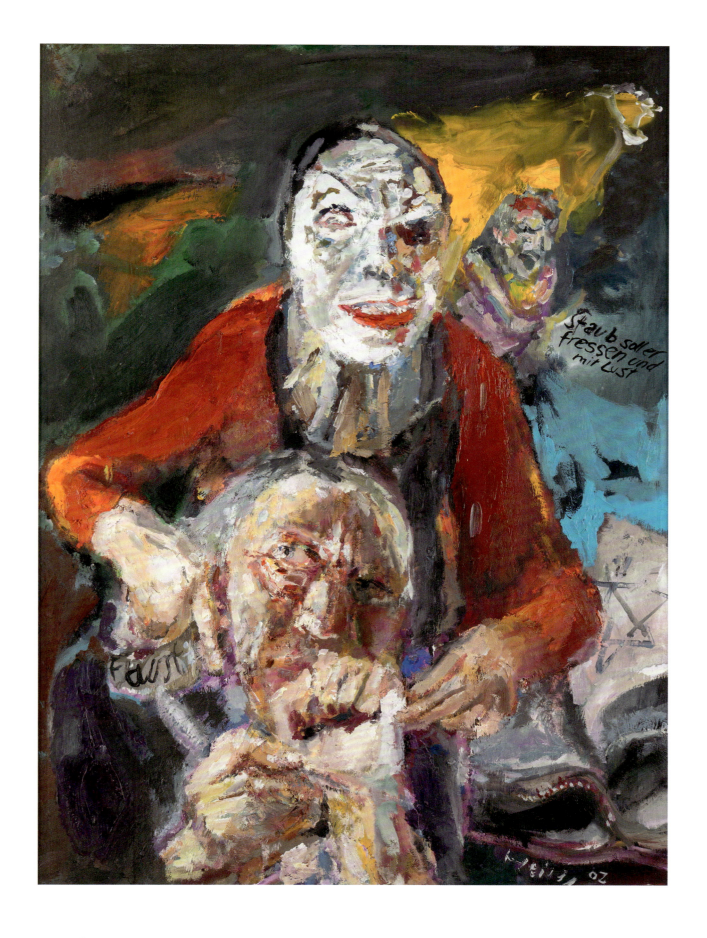

„Bedenk es wohl, wir werden's nicht vergessen"
zu Goethes *Faust I*
um 1995
Lithografie, Probedruck
53 × 37 cm (Blattmaß)
Sammlung Marianne und Heiner Köster, München

Faust hakt ein:
>„Die Hölle selbst hat ihre Rechte?
>Das find ich gut, da ließe sich ein Pakt
>Und sicher wohl, mit euch, ihr Herren, schließen."

Mephisto zögert nicht mit seinem Angebot:
>„Ich will mich hier zu deinem Dienst verbinden,
>Auf deinen Wink nicht rasten und nicht ruhn."

und er fordert als Gegenleistung:
>„Wenn wir uns drüben wiederfinden,
>so sollst du mir das Gleiche tun."

In den Wolken, hoch über Faust, lesen wir in schwarzen Lettern Mephistos aus lodernden Flammen gerufenen sarkastischen Wunsch: „Staub soll er fressen und mit Lust!"

Als er 100-jährig stirbt, tritt seine vertragliche Verpflichtung in Kraft: „Wenn wir uns drüben wiederfinden, so sollst Du mir das Gleiche tun." Doch als Mephisto zu Fausts Leichnam gelangt, bleibt ihm nur die bittere Klage über das Eingreifen der Engel:

>„Die hohe Seele, die sich mir verpfändet,
>Die haben sie mir pfiffig weggepascht.
>Bei wem soll ich mich nun beklagen?
>Wer schafft mir mein erworbnes Recht?
>[…] ein großer Aufwand, schmählich! ist vertan."[12]

1 Heisig/Goethe 1982 und Beckmann/Goethe 1983.
2 Heisig 1994, S. 13.
3 Heisig 1966.
4 Kober 1973.
5 Heisig/Goethe 2002 und Slevogt/Goethe 2002. In der editorischen Notiz des Verlags heißt es, dass es sich bei den 130 Slevogt-Lithografien um eine Auswahl aus 510 Lithografien und mit 11 Radierungen handele, die der Künstler als Spätwerk in den Jahren 1924–1926 zu *Faust. Der Tragödie Zweiter Teil* geschaffen habe.
6 Maisak 2010, S. 149–151.
7 Das ist ein Picasso-Zitat, das Heisig gern gebrauchte, vgl. Ausst.kat Heisig 2003, S. 30.
8 Bekannt ist der Streit um die Übermalung des fünfteiligen Gemäldes *Gestern und in unserer Zeit*, das Heisig 1972/1974 als Auftragsarbeit für die Bezirksleitung der SED in Leipzig geschaffen hat. Der Künstler hatte gehofft, das Werk sei in der Wendezeit verschollen. Als es aber wieder auftauchte, wollte er alle fünf Tafeln fortmalen bzw. übermalen. Nachdem er damit an zwei Tafeln begonnen hatte, kam es zum Streit mit den von den Übermalungen „entsetzten" Mitarbeitern der Nationalgalerie Berlin, der neuen Eigentümerin des Bildes, und zu einem Kompromiss: Heisig konnte seine Übermalungen der Tafeln zwei und drei fertigstellen. Die Tafeln eins, vier und fünf hingegen blieben unverändert im Museumsdepot. Siehe: Kaiser 2005, S. 274–279.
9 Papies 2005.
10 Goethe 1973, Bd. 2, S. 59.
11 Ebd., S. 50 und fünf weitere Zitate auf den Seiten 50, 57, 57, 18 und 57.
12 Ebd., S. 347.

Der Weißclown in der Zirkusarena

Bernhard Heisig widmet sich mehrfach der Figur des Clowns. „Er steht für ihn als Metapher für das Künstler-Sein schlechthin, da er den Zwiespalt zwischen lustvoller Kreativität und tiefer Irritation angesichts der Weltzustände exemplarisch" verkörpere, wie Johannes Heisig erläutert.[1]

Mich persönlich hat als Kind der Weißclown Grock fasziniert: seine riesigen Schlappschuhe, seine Schlabberhose, die winzige Geige, das in allen Tonarten hervorgebrachte „Waruuum?", gefolgt von einem „Nit mööglich!", ausgestoßen in größter Naivität und in grenzenlosem Erstaunen.[2] Dem Weißclown Charlie Rivel mit dem berühmten „Schööööön!"[3] und seinem herzzerreißenden Weinen in der Zirkusarena widmet Heisig ein porträtähnliches Gemälde. Der Weißclown ist der Aristokrat unter den Clowns.

In dem Diptychon *Zirkus* aus dem Jahre 1991 zeigt Heisig den traurig auf seiner Flöte spielenden Oleg Popov und als Büste dessen Weißclownkollegen Grock auf einem beschrifteten Sockel. Grock hatte 40 Jahre vor dem Entstehen des Bildes im Alter von 71 Jahren in Zürich ein erfolgreiches Zirkusunternehmen gegründet. Ist das der Grund für seine Büste, die Heisig wie eine Metapher auch in die Gemälde *Tod des Weißclowns I* (1991) und *Der Tod des Weißclowns* (1992) variantenreich integriert?

Johannes Heisig erinnert sich:

> „Meines Wissens verband meinen Vater kein wie auch immer geartetes persönliches Erleben mit einem der beiden berühmten Clowns. Wohl hat er Filme gesehen, in denen Rivel zum Bespiel eine Rolle spielte, doch war es die metaphorische und ambivalente Figur des Clowns, die ihn interessierte. Und die hat er dann mit den beiden herausragenden Vertretern ihres Berufsstandes ‚besetzt', einmal, weil es gutes Material für Popov und Rivel gibt bzw. gab, zum anderen, weil sie als Abstrakta funktionierten. Alles individuell Typische verschwand hinter der Rolle […]. Es ging um das Aufzeigen einer Haltung, um eine Aura bspw. des Dämonischen. Hier interessierte ihn der konkrete Mensch Popov oder Rivel dahinter kaum."[4]

Das Gemälde *Der Tod des Weißclowns*
Im Vordergrund des Bildes sehen wir das Halbporträt eines Weißclowns, der sich dunkelrot gewandet, mit roter Knollennase, über den unteren Bildrand erhebt. Seitlich neben ihm steht auf einem kleinen Sockel pechschwarz die Büste des verstorbenen Kollegen Grock.

Die Szenerie des Todes der beiden Weißclowns hinter seinem Rücken wirkt wie eine Reflexionszone, gleichsam als eine innere Gewissheit des Memento mori. Die unendliche Melancholie, die der Komik des Clowns zu-

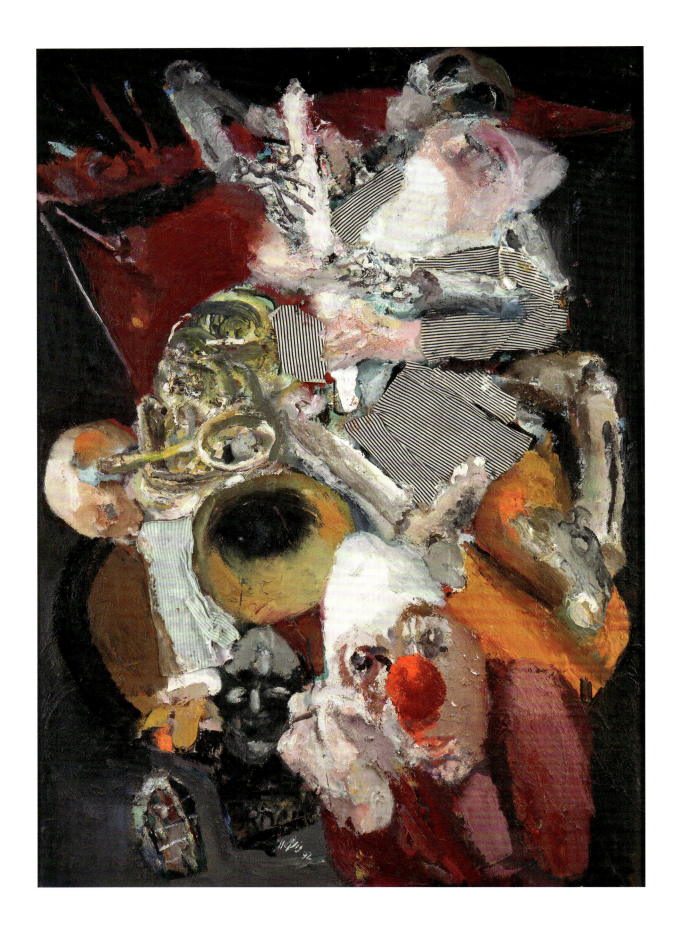

grunde liegt, ist der Kommentar des Lebens auf den unabwendbaren Tod, den er alptraumhaft in dem Weißclown sieht, der – auf dem Rad des Lebens kreisend – unaufhaltsam in die Zone von Gevatter Tod gerät. Er legt sein müdes Haupt auf die Schulter des ihn mit seinen Beinen umzingelnden Knochenmannes und lässt es geschehen, dass dessen rechte Kralle seine Lebenskerze wie den Zeiger einer Uhr über die Zwölf zu schieben beginnt.

In der zeitlich vorausgehenden Szene dieses Simultanbildes begibt sich der Weißclown auf seiner Tuba spielend in die Machtzone der ausgreifenden Skelettbeine des Todes. Intoniert er aus dem Requiem das *Dies irae, dies illa*?

„Tuba mirum spargens sonum	„Laut wird die Posaune klingen,
Per sepulcra regionum	Durch der Erde Gräber dringen,
Coget omnes ante thronum."	Alle hin zum Throne zwingen."[5]

Der sterbende Weißclown trägt in beiden Szenen aufgeklebte Stoffflecken, jeweils in einem derangierten Zustand; damit hebt der Maler das Erschöpftsein des Clowns mit seinem großen blanken Schädel und den fleischigen Händen zusätzlich hervor. Die geometrisch strenge Architektur der eng gestreiften Stoffflecken bildet den Kontrapunkt zum geschwungenen Rohr der Tuba und zur strudelförmigen Komposition des Gemäldes.

In dem Weißclown, der uns im Vordergrund des Bildes mit seinen großen Augen fast flehend anschaut, könnte ein Bezug Bernhard Heisigs zu Gustaf Gründgens anklingen. Mit Gründgens habe sich sein Vater eingehend beschäftigt, berichtet Johannes Heisig: „zum einen mit seinem Werk als Regisseur und Schauspieler, was bis ins Optische hinein als Vorbild seiner Faust-Gemälde reichte, zum anderen mit seinen Ämtern, seinen Aufgaben und seinem Verhalten im Dritten Reich, seinen Gefährdungen und Verführungen in den kulturpolitischen Händeln mit den Offiziellen".[6] In seinen hohen Ämtern hatte auch Heisig immer wieder schwierige Entscheidungen zu treffen: Auf die Frage: „Gab es eine Situation in Ihrem Leben, in der Sie heute ganz anders entscheiden würden?", antwortet er im Jahr 2005: „Einige, aber als ich entscheiden mußte, wußte ich es nicht anders."[7]

Schwermut und Nachdenklichkeit vereinen sich in der Mimik des Weißclowns im Vordergrund. Wird sein Kopf in den weiten schwarzen Schalltrichter der Tuba über ihm hineingezogen? Max Beckmann hat in seinen Bildern Trompeten- und Grammophontrichter als Symbole für Finsternis und Tod verwendet. Bei Heisig sind es Trompeten, Lautsprecher, Stahlhelme oder – wie hier der Trichter einer Tuba –, die die Aussage des Bildes verstärken.

1 Johannes Heisig an den Verfasser, 03.05.2020.
2 Hofmann 2013.
3 Klinger/Lusznat 1981.
4 E-Mail von Johannes Heisig an den Verfasser, 15.12.2024.
5 Reichert/Kneif 1998.
6 Johannes Heisig an den Verfasser, 03.05.2020.
7 Decker 2005, S. 242.

‹ **Der Tod des Weißclowns**
1992
Öl auf Leinwand, mit Collage
140 × 80 cm
Sammlung Marianne und
Heiner Köster, München

Alter Puppenspieler

Puppen als Träger verschiedener Identitäten

Bei einem unserer Besuche in Strodehne sehen meine Frau und ich das Bild *Alter Puppenspieler* nicht in Heisigs Atelier, sondern an der Wand seines Wohnzimmers. Dort hängt auch sein Bild *Picassoides I* aus dem Jahr 1965. Einen Puppenspieler oder Marionetten sucht man in Picassos Werk vergebens. Anders bei Heisig. Die mit dem Spielkreuz geführten Marionetten folgen den Wünschen des Puppenspielers, sei es als Kasper, Narr mit Schellenkappe, Unhold, Clown, als verführerischer *Rattenfänger* (1988), in mörderischer *Umarmung der Puppen* (1976/1984) oder in *Puppengesprächen* (1993). Die Fäden der Gliederpuppen bleiben sichtbar. Doch schließlich sind keine Fäden mehr zu sehen, der Puppenspieler hat die Kontrolle verloren. Die Puppen übernehmen die Regie, wie in dem Werk *Nachts kommen die Puppen* (1995), und sie richten sich sogar gegen ihren Herrn, wie *Die Puppe Hugo* (1995). Heisigs Puppen zeigen die vielen Möglichkeiten des Menschseins, auch im Alter von 85 Jahren.

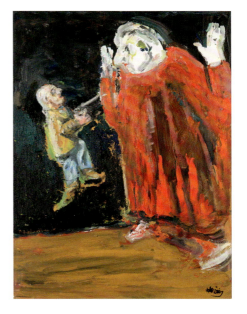

Böse Puppe Hugo
2010
Öl auf Leinwand
80 x 60 cm
Privatbesitz

Das Gemälde *Alter Puppenspieler*

Das Bild *Alter Puppenspieler* unterscheidet sich in seiner Stimmung grundlegend von dem zwei Jahre zuvor entstandenen Gemälde *Der große Bruder Puppenspieler*. Dieser führt im Kostüm eines Clowns vergnügt die Marionetten mit seinem Spielkreuz. Er erzählt die Geschichte von zwei verwegenen Gestalten und einer schüchternen jungen Frau. Sind es der verführerische Mephisto im roten Wams und der das Abenteuer suchende Faust, die sich auf Gretchen hinbewegen?

Der *Alte Puppenspieler* hingegen wirkt versonnen. Er hat die Narreteien der Welt wieder und wieder erfahren und trägt nun selbst eine Narrenkappe. Eine Marionette hängt ruhig an den Fäden des vom Puppenspieler mit der linken Hand hoch gehaltenen Spielkreuzes. Konzentriert ordnet er die Fäden. Die schwarzen Balken, die das Bild an seiner rechten und linken Seite begrenzen, vermitteln den Eindruck der Vorstellung in einem Marionettentheater.

Hans-Werner Schmidt sieht in diesem Bild autobiografische Bezüge: 1996 scheine Bernhard Heisig an seinen Qualitäten als „Strippenzieher" zu zweifeln. In der großen Gruppe seiner puppen- und marionettenspielenden Selbstporträts tauche nun ein alter Puppenspieler auf. Dieser dirigiere jetzt nicht mehr souverän den Auftritt seiner Marionetten, seiner alternativen Vertreter. Die Fingerfertigkeit, auf die er stets blind vertrauen konnte, scheine ihm verloren gegangen zu sein. Mit angsterfülltem Blick hantiere er mit dem Spielkreuz. Die Fäden zur Marionette hätten sich verschlungen,

< **Alter Puppenspieler**
1996
Öl auf Leinwand
80 × 60 cm
Sammlung Marianne und
Heiner Köster, München

die Puppe hinge hilflos in den Seilen. Das Justieren der Fäden, das Strippenziehen, scheine den Puppenspieler schlichtweg zu überfordern.

Mehrere Wahrheiten stecken in dem Bild *Alter Puppenspieler*, die des Malers und die des jeweiligen Betrachters. Ohne dessen Wahrheit wäre das Bild tot, sagt Heisig. Er habe nie bemerkt, „daß ein Bild funktioniert ohne das, was der Betrachter darum herum denkt, weiß, fühlt und dazu spinnt".[1] Der Maler artikuliert in seinen Bildern die „Dinge", plant chronografisch und farbig, aber es bleibt ein „non finito, ein ungemalter Rest [...], der den Betrachter aktiviert. Dieser muß weitersehen als das, was er eigentlich auf der Oberfläche des Bildes erfährt".[2]

Sabine Fehlemann, Direktorin des Wuppertaler Von der Heydt-Museums, wählt das Gemälde *Alter Puppenspieler* im November 1998 als Poster für die zweite Station der im Sinclair Haus in Bad Homburg eröffneten Ausstellung *Bernhard Heisig. Bilder aus vier Jahrzehnten*.

1 Heisig 2005a, S. 23.
2 Ronte 2005.

Alter Lehrling

Die Entscheidung

Mit dem Maler Hartwig Ebersbach, einem Freund Bernhard Heisigs, den wir 2003 bei der Eröffnung der Ausstellung *Herbstspaziergang*[1] in der Galerie Berlin treffen, teilen meine Frau und ich dessen Bewunderung, dass sich der Künstler auch mit 78 Jahren seine geballte Energie und immense koloristische Ausdruckskraft bewahrt hat. Wir freuen uns über die Frische seiner Bilder. Ein Selbstbildnis spricht vor allem mich besonders an. Als Heisig später den Galeristen fragt, wer dieses Bild erworben habe, fühle ich mich in meiner Wahl bestätigt. Vielleicht aber will der Künstler auch nur wissen, an wen er sich wenden müsse, falls er an dem Bild weitermalen wolle.

Das Gemälde *Alter Lehrling*

Der mit betonter Altersphysiognomie dargestellte Meister weist sich nun als „Lehrling" aus, der neugierig geblieben ist und seine Fähigkeiten weiterentwickeln will! „Hier spiegelt sich ein Meister in einem anderen Meister: als kühnes Eingeständnis spiegelt [er] sich als Lehrling. Es ist jedoch ein Akt der Demut, wenn er sich als alter Lehrling dem Meister in Aneignung, in neue Lebendigkeit wie in neue Bedeutung überführt, der Lehrling, der selbst ein Meister ist, auf der Höhe seiner Malkultur. Ich will das Bild nicht weiter interpretieren, es lebt durch seine Geheimnisse.", meint Hartwig Ebersbach.[2]

Das Bild enthält Chiffren, Referenzmotive der Kunstgeschichte und selbstgeschaffene Metaphern. Es ist dem Künstler wichtig, den von ihm empfundenen Mangel an allgemein verständlichen Bildsymbolen zu überwinden und neue Metaphern, wie den Medienturm, zu schaffen, um „durch Bildzeichen zu wirken, die von den Schwierigkeiten unserer Wahrheitssuche und vom Bekenntnis zur Realität erworbener und erlittener Erfahrungen berichten".[3]

Im graublauen Malerkittel schaut der alte Lehrling aufnahme- und lernbereit zum Himmel und bittet um Eingebung. Er ist vertraut mit dem großen Glück der Inspiration für seine künstlerische Arbeit, der er sich täglich hingibt, wie der Meister in dem *Lied von der Glocke*: „Von der Stirne heiß/ rinnen muss der Schweiß, / soll das Werk den Meister loben; / *doch der Segen kommt von oben.*"[4]

Der alte Lehrling hält die Malhand, seine Rechte, ungelenk zum Körper hin angewinkelt. Die Hand ist nicht eindeutig ausgearbeitet und könnte auch als Armstumpf gedeutet werden. Sollen die im Handteller gezeigten Umrisse eines schmerzverzerrten Gesichts an den Bruch der Hand erinnern, den der Künstler 1996 erlitten hat und an die schwierige Operation?

Stellt Heisig die Frage nach seinem künstlerischen Vermögen im Alter, wie Hans-Werner Schmidt das Bild interpretiert?

Während seiner Rekonvaleszenz nach der Operation malt der Künstler selbstverständlich weiter – mit der anderen Hand. Seiner ihn liebevoll pflegenden Frau schenkt er das Selbstbildnis *Mit links … für Gudrun 15.2.97*.

Am Horizont – hinter dem Maler – bricht blutend ein großes Ei auf. Ein schicksalhaftes Wesen dringt hervor und scheint zum Flug anzusetzen. Heisig nutzt, wie Oskar Kokoschka, das Ei als Symbol für explodierende Fruchtbarkeit, die Gutes wie Böses, so auch todbringenden Terror, hervorbringen kann.

Neben den *Alten Lehrling* platziert Heisig einen Turm von aufgeschichteten Monitoren. Sabine Heinke vermutet einen Bezug zu der Installation *TV Garden* des koreanischen Konzeptkünstlers Nam June Paik, die Heisig auf der documenta 6 gesehen haben dürfte und zu einer eigenen Metapher weiterentwickelt.[5] Für Heisig symbolisiert der Turm der Monitore die Bild- und Datenflut, den Lärm einer tosenden Öffentlichkeit, die auf den Menschen einstürmen. Aufgerissene, plärrende, mehrfach geklonte Menschenmünder setzen die propagandistische Dauerbeschallung ins Bild. Die sinnlichen roten Lippen stehen für den Versuch der Verführung, eine Versprechenskaskade für Leichtgläubige, denen man mit strahlend weißen Zähnen und einem Lächeln begegnet: „Chorgesänge aus der Schlangengrube".[6]

An den Fuß des Turms setzt Heisig den Kontrapunkt. Ein Skelett kriecht unter einem massigen Stahlhelm in der Bodenzone dieser unheimlichen Bühnenarchitektur, während ein anderes Skelett von der Spitze des Turms den gealterten Künstler an sich ziehen will. Ein weiterer Knochenmann zieht einen in ein rot leuchtendes Gewand gekleideten kirchlichen Würdenträger mit raschem Schritt ins Grab. Dieser wenig Trost spendenden Endlichkeit stellt Heisig den Blick auf ein Liebespaar gegenüber. Es scheint körperlich zu verschmelzen und das Werden neuen Lebens zu versprechen.

Am Horizont geht die Sonne tiefrot unter.

Leben, Liebe und Tod, ein ewiger Kreislauf, für den Goethe in seinem Gedicht *Grenzen der Menschheit* die Worte findet:

> „Ein kleiner Ring
> Begrenzt unser Leben
> Und viele Geschlechter
> Reihen sich dauernd
> An ihres Daseins
> Unendliche Kette."[7]

1   Vgl. Ausst.kat. Heisig 2003.
2   Schreiben von Hartwig Ebersbach an den Verfasser vom 13.01.2021.
3   Kober 1981, S. 90. Ein Bildvergleich mit dem wenig später vollendeten Gemälde *Der alte Lehrling II* zeigt, wie Bernhard Heisig einen Bildstoff variiert.
4   Schiller 1997, S. 617.
5   Heinke 2008, S. 214.
6   Roters 1995, S. 41.
7   Goethe 1973, Bd. 2, S. 233 f.

‹ Alter Lehrling
2003
Öl auf Leinwand
90 × 70 cm
Sammlung Marianne und
Heiner Köster, München

Mutter Courage und ihre Kinder – eine Ölstudie

Die Studie des 83-jährigen Künstlers aus dem Jahr 2008, drei Jahre vor seinem Tod, ist geprägt von seinem innovativen Altersstil, der von einem freieren Umgang mit Farbe, Formgebung, Bildgestaltung und Malweise gekennzeichnet ist. „Das frische, kritische und unabhängige Spätwerk verändert den Blick zurück und bezeugt die immer eigene malerische Position Heisigs."[1], schreibt Dieter Ronte 2010 im Katalog der Heisig-Ausstellung *Eine unendliche Geschichte*. Heisig zeigt eine klagende Mutter mit von Schmerz gepeinigtem Gesicht. Sie legt ihre Arme schützend um ihre drei weinenden Kinder. Die Umgebung ist in tiefen Brauntönen gehalten, der Boden zerfurcht und so modrig, als könne kein Grün mehr daraus sprießen. Die vier Gestalten, blutig und verschlammt, scheinen dem Untergang preisgegeben, der Erde, dem Grab näher als dem Leben, Flüchtlinge in einem zerstörten Land. Bei aller Ästhetik des Bildes bedrängt den Betrachter die Botschaft: Stoppt endlich dieses Elend! Heisig ist empört über den Irakkrieg, die „Coalition of the Willing", der bereits in seinem sechsten Jahr ist, als er das Bild malt. Mehr als 2,5 Millionen Menschen sind auf der Flucht.

Die verzweifelte Frau auf dem Gemälde ist Anna Fierling, Bertolt Brechts Mutter Courage.[2] Ihr weit aufgerissener Mund, „diese Hieroglyphe des Urschreis von Entsetzen und Aggression ist seit der ersten Fassung des Gemäldes ‚Festung Breslau' einer der Grundtopoi, die in ihrer Signalwirkung zu den Erkennungszeichen von Heisigs Bildmotivik gehören", schreibt Eberhard Roters 1994.[3] Courage führt ihre Kinder Eilif, Schweizerkas und Kattrin durch ein ödes, zerstörtes Land. Ihr Marketenderinnenwagen ist nicht zu sehen. Sie hält sich und ihre Familie über Wasser, indem sie mit den Truppen zieht, die Soldaten mit Lebensmitteln und Dingen des täglichen Bedarfs versorgt, für sie kocht und näht. Sie wird – trotz aller Not – zur Profiteurin des Krieges, an den sie ihre Kinder verliert. Sie ist Täterin und Opfer zugleich.

Während des Kalten Krieges zwischen Ost und West, der bereits Ende der 1940er Jahre einsetzt, findet das Theaterstück *Mutter Courage* auf westdeutschen Bühnen nur schwer einen Aufführungsort. Auch in der DDR begegnet man dem Stoff mit großer Skepsis. Mutter Courage, die aus dem Krieg ihren Profit ziehen will, verkörpert nicht das proletarische Heldentum, von dem man glaubt, es für den Aufbau des Sozialismus einsetzen zu können. Die Kulturfunktionäre werfen Brecht vor, er führe die Figur nicht zu neuen Einsichten, sondern ironisiere das Kriegsgeschehen:

> „Das Frühjahr kommt! / Wach auf, Du Christ! /
> Der Schnee schmilzt weg. / Die Toten ruhn! /
> Und was noch nicht / gestorben ist, /
> Das macht sich auf die / Socken nun."[4]

1 Ronte 2010, S. 180.
2 Brecht 2010 (Erstausgabe 1963).
3 Roters 1994, S. 19.
4 Brecht 1959, S. 117.

‹ **Mutter Courage und ihre Kinder** (Ölstudie)
2008
Öl auf Leinwand
50 × 70 cm
Sammlung Marianne und
Heiner Köster, München

Stadtlandschaften (Dresden)

Besuch in Dresden

Im Februar 1990 besuchen meine Frau Marianne und ich Dresden zum ersten Mal. In den Hotels sind viele Suiten von westdeutschen Banken belegt, Autohändler, Versicherungsagenten und Immobilienspekulanten tummeln sich aller Orten. Unsere Neugier gilt den kulturellen Schätzen der Stadt.

Heisig malt in der Nachwendezeit in den Jahren 1990 bis 1996 fünf Ansichten von Dresden, jeweils den Blick auf die Brühlsche Terrasse, den „Balkon Europas".

Als wir in Heisigs Atelier das Gemälde *Damals in Dresden konnte ich mir fast alles erlauben* sehen und erwerben möchten, sagt der Künstler, das Bild sei vergeben. Er sei aber bereit, für uns einen ähnlichen Blick auf Dresden zu malen. Wir können unser Glück nicht fassen. Später erfahren wir von Johannes Heisig, dass die Affinität seines Vaters zu Dresden gering ist:

> „Da ärgerte ihn zunächst der dortige (plausible, was ihn besonders provozierte) Anspruch auf die größere Bedeutung und Geschichte der Dresdner Malerei. Das befeuerte dann ja auch sein Engagement in der Einrichtung einer Malklasse an der HGB mit den bekannten Folgen einer ‚Leipziger Schule', die wiederum in Dresden nicht gelitten war. Die Antipathie war gegenseitig: [...] Eine Ausnahme bleibt die große Werkschau im Albertinum 1973 im Rahmen einer Tournee durch mehrere Museen. – Die Dresden-Bilder (ausschließlich Referenzen an das barocke Stadtbild, soviel ich weiß) entstanden – so erinnere ich es – auf Wunsch von Sammlern bzw. des Handels. Er berief sich innerlich auf sein großes Vorbild Kokoschka."[1]

Das Gemälde *Dresden*

Wie aus einem Hubschrauber, der niedrig über der Elbe kreist, fällt der Blick von der Carola- über die Augustusbrücke bis hinter die Hofkirche, die den Horizont abschließt. Auf der Brühlschen Terrasse tritt die Front der Kunstakademie prominent hervor mit der krönenden Turmkonstruktion, die im Volksmund „Zitronenpresse" heißt. Dort gab Oskar Kokoschka in den frühen 1920er Jahren als ungestümer Professor den Takt vor. Am Dresdner Albert-Theater inszenierte er das expressionistische Theaterstück *Mörder, Hoffnung der Frauen*.[2] An dieses Schauspiel knüpft Heisig fast 70 Jahre später mit seinem Gemälde *Selbstmörder. Liebling der Frauen (für O. K.)* ironisch an und ergänzt in Verehrung für Kokoschka: „Er sei das Gewissen der europäischen Malerei, schrieb mal jemand. 1908 noch der ‚Oberwildling', dann als ‚reaktionärer Lump' beschimpft, später bewundert und gefeiert, zuletzt gelegentlich etwas überheblich abgewertet, ist er für mich ein großer alter Meister."[3]

Dresden
1996
Öl auf Leinwand
100 × 130 cm
Sammlung Marianne und
Heiner Köster, München

Die Farbe benutzt Heisig „wie der Bildhauer den geschmeidigen Ton. [...] Dem Hinzufügen folgt immer wieder das Hinwegnehmen, dem Aufbau die Zurücknahme der Einzelheit, um zu größerer Einheit zu gelangen."[4] Mit diesem Pinselduktus gelingt es dem Künstler, das architektonische Liniengefüge des barocken Stadtbildes plastisch zu überformen.

Hinter dem Turm der Kunstakademie sucht man auf unserem Bild vergebens nach der Kuppel der Frauenkirche. Ihr Wiederaufbau nach der Zerstörung im Zweiten Weltkrieg wird erst im Jahr 2005 abgeschlossen.

In der ruhig dahinfließenden Elbe spiegeln sich die Prachtbauten des Dresdner Balkons und darüber zieht das Sonnenlicht wie ein Feuerwerk durch die aufziehenden Wolken hindurch. Als leidenschaftlicher Kolorist schwelgt der Künstler in satt blühenden Farben. Ein Schiff der Dresdner Weißen Flotte nähert sich auf seiner Fahrt nach Pillnitz der Carolabrücke. An die Brückenbrüstung gelehnt, beobachtet eine Rückenfigur das Geschehen. Kokoschkas Gemälde *Augustusbrücke mit Rückenfigur* von 1923 kommt in den Sinn.

Unser Gemälde erinnert in seiner Farbabstimmung und seinem üppigen Farbauftrag an die Dresdner Stadtansichten Oskar Kokoschkas aus den frühen 1920er Jahren. Es ist daher nicht überraschend, dass Heisig dessen Porträt am linken unteren Rand des Bildes hinzufügt. Aber es geht Heisig um mehr, denn hinter das Kokoschka-Porträt setzt er in Kleinformat das Gemälde *Maler mit Puppe* (1922) und nimmt damit Bezug auf eine verrückte Geschichte: Alma Mahler will dem liebeskranken Kokoschka nicht aus dem Kopf. Er fertigt Zeichnungen, sogar eine Ölskizze, für die in seinem Auftrag von der Münchner Malerin und Puppenmacherin Hermine Moos[5] in Lebensgröße zu schaffende Alma-Mahler-Puppe. Er kauft für diesen Fetisch in den besten Pariser Modesalons Kleider und Unterwäsche und lässt seine Kammerzofe Reserl Gerüchte über den Liebreiz und die sagenumwobene Herkunft der „stillen Frau" verbreiten.[6] Kokoschka suchte seine Loge in der Dresdner Oper wiederholt in Begleitung seiner elegant gekleideten Puppe auf.[7] Aber er ist frustriert, da die Puppe seinen Ansprüchen nicht genügt. Schließlich lädt er Freunde zu einem Fest mit Champagner und Kammermusik ein, um die Puppe rituell zu zerstören.[8] Dennoch vergisst er die Puppe nicht. Er verewigt sie in dem Gemälde *Maler mit Puppe*, das Heisig in unserem Bild zitiert.

1 E-Mail von Johannes Heisig an den Verfasser, 11.04.2020.
2 Wingler 1956, S. 24: synoptische Tabelle zum Jahr 1916.
3 Heisig 1996a, S. 270.
4 Kober 1973, S. 14.
5 Reinhold/Werkner 2013, S. 88.
6 Kokoschka 1971, S. 191.
7 Ebd., S. 190. Siehe auch: Weidinger 1996, S. 92.
8 Weidinger 1996, S. 91 f.

Oskar Kokoschka
Mann mit Puppe
um 1922
Öl auf Leinwand
85 × 120 cm
Staatliche Museen zu Berlin,
Nationalgalerie

Drei Porträts von Marianne Köster

Im Sommer 1993 bitte ich Bernhard Heisig, das Porträt meiner Frau zu malen. Meine Freude ist außerordentlich, als der Künstler zustimmt. Nun gilt es nur noch – nach gutem Zureden –, Mariannes Einwilligung zu erhalten. „Maler und Modell – sie wissen beide nicht, was sie auf sich nehmen, wenn das Wort Porträt fällt", sagt Tilla Durieux, die meistporträtierte Schauspielerin der 1920er Jahre.[1] Heisig schreibt schon früh in seiner Karriere über die Kunst des Porträtierens:

> „Das Ergebnis soll, so sagt man, psychologisch vertieft, den Dargestellten in seinem Wesenskern, also gewissermaßen objektiv richtig erfassen. Kokoschka, dem eine solche psychologische Tiefenschau ja nachgesagt wird, antwortet anlässlich einer Ausstellung seiner Bildnismalereien auf die Frage, wen die Bilder darstellen, mit der Bemerkung: ‚Das bin immer ich, das alles bin nur ich!' Damit ist eigentlich alles gesagt. Als Velasquez den spanischen König malte, war es am Ende gar nicht der König, sondern eben ein Velasquez. Einen der größten Verluste, den die abstrakte Kunst hinnehmen musste, war der Verlust des Menschenbildes. Heute kann das Porträt eine Brücke sein, die den immer noch klaffenden Abgrund zwischen Künstler und Konsumenten überwinden hilft."[2]

Marianne reist im Oktober 1993 für zwei Tage zu Porträtsitzungen nach Strodehne, nachdem sie dem Künstler zuvor die gewünschten Fotos gesandt hatte. Im Januar 1995 zeigt uns Bernhard Heisig drei Fassungen des Porträts in unterschiedlichen Stadien der Vollendung. Die Wahl fällt uns nicht leicht. Wir wissen noch nicht, dass wir schließlich alle drei Gemälde erwerben werden! Die Verschiedenheit der drei Porträts aus der Hand desselben Künstlers bestätigt, dass es keine objektiven Porträts gibt. Es ist dem Künstler gelungen, in jedem der drei Porträts jeweils unterschiedliche Wesensmerkmale von Marianne zu betonen, sodass die Trias der Gemälde eine wunderbare Einheit bildet.

Das Gemälde *Marianne Köster*

Das Gemälde zeigt Marianne in entspannter Ferienstimmung, auf einer sonnenbeschienenen Terrasse sitzend. Unter einem strahlend blauen nachmittäglichen Himmel genießt sie mit wachen Augen den freien Blick in eine weite Parklandschaft. Gekleidet ist sie in eine schwarze, ärmellange Jacke, die sie offen über einem leicht dekolletierten dunkelbraunen Kleid trägt. Im Licht leuchten ihr Gesicht, ihre langen, lockigen blonden Haare und ihre im Schoß ruhenden Hände. Gemalt ist das Bild wie mit einem blauen ‚Über-

› Marianne Köster
1994
Öl auf Leinwand
130 × 90 cm
Sammlung Marianne und
Heiner Köster, München

zug', der Farbe der Romantik. Es strahlt eine große Harmonie zwischen Mensch und Natur aus. Bei der Betrachtung des Gemäldes spricht Heisig in meiner Gegenwart leise zu sich selbst: „Ich kann doch *stille* Bilder malen!"

Das Gemälde *Marianne Köster in rotem Kleid*
Marianne hat es sich in einem barock anmutenden Sessel bequem gemacht. Ihr Blick ist kritisch, ihre Ausstrahlung nimmt den Betrachter gefangen. Sie hat ihre Hände ineinandergelegt. Von oben fällt das Licht auf ihr strahlend rotes Kleid. Links neben ihr steht auf einem Tischchen eine Vase mit einem üppigen Blumenstrauß, der nur teilweise den Blick auf ein dahinterstehendes Bild in breitem blauem Rahmen freigibt: eine fröhlich tanzende Seeräuberjenny. Der Künstler spielt damit auf Mariannes ansteckende Lebensfreude an.

Der markanten Deckenleuchte nach zu schließen, befindet sich Marianne auf der Bühne eines Theaters, des Theaters am Schiffbauerdamm in Berlin. Wie konnte der Maler ahnen, dass meine Frau in jungen Jahren den Wunschtraum hatte, die Schauspielschule in Wien zu besuchen?

› **Marianne Köster in rotem Kleid**
1994
Öl auf Leinwand
120 × 100 cm
Sammlung Marianne und
Heiner Köster, München

Das Gemälde *Marianne Köster vor Rembrandts „Die Rückkehr des verlorenen Sohnes"*

An der dritten Fassung des Porträts wird Bernhard Heisig fast zehn Jahre immer wieder arbeiten und eine bereits veröffentlichte Bildfassung komplett übermalen.[3] Im Frühjahr 2003 ruft er meine Frau an. Er habe eine neue Idee für das Porträt und bittet sie, ihm Fotos von ihrem Blazer zu senden, den sie bei dem Fest seines 70. Geburtstags getragen habe.

Bernhard Heisig grüßt vom linken Bildrand lächelnd mit erhobener Hand hinüber zu Marianne, die in einem eleganten Sessel vor dem vom Künstler eindrucksvoll zitierten Rembrandt-Gemälde Die *Rückkehr des verlorenen Sohnes* sitzt. Marianne strahlt Entschlossenheit und Kraft aus. Sie trägt einen schwarz-weiß-rosé gestreiften Blazer und einen schwarzen Rock. Auf ihrem Schoß liegt ein aufgeschlagenes Buch, der Katalog der Eremitage? Heisig scherzt, man könne das Porträt wegen des Rembrandt-Gemäldes auch *Begegnung in St. Petersburg* nennen. Heisigs grüßender Arm erscheint in denselben Farben wie das Gewand des verlorenen Sohns.

Mit dem Zitat des Rembrandt-Gemäldes versinnbildlicht der Künstler emotionale Tiefe und Lebensweisheit sowie die hohe Empathie, mit der meine Frau auf die Menschen zugeht. Wir haben ihn aber nie gefragt, weshalb er das Gemälde in das Porträt eingefügt hat. Es bleibt ein Geheimnis.

> **Marianne Köster vor Rembrandts „Die Rückkehr des verlorenen Sohnes"**
> 1994/2004
> Öl auf Leinwand
> 120 × 100 cm
> Sammlung Marianne und
> Heiner Köster, München

1 Ausst.kat. Tilla Durieux 2022, S. 15.
2 Heisig 1966.
3 Ein Zwischenstand des Porträts aus dem Jahr 1995 ist abgedruckt als *Bildnis Frau K.* in: Ausst.kat. Heisig 1995, S. 138. Ein weiterer, fast finaler Zwischenstand *Porträt Frau Köster* von 2003 ist abgebildet in: Ausst.kat. Heisig 2010, S. 34.

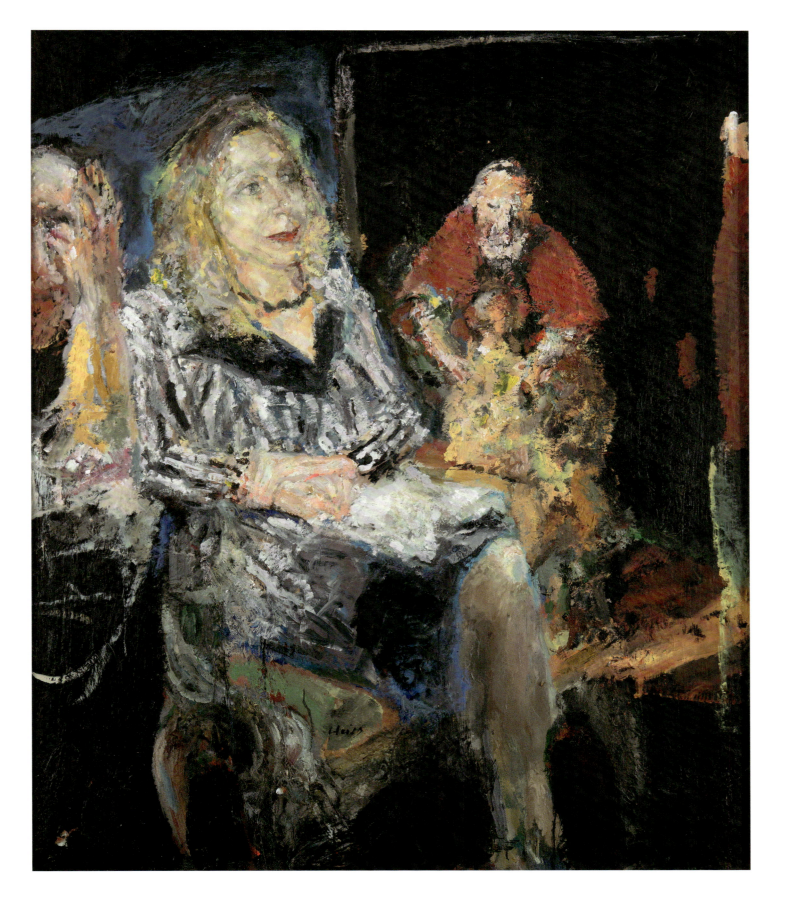

Das Porträt von Heiner Köster

Die Vorgeschichte des Porträts

Im Dezember 1997 unterzieht sich Bernhard Heisig einer Operation in einem Münchener Krankenhaus. Währenddessen erscheint am 21. Dezember 1997 im *Spiegel* unter der Überschrift *Schwatzhafter Schnupfi*[1] ein Bernhard Heisig und Helmut Schmidt gleichermaßen herabsetzender Artikel mit erfundenen Geschichten, die sich während zweier Porträtsitzungen im Leipziger Atelier des Künstlers im Jahr 1986 zugetragen haben sollen.

Einen Monat vor dem *Spiegel*-Artikel hatte der Kunstbeirat des Deutschen Bundestags Heisig den Auftrag für ein Gemälde im Reichstagsgebäude erteilt und damit heftige Proteste bei seinen Gegnern ausgelöst. Vor diesem Hintergrund behauptet nun der *Spiegel*, der Künstler und Helmut Schmidt seien bei den Porträtsitzungen in Leipzig beleidigend über westdeutsche Politiker und Helmut Kohl hergezogen. Schmidt habe sich anbiedernd über Erich Honecker geäußert und Heisig habe alles unmittelbar an die Stasi weitergeleitet.

Diese infame Unterstellung weist Heisig entschieden zurück. Tief empört beauftragt er mich, seine Interessen gegenüber dem *Spiegel* anwaltlich zu vertreten. Er meint, viele Menschen in der DDR würden glauben, was sie in der „Westpresse" lesen. Die abgrundtiefe Verleumdung, er sei Mitarbeiter der Stasi gewesen, müsse zurückgenommen werden. Wir erreichen, dass der *Spiegel* in seiner übernächsten Ausgabe am 5. Januar 1998[2] einen mehrspaltigen Leserbrief von Bernhard Heisig als Richtigstellung abdruckt. Denselben Weg geht Helmut Schmidt. Er schreibt im *Spiegel*: „[E]s ist in meiner Erfahrung nicht das erste Mal, dass für Zwecke der Stasi oder des Politbüros der SED Berichte in der Absicht angefertigt worden sind, den Vorgesetzten zu gefallen oder zu imponieren; der SPIEGEL ist nicht der Einzige, der auf dergleichen Papiere aus Ostberliner Archiven hereingefallen ist, indem er ihre Wahrhaftigkeit unterstellt … Meiner Freundschaft zu Bernhard Heisig wird die SPIEGEL-Geschichte keinen Abbruch tun. Der Porträt-Auftrag an ihn geht übrigens auf mich selbst zurück, der ich Heisigs Malweise schätze."[3]

Erfreut über das positive Ergebnis, bietet mir der Künstler an, mein Porträt zu malen.

Wir sind überrascht, dass wir das Porträt bereits am 1. September 1998 bei der Eröffnung der Ausstellung *Bernhard Heisig. Bilder aus vier Jahrzehnten* im Museum Sinclair-Haus in Bad Homburg sehen.

> **Der Anwalt Dr. Köster**
> 1998
> Öl auf Leinwand
> 150 × 90 cm
> Sammlung Marianne und
> Heiner Köster, München

1 Stolle 1997.
2 Heisig 1998.
3 Schmidt, H. 1998.

Als ich kritisch mein Porträt in Anwaltsrobe betrachte, kommt ein Ausstellungsbesucher freundlich auf mich zu und meint wohlwollend: „Das ist doch ein sehr ausdrucksstarkes Bild von Ihnen." Was soll man darauf erwidern?

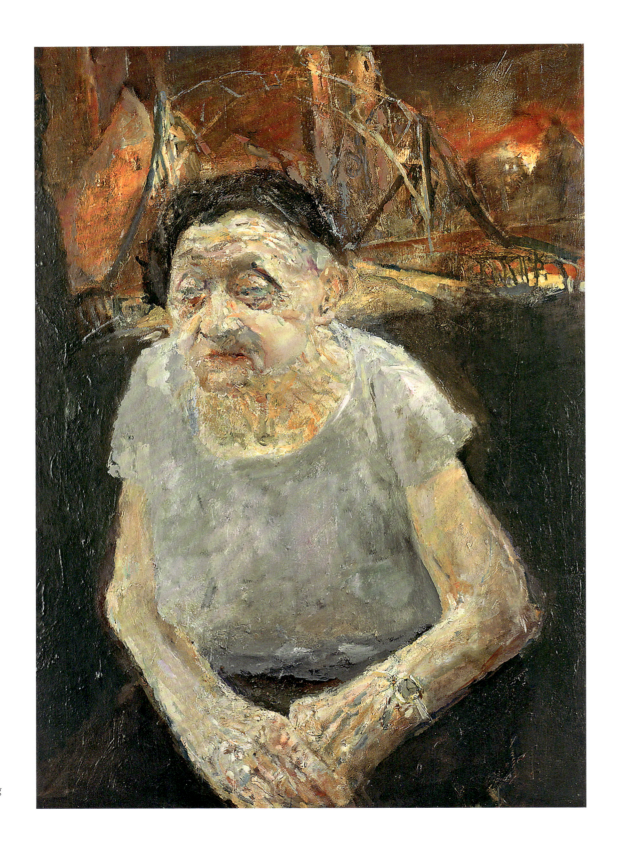

Meine Mutter vor brennender Stadt
1976
Öl auf Leinwand
120 × 83 cm
Kunstmuseum Moritzburg
Halle (Saale)

Die beiden Porträts des Theologen und Religionsphilosophen Eugen Biser

Bernhard Heisig schenkt dem Gelehrten das Porträt *Der Religionsphilosoph Eugen Biser* und bringt damit seine hohe Wertschätzung für dessen Persönlichkeit zum Ausdruck. Mit dem Philosophen teilt der Künstler die Überzeugung, dass der Mensch noch weit davon entfernt ist, was er sein kann und sein soll. Er werde in seiner Entwicklung von der Angst gehemmt, nicht als der angenommen zu werden, der er ist. Biser fährt fort, dass Religionen dabei helfen, diese Ängste mit ihren je eigenen Überzeugungen, durch die Zusage von Hoffnung und Sinn zu überwinden. Die christliche Botschaft der bedingungslosen Liebeszusage Gottes sei als Ermutigung für den Menschen zu verstehen, sein Leben auf die Zukunft hin offen und angstfrei zu gestalten.

Zum Tode Eugen Bisers am 24. März 2014 schreibt Richard Heinzmann, sein Freund und Nachfolger als Ehrenpräsident der Eugen-Biser-Stiftung:

> „Eugen Biser [1918–2014], ein außergewöhnlicher Mensch, ein einfühlsamer Priester und unermüdlich forschender und lehrender Wissenschaftler hat mit seinem geradezu paulinischen Charisma als Prediger die Besucher seiner Gottesdienste ebenso in seinen Bann gezogen, wie er mit seinem universalen Wissen die Hörer seiner Vorlesungen faszinierte. Mit annähernd 1400 Veröffentlichungen […] hat er auf wissenschaftlich hohem Niveau Philosophie und Theologie der zweiten Hälfte des 20. und des beginnenden 21. Jahrhunderts mitgestaltet."[1]

Der Porträtauftrag

Bei der Feier meines 60. Geburtstags führen der Künstler und Eugen Biser anregende Gespräche. Sie kennen sich bereits von einem früheren Zusammensein in unserer Wohnung. Meine Frau bittet Bernhard Heisig, ein Porträt des Theologen und Philosophen anzufertigen.

Ein Unfall und Terminprobleme verschieben den Beginn der Porträtarbeiten auf Mitte Oktober 2003. Der inzwischen 85-jährige Eugen Biser reist in Begleitung meiner Frau zu den dreitägigen Porträtsitzungen nach Strodehne.

Das Gemälde *Der Theologe Eugen Biser*

Im Frühjahr 2004 zeigt uns Bernhard Heisig in Strodehne zwei Fassungen des Eugen-Biser-Porträts. Wir entscheiden uns für die am weitesten gediehene Fassung. Der Theologe, dunkel gekleidet, mit Krawatte, steht kraftvoll und entschlossen hinter einem Pult, auf dem eine Bibel liegt, aus der er gleichsam eine energetische Aufladung zu empfangen scheint. Sehr lebendig ist sein beredtes Händespiel, voller Dynamik, ausgeprägt offen und dem Leben zugewandt; es unterstreicht seine charismatische Persönlichkeit und erklärt die Faszination seiner Vorlesungen und Predigten. Bisers Blick ist konzentriert auf ein Ziel in der Ferne.

Während der Porträtsitzungen kreist das Gespräch um zwei Bilder, die für Eugen Biser Sinnbilder des Glaubens und für Bernhard Heisig Meisterwerke der Kunstgeschichte sind, die er in seinem Werk gern zitiert. Es sind dies *Der Triumph des Todes* von Pieter Bruegel d. Ä. und der Isenheimer Altar von Matthias Grünewald. Beide Bilder stehen für die Endlichkeit des Lebens und die Auferstehung als Hoffnung der Gläubigen. Heisig schafft um die Figur des Theologen ein szenisches Zusammenspiel, das diese beiden Leitgedanken zu einem Bild verschmelzen lässt.

Das Porträt Eugen Bisers ist hinterfangen von dem kreuztragenden Christus, begleitet von feixenden Zeitgenossen. Ein Knochenmann geleitet einen hohen kirchlichen Würdenträger mit Kardinalshut ins Grab. Gevatter Tod hat sich dabei selbst mit einem Kardinalshut geschmückt. Dahinter schiebt sich ein geschundener Gaul, geritten von einem Skelett, in den Bildraum. Mit diesem Reiter betritt Bruegel die Szenerie. Auch der düstere Horizont, an dem Galgen von der Grausamkeit des Todes künden, erinnert an Bruegels Bild *Der Triumph des Todes*. Vielleicht aber meint Heisig mit der Chiffre der drei angedeuteten Galgen Golgatha, die Kreuzigung Christi. In den Gewaltszenen lässt sich das Schicksal Eugen Bisers im Dritten Reich symbolisch überhöht mitdenken. Er hatte sich in einem unbedachten Augenblick zu der Bemerkung hinreißen lassen, „dass wir in Stalingrad verbluten würden, während Hitler fast gleichzeitig lauthals verkündete, dass er die Stadt mit Stoßtrupps einnehmen werde. Das trug mir ein Kriegsgerichtsverfahren ein, dem ich nur knapp entging."[2]

Bestimmend auf der linken Bildseite ist der in farbintensiver Aura mit strahlender Gloriole vor dem verdunkelten Horizont auferstandene Christus. Dieses Zitat von Grünewalds Isenheimer Altar wirkt überwältigend und ist im Raumgefüge des Bildes die zentrale Aussage zum Porträt. Es ist ein Bild des Triumphes. Von rechts greift eine Hand ins Bildgeschehen und fügt das Schweißtuch der Veronika mit dem Antlitz Jesu Christi in das visuelle Ensemble ein. Die genannten Beifügungen in dem Porträt sind in den Augen Eugen Bisers „von besonderer Bedeutung, da in ihnen die Gedanken des Künstlers zum Ausdruck kommen. Sie wirken auf mich wie ein Kommentar der Zentralaussage."[3]

Als Reinhold Baumstark, zu dieser Zeit Generaldirektor der Bayerischen Staatsgemäldesammlungen, und Eugen Biser das Porträt in unserer Wohnung gemeinsam betrachten, meint Baumstark, dessen Persönlichkeit und Vitalität seien treffend dargestellt; es sei förmlich zu spüren, dass der Theologe in den kommenden Jahren noch viel vorhabe. Der mittlerweile 88-jährige Eugen Biser stimmt dem schmunzelnd zu, Heisig habe den Nagel auf den Kopf getroffen.

Matthias Grünewald
Auferstehung Christi
Isenheimer Altar,
2. Schauseite, rechter Seitenflügel
1515
Öl auf Lindenholz
269 × 143 cm
Musée Unterlinden, Colmar

‹ **Der Theologe Eugen Biser**
2004
Öl auf Leinwand
90 × 80 cm
Sammlung Marianne und
Heiner Köster, München

Das Gemälde *Der Religionsphilosoph Eugen Biser*
Am 12. Januar 2008 wird der Festakt anlässlich des 90. Geburtstags von Eugen Biser live im Bayerischen Fernsehen übertragen. Bernhard Heisig verfolgt in seinem Atelier Bisers charismatische Rede im Anschluss an die Laudatio seines Freundes Helmut Kohl. Stark beeindruckt von Bisers Worten und der Intensität seines Vortrags ruft mich der Künstler noch am selben Abend an. Er möchte Eugen Biser, dem Jubilar, die zweite Fassung des Porträts mit dem Titel *Der Religionsphilosoph Eugen Biser* schenken.

In seinem Dankschreiben vom 13. Februar 2008 an Bernhard Heisig fasst Eugen Biser seine Gedanken zu den beiden Porträts zusammen:

> „Sie haben mit dem Porträt ein Meisterwerk geschaffen, dem es gelungen ist, eine völlig neue Sicht meiner Existenz zu erschließen. Während es in meinem ersten Porträt darum ging, meine Person zum Vorschein zu bringen, wie nur Sie dies vermochten, geht es in dem neuen Werk um eine Existenzanalyse, also darum, meine Geisteshaltung herauszustellen. Dass ein und derselbe Künstler dies vermag, kann ich nur mit höchster Bewunderung feststellen. Dabei klaffen die beiden Sichten in keiner Weise auseinander; vielmehr durchdringen sie sich in einer Weise, dass die eine Sicht die andere nach sich zieht und mit ihr unzertrennlich verschmilzt."[4]

Mit den zweigeteilten Richtungspfeilen in dem Gemälde weist Heisig darauf hin, dass jedem Menschen in seinem Leben immer wieder Entscheidungen auf seinem Weg abverlangt werden.

Eugen Biser sieht den geeigneten Platz für das Gemälde in den Räumen seiner Stiftung. Er schreibt dazu: „Das Gemälde, das Herr Heisig mir geschenkt hat und für das ich ihm außerordentlich dankbar bin, gehört nach meinem Urteil zweifellos in die Stiftung, wo es in seiner zur Entscheidung nötigenden Weise jeden Betrachter unmittelbar anspricht. Es regt zum Nachdenken an und stellt einem jeden die Frage nach seinem Sinn."[5]

Getreu ihrem Motto „Dialog aus christlichem Ursprung" engagiert sich die Stiftung für die Aufgabe, auf christlicher Basis Brücken zwischen den Religionen und Weltanschauungen zu bauen und damit einen Beitrag für ein gelingendes Zusammenleben in unserer demokratischen Gesellschaft und dadurch für ein geeintes Europa zu leisten.

‹ Der Religionsphilosoph Eugen Biser
2005
Öl auf Leinwand
90 × 80 cm
Eugen-Biser-Stiftung, München

1 Heinzmann 2014.
2 Schaller 1999, S. 16. Eugen Biser wurde in der Folge zu gefährlichen Außenstellen abgeordnet und lebensgefährlich verwundet.
3 Schreiben von Eugen Biser an den Verfasser vom 06.02.2008.
4 Schreiben von Eugen Biser an Bernhard Heisig, 03.06.2008.
5 Schreiben von Eugen Biser an den Verfasser 06.02.2008.

Nur Blumen?

Wenn die Farbenpracht und das Arrangement des Blumenstraußes, den wir bei unserem Besuch mitbringen, Heisig besonders gut gefallen, bringt er das Bouquet am Abend in einen kühlen Raum. Dort sollen die Blumen ihre Frische behalten, um dem Künstler vielleicht noch in derselben Nacht oder am nächsten Tag als Anregung für eines seiner Blumenstillleben zu dienen.

„Ich muss", sagt der Maler, „die Dinge irgendwie in ihrer optischen Bedingtheit kennenlernen, ich muss sie greifen können. Das Ding muss sinnlich für mich werden"[1] um als Bild sinnlich überzeugende Anschauungskraft zu finden.[2] Auf die Frage, ob er sich beim Malen von Blumenstillleben entspannen könne, antwortet der Künstler:

> „Nein. Man ist entspannt, wenn was gelingt. Das hat mit dem Sujet nichts zu tun. Ich habe mich zum Beispiel mal mit einem Blumenstillleben die ganze Nacht geschunden. Keine Übertreibung. Ich fand einfach den Fehler nicht. Das brachte mich sehr aus der Fassung. Dann hab ich's doch untergekriegt. Aber ich war ziemlich erledigt. Nur Blumen? Nein, sondern der Bildorganismus, der nicht lebendig werden wollte."[3]

Zur Unausweichlichkeit der malerischen Anstrengung zitiert Heisig Max Beckmanns Tagebucheintrag vom 16. Dezember 1950: „Zwölf Stunden am rechten Kopf v. Argo – ,Welcher Wahnsinn!'"[4] Sieben Tage später notiert Beckmann „Kopf von Argonauten – verdammt".[5] und fügt hinzu: „Man springt bei der Arbeit an den Bildern quasi den dreifachen Salto und der muss aussehen, als sei er kinderleicht, sonst ist er misslungen."[6] In der Nacht vor seinem Tod sagt Max Beckmann zu seiner Frau Quappi: „Endlich hab ich's geschafft" und meint damit – total erschöpft – das Ende seiner unablässigen Arbeit an dem Triptychon *Argonauten*.[7]

Das Malen eines Blumenstilllebens, einer Landschaft oder eines Porträts sind für Heisig keine entbehrlichen „Zugaben" neben seinen großen thematischen Kompositionen. Erst die Einbeziehung und Betrachtung aller Bereiche, in denen ein Künstler arbeitet, ergibt ein vollständiges Bild seiner gestalterischen Kraft.

An seinen Blumenstillleben erfreuen uns die malerische Impulsivität und der Farbzauber, die Erotik der Farben. Über die Blumen sagt Heisig: „Ich begriff, dass Blumen als Bildstoff nicht nur schön, sondern auch voller Angst, auch voller Aggressionen sein können; dass sie mörderischer wirken können als eine dargestellte Mordszene. Später sah ich Beispiele beim alten Corinth."[8] Auf jeder Wiese lasse sich der Riss, der durch die Schöpfung geht, hinter jedem Gartenzaun aufspüren, alles sei ein Gleichnis für alles,

‹ **Blumen und Maske**
1990/91
Öl auf Leinwand
80 × 70 cm
Sammlung Marianne und
Heiner Köster, München

die *Pariser Kommune* genauso wie die *Dorfstraße im Regen*.[9] In der Natur ist nichts spannungslos und nur glückliche Dauer. „There is a crack, a crack in everything, that's how the light gets in", meint Leonard Cohen.[10]

Das Gemälde *Blumen und Maske*
Die floralen Tentakel des blütenreichen Straußes ragen ungebändigt in den Raum. Die Vase steht auf einem mit blauem Tuch bedeckten Tisch. Wülste und Furchen materialisieren den Faltenwurf des Textils. Mit demselben Farbton umgibt Heisig den Blumenstrauß an beiden Seiten. Dieses lapislazuliblaue Fluidum des Bildes steht in abgewogenem Kontrast zum Rot des Blütenstands der Amaryllis.

Die aus den Händen von Heisigs erster Ehefrau, der Keramikerin Brunhild Heisig-Eisler, stammende Vase scheint seitlich wegzukippen. Dieser vom Betrachter her gesehene Linksdrall dynamisiert das Blumenstück: eine Technik, die Lovis Corinth nach seinem Schlaganfall im Dezember 1911 mehrfach anwendet. Im Hintergrund des Bildes sehen wir eine massive barocke Kommode mit angedeutet schweren Beschlägen, darüber eine geheimnisvolle Maske in aschfahler Tönung. Eine Totenmaske? Wie in einer Grisaillemalerei kündet dieser Raumausschnitt von einer entrückten Szenerie, die sich unüberhörbar zu Wort meldet und dem Bild den Vanitas-Gedanken einschreibt. Mit der Kraft des Erblühens wächst die Fragilität unabwendbarer Endlichkeit.

Das Gemälde *Blumen und Schachtisch vor einem Bild*
Das üppige Blumenbouquet mit großen Blüten in Gelb, Rot und Rosa inmitten von leuchtendem Grün steht auf einem Schachtisch und beherrscht die Bildfläche. Aber was will der schwarz gekleidete Geselle zwischen den Blüten, der herbeifliegt wie ein Großinsekt?

Wird er durch die verlockenden Düfte der fleischigen Blumen oder durch deren Farben angezogen wie Ikarus in Heisigs *Geburtstagsstillleben*? Er stört die Idylle und setzt mit seinem Schwarz einen Kontrapunkt zu der Farbenpracht der Blumen, die sich gegen den Eindringling zu wehren scheinen. Ist er ein Bote, der sich auf seinem Weg hinter den Blumen verstecken möchte? Was ist seine Botschaft? Heisig hat ähnliche schwarz gekleidete Figuren in mehrere seiner Gemälde hineinmontiert, mal als Mephisto, mal über Lautsprechersäulen oder auch als fliegende Bürger.

Ein schräg hinter dem Blumenstrauß abgestelltes Bild mit auffallend blauem Rahmen verschließt die Sicht in den größten Teil des Raumes und lenkt den Blick in eine geheimnisvolle, kubistisch gestaltete, bühnenmäßige Tiefe. Wird sich der fliegende Kerl dorthin begeben?

Am linken Rand des Bildes spielt Heisig in zwei übereinanderliegenden „Fenstern" mit malerischen Formen. An der anderen Bildseite fügt er einen rudimentären clownesken Kopf mit einem großen Auge an. Es ist das spielerische In-Szene-Setzen einer Groteske.

1 Heisig 1978 S. 142.
2 Merkert 1989, S. 29.
3 Heisig 1996b.
4 Beckmann, Max 1984, S. 411.
5 Ebd., S. 412.
6 Auszug aus einem Tonbandprotokoll in: Kober 1981, S. 202.
7 Zeiller 2022, S. 321.
8 Brusberg 2014, S. 284.
9 Fest 1998, S. 190.
10 Aus dem *Anthem* von Leonard Cohen, vgl. Cripps 2011.

Blumen und Schachtisch vor einem Bild
1991
Öl auf Hartfaser
75 × 90 cm
Sammlung Marianne und
Heiner Köster, München

Bernhard Heisig im Spiegel seiner Zeit

Gulliver und der Babelturm
1978
Öl auf Hartfaser
96 × 118,5 cm
Staatliche Museen zu
Berlin, Nationalgalerie

Heiner Köster

Bernhard Heisig ist überzeugt, ein Kunstwerk könne „nur unter der Voraussetzung seiner unmittelbaren Zeitbezogenheit entstehen"[1]. Brecht könne nicht ohne Sozialismus, Bach nicht ohne Christus und Picasso nicht ohne sein gesellschaftliches Umfeld rein als Kunst begriffen werden.[2] Hineingeboren in ein Jahrhundert voller erschütternder epochaler Ereignisse, wird Heisig in besonderer Weise vom Zeitgeist geprägt mit Auswirkungen auf sein Denken, seinen künstlerischen Ehrgeiz, sein hohes Engagement für die Ausbildung junger Künstler und seine Bereitschaft, in der Diktatur öffentliche Ämter und Verantwortung wahrzunehmen. Es ist ihm ein existenzielles Bedürfnis, sich und dem Betrachter seiner Bilder über das Erlebte, das er oft genug erlitten hatte, Rechenschaft zu geben.

1925 bis 1941: Kindheit und Jugend

Bernhard Heisig wird am 31. März 1925 im kleinbürgerlichen Breslauer Vorort Zimpel geboren.[3] Sein Vater Walter Heisig (1882–1941) ist freischaffender Kunstmaler, seine Mutter Hildegard Heisig, geborene Rossa (1895–1978), arbeitet in der chemischen Reinigung im Erdgeschoss ihres Wohnhauses und sichert den Lebensunterhalt der Familie. Heisig wächst ohne Geschwister auf. Früher als Lesen und Schreiben beherrscht er das Zeichnen. Er betreibt es mit großem Eifer und erreicht schon früh eine erstaunliche Perfektion. Die Grundkenntnisse bringt ihm sein Vater bei. Auch das Malen gehört zu Heisigs Alltag. In der Familie gilt er als Wunderkind.[4]

Es sind die letzten Jahre der Weimarer Republik, deren relativ stabile Zeit mit dem Tod Gustav Stresemanns am 3. Oktober 1929 endet. Wenige Wochen später wird der Crash an der New Yorker Börse, der Black Friday, zum Auslöser der Weltwirtschaftskrise. In Deutschland sind 1932 mehr als sechs Millionen Menschen von Arbeitslosigkeit betroffen, sehr viel mehr sind in Kurzarbeit.[5] Keine gute Zeit für Künstler wie Heisigs Vater, die vom Verkauf ihrer Werke leben wollen, aber Humus für politische Extremisten von rechts und links.

Zu Beginn seiner Schulzeit wird der junge Bernhard auf Wunsch seiner sehr gläubigen Mutter für mehrere Jahre Ministrant in der Pfarrgemeinde.[6] Dies hindert ihn nicht daran, sich in dem überwiegend katholischen Breslau auf die Seite eines neu zugezogenen evangelischen Jungen zu stellen. Als dieser wegen seines Glaubens vom gemeinsamen Fußballspiel ausgeschlossen werden soll, erklärt Bernhard: Er könne nichts dafür, dass er evangelisch ist. „Ich spiele mit ihm." Daraufhin wird Herbert von den katholischen Jungen und Mädchen akzeptiert und in die Gemeinschaft aufgenommen. Diese bewegende Geschichte erzählt mir Herbert Stähr – mit Tränen in den Augen – bei einer Feier anlässlich Heisigs 80. Geburtstag.

Der Vater Walter Heisig

Als Heisig 1935 von der Volksschule auf das Breslauer König-Friedrich-Gymnasium überwechselt, hat sich das „Dritte Reich" bereits fest etabliert. Nach der Ernennung Adolf Hitlers zum Deutschen Reichskanzler am 30. Januar 1933 instrumentalisiert die NSDAP den Reichstagsbrand vom 27. Februar, um die Verabschiedung des „Gesetzes zur Behebung der Not von Volk und Reich", des sogenannten Ermächtigungsgesetzes,[7] durchzusetzen. Es wird die scheinlegale Grundlage für den nationalsozialistischen Staatsumbau: Parteiverbote, die Inhaftierung politischer Gegner und deren Ermordung in Konzentrationslagern. Nach dem Tod des 87-jährigen Paul von Hindenburg am 2. August 1934 übernimmt Hitler das Amt des Reichspräsidenten und führt 1935 die Wehrpflicht wieder ein.[8] Die Aufrüstung wird zum integralen Bestandteil der nationalsozialistischen Politik, deren Ziel es ist, die Großmachtstellung des Deutschen Reiches wieder herzustellen.

In diesem politischen Klima treten Heisig und seine Mitschüler als Pimpfe in die ideologisch und rassistisch ausgerichtete Hitlerjugend (HJ) ein. Ab März 1939 wird der Eintritt in die HJ gesetzliche Pflicht.

Die Mutter erzählt dem Sohn von ihren früheren jüdischen Chefs in der chemischen Reinigung, die von linientreuen Nationalsozialisten hinausgedrängt wurden. Diese seien – anders als deren Nachfolger – fürsorgliche, anständige Arbeitgeber gewesen, auf die sie – trotz aller gegenteiligen NS-Propaganda – nichts kommen lasse. Die Erzählungen seiner Mutter haben sicherlich dazu beigetragen, dass Heisig nicht in die Fänge des Judenhasses gerät.

Im April 1941 stirbt sein geliebter Vater nach einjähriger Krankheit an Tuberkulose.[9] Wenige Monate später verlässt Heisig als schlechter, unwilliger Schüler das Gymnasium mit Abschluss der Mittleren Reife. Er will hinaus in die weite Welt und meldet sich ohne Kenntnis der Mutter zur Deutschen Wehrmacht, die ihn aber wegen seines Alters von 16 Jahren abweist. Am 1. Oktober 1941 beginnt er seine Ausbildung als Gebrauchsgrafiker an der Meisterschule des Deutschen Handwerks in Breslau.[10]

Bernhard Heisig mit seinen Eltern, 1940

1942 bis 1945: Im Krieg
Bernhard weiß, dass er sich im Alter von 17 Jahren ohne Zustimmung seiner verwitweten Mutter zum Wehrdienst in der SS melden kann und entschließt sich dazu, ohne die Konsequenzen zu überblicken. Was unbedacht freiwillig war, wird im Überlebenskampf zum aktiven „Sich-Fügen in das in dieser Rolle Unvermeidliche, in das ‚Müssen müssen'"[11] und Ursache für gravierende Traumata. Nach verkürztem Arbeitsdienst, schwerer Verletzung bei einem Tieffliegerangriff auf dem Weg zu einem Ausbildungslager für Panzersoldaten in Belgien, Lazarettaufenthalt und militärischer Grundausbildung wird er der 12. SS-Panzerdivision „Hitlerjugend" zugeteilt. Seine Division kämpft 1944 an der Invasionsfront bei Caen in der Normandie. In drei Monaten werden 11 000 junge, 17- bis 20-jährige Soldaten verheizt. Von Heisigs Kompanie überlebt

nur die Hälfte. Ab dem 16. Dezember wird er in der Ardennenschlacht wieder als Panzerfahrer eingesetzt und erneut schwer verwundet.

1945 bis 1947: Zurück in Breslau
Kaum genesen, erhält Heisig im Lazarett den Marschbefehl zu einem Ersatztruppenteil in seine Heimatstadt Breslau. Gauleiter Karl Hanke leitet ab 23. Januar 1945 die Verteidigung der zur Festung erklärten Stadt Breslau, die „bis zum letzten Mann zu halten" ist. Die Zivilbevölkerung wird evakuiert. Wer nicht zur Verteidigung der Stadt benötigt wird – überwiegend Frauen, Kinder und alte Menschen –, muss die Stadt in eisiger Winterkälte verlassen und sich auf den Weg ins Ungewisse begeben. Der Kampf gegen die vorrückenden sowjetischen Truppen legt die Innenstadt in Schutt und Asche. Erneut verwundet, gerät Heisig in sowjetische Gefangenschaft. Es gelingt ihm, sich Kohlepapier zur Vervielfältigung von Schreibmaschinentexten zu besorgen und damit sein verletztes Bein dunkelblau einzufärben, damit es nach einer schweren Blutvergiftung aussieht[12] und er als vermeintlich todkranker Kriegsinvalide der Deportation in einen sowjetischen Gulag entgeht. Er hat Erfolg und wird im Herbst 1945 aus der Gefangenschaft entlassen.
Rückblickend sagt der Künstler:

> „Ich kam mit ein paar Kratzern aus dem Krieg zurück und war noch genauso dämlich wie ein paar Jahre zuvor, als ich als 17-jähriger Kriegsfreiwilliger das große Abenteuer suchte. Es ist nämlich eine der vielen Lügen, womit die Gesellschaft meist ihre Verbrechen zu veredeln versucht, daß das sogenannte Kriegs- oder Fronterlebnis den Menschen klüger mache, ihn gar läutere."[13]

Heisig kehrt aus der Gefangenschaft zu seiner Mutter nach Breslau zurück. Er findet eine Beschäftigung als Gebrauchsgrafiker beim polnischen Amt für Information und Propaganda und schließt sich der kunstgewerblichen Genossenschaft Paleta an, die unter anderem für die Übernahme verlassener deutscher Kunst- und Buchhandlungen zuständig ist.

Ende 1946 widerruft das Amt für Information und Propaganda die Aufenthaltserlaubnis.[14] Heisig und seine Mutter müssen praktisch über Nacht „das Nötigste" zusammenpacken und ihre Heimatstadt Breslau (nunmehr Wrocław) und Schlesien verlassen. Diese deutschen Territorien haben die Alliierten gemäß ihren im Februar 1945 in Jalta gefassten Beschlüssen im Potsdamer Abkommen vom 2. August 1945 der Volksrepublik Polen (zunächst zur Verwaltung) zugeschlagen. Sie lassen die Vertreibung der deutschen Bevölkerung geschehen. Insgesamt werden 12 bis 14 Millionen Deutsche zwischen 1945 und 1950 aus ihrer Heimat in Ost- und Mitteleuropa vertrieben, zwei Millionen finden dabei den Tod.

Als mittellose Heimatvertriebene, im Sprachgebrauch der DDR „Umsiedler" genannt, finden Heisig und seine Mutter eine notdürftige Unterkunft in Zeitz, etwa 45 Kilometer von Leipzig entfernt. Den Lebensunterhalt verdient Heisig zunächst in einer Werkstätte für Kriegsversehrte, wozu ihn sein Invalidenausweis berechtigt, den er noch wegen der in seiner Gefangenschaft „angemalten Blutvergiftung" besitzt. Bald folgen werbegrafische Aufträge von Firmen in Zeitz und Umgebung. Eine staatliche Entschädigung für den erlittenen Verlust in der aufgegebenen Heimat, einen „Lastenausgleich" wie in der Bundesrepublik Deutschland, gibt es in der DDR nicht.

Im Alter von 22 Jahren steht Bernhard Heisig, wie die meisten Kriegsteilnehmer, vor einem Neubeginn. Er ist belastet mit traumatischen Erinnerungen an den Krieg, in dem er als Soldat mehrfach schwer verwundet wurde, und besitzt nichts, ausgenommen seine künstlerische Begabung sowie die große Liebe und Fürsorge seiner Mutter.

1948 bis 1952: Neuanfang in Leipzig · Heirat · Formalismus-Streit · Abbruch des Studiums

Im Sommer 1948 scheitert Heisig bei der Aufnahmeprüfung an der Leipziger Akademie für Grafik und Buchkunst, der späteren Hochschule für Grafik und Buchkunst (HGB). Er fällt in eine tiefe Depression und zweifelt an seiner künstlerischen Begabung. Aber seiner durchsetzungsstarken Mutter gelingt es, ihren Sohn davon zu überzeugen, sein in Breslau begonnenes Studium als Gebrauchsgrafiker zunächst an der fachlich etwas niedriger eingestuften Leipziger Kunstgewerbeschule fortzusetzen. Diese Möglichkeit hat sie bereits in die Wege geleitet.[15]

Heisigs dortiger Lehrer ist der Maler und Grafiker Walter Münze, ein bekennender Kommunist und Mitgründer der ASSO (ASSOziation revolutionärer bildender Künstler) in Leipzig. Münze, der die Klasse für dekorative Malerei und Grafik leitet, erkennt die hohe Begabung seines Studenten und fördert ihn nachhaltig. Von ihm hört Heisig zum ersten Mal von Karl Liebknecht, Rosa Luxemburg und Ernst Thälmann. Er folgt Münzes Rat und tritt in die durch Zwangsvereinigung von SPD und KPD entstandene Sozialistische Einheitspartei Deutschlands (SED) ein. Heisig will die bestmögliche Ausbildung. Alles andere kann er danach entscheiden. Später wird er überzeugter Sozialist, wozu die Literatur, speziell Bertolt Brecht, erheblich beigetragen habe.

Im Sommer 1949 wiederholt Heisig erfolgreich die Aufnahmeprüfung an der HGB. Sein wichtigster Lehrer wird der Grafiker und Buchillustrator Max Schwimmer: „Er machte mich mit den großen Zeichnern bekannt und ich verdanke ihm eine Menge. [...] Viel mehr als den Giganten Picasso liebte er Kirchner, besonders aber Paul Klee. Er konnte wunderbar über ihn sprechen."[16]

Heisig wird im Jahre 1950 Mitglied in dem neu gegründeten Verband Bildender Künstler Deutschlands (VBKD), dessen Zuständigkeitsbereich sich auf das Gebiet der DDR beschränkt, der dies in seinem Namen aber erst 20 Jahre später als Verband Bildender Künstler der DDR (VBK-DDR) zum Ausdruck bringt. Um in der DDR Zugang zu den Läden mit Künstlerbedarf (Leinwände, Pinsel, Farbe, Papier) zu erhalten und an Ausstellungen teilzunehmen, um eine selbstständige Tätigkeit als Künstler ausüben zu können, ist die Mitgliedschaft im Verband nahezu unerlässlich. Dasselbe gilt, wenn Künstler öffentliche Aufträge von volkseigenen Betrieben oder Kombinaten auf der Basis von Werkverträgen anstreben.

Hochzeitsfoto, 1951

Heirat

Im November 1951 heiratet Bernhard Heisig im Alter von 26 Jahren die lebenslustige 20-jährige Studentin Brunhild Eisler (1930–2007), die an der Leipziger Kunstgewerbeschule Kostümbild für Theater und Film studiert. Unter den Studenten beliebt, gilt sie als „Feierbiest". Auf den von seinen Kriegserlebnissen und der Vertreibung bedrückten Heisig wirkt die elegante Brunhild wie ein Magnet. Sie hingegen ist von seiner künstlerischen Arbeit und seiner starken, unverwechselbaren Persönlichkeit fasziniert.[17] Der Witwer ihrer Freundin Ihle (Gisela) erinnert sich: „Es gab für uns Seelenverwandte immer einen Anlass zu feiern. Bernhard, fast sechs Jahre älter, war schon hoffnungslos der Malerei verfallen und schloss sich immer öfter ein."[18]

Brunhild Eisler mit Sohn Johannes, 1953

Formalismus-Streit · Abbruch des Studiums

Im „Arbeiter- und Bauern-Staat" – der sowjetischen Besatzungszone – gilt die stalinistische Kunstdogmatik. Künstlerische Eigenständigkeit wird als Formalismus scharf kritisiert. Der sowjetische Kulturoffizier Alexander Dymschitz schreibt 1948 in der *Täglichen Rundschau*:

> „Die formalistische Richtung in der Kunst ist ein typischer Ausdruck der bürgerlichen Dekadenz, die das künstlerische Schaffen entarten zu lassen droht, die einen direkten Anschlag auf das Wesen der Kunst bedeutet, die die eigenste Natur der Kunst zerstört und ihre Selbstauflösung herbeiführt. Daher ist der Kampf gegen den Formalismus ein Kampf um die Kunst, um die Rettung des künstlerischen Schaffens vor dem ihm drohenden Untergange."[19]

Johannes und Walter, um 1956

Die kulturellen Zielsetzungen der DDR werden in ihren Fünfjahresplänen festgelegt. Parteichef Walter Ulbricht lässt kein Missverständnis aufkommen:

„Wir wollen in unseren Kunstschulen keine abstrakten Bilder mehr sehen. […] Es ist höchste Zeit, an den Kunsthochschulen einen entschiedenen Kampf gegen den Formalismus und Kosmopolitismus zu führen […]. Die Grau-in-Grau-Malerei, die ein Ausdruck des kapitalistischen Niedergangs ist, steht in schroffstem Widerspruch zum neuen Leben in der Deutschen Demokratischen Republik."[20]

Die Kampagnen gegen den Formalismus richten sich gegen Abstraktion, Surrealismus und die expressiven Realisten. Erwünscht ist ein Realismus sowjetischer Art.

Die Hochschullehrer Heinz Eberhard Strüning, Walter Arnold und Heisigs Lehrer Max Schwimmer entschließen sich im Jahr 1951 zum Wechsel an die Hochschule für Bildende Künste in Dresden (HfBK). Heisig teilt den Widerwillen gegen den sozialistischen Dogmatismus an der Leipziger Hochschule und bricht sein Studium ohne Diplom ab. Schwimmers Angebot, ihm als Student nach Dresden zu folgen, schlägt er aus. Er hat erst einmal genug vom Lehrbetrieb.

Heisig weiß, dass die DDR auch nach ihrer Gründung als selbstständiger Staat am 7. Oktober 1949 von den Entscheidungen der Sowjetunion abhängig bleibt. Er beklagt, dass deren Reparationsforderungen nach dem Ende des Krieges die SBZ/DDR in höchstem Maße belastet haben. Die Sowjets demontieren mehr als 1000 Fabriken. Die verbleibenden Betriebe werden überwiegend verstaatlicht. Der oktroyierten Bodenreform mit der sozialistischen Losung „Junkerland in Bauernhand" fallen rund 11 000 Familienbetriebe zum Opfer, denen jeweils mehr als 100 Hektar landwirtschaftliche Nutzfläche gehören.

Die Entwicklung in der Bundesrepublik Deutschland wird hingegen durch das European Recovery Program (ERP), den nach dem US-Außenminister benannten Marshall-Plan, in höchstem Maße gefördert. Weitere Aufbauhilfen kommen hinzu. Dazu gehört die starke Zuwanderung von Fachkräften aus der SBZ/DDR, knapp drei Millionen bis zum Bau der Berliner Mauer und insgesamt mehr als fünf Millionen bis zum 30. Juni 1990.

In Leipzig verdient Heisig seinen Lebensunterhalt in den nächsten drei Jahren freiberuflich mit Werbegrafik für die Leipziger Messe sowie mit Ausstellungsgestaltungen. Künstlerisch befasst er sich mit Zeichnungen und Lithografien zur Revolution von 1848 und der Pariser Kommune von 1871. Er illustriert Werke von Ludwig Renn, Johannes R. Becher sowie Erich Maria Remarque und gehört zu einer Clique junger Künstler, die sich über ihre Kunst austauschen und zu feiern verstehen. Zum harten Kern dieser Gruppe gehören mit ihm Wolfgang Mattheuer, Werner Tübke, Hans Mayer-Foreyt, Harry Blume und Heinz Wagner, die später alle an der HGB Karriere machen.[21]

Zur Erinnerung an Max Schwimmer
aus der Mappe *125 Jahre Museum der bildenden Künste Leipzig*, o. Bl.
1973
Lithografie
50 × 42 cm (Blattmaß)

Über seine Studienzeit an der HGB erzählt Heisig:

> „Da war die Nachnazizeit, die uns neugierig machte auf alles, was bei den Nazis verboten war. Wobei wir oft nicht unterscheiden konnten, was verboten und was zu dieser Zeit auch schon tot war, wie etwa der deutsche Expressionismus. Bevor wir diese Neugier befriedigen und ihre Gegenstände auf ihre Verwendbarkeit abklopfen konnten, was immer eine Zeit dauert, kam eine neue Sperre, Sperrvorstellung, die Formalistenschießerei, eben dieses Beckmessertum, welches mit dem Begriff des sozialistischen Realismus getrieben wurde."[22]

1953 bis 1955: Der 17. Juni und die Folgen
Josef W. Stalin stirbt am 5. März 1953 im Alter von 74 Jahren auf seiner Datsche in Kunzewo in der Nähe von Moskau, wenige Monate vor dem Aufstand des 17. Juni 1953.

Als die SED-Führung im Herbst 1952 eine Verringerung der Löhne durchsetzen will, löst das zum Jahresende eine bedrohliche, landesweite Streikwelle aus.[23] Im März 1953 fliehen 31 000 Personen aus der DDR in die Bundesrepublik Deutschland, 10 000 mehr als im Vormonat, im ganzen Jahr 1953 werden es etwa 331 000 Menschen sein, während es im vorausgegangenen Jahr 1952 „nur" etwa 182 000 Menschen waren.

Angesichts dieser desaströsen Entwicklungen bestellt die neue sowjetische Führung die Genossen Walter Ulbricht und Otto Grotewohl, den SED-Generalsekretär und den Ministerpräsidenten der DDR, im Mai 1953 nach Moskau und fordert umfangreiche Reformen in der DDR. Angeblich denken mehrere sowjetische Führungspersönlichkeiten darüber nach, die DDR für ein milliardenschweres Dollargeschäft kompensatorisch aufzugeben.[24] Ein konkretes Angebot ist aber nicht bekannt.

Heisig erzählt mir, er habe seinen Augen nicht getraut, als er wenige Tage vor dem 17. Juni 1953 auf der Titelseite des SED-Zentralorgans, der Zeitung *Neues Deutschland*, eine Mitteilung der Parteiführung liest, in der sie Fehler einräumt. Wörtlich heißt es:

> „Der Ministerrat hat in seiner Sitzung vom 11. Juni 1953 eine Anzahl von Maßnahmen beschlossen, durch welche die auf den verschiedensten Gebieten begangenen Fehler der Regierung und der staatlichen Verwaltungsorgane korrigiert werden. Durch die jetzt vom Ministerrat beschlossenen Maßnahmen wird die Verbesserung der Lebenshaltung der Arbeiter und der Intelligenz, der Bauern und Handwerker und der übrigen Schichten des Mittelstandes eingeleitet."[25]

Demonstration vor dem Haus der Ministerien in Ostberlin, 1953

Die Bevölkerung hofft auf wirkliche Reformen: freie Wahlen, Rücktritt der Regierung, Freilassung aller politischen Häftlinge, Abzug der Besatzungstruppen und Wiedervereinigung.²⁶ Aber es erfolgt nicht einmal die angekündigte Herabsetzung der Arbeitsnormen für die Bauarbeiter in Ostberlin. Daraufhin legen am 16. Juni zunächst circa 80 von ihnen ihre Arbeit an der Stalinallee nieder. Sie bilden einen Demonstrationszug, dem sich auf dem Weg zum Haus der Ministerien 10 000 weitere Demonstranten anschließen. Der Rundfunk im amerikanischen Sektor (RIAS), der in der DDR gehört werden kann, berichtet seit 13.30 Uhr über diese Demonstration, meldet ab 23 Uhr in allen seinen Nachrichten den Aufruf zur Versammlung am Strausberger Platz in Ostberlin und sendet am 17. Juni in aller Frühe den Aufruf des Vorsitzenden des Deutschen Gewerkschaftsbundes (DGB) in Westberlin, Ernst Scharnowski: „Tretet darum der Bewegung der Ostberliner Bauarbeiter […] bei und sucht Eure Strausberger Plätze überall auf. Je größer die Beteiligung ist, desto machtvoller und disziplinierter wird die Bewegung für Euch mit gutem Erfolg verlaufen."²⁷

Haben die Meldungen des RIAS die landesweite Ausbreitung des Aufstands in der DDR herbeigeführt? Der Kommentar von Erich Loest steht für die Meinung vieler Zeitgenossen in Ost und West. „Ohne den RIAS, das war keine Frage, wäre es in Magdeburg und Leipzig, Halle und Görlitz still geblieben."²⁸

Ursula Mattheuer-Neustädt erinnert sich, wie Bernhard Heisig auf den 17. Juni reagiert:

„Am Morgen des 17. Juni 1953, als der RIAS die ersten Nachrichten über den Aufstand in Berlin brachte, war das für uns ein Aufbruchsignal gewesen. Zu viert, Bernhards damalige Frau Brunhild war nicht lange vorher von dem ersten Sohn, Johannes, entbunden worden, zogen wir in die Innenstadt (von Leipzig) und schlossen uns den Protestierenden vor dem Polizeipräsidium an, wo die Akten aus den Fenstern flogen, flohen vor den sowjetischen Panzern, die aus der Katharinenstraße die Menschen vor sich her zum Markt trieben, wo ein Pavillon brannte, verloren einander, trafen uns wieder in den Anlagen vor dem Reichsgericht, wo damals üppige Fliederbüsche und Buchsbaumhecken standen, hinter denen wir Deckung suchten. […] Wie das Ganze endete, man weiß es."²⁹

Seit der gemeinsamen Teilnahme an den Protesten sind Bernhard Heisig, Wolfgang Mattheuer und Ursula Mattheuer-Neustädt befreundet.³⁰

Panzer am Potsdamer Platz, 1953

Bertolt Brecht ironisiert das bittere Geschehen des 17. Juni in seinen *Buckower Elegien* mit dem in der DDR erst im Jahr 1969 veröffentlichten Gedicht *Die Lösung*:

„Nach dem Aufstand des 17. Juni
Ließ der Sekretär des Schriftstellerverbandes
In der Stalinallee Flugblätter verteilen
Auf denen zu lesen war, dass das Volk
Das Vertrauen der Regierung verscherzt habe
Und es nur durch doppelte Arbeit
Zurückerobern könne. Wäre es da
Nicht doch einfacher, die Regierung
Löste das Volk auf und
Wählte ein anderes?"[31]

Wegen der auf den 17. Juni folgenden Unruhen in der Bevölkerung sieht sich die SED-Führung gezwungen, Erleichterungen im täglichen Leben zu versprechen und den Künstlern zuzusagen, dass „mit der unfruchtbaren, kleinlichen Bevormundung und Beengung" Schluss gemacht und figürliche Darstellungen in der Art der Klassischen Moderne zugelassen werden.[32] Die stalinistische staatliche Kunstkommission (Stakuko) wird aufgelöst und durch ein neu geschaffenes Ministerium für Kultur ersetzt, das am 1. Januar 1954 seine Arbeit unter der Leitung des SED-Politikers Johannes R. Becher, dem ehemals expressionistischen Dichter, aufnimmt.

In diesem „Tauwetter" werden Anfang 1954 Bernhard Heisig zum Leiter des Grundstudiums und Wolfgang Mattheuer sowie Werner Tübke als beauftragte Lehrer an die HGB berufen. Begabte junge Künstler sollen dazu beitragen, die stalinistische Kunstdogmatik an der Hochschule einzudämmen, den Substanzverlust an Lehrpersonal zu reduzieren und den Ruf der Hochschule wieder aufzubessern. Dass Heisig keinen Hochschulabschluss vorweisen kann, ist kein Hinderungsgrund für seine Berufung. Sein Diplom möge er später nachholen![33]

**1956 bis 1959: Beruflicher Aufstieg · Ehescheidung ·
Aufstand in Ungarn · Bitterfelder Weg**
Heisig wird 1956 an der HGB zum Leiter einer Fachklasse für Grafik befördert. Auf Empfehlung seines ehemaligen Lehrers Walter Münze übernimmt er von 1956 bis 1959 den Vorsitz des Verbands Bildender Künstler im Bezirk Leipzig.

Ehescheidung
Heisigs Ehe mit der Künstlerin Brunhild Heisig-Eisler wird 1956 geschieden. Um ihre Söhne, Johannes Heisig, geboren 1953, und Walter Eisler, geboren 1954, möglichst gut zu betreuen, bleiben die Eltern in Kontakt miteinander, auch wenn dieser im Laufe der Zeit immer schwächer wird. Brunhild verlässt 1960 die DDR, wie zuvor ihr neuer Lebenspartner Martin Seelos. Sie folgt ihm nach Frankfurt am Main und überlässt ihre beiden Kinder für die Dauer von fast eineinhalb Jahren der alleinigen Obhut Bernhard Heisigs und ihrer eigenen Eltern.

Bernhard Heisig mit den Söhnen Johannes und Walter, um 1961

Aufstand in Ungarn
Ermutigt durch die schonungslose Abrechnung Nikita Chruschtschows mit seinem skrupellosen Vorgänger Josef Stalin auf dem XX. Parteitag der KPdSU im Februar 1956 fordert eine große Zahl der Bürger, darunter viele Intellektuelle, nachdrücklich Reformen für einen „Dritten Weg" zwischen Stalinismus und westlichem Kapitalismus. Die Studierenden der Budapester Universität organisieren am 23. Oktober 1956 einen Protestmarsch, dem sich Tausende Gleichgesinnte anschließen. Die Regierung gerät in Panik. Sie lässt auf die Demonstranten schießen, eröffnet damit den Bürgerkrieg und unterliegt. Die neue Regierung unter Imre Nagy verlangt radikale Änderungen: Austritt Ungarns aus dem Warschauer Pakt, Neutralität des Landes, Abzug der Sowjetarmee. Das provoziert die Sowjets. Die Rote Armee greift ein und schlägt den Volksaufstand in wenigen Tagen blutig nieder. Der Westen handelt nicht. Großbritannien, Frankreich und Israel sind bereits in einen Krieg mit Ägypten verwickelt.

Heisig reagiert auf die Brutalität der Macht mit mehreren Lithografien, in denen er als Metapher die Pariser Kommune wählt: *Barrikade II* und *Kommunardengruppe mit Kanone*.

Die Niederschlagung des ungarischen Aufstands ermutigt die Staatsführung der DDR zu repressiven Maßnahmen, auch in der Kunst, wenige Monate nach dem Tod Bertolt Brechts am 14. August 1956. Walter Ulbricht verkündet: „Die wichtigste Lehre aus den ungarischen Ereignissen ist: Es gibt keinen Dritten Weg."[34] Aufgabe der Künstler sei es, „all das Neue und Fortschrittliche des Sozialismus darzustellen und zu fördern". Die Phase der Diskussion über die Bedeutung der Kunst in der Gesellschaft sei beendet.[35] Der Weg solle „vom Ich zum Wir" führen. Heisig aber fordert das Gegenteil, den Rückzug „vom Wir zum Ich", zu einem passionierten, zeitgenössischen Ich! Damit stellt er sich selbstbewusst gegen die Kunstdogmatik der SED.[36]

Unliebsame Kunstwerke werden aus dem öffentlichen Raum entfernt. Heisig protestiert als Vorsitzender der Bezirksleitung des VBKD mit Schreiben an das Ministerium für Kultur vom 1. November 1958 gegen die Verhüllung eines Wandbilds im Leipziger Schauspielhaus. Ohne Erfolg.[37]

Bitterfelder Weg

Der V. Parteitag der SED verlangt im Juli 1958, „die Kluft zwischen Kunst und Leben, zwischen Künstler und Volk […] zu überwinden".[38] Die Umsetzung dieser Forderung erfolgt im April 1959 auf der Bitterfelder Konferenz mit folgenden Beschlüssen:

> „1. Die Kunst sollte in ‚packenden und ergreifenden Werken […] zeigen, wie das schaffende Volk unter Führung der Partei der Arbeiterklasse den Sozialismus aufbaut'. Dafür war für die verantwortlichen Kunstideologen die ‚künstlerische Gestaltung des sozialistischen Menschenbildes' und eine enge Verbindung der Künstler mit dem ‚Handeln und Denken' des Volkes unabdingbare Voraussetzung.
>
> 2. Die Künstler sollten fortan ‚die im Volke schlummernden reichen schöpferischen Begabungen' befreien und ausbilden helfen."[39]

Gegen diese Aufforderung setzt sich Heisig mit abfälligen Bemerkungen zur Wehr. Auf dem IV. Kongress des VBKD lehnt er jede Form von Kleingeisterei und ästhetischer Schrebergartenmentalität ab und positioniert sich gegen „verbrauchte ästhetische Maximen".[40]

Die zweite Bitterfelder Konferenz am 24. und 25. April 1964 wiederholt und bestärkt nochmals die Forderungen der ersten.[41] Heisig widerspricht erneut deren Thesen unter anderem auf dem V. Kongress des VBK-DDR im März 1964 mit bewusster Inkaufnahme des Risikos einer Parteistrafe.

1960: Heisig bleibt in Leipzig – der Kunst wegen

Im Jahre 1960 fliehen täglich circa 600 Bürger, 500 über Ostberlin und weitere 100 über die „grüne" Grenze in die Bundesrepublik Deutschland. Auf das ganze Jahr gerechnet, sind dies fast 200 000 Personen.[42] Dieser seit Jahren kontinuierliche Aderlass an Fachkräften und Akademikern beschleunigt die Abwärtsentwicklung der wirtschaftlichen und sozialen Verhältnisse in der DDR.

Trotzdem entscheidet sich Heisig, der Kunst wegen in Leipzig zu bleiben. Er ist ein überzeugter figurativer Maler, der in der DDR gemeinsam mit anderen Künstlern die Traditionslinien der deutschen Kunst wieder aufnehmen will, die nach 1933 abgeschnitten worden waren. Er möchte sich nicht der Vorherrschaft der abstrakten Malerei in der Bundesrepublik unterwerfen, die erst im Laufe der späteren 1960er Jahren deutlich geringer wird.

Heisig kennt das Schicksal des Westberliner Malers Karl Hofer, der für sein Festhalten an der Figur von abstrakt arbeitenden Kollegen wie Ernst Wilhelm Nay, Willi Baumeister und Fritz Winter geradezu verfolgt und ins Abseits gedrängt wird. Der Kunstkritiker Will Grohmann treibt den Streit auf die Spitze: „Lebt Hofer in Dresden oder Warschau? Bestimmt nicht. Er sieht nur Gespenster und kämpft, ein echter Don Quichote, gegen Windmühlen."[43] Hofer klagt, es sind „die Künstler des Gegenständlichen, die kein Asyl mehr finden und in die innere Emigration gehen müssen."[44] Heisig erinnert sich im Jahr 2009:

> „Sie [die Kunst des Westens] interessierte mich nicht so sehr, dass ich das Bedürfnis gehabt hätte, dorthin zu gehen. […] Mein Thema war der Krieg. Man wollte mir die ständige Beschäftigung damit sehr wohl ausreden, aber ich setzte mich durch. Und die Westdeutschen meiner Generation haben sich damit doch nicht wirklich auseinandergesetzt. […] Die Situation im Westen war so verschieden. Ich weiß, wie ich als junger Mann die ersten Westausstellungen sah. Ich war entsetzt. Das war nicht meine Welt. Abstrakte Kunst interessierte mich auch nicht. Ich hatte so meine Vorstellungen darüber, was im Westen verlangt wurde, und das wollte ich nicht machen."[45]

Freilich gibt es in der DDR Maler, die mit ihren Bildern das Leben der Arbeiter und Bauern sowie deren Milieu in idealisierter Form darstellen und die Errungenschaften des Sozialismus feiern wollen. Sie missachten, sagt Heisig, den ehernen Grundsatz: „Kunst ist keine Illustration von politischen Konzeptionen und wo solches gefordert und gemacht wird, erzeugt das bei bester Absicht schlechte Bilder."[46]

Was aber ist sozialistische Kunst? Dieser Begriff, ebenso wie der Begriff Sozialistischer Realismus, beziehen sich, sagt Heisig 1983, „nicht auf die Stilformel, sondern auf den Stellenwert des Künstlers in der Gesellschaft. […] Und darüber sollte man mal wieder reden, denn auch bei uns geistert das Missverständnis vom sozialistischen Realismus als Stiltendenz herum."⁴⁷ Gegenständliche und figürliche Malerei seien nicht per se sozialistisch, auf die Aussage des Bildes komme es an, und diese sei von der Persönlichkeit des jeweiligen Malers geprägt. Diese subjektive Auffassung wurde in der DDR zwar viele Jahre als Formalismus angeprangert und verfolgt, Heisig aber kämpft seit Anfang der 1950er Jahre für die subjektiven Äußerungen in der Kunst.

Willi Sitte definiert den Sozialistischen Realismus im Jahr 1984 als

> „Ausdruck einer Haltung zur Realität, die vor allem darin besteht, hautnah den ständigen Veränderungen im sozialen Organismus und in der gesellschaftlichen Psyche auf der Spur zu bleiben und für sie jeweils gültige Bilder zu finden. [...] Die Künste haben viele Aufgaben und Funktionen, die man jedoch letztlich auf zwei Grundaufgaben zurückführen kann: Sie haben die Menschen mit sich selbst, mit ihrem Land, ihrer Geschichte in Übereinstimmung zu bringen, ihnen Kraft, Mut und Zuversicht zu vermitteln. Und sie haben dort, wo es nötig ist, zu beunruhigen, zu warnen und [zu] mahnen."⁴⁸

Der kritische Austausch zwischen Künstler und Gesellschaft ist für Heisig eine unabdingbare Komponente seiner Kunst: „Ich denke immer, zwischen Künstler und Gesellschaft muss ein Reibungsfeld entstehen. Das ist wie beim Streichholz, sonst brennt es nicht. Und wenn der Druck zu stark ist, bricht der Streichholzkopf ab. Aber wenn ich danebenfummele, brennt es auch nicht."⁴⁹ Kunst und Politik ließen sich nicht voneinander trennen.

Die westdeutsche Kunst orientiert sich in den 1950er Jahren überwiegend an den in den USA vorherrschenden künstlerischen Vorstellungen und lehnt die figurative Kunst ab. Die abstrakte Kunst weise den Weg, dem nationalistischen Gedankengut auch kulturell zu entkommen. „Nach Auschwitz ein Gedicht zu schreiben ist barbarisch", meinte Theodor W. Adorno.⁵⁰ Doch gerade der ungeheuerliche Zivilisationsbruch, das unermessliche Leid machen es notwendig, die verstummten Saiten des Menschen wieder zum Klingen zu bringen. Die gegenständliche Kunst gewinnt im Wesentlichen durch die Neuen Wilden wie Georg Baselitz, Markus Lüpertz und Sigmar Polke im Laufe der 1960er Jahre in Westdeutschland wieder an Bedeutung.

Auf die Frage, ob „im Osten" bessere Kunst geschaffen worden sei, antwortet Heisig: „Nein. Aber auch keine schlechtere. Günter Grass meinte einmal, im Osten sei deutscher gemalt worden. Das fand ich zutreffend."⁵¹

Die Geraer Arbeiter am 15. März 1920
1960/1984
Öl auf Leinwand
120 × 181 cm
Kunstsammlung Gera

Bildnis Gudrun
1967
Bleistift auf Papier
61 × 42 cm

Die Studentin Gudrun Brüne

Gudrun Brüne erfährt im April 1961, dass sie die Aufnahmeprüfung an der HGB nicht bestanden hat. Verzweifelt wendet sie sich an den Prorektor für Studienangelegenheiten, Bernhard Heisig. Er findet eine Lösung für die Studentin: Gudrun Brüne wird als ausgebildete Buchbinderin über das Fach Buchgestaltung, für das sich nur ein Student beworben hat, zum Studium zugelassen. Das zweijährige Grundstudium ist für die Studiengänge Malerei und Buchgestaltung identisch. Nach erfolgreichem Abschluss des Grundstudiums optiert sie für das Fach Malerei und schließt drei Jahre später die Hochschule mit einem Diplom in Malerei erfolgreich ab.

Schon die ersten Begegnungen zwischen der 20-jährigen Studentin und dem 16 Jahre älteren, seit fünf Jahren geschiedenen Bernhard Heisig deuten auf den Beginn einer längeren Lebenspartnerschaft hin, die beide Künstler 50 Jahre bis zu Heisigs Tod am 10. Juni 2011 – mit allen Höhen und Tiefen – verbinden wird.

1961: Heisig wird Rektor · Die Berliner Mauer

Heisig wird mit Wirkung vom 1. August 1961 zum Professor an der HGB ernannt. Hans Bentzien, Minister für Kultur, begründet die Ernennung mit der damals üblichen Formulierung: „Ich bin davon überzeugt, daß Sie das Vertrauen, das Ihnen mit dieser Ernennung bewiesen wird, zu würdigen wissen, indem Sie Ihre ganze Kraft für die Erziehung eines sozialistischen künstlerischen Nachwuchses einsetzen."[52] Die anschließende Wahl Heisigs zum Rektor der HGB durch den Senat der Hochschule bestätigt der erste Stellvertreter des Ministers für Kultur fast wortgleich.[53] Heisig kommentiert rückblickend: „Keiner wollte es machen. Da habe ich es gemacht."[54]

Und was tut Heisig? Er verfolgt sogleich das Ziel, eine Fachklasse für Malerei an der HGB einzuführen. Er weiß, dass mehrere seiner hochbegabten Studenten Malerei studieren wollen, allen voran Hartwig Ebersbach, Werner Petzold und Heinz Zander. Weil aber nach der bestehenden Rechtslage in Sachsen für die Ausbildung in Malerei allein die Hochschule für Bildende Künste in Dresden zuständig ist, beantragt Heisig beim Ministerium für Kultur nicht etwa eine Klasse für Malerei, sondern für farbige Gestaltung, weil „das Studium der Malerei auch anregend auf die Anwendung der Farbe in den grafischen Künsten und der Buchkunst zu wirken vermag".[55] Aus dieser Klasse entwickelt sich eine eigenständige Fachklasse für Malerei. Heisig legt damit den Grundstein für die spätere Leipziger Schule der Malerei.

Zum Grundstudium gehören nach dem Lehrplan des Jahres 1961, der sich über die Jahre weiterentwickelt, „gemäß der Spezifik der Hochschule: a) die Disziplin Zeichnen (in der Reihenfolge: Grundformen, Skulptur, Porträt, bekleidete Figur und Akt sowie Naturstudium mit Interieur und Landschaft) mit einem Zeitanteil von 3 Vormittagen pro Woche; b) die Disziplin

Malen (Studienobjekt vorwiegend Stillleben) mit einem Vormittag pro Woche; c) Schriftunterricht mit ebenfalls einem wöchentlichen Vormittag."[56]

Die Berliner Mauer

In den ersten beiden Augustwochen im Jahr 1961 fliehen noch fast 50 000 Menschen in die Bundesrepublik Deutschland, bevor die DDR am 13. August zwischen den Westsektoren und dem Ostsektor Berlins sowie entlang der deutsch-deutschen Grenze militärisch bewachte Sperranlagen, einen „antifaschistischen Schutzwall", errichtet, die sogenannte Berliner Mauer. Ein Volksaufstand bleibt aus.

Die Mehrheit der Bürger der DDR hofft, dass ihr Staat mit dem gewaltsamen Abblocken der Flüchtlingsströme in die Bundesrepublik Deutschland in die Lage versetzt wird, mit neuer Kraft durch innere Reformen den Weg für die Entwicklung einer sozialistischen Gesellschaft zu ebnen. Das gilt auch für Heisig, der zum Bau der Mauer sagt: „Beschissen, auf gut Deutsch gesagt. Furchtbar. Und doch konnte man damit leben. Und vorher galt: Wir sind wegen der Kunst geblieben."[57]

Über sein Studentenleben an der HGB kurz nach dem Mauerbau schreibt Arno Rink am 10. Februar 2001 in sein Tagebuch:

> „Das war eigentlich die schönste Zeit, wir malten und soffen, [...] Stelzmann, Hachulla, Peuker, Gille, wir alle waren gut behütet, Beuys war fern, die Mauer stabil. Es war nicht so, dass sie uns zu dieser Zeit wild gemacht hätte, sie kam kurz vor dem Studium, keiner

Mauerbau in Berlin, 1961

wusste so recht, wann sie fallen sollte. Es haben sich ganz andere Leute arrangiert, und wenn ich heute höre ‚Wir Revolutionäre', wo nur das Herz eines kleinen Bürgers, Spiessbürgers schlägt, bekomme ich schon Zustände. Man kennt die Menschen und ist immer wieder überrascht, vielleicht weil man, ich, doch immer noch Hoffnung habe. […] Wir Jungen hatten – ich jedenfalls – begriffen, was man, wir, mit der Kunst, der Figur, dem Gegenstand alles machen können, und wir wollten es machen. Dass der allergrösste Teil der Welt vollkommen anders arbeitete, war uns ziemlich egal."[58]

Der überwiegende Teil der DDR-Bürger erlebt die 1960er und 1970er Jahre als eine Zeit gesellschaftlicher Stabilität, neuer beruflicher Möglichkeiten, vor allem für Frauen, sowie der Anschaffung des ersten Autos, der ersten Urlaubsreise und dem Einzug in die erste moderne Wohnung.[59] Es ist der Blick aus der „Nischengesellschaft", den Günter Gaus folgendermaßen beschreibt:

„In privaten Freiräumen mit den unterschiedlichsten Inhalten entziehen sich die Mitteldeutschen den politischen Ansprüchen des Systems, die heute in der Regel eher lästig als bedrückend sind. Aufenthalt in den Nischen ist keine Oppositionshaltung, sondern resultiert aus der stillschweigend geschlossenen Übereinkunft zwischen der kommunistischen Partei und dem Staatsvolk, nach der Erfüllung eines bestimmten Solls an gesellschaftlicher Aktivität das Unpolitische zu seinem Recht, seinem Menschenrecht, kommen zu lassen. Die Opposition beginnt erst dann, wenn man die Nische verlässt und sich einmischt in die Absichten der Partei und ihres Apparates."[60]

Bei „Republikflucht" gibt es kein Pardon: Der Versuch, die DDR zu verlassen, wird wie politische Opposition mit hohen Gefängnisstrafen geahndet. Schließlich missbraucht die DDR ihre politischen Häftlinge als Devisenquelle. Die Bundesrepublik überweist für den Freikauf von 34 000 Strafgefangenen bis zum Ende der DDR mehr als drei Milliarden DM an „Kopfgeld"; zuletzt knapp 96 000 DM pro Person,[61] schreibt Wolfgang Schäuble und meint, „man musste auf der Hut sein, welche Anreize man setzte."[62]

Heisigs Söhne

Auch Heisigs Familienleben wird von dem Bau der Berliner Mauer berührt. Seine von ihm geschiedene Frau, Brunhild Eisler, will nach Sicherung ihrer Lebensgrundlage in Westdeutschland die gemeinsamen Söhne Johannes und Walter dorthin nachholen. In der Hoffnung, hierfür die Zustimmung

Picknik der Familie Heisig, um 1962

von Bernhard Heisig zu erhalten, reist sie 1961 nach Leipzig. Die unerwartete Schließung der Grenze zwingt sie zum Bleiben in der DDR und führt zur Trennung von ihrem in Westdeutschland bleibenden Partner.

Bernhard Heisig findet für Brunhild Heisig-Eisler und ihre beiden gemeinsamen Söhne eine separate Unterkunft in einer geräumigen Leipziger Altbauwohnung, die sie mehrere Jahre mit der geschiedenen Ehefrau von Heisigs Malerkollegen Werner Tübke und deren Tochter teilen werden.

Johannes und Walter besuchen ihren Vater in unregelmäßigen Abständen und lernen Heisigs neue Lebensgefährtin Gudrun Brüne kennen, die nur 13 Jahre älter ist als die beiden Söhne. Heisig fühlt sich für seine Kinder verantwortlich und ist ihnen zugetan, aber kein „Bilderbuch-Vater". Die Söhne kämpfen um seine emotionale Zuwendung. „Mit zwölf las ich Sigmund Freud", sagt Johannes Heisig, „aber nur, um dem Alten zu imponieren."[63] Walter Eisler schreibt: „Zwei der für mich schönsten Bleistiftzeichnungen unseres Vaters hängen heute bei mir zu Hause. Es sind die Porträts von Johannes und mir als Kinder."[64]

Die Brüder meiden zunächst die bildenden Künste und wenden sich als Studenten den Fächern Biologie und Maschinenbau zu. Doch schon nach wenigen Semestern erkennen sie, dass ihre Berufung der Malerei gilt.

Johannes Heisig wird nach Abschluss seines Studiums an der HGB Leipzig Meisterschüler von Gerhard Kettner an der Hochschule für Bildende Künste Dresden. Er entscheidet sich dagegen, an Werner Tübkes Bauernkriegspanorama in Bad Frankenhausen mitzuarbeiten. 1988 wird er in Dresden auf einen Lehrstuhl für Malerei und Grafik berufen und Anfang

1989 im Alter von 36 Jahren zum Rektor der Hochschule gewählt, zur großen Freude seines Vaters, der ebenfalls im Alter von 36 Jahren Rektor einer Kunsthochschule, der HGB in Leipzig, wurde. Der Sohn erinnert sich:

„Bernhard Heisig war eine starke Persönlichkeit. Er kam aus einer Generation, die in der Jugend, weil Krieg war, enorme Defizite in ihrer emotionalen Entwicklung hatte. Man kennt andere Beispiele, wo es zu noch tieferen Konflikten mit den Söhnen geführt hat. Es fällt mir nicht ganz leicht, darüber zu sprechen. Ich war der ältere Sohn und er hat wahrscheinlich immer gehofft, dass ich sein Nachfolger werde. […] Mein Bruder ist eher mal einen Schritt zurückgetreten, während ich mit meinem Vater bei fast jedem Thema im Streit lag. […] Ich habe nie den konsequenten Bruch herbeigeführt, obwohl ich manchmal an diesem Punkt stand. Heute weiß ich mehr und kann sagen, dass mein widersprüchliches Umgehen mit Autoritäten vom Verhältnis zu meinem Vater kommt. Das hat sich dann auf meine zwiespältige Haltung zur späten DDR übertragen. Ich bin die Kämpfe mit Autoritäten immer mit Verbissenheit angegangen, aber habe es nie zum finalen Bruch kommen lassen. Warum ich nie die harte Abkehr wählte, hat mich lange beschäftigt."[65]

Über seinen am 10. Mai 2015 gestorbenen Bruder Walter schreibt mir Johannes Heisig:

„Mein Bruder Walter Eisler beschäftigt mich fast ein Jahrzehnt nach seinem viel zu frühen Tod noch immer intensiv und bis in meine Träume hinein. Ich empfinde mich als vom Schicksal ungerechtfertigt bevorzugt. Darin drückt sich auch ein Erleben aus, das in die Kindheit zurückreicht. Unsere Eltern erzeugten früh (und vielleicht nicht immer ganz ernst gemeint, aber wirkungsvoll) ein Bild, nach dem ich der ‚musische‘ und Walter der eher ‚physisch begabte Typ‘ sei. Man kann sich vorstellen, wie eine solche Sicht das Selbstgefühl von Kindern eines Künstlerhaushalts prägt. Walter war in dieser Konstellation immer eher Außenseiter. Meine spätere Karriere als Künstler und Hochschullehrer beurteilten beide Eltern folgerichtig als quasi logischen Erfolg ihrer eigenen Maximen – meinem Bruder musste sie als kaum erreichbares Vor-Bild erscheinen. Er machte das Beste aus dieser Lage, indem er zeitig sehr eigene Wege ging. Schon der Name Eisler, den er sich wählte, drückt es aus. Seinem künstlerischen Werk hat das gut getan. Es ist, besonders in den Städtebildern, die von seinen Reisen inspiriert sind, so eigen und besonders, dass sich Fragen nach der inneren Abhängigkeit vom väterlichen Vorbild nie wirklich stellten – jedenfalls nicht in dem Maße, in dem mein Malen noch heute

Die Söhne Johannes und Walter
1964
Zeichnung
60 × 43 cm
Johannes Heisig, Teetz

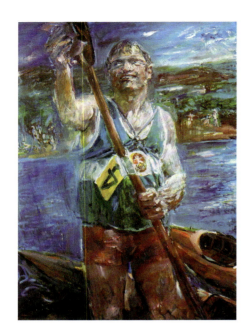

Sportlersommer (Sohn Walter)
1972
Öl auf Leinwand
150 × 110,4 cm
Museum der Bildenden Künste Leipzig

damit konfrontiert ist. Ob ihn da bewusste Abkehr oder ein ganz ursprünglicher Instinkt leiteten, weiß ich nicht zu sagen. Es wird wohl beides gewesen sein. Die ‚Königsbilder' zeugen von seinem Versuch, den Kampf um Souveränität zum malerischen Thema zu machen. Die Serie der ‚Tankstellen' oder die Hafenlandschaften von Newcastle und Hamburg hingegen zähle ich zu seinen unmittelbar vor dem Sujet empfundenen und instinktiv empfindenden Malereien. Manchmal verstehe ich ihn als eine Art Spiegelbild meiner selbst. Beide zeigen wir in unseren Bildern jeweils die Stärken, die dem anderen mangeln, ihm aber vielleicht guttäten. Ich vermisse ihn auch deshalb, weil dieser Diskurs zwischen uns unvollständig geblieben ist."[66]

Zum 75. Geburtstag ihrer Mutter Brunhild Heisig-Eisler geben Johannes und Walter mit finanzieller Unterstützung ihres Vaters den privat gebliebenen Katalog *Bilder und Keramik* heraus, mit Abbildungen aus ihrem breiten künstlerischen Werk. Sie widmen ihrer Mutter den Band mit den Worten, „daß deine Kunst Spuren hinterläßt und weiterwirken wird."[67] Einige der im Katalog abgebildeten wunderschönen Vasen kennen wir aus Heisigs Wohnung. Sie finden sich in mehreren seiner Blumenstillleben wieder.

Bernhard Heisig, um 1962

1962 bis 1964: Forderung nach künstlerischer Freiheit · Der V. Kongress des VBKD · Abberufung als Rektor und „Selbstkritik"

Als charismatischer Lehrer pflegt Heisig mit den Studierenden einen leistungsbetonten, unorthodoxen Umgang. Er will ihnen helfen, möglichst bald ihr eigenes Werk zu entwickeln, und denkt dabei an seine eigene Biografie: „Meine Generation hat am Anfang ihrer beruflichen Entwicklung zu viel Zeit verloren. Das lässt sich so schnell nicht nachholen. Uns hat es besonders ärgerlich getroffen, weil wir erst lange suchen mussten. Keiner konnte mit fünfunddreißig auf ein Werk zurückblicken."[68]

Als Rektor der HGB setzt er sich für die Studierenden auch dann ein, wenn sie (manche wiederholt) in einen ernsten Konflikt mit dem Staatsapparat zu geraten drohen. Das verstärkt den Argwohn der ihn beobachtenden Partei. Deren Kulturfunktionäre üben zudem scharfe Kritik an Inhalt und Form seines künstlerischen Werks, das im Widerspruch zu den staatlichen Vorgaben stehe. Das ist dem Künstler durchaus bewusst.

Der V. Kongress des VBKD
Im Frühjahr 1964 fordert Heisig auf dem V. Kongress des VBKD:

„In einer differenzierten modernen Gesellschaft kann für die Beurteilung auch in Sachen der Kunst nicht auf Vorbereitung, Bildung und

Qualifikation verzichtet werden. Das heißt, es ist Unsinn, anzunehmen, mangelnde Bildung und Vorbereitung könnte durch einfachen gesunden Menschenverstand, rein gefühlsmäßiges Reagieren ersetzt werden. [...] Die mangelnden Kontakte zum Konsumenten, für den die Kunst gemacht ist, werden am besten überwunden durch eine attraktive Kunst, die erfreut und beglückt, oder ärgert und provoziert, angreift, in jedem Fall aber interessant sein muss, und interessieren muß."[69]

Die Kunst der DDR drohe, wie Heisig fortfährt, in ödes Provinzlertum abzugleiten:

„Ich glaube, daß eine Veränderung mancher Verfahrensweisen, ein Durchdenken starr gewordener ästhetischer Maximen notwendig ist. Der Elfenbeinturm des spätbürgerlichen Künstlers darf nicht ersetzt werden durch eine gegen alle gefährlichen Einflüsse abschirmende Glasglocke, die jede Auseinandersetzung abschneidet. Der Künstler ist auch der Kritiker seiner Zeit. Wo dies nicht akzeptiert wird, geht der Gesellschaft ein Regulativ verloren, sind ihre Lebensregeln, an denen doch gerade der Künstler formen soll, unecht, muß der Mensch die helfende Kunst entbehren, die ihm zur Freude und zum Trost beigegeben ist."[70]

Der Beifall, den Heisig für seine Rede erhält, zeigt das Ausmaß der Unzufriedenheit mit der Präsidentin des Verbandes, Lea Grundig, die sich uneingeschränkt der doktrinären Parteilinie verpflichtet fühlt. Ähnlich wie Heisig äußern sich der Kunstwissenschaftler Hermann Raum und der Bildhauer Fritz Cremer, der zuspitzt: „Wir brauchen eine Kunst, die die Menschen zum Denken anregt, und wir brauchen keine Kunst, die ihnen das Denken abnimmt."[71]

Abberufung als Rektor und „Selbstkritik"
Die Reaktion der Partei auf Heisigs Rede folgt prompt. Der Minister für Kultur, Hans Bentzien, beruft ihn mit Wirkung vom 15. April 1964 als Rektor der HGB ab wegen Verletzung der ihm übertragenen Pflichten, nämlich „die politisch-ideologische Leitung der Hochschule und die Durchsetzung der Prinzipien der sozialistischen Erziehung. Diese Aufgabe wurde trotz mehrfacher kritischer Aussprachen von Ihnen nicht gelöst."[72]

Die Partei leitet ein Disziplinarverfahren gegen Heisig ein, das ihn zu der damals üblichen ideologisch ritualisierten „Selbstkritik" zwingt. Als der Dramatiker Heiner Müller seine „Selbstkritik" wegen seines Ende September 1961 uraufgeführten Schauspiels *Die Umsiedlerin oder Das Leben auf dem Lande* formuliert, hilft ihm Helene Weigel, die Schauspielerin und Witwe Bertolt Brechts, mit ihrer Erfahrung: „Du darfst nichts erklären, nichts entschuldigen. Du bist schuld, sonst hat es gar keinen Zweck."[73]

Am 10. Juni 1964 liest Heisig den versammelten Genossen im Berliner Künstlerklub „Möwe" seine schriftlich ausgearbeitete „Selbstkritik" vor.

> „Anlaß für das gegen mich eingeleitete Parteiverfahren war mein auf dem V. Kongreß des VBKD gehaltener Diskussionsbeitrag zu einigen Fragen der bildenden Kunst und der Kulturpolitik. Obwohl es mit der Absicht, die Dinge im Bereich der Kunst voranzutreiben, zu helfen, konzipiert und vorgetragen war, waren die Ausführungen in wichtigen Punkten unrichtig. Bei dem Versuch zu charakterisieren und zu schlußfolgern, unterließ es der Autor, die zu Fragen der Kulturpolitik von der Partei gefaßten Beschlüsse zu beachten. Hierdurch wurden Reflexe und Beobachtungen nicht eingeordnet und kontrolliert an den Analysen, die zu den Grundfragen, z. B. im Programm der Partei, niedergelegt sind. Der Autor befand sich in einem falschen Verhältnis zu den von ihm behandelten Fragen, wobei sich ihm viele Dinge verzerrt darstellten."[74]

Das Disziplinarverfahren gegen Heisig endet mit einer „scharfen Rüge". Als Rektor ist er abberufen, aber seine Lehrtätigkeit als Professor der Klasse Malerei und Grafik an der HGB darf er fortsetzen. Er weiß, dass seine Arbeit nun unter verschärfter Kontrolle der Kulturfunktionäre steht. Doch Heisig ändert seine Haltung nicht. 1965 malt er die Bilder *Picassoides*.

Eckhart Gillen meint, die im Jahre 1964 erfolgte Disziplinierung habe Heisig stark eingeschüchtert und sein weiteres Verhalten in der DDR beeinflusst. Er stützt diese weit reichende Behauptung auf den Bericht eines Inoffiziellen Mitarbeiters (IM) des Ministeriums für Staatssicherheit (MfS) aus dem Jahr 1976. Der IM spekuliert in seinem Bericht über den Einfluss der zwölf Jahre zurückliegenden Disziplinierungsmaßnahmen auf Heisigs Verhalten im Fall Biermann.

> „Heisig, so erfuhr es Dr. W. […] von ihm selbst, hat zwei Anrufe, anonym, erhalten, wo er gefragt worden ist, ob er nicht [die Petition gegen die Ausbürgerung Biermanns, Ergänzung H. K.] unterzeichnen wolle. […] Heisig habe abgelehnt. Heisig aber, so Dr. W., sei mit sich selbst nicht ins Reine gekommen. Er hat von seiner Maßregelung damals gesprochen und zu Dr. W. gesagt, er wisse, in welche Mühle man da komme. Plötzlich habe man keine Freunde mehr. Erst Ulbricht hat dann gesagt: Macht mal keinen Märtyrer aus ihm. Sodann habe er wieder Ruhe gefunden. Wohl wegen dieser Erfahrung habe Heisig keine Stellungnahme abgegeben."[75]

Der zitierte Bericht stammt von IM „Dr. W.", alias Professor Karl Max Kober. Er ist ein Freund Heisigs. Er will ihm nützen und nicht schaden, wie ich im Abschnitt Beobachtung durch die Staatssicherheit ausführe.
Wie Wolfgang Mattheuer kann Heisigs Sohn Johannes Gillens Behauptung nicht nachvollziehen:

> „Bernhard hat es sichtbar genossen, Künstler zu sein. Auch in Momenten der Bedrängnis. Man konnte ja in der DDR schnell in Ungnade fallen. Dann hörte ich von ihm den Satz: Jetzt werde ich denen eine Harke zeigen! Das war jedes Mal eine absolut lustvolle Kampfansage."[76]

Heisigs Geschichtspessimismus

Heisigs Geschichtspessimismus beruht auf traumatischer Kriegserfahrung und historischer Bildung. Er widerspricht dem im Sozialismus propagierten fortschrittlich-optimistischen Denken. Er beschäftigt sich mit der Vergangenheit, weil er die Gegenwart begreifen will, und betont: „Meine Bilder sind keine Historienbilder, es sind Bilder, die sich mit Hilfe der Historie zur Zeit äußern."[77] Er ist überzeugt: „Ein Volk ist ohne seine Geschichte kunstunfähig."[78]

Die Geschichte wird dabei in oftmals irrwitzigen Konfigurationen und komprimierten Metaphern dargestellt in dem Versuch, die vielen Stränge der Wirklichkeit, ihre Widersprüche und wechselnden Wahrheiten gleichzeitig zu zeigen. Niemals geht es Heisig um Illustrationen zur Geschichte, ein beschreibendes Abbild, eine gemalte Anekdote, es geht ihm vielmehr um Versinnbildlichung. Er weiß, dass seine Kunst, wie alle Kunst, Tyrannei und Krieg nicht verhindern, aber immer wieder neu entlarven kann.

Gerne hätte ich mit dem Künstler über Robert S. McNamaras Buch *In Retrospect* diskutiert, in dem sich der Autor mit dem Vietnamkrieg und den gravierenden Fehlurteilen der Kennedy- und Johnson-Administration befasst, der er als Verteidigungsminister sieben Jahre lang angehörte: „We were wrong, terribly wrong. We owe it to future generations to explain why."[79] McNamara wiedersetzt sich den *Mechanismen des Vergessens*, um mit einem Bildtitel Heisigs zu sprechen.

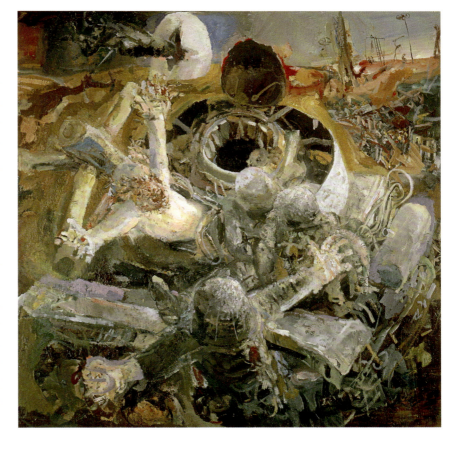

Christus fährt mit uns
1985/1987
Öl auf Leinwand
150 x 150 cm
Museum Ludwig Köln,
Leihgabe Sammlung Ludwig

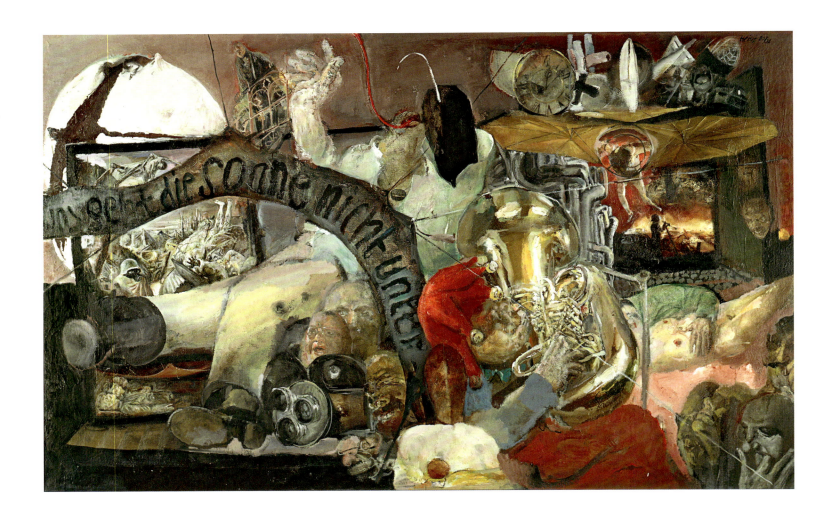

Mechanismen des Vergessens
1981
Öl auf Leinwand
151 × 241 cm
zerstörte Zwischenfassung

1965 bis 1968: Das 11. Plenum des ZK der SED · 7. Leipziger Bezirkskunstausstellung · Kündigung der Professur an der HGB

Nikita Chruschtschow wird im Oktober 1964 als KPdSU-Generalsekretär abgesetzt. Sein Nachfolger Leonid Breschnew stoppt die Entstalinisierung und schränkt die erreichte relative Kunstfreiheit in der UdSSR wieder ein.[80] Es dauert nicht lange, bis Erich Honecker, damals Stellvertreter des Vorsitzenden des Zentralkomitees (ZK) der SED, Walter Ulbricht, auf dem 11. Plenum des ZK vom 15. bis 18. Dezember 1965 der von der UdSSR neuen Linie folgt und zu einem „Kahlschlag" gegen alle freiheitlichen Reformen ausholt, die sich in den letzten Jahren in Kunst und Kultur der DDR entwickelt hatten. Er bezichtigt die Autoren und alle Kreativen im Theater-, Film- und Musikbetrieb pauschal des Nihilismus, Skeptizismus und der Pornografie. Zahlreiche Filme, Theaterstücke, Bücher und Musikgruppen werden verboten. Auf die kurze Zeit der Liberalisierung nach der ökonomischen Stabilisierung der DDR und dem Bau der Berliner Mauer im August 1961 folgt eine Phase atmosphärischer Vereisung.

Die Forderung der bildenden Künstler nach größeren Freiheiten weist die SED bereits auf dem V. Kongress des VBKD im Frühjahr 1964 zurück.

7. Leipziger Bezirkskunstausstellung
Auf der legendär gewordenen 7. Kunstausstellung des Bezirks Leipzig im Herbst 1965[81] wird sichtbar, dass sich die Maler Bernhard Heisig, seine Schüler Hartwig Ebersbach und Heinz Zander sowie Wolfgang Mattheuer und Werner Tübke weit vom doktrinären, idealisierenden „Sozialistischen Realismus" der DDR entfernt haben. Die Bilder künden von einem breiten Spektrum malerischer Recherche, die von stupender altmeisterlicher Perfektion bis zur expressiven gestischen Peinture reicht.[82] Die verwendeten Sinnbilder, Metaphern, Gleichnisse und das Kompositionsschema der Simultanbilder erschließen sich für den Betrachter nicht auf den ersten Blick. Dieser metaphorische Realismus ist in seiner Syntax konflikthaltig, kompliziert und reflektiert.

Heisig, Tübke und Mattheuer geht es mit den ausgestellten Werken nicht um eine Herausforderung der Staatsmacht, sondern um die Darstellung ihrer jeweils eigenständigen Malerei. Die Ausstellung avanciert später zum Gründungsmythos einer eigenen DDR-Malerei.[83]

Die Kulturfunktionäre beanstanden vehement, dass die Bilder jede Volksnähe vermissen lassen. „Volksnähe" und das im „Dritten Reich" propagierte „gesunde Volksempfinden" liegen nicht weit auseinander.

Tübke zeigt sein großformatiges Simultanbild *Lebenserinnerungen des Dr. jur. Schulze* mit doppeldeutigem Bezug auf die NS-Zeit in umstürzlerisch neuartiger Form: Statt der Einheit von Raum und Zeit setzt Tübke auf die Gleichzeitigkeit zeitlich verschiedener Ebenen und Bezüge.[84]

Wolfgang Mattheuer nutzt für seine Kain-Allegorie die Metaebene der christlichen Mythologie als Gleichnis für Verrat, Krieg und Zerstörung.[85] Er tritt damit erstmals mit gesellschaftspolitischem Anspruch in Erscheinung.

Heinz Zander zeigt das Bild *Ekkehard Schall als Coriolan* und Hartwig Ebersbach das *Selbstbildnis mit Freunden*.[86]

Heisig stellt die dritte Fassung seiner Gemälde zur Pariser Kommune von 1871 vor.

Kündigung der Professur an der HGB
Im Frühjahr 1968 ist die Kritik an Heisigs Malerei und seiner Lehrtätigkeit an der HGB massiv angewachsen. Man malt dort Theaterplakate für Stücke, „die nie auf unseren Theater-Spielplänen zu finden sein werden".[87] Der Künstler befürchtet Maßregelungen durch die Partei, weshalb er seine Professur zum Semesterende, dem 31. August 1968, „aus gesundheitlichen Gründen" kündigt,[88] wie es beschönigend im Aufhebungsvertrag heißt.[89]

In totale Ungnade gefallen, stellt sich für Heisig die Frage nach seiner Zukunft. Einem Ausreiseantrag zum Verlassen der DDR steht entgegen, dass dieser für den Künstler unabsehbare Folgen haben könnte. Im Übrigen hatte sich Heisig bereits 1960 der Kunst wegen entschieden, in der DDR zu bleiben. Sein Bestreben ist es, mit neuen Arbeiten wieder Ansehen in der Kulturszene zu gewinnen.

Heisigs Bilder zur Pariser Kommune
Seit 1956 befasst er sich mit dem Kommune-Thema,[90] zunächst in zahlreichen grafischen Arbeiten. Das Thema beschäftigt ihn bis ins hohe Alter. „Meine ersten Commune-Bilder", sagt Heisig, „hatten mit dem Commune-Stoff im sozialistischen Sinne eigentlich überhaupt nichts zu tun. Oder nur wenig. Denn von den politischen Ereignissen der Commune wußte ich zunächst nicht sehr viel. Erst später lernte ich die politische Bedeutung dieser Ereignisse aus historisch-materialistischer Sicht kennen."[91]

Heisigs dritte Fassung seines Gemäldes zur Pariser Kommune 1871 zeigt die Kommunarden, wie sie den vorrückenden Regierungstruppen ihre Transparente „Vous êtes travailleurs aussi" entgegenhalten. Vergeblich. Sie finden keine Gnade. In der Darstellung der Pariser Straßenschlachten spiegeln sich Heisigs traumatische Erinnerungen an den Terror in seiner Heimatstadt Breslau am Ende des Zweiten Weltkriegs und an die Widerstandskämpfe des 17. Juni 1953.[92] Die DDR-Kulturfunktionäre protestieren massiv gegen das Gemälde. Der kämpferische Geist der Kommunarden, ihr Engagement, der Klassenkampf und der Sieg des Proletariats durch Gründung des ersten sozialistischen Staates im Frühjahr 1871 würden nicht gewürdigt. Heisig male nicht die Helden der Kommune, sondern ihre letzten Tage und den Bürgerkrieg, den Zusammenbruch, und bringe damit seinen Geschichtspessimismus zum Ausdruck.[93] Diese heftigen Attacken treiben Heisig voller Zorn dazu, sein Bild zu zerstören.[94]

Damit knüpft er an die Zerstörung seines ersten Bildes zur Pariser Kommune an, das Ulbricht bei der Eröffnung der 6. Leipziger Bezirkskunstausstellung 1961 heftig kritisiert hatte: „Wo ist das vorwärts stürmende Proletariat? Die Kommunarden haben gestürmt und nicht geschlafen."[95] 1989 malt er aus der Erinnerung eine Replik dieses Werks.

Anfang 1968, gut drei Jahre nach Beginn des Vietnamkriegs am 5. August 1964, nimmt Heisig seine nach der 7. Leipziger Bezirksausstellung unterbrochene Arbeit an dem Bildstoff der Pariser Kommune wieder auf und erklärt: „[Das] ist meine Art auf diesen Krieg zu reagieren."[96]

Sein vierteiliges Kommune-Gemälde von 1971/72 zeigt Heisig auf seiner ersten Personalausstellung in Dresden und in Leipzig.

Der Kunsthistoriker Lothar Lang meint, dass die von Heisig über Jahrzehnte mit „berserkerhafter Kraft" betriebene Arbeit an diesem Stoff „zu

Im Atelier vor dem Polyptichon
Pariser Kommune, 1971/72

malerisch immer faszinierenderen und gedanklich tieferen Werken [geführt hat], die in ihrer Gesamtheit zu einem der imposantesten und anregendsten Beiträge zur Historienmalerei gewachsen" seien.[97] Heisigs Diptychon von 1997/98 bezeichnet Lang als „eine[n] großartige[n] Gipfel der aus expressiver Figur und Farbe lebenden Malerei."[98]

Über das auf den beiden folgenden Seiten abgebildete Kommune-Bild schreibt Karl Max Kober:

„Es gibt da, über die Tafeln hinweg verschiedenartige Form- und Farbdialoge, die zum Teil wie Zurufe wirken; unübersehbar ist ferner die wellenförmig durchgehende Linie der Köpfe der Hauptgestalten – vom stehenden Kämpfer bis zu den in Stein gehauenen Gestalten rechts. Der aufmerksame Betrachter wird weitere bildkünstlerische Entsprechungen aufzudecken vermögen und über die gemeisterte Kompliziertheit des Gesamtgefüges ins Staunen geraten."[99]

In mir warst du am Leben …
(zur Pariser Commune)
Diptychon
1997/98
Öl auf Leinwand
linke Tafel: 140 × 70 cm
rechte Tafel: 120 × 160 cm
Privatsammlung Norddeutschland

Pariser Kommune (Polyptychon)
1971/72
Öl auf Hartfaser
Tafel 1: 272 × 150 cm
Tafel 2: 272 × 244,5 cm
Tafel 3: 272 × 80 cm
Tafel 4: 272 × 150 cm
insgesamt: 272 × 624,5 cm
Museum der bildenden Künste Leipzig

1969/70: 8. Leipziger Bezirkskunstausstellung und Heisigs *Brigadier*

Zum 20. Gründungstag der DDR im Jahr 1969 wird die 8. Leipziger Bezirkskunstausstellung von den Kulturfunktionären als Jubiläumsausstellung großzügig ausgestattet. Doch die ausgestellten Bilder erregen Unmut.[100]

Heisig nimmt die gefährliche, pauschale Kritik der Partei zur Kenntnis, dass seine Gemälde, die vorgeblich zum Denken anregen sollen, nur Verwirrung anrichteten und keine sozialistisch-realistische Position zeigten. Sie beruhten auf einer falschen Auffassung vom Wesen des sozialistischen Menschen. Der Einsatz der Farbe wirke nicht impressionistisch, sondern stimuliere „die Vorstellung vom gequälten und direkt physisch geschundenen Menschen."[101]

Auch von den Künstlern Tübke und Mattheuer geht nach Meinung der Kulturfunktionäre eine ernste Gefahr aus, der entschieden entgegengetreten werden müsse: „Wenn nämlich die Partei nicht führt, übernehmen das die anderen."[102]

Werner Tübkes Bild *Am Strand*, an dessen Horizont der Pilz einer Atombombe hochgeht, irritiert außerordentlich. Der Badestrand liegt auf der Krim. Könnte das Bild auf ein Atombombentestgebiet der Sowjets hinweisen und nicht auf eine amerikanische Atombombe? Die Gefahr einer atomaren Katastrophe ist angesichts des Vietnamkriegs ein beständiges Thema in der DDR.

Heisigs Gemälde eines Baukolonnenführers erregt ebenfalls großes Missfallen, da der Brigadier nicht „in der Manier der fröhlichen, muskelstrotzenden sowjetischen Traktoristen gemalt ist. Die Kulturfunktionäre nehmen eine Tendenz ins ‚Destruktive, Amorphe, Morbide und Subjektivistische' wahr." Der Künstler wehrt sich gegen die Anwürfe mit der Zerstörung des Bildes.[103] Einige Monate später malt Heisig eine zweite Fassung des Brigadiers, den *Brigadier II*. Dieses Bild, in dem der Brigadier selbstbewusst im Sinne sozialistisch-realistischer Porträtkunst optimistisch schmunzelt und seinen linken (!) Daumen siegreich hochreckt, erfährt einen hohen Bekanntheits- und Beliebtheitsgrad in der DDR, wird vom Museum der bildenden Künste Leipzig erworben und als „Vorlage für die Sonderbriefmarke zu einem SED-Parteitag auserkoren". Peter M. Bode berichtet über Heisigs Reaktion auf diesen „Hype":

> „Die ihm nun allzu positiv und glatt vorkommende Resonanz machte Bernhard Heisig stutzig: ‚So schlecht ist doch das Bild auch wieder nicht.' Und als der ‚Brigadier' aus dem Museum auf Reisen ging, gelang es ihm, das Werk für kurze Zeit zurück in sein Atelier zu holen, wo er den ‚Werktätigen' wiederum mit skeptischeren, lebensnäheren, also im Wortsinne ‚realistischeren' Zügen versah."[104]

Als sich Bernhard Heisig und Gudrun Brüne Anfang der 1970er Jahre gemeinsam auf einer bewilligten Auslandsreise in der Bundesrepublik Deutschland befinden, denkt Gudrun Brüne an die Möglichkeit, in Westdeutschland zu bleiben. Sie beschreibt die Situation in einem Gespräch, über das Birgit Lahann berichtet: „Nachts liest sie alle Zeitungen und kann vor Aufregung nicht schlafen und die Frage war schon da: ‚Sollen wir bleiben? Es war ja alles so eng bei uns.'"[105] Aber für Bernhard Heisig stellt sich diese Frage nicht (mehr). Seine Position als Künstler in der DDR hat sich bereits wieder gefestigt. Ein Neuanfang in der Bundesrepublik ist für ihn keine Alternative. Die Wahl seiner Bildstoffe ist in der DDR akzeptiert und Reisemöglichkeiten ins Ausland stehen ihm offen.

Brigadier II
1979
(nach der Übermalung)
Öl auf Leinwand
139,5 × 124,5 cm
Museum der bildenden Künste Leipzig

Arbeit als freischaffender Künstler (1968 bis 1976)
Das unfreiwillige Ende seiner amtlichen Tätigkeiten nimmt Heisig als Chance wahr, sich uneingeschränkt auf seine künstlerische Arbeit konzentrieren und neue Bildwelten entwickeln zu können.[106] Die nachstehende, unvollständige Gemäldeauswahl macht bewusst, in welch hohem Maß Heisig die Freiheit von allen Ämtern künstlerisch beflügelt hat.

Jetzt, 23 Jahre nach dem Ende des Zweiten Weltkriegs, findet Heisig die Energie, sich mit den Schrecken und Ungeheuerlichkeiten dieses Krieges auseinanderzusetzen. Der Krieg wird sein Thema in Werken wie *Festung Breslau – Die Stadt und ihre Mörder* (1969) und vielen weiteren Gemälden. Ist die gewaltsame Niederschlagung des „Prager Frühlings" durch die Sowjettruppen der Funke, der seine künstlerische Gestaltungskraft unter dem Druck seiner Kriegstraumata zur Explosion bringt?

In selbstquälerischer Weise schafft Heisig Bilder gegen das Vergessen und will sich malend von dem Druck seiner Erinnerungen befreien. Aus den Wunden, die ihm der Zweite Weltkrieg zugefügt hat, quellen nun immer neue Bilder: *Festung Breslau* (1972/1978), *Unterm Hakenkreuz* (1973), *Der Weihnachtstraum des unbelehrbaren Soldaten* (1976/1989),[107] *Begegnung mit Gestern* (1980) – begleitet von Heisigs Thema des Bürgerkriegs in dem generalisierenden vierteiligen Polyptychon *Pariser Kommune* (1971/72). Die Bilder sind nie Abbild des Geschehens, sondern deren Sinnbild, wie die irreale Konfiguration der Hauptgestalten in den Breslau-Bildern deutlich macht.

**Festung Breslau –
Die Stadt und ihre Mörder**
1969
Öl auf Leinwand
180 × 171 cm
Kunstforum Ostdeutsche Galerie,
Regensburg, Dauerleihgabe
des Lindenau-Museums Altenburg
vgl. auch die große Abb. S. 36

Das sozialistische Selbstverständnis stellt Heisig in den Bildern *Lenin und der ungläubige Timofej* mit geistreicher Anspielung an das christliche Thema *Jesus und der ungläubige Thomas* in Frage.

Auf einer Bank inmitten des Roten Platzes in Moskau sitzt neben dem argumentierenden Lenin ein Bauer als Gesprächspartner: der ungläubige Timofej. Seine Mimik drückt Skepsis an der Botschaft des listig zu ihm hinschauenden Lenin aus. Eine Ungeheuerlichkeit ist dieses Bild! Keine Spur von sozialistischer Erlösungsutopie. Allerdings nimmt Lenin zwei Drittel des Bildes ein,

**Lenin und der
ungläubige Timofej**
1970
Öl auf Hartfaser
153 × 126 cm
Museum der bildenden Künste Leipzig

während Timofej an den Rand geklemmt ist. Drückt Lenin ihn in die Ecke? Die aufgebrachten Kulturfunktionäre verweist Heisig auf eine einschlägige Novelle von Maxim Gorki, den politisch nicht angreifbaren russischen Schriftsteller. Niemand sucht nach der Novelle. Es wäre vergeblich gewesen.

Heisig versöhnt die Partei mit seinem meisterlichen *Lenin*-Bildnis von 1971, dem Idealporträt eines Staatsmanns, eines überzeugenden Machers, der sich den Menschen zuwendet.

Den fünfteiligen Bilderzyklus *Gestern und in unserer Zeit* mit den Maßen 2,4 × 9,5 m malt Heisig 1972/1974 im Auftrag der SED-Bezirksleitung in Leipzig. Der Zyklus ist nach der Wende zunächst verschollen, was Heisig zufrieden zur Kenntnis nimmt. Doch dann tauchen die Bilder wieder auf. Heisig will daran weiterarbeiten. Das gelingt ihm bei zwei der fünf Tafeln, die er nahezu vollständig übermalt. Als die Vertreter der neuen Eigentümerin, der Nationalgalerie Berlin, in Heisigs Atelier erschrocken einen Zwischenstand seiner Übermalungen auf den beiden Bildtafeln sehen, verwehren sie ihm den Zugang zu den anderen drei Bildtafeln, um deren ursprüngliche Fassung als Zeitdokument zu bewahren.[108]

Zu Heisigs bekanntesten Porträts aus dieser Zeit gehören das Bildnis von *Václav Neumann* (1973), seine Selbstbildnisse *Mit erhobener Hand* (1973), *Mit erhobenem Pinsel* (1973/74) und die Porträts seiner Mutter. Zu diesen sagt Wolfgang Mattheuer: „Ihr Leben, man spürt es, hat er miterlebt, hier ist seine volle Anteilnahme."[109]

Neben dem wild wuchernden *Garten in Prerow* (1971) und dem stimmungsvollen Bild *Budapest am Morgen* (1972) entstehen die beiden Landschaftsbilder *Sonnenblumenfeld* (1972/73) und *Es regnet* (1972). Sie zeigen „die Lebensfreude ausstrahlende Wirkung eines glühenden Sommertages und die melancholische Stimmung eines verregneten Herbstabends".[110]

Es regnet
1972
Öl auf Hartfaser
54 x 73,3 cm
Museum der bildenden Künste Leipzig

Einen *Ikarus* (1975/76) mit den Maßen 2,8 × 5,4 m malt Heisig für die Foyer-Galerie des in Ostberlin neu errichteten Palastes der Republik. Er ist einer der 16 staatlich beauftragten Künstler, die mit ihren Werken das von dem Bildhauer Fritz Cremer vorgeschlagene Motto „Dürfen Kommunisten träumen?" in ihre Bildsprache umsetzen sollen.

Die Gemälde *Ikarus – Schwierigkeiten beim Suchen nach Wahrheit* (1973) und *Heroenwechsel* (1973/74) lassen sich als Vorder- und Rückseite einer Medaille begreifen.

Peter M. Bode sieht die Größe Heisigs in der Wahl seiner Bildstoffe und deren Durchdringung: „Heisigs fulminantes Werk über die historischen, die gegenwärtigen und zukünftigen Konflikte und das Leiden, das daraus quillt, verleihen ihm den Rang eines mitreißenden Zeitgeistes, der die letalen Triebkräfte des Menschen und der Welt in abgründigen Panoramen mit erschütternder Wucht zum Leuchten bringt."[111]

Er begründet sein Urteil am Beispiel von Heisigs Gemäldes *Die Armee konnte sich der Verantwortung nicht länger entziehen* (1973):

„Der Unterschied dieser Kunst zum platten, nichtssagenden Realismus einerseits und den inhaltslosen Berserkereien vieler ‚Neuer Wilder' andererseits wird ganz klar, wenn man sich das Bild, das Heisig in der Nacht des Chile Putsches, am 11. September 1973 gemalt hat, näher anschaut: Nur zwei Personen verkörpern die Tragödie des Landes. Der graue behelmte Soldat mit zu allem entschlossener Miene preßt in tödlicher Umklammerung ein schlotternd rot gekleidetes, schreiendes Opfer an sich; die Pistole, kurz vor dem Abzug, bohrt er in den Kopf des Todeskandidaten. Dahinter ein Anschlag mit dem zynischen Text: Die Armee konnte sich der Verantwortung nicht länger entziehen. Das Wesentliche an diesem für mich beklemmendsten aller Heisig-Bilder ist jedoch nicht die brutale Schilderung des Vorgangs, sondern das blitzartige Aufscheinen der zerstörerischen Energie, die in diesem Gewaltakt komprimiert ist. Gemalt wird die Tat – und der Haß, der dazu geführt hat. Darauf kommt es an. Das ist die Kraft äußerster Verdichtung und höchster Spannung, die eine physische Konfrontation zum paradigmatischen Psychogramm werden läßt."[112]

1971/72: Neue Kulturpolitik · Erholung im Havelland · Vorsitz der Gesamtjury der VII. bis X. Kunstausstellung der DDR · Rehabilitierung
Nach einem heftigen Richtungsstreit im Politbüro der SED im Mai 1971 wird Walter Ulbricht gestürzt. Sein Nachfolger als Generalsekretär des ZK der SED wird der amusische Erich Honecker, der sich zwar von Amts wegen immer wieder mit Kunst befassen muss, ihr gegenüber aber eher gleichgültig ist. Allerdings unterstützt er den Beginn einer neuen Ära in der Kulturpolitik der DDR. Bekannt ist sein Schlusswort auf dem VIII. Parteitag der SED im Dezember 1971: „Wenn man von der festen Position des Sozialismus ausgeht, kann es meines Erachtens auf dem Gebiet von Kunst und Literatur keine Tabus geben. Das betrifft sowohl die Fragen der inhaltlichen Gestaltung als auch des Stils, kurz gesagt, die Frage dessen, was man die künstlerische Meisterschaft nennt."[113]

Mit diesem Angebot von „Weite und Vielfalt" und „schöpferischem Suchen" in der Kunst erkennt die Partei die Vielfältigkeit und Differenziertheit der kulturellen Bedürfnisse in der Bevölkerung an.

Die kulturpolitisch engagierten Künstler Bernhard Heisig, Willi Sitte, Jo Jastram und Ronald Paris erkennen die Chance, Strategien und Konzepte zu entwickeln, „um die noch aus Stalins Zeiten geprägten Altvorderen loszuwerden, um endlich Kunst machen zu können, wie sie sie verstanden. […] Dieser Staatsstreich gelang ihnen so vollkommen, daß danach die Altvorderen nie wieder einen Fuß auf die Matte bekamen", wie es Claus Baumann formuliert.[114]

‹ … die Armee konnte sich der Verantwortung nicht länger entziehen …
Chile, 12. September 1973
1973
Öl auf Hartfaser
100 × 70,5 cm
Museum der bildenden Künste Leipzig

Draußen ist wieder Sommer
1982
Öl auf Leinwand
90 × 100 cm
Kunstsammlung der
Berliner Volksbank

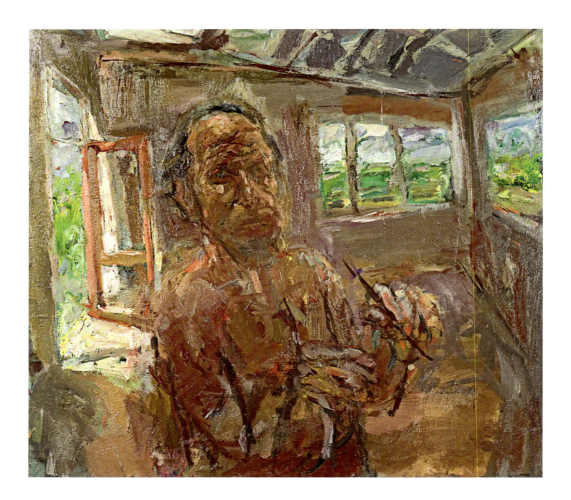

Erholung im Havelland

Gudrun Brüne erwirbt 1972 ein Sommerhaus in dem idyllischen Dörfchen Warnau im Havelland. Sie folgt damit einer Empfehlung des mit ihr befreundeten Malers Günter Glombitza, eines Schülers von Bernhard Heisig an der HGB. Heisig lässt einen Ateliertrakt an das Sommerhaus anbauen und genießt 18 Jahre lang die Sommermonate in der reizvollen brandenburgischen Landschaft:

> „Wo soll ich mich sonst aufladen, als vor der Natur! Für mich ist das eine unabdingbare Maxime! […] Habe ich den Natureindruck unmittelbar vor mir, kann ich ihn ohne übermäßigen intellektuellen Einsatz realisieren und kann mich dem Vergnügen am Malen voll hingeben. So gesehen ist das Malen vor der Natur eine Erholung."[115]

Von den Sommeraufenthalten im Havelland inspiriert, entstehen von Heisigs Hand viele Landschaften,[116] unter anderem: *Draußen ist wieder Sommer* (1982), *Sommer im Havelland* (1983), *Dorfstraße in Warnau* (1984), *Invasion der Hühner* (1984), *Havelland* (1986), *Sommermorgen*

Hinter der Dorfkirche
1986/1988
Öl auf Leinwand
80 × 60 cm
Privatsammlung Hamburg

im Havelland (1986), Wettermännchen im Havelland (1986), Misthaufen (1988), Hinter der Dorfkirche (1986/1988), Alter Maler im Dorf (1988/89), Dorfstraße im Regen (1988).

Sommermorgen im Havelland
1986
Öl auf Leinwand
60 × 80 cm
Privatsammlung

Vorsitz der Gesamtjury der VII. bis X. Kunstausstellung der DDR

Seit der VII. Kunstausstellung der DDR 1972/73 in Dresden ist Heisig Vorsitzender der Gesamtjury und Leiter der Jury für Malerei. Die Kunstausstellungen, die alle vier bis fünf Jahre durchgeführt werden, sollen die Entwicklung der Kunst in der DDR dokumentieren. Die X. Kunstausstellung der DDR findet 1987/88 statt und ist die letzte.[117] Heisig ist in den Jurys die „Integrationsfigur" und bewährt sich als Meister der Konfliktlösung.[118]

Er zeigt die Gemälde *Brigadier* (1970), *Lenin* (1971), *Lesendes Mädchen* (1970), *Pariser Kommune* (1970/71, vierteilig), *Training im Sommer* (1972).

Die VIII. Kunstausstellung knüpft zeitlich unmittelbar an die documenta 6 an, die 1977 in Westdeutschland das Interesse an der Kunst aus der DDR geweckt hat. Wichtige westdeutsche Museumsvertreter, Galeristen und Sammler nehmen die Gelegenheit wahr, das breite Spektrum der DDR-Kunst kennenzulernen. Es entsteht eine Win-Win-Situation: Westgeld für den Osten und Ostkunst für den Westen. Mehrere Ausstellungen in der Bundesrepublik Deutschland widmen sich der Kunst der DDR, deren Bedeutung nach dem „Ritterschlag" durch die documenta außer Frage steht.[119]

Heisig ist mit vier Gemälden vertreten: *Begegnung mit Bildern* (1977), *Die erste Bürgerpflicht* (1977), *Alles an einem Nachmittag* (1977) und *Die Brüder und die Schwestern* (1977).[120]

Über die IX. Kunstausstellung 1982/83 schreibt Paul Kaiser:

„Mit ihren realitätsnahen und zukunftspessimistischen Werken malte sie ein düsteres Szenarium der ‚entwickelten sozialistischen Gesellschaft' und stieß bei der SED-Führung auf harsche Kritik. In diesem Falle avancierten die Künstler zu Boten der schlechten Nachricht und wurden von den Verursachern der Misere dafür verantwortlich gemacht."[121]

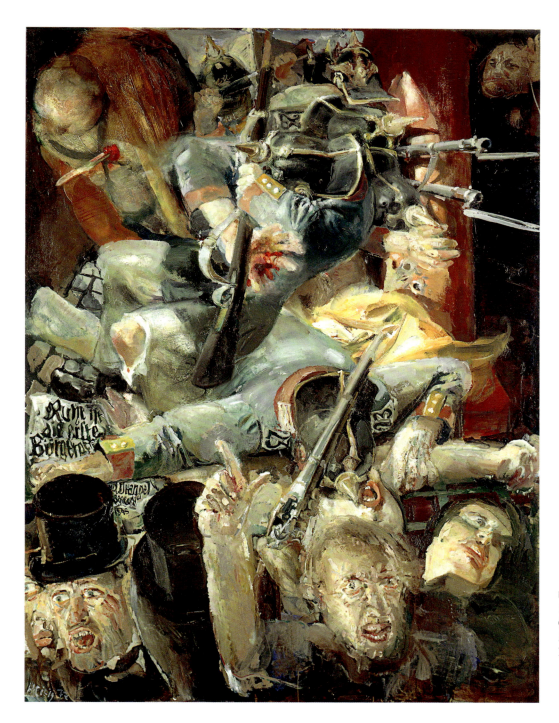

Die erste Bürgerpflicht
1977
Öl auf Leinwand
200 × 150 cm
Militärhistorisches Museum Dresden

Heisig zeigt das Gemälde *Ende des Abendprogramms* (1982) und das Triptychon *Begegnung mit Bildern* (1982).

Die X. Kunstausstellung der DDR 1987/88 stößt bei den Kulturfunktionären auf so harsche Kritik, dass die Parteiführung zunächst zögert, die Ausstellung mit ihrem offiziellen Rundgang zu eröffnen. Hermann Raum schreibt im Ausstellungskatalog: „Die neuen Ausblicke auf das reale Leben, die Einsichten in die sozialpsychischen Veränderungen und das nachdrückliche Bewußtmachen ewigmenschlicher Lebenstatsachen, was diese Bilder in den letzten Jahren beharrlich geleistet haben, bedeuten objektiv eine besondere Qualität von Volksverbundenheit."[122] Heisig zeigt die Bilder *Christus verweigert den Gehorsam* (1986), *Rücksichten* (1986/87) und *Blumen im Arbeitszimmer* (1987).

Rehabilitierung

Als Zeichen seiner Rehabilitierung erhält Heisig 1970 den Kunstpreis der Stadt Leipzig, 1972 den Nationalpreis II. Klasse und wird ordentliches Mitglied der Akademie der Künste und Vorsitzender der Jury der Dresdner Kunstausstellungen der DDR.

Staatlicher Kunsthandel der DDR

Weltweit erzielt nur ein geringer Anteil der Maler, Grafiker und Bildhauer aus den Verkäufen ihrer Kunstwerke ausreichend sichere Einnahmen, um davon ihren Lebensunterhalt bestreiten zu können. In der Bundesrepublik Deutschland ist die Mehrzahl von ihnen auf Einkünfte aus „Nebentätigkeiten" angewiesen. In der DDR hingegen werden circa 2000 Maler, Grafiker und Bildhauer von staatlicher Seite auf vielfältige Weise unterstützt, es sei denn, dass sie nicht „auf Linie" liegen: Förderzusagen, wie ein dreijähriges Stipendium oder die Zusicherung eines Grundeinkommens durch den Anspruch auf Werkverträge zum Anfertigen von Gemälden in den ersten drei Jahren nach dem Studienabschluss,[123] zahlreiche öffentliche Kunstankäufe, Aufträge von staatlichen Behörden und volkseigenen Betrieben.[124]

Heisig fordert 1972 als freischaffender Künstler die Errichtung von Kunstgalerien und Reformen des Kunsthandels, um den Kunstverkauf in der DDR nachhaltig zu fördern[125] und findet damit breite Zustimmung. Mit Wirkung vom 1. Oktober 1974 wird der Kunsthandel im volkseigenen Handelsbetrieb, dem VHB Bildende Kunst und Antiquitäten, neu organisiert, ab 1976 unter dem Namen „Staatlicher Kunsthandel der DDR".[126] Heisig ist bereit, den Vorsitz des künstlerischen Beirats zu übernehmen, weist aber in der konstituierenden Sitzung darauf hin, dass der Beirat nur Sinn mache, wenn er konkrete Aufgaben erhalte. Für einen Beirat als „demokratisches Alibi" stehe er nicht zur Verfügung. So hat der Beirat nicht lange Bestand.[127]

Der Staatliche Kunsthandel der DDR verbessert seine Öffentlichkeitsarbeit in Kooperation mit dem Verband bildender Künstler. Das führt sogleich zu einer erheblichen Steigerung der Verkäufe bei den Bezirkskunstausstellungen und insbesondere bei den DDR-Kunstausstellungen.[128] Seit der VIII. Kunstausstellung (1977/78) ziehen diese Ausstellungen in Dresden jeweils mehr als eine Million Besucher an.

Zudem erweitert der staatliche Kunsthandel sein Netz an Galerien und Künstler-Werkstätten durch die Errichtung neuer und die Verstaatlichung bisher privater Galerien. Bei Ablehnung der staatlichen Übernahme werden die privaten Galerien aufgelöst und in der Regel mit konstruierten hohen Steuerforderungen in den Ruin getrieben.[129] Manche der verstaatlichten Galerien werden von ihren früheren Eigentümern als Geschäftsführer weitergeleitet. Zum staatlichen Kunsthandel gehören schließlich 40 Galerien, die an der langen Leine geführt werden und in relativer Freiheit für die Basisarbeit der lokalen Kunstvermittlung und die Organisation regionaler Ausstellungen zuständig sind.[130]

Dem Staatlichen Kunsthandel der DDR gelingt eine sichtbare Präsenz auf zahlreichen in- und ausländischen Kunstmessen, wie der Art Basel, der Art Cologne, den Messen in Chicago und in Osaka. Im Interesse der Förderung eines erfolgreichen Exports und der Devisenbeschaffung unterliegen seine auslandsbezogenen Aktivitäten nur wenigen staatlichen Beschränkungen. Rüdiger Küttner erinnert sich:

> „Beispielsweise musste mein nichtkommerzieller Amtsbruder Wolfgang Polack als Direktor des Zentrums für Kunstausstellungen zu jeder noch so belanglosen Ausstellung eine Ministervorlage erarbeiten. Wir konnten dagegen z.B. auf der Art Cologne einen Messestand vorbereiten, der an diesem Ort objektiv eine große Beachtung fand, ohne jemandem darüber Rechenschaft ablegen zu müssen. Das waren ja ,nur' kommerzielle Ausstellungen [...]. Die neu gewonnenen Möglichkeiten förderten die Kunst, sie entfesselten ungeahnte Leistungen bei den Künstlern. Hatten sie doch plötzlich neue und sehr attraktive Angebote vor Augen, einschließlich der damit verbundenen Geldquellen und Reiseziele."[131]

Für seine Tätigkeiten im Ausland benötigt der Staatliche Kunsthandel der DDR Partner vor Ort. In der Bundesrepublik übernimmt der Kunsthändler Dieter Brusberg eine wichtige Rolle. Er initiiert Projekte und bemüht sich um deren finanzielle Absicherung.

Es bleibt nicht aus, dass auch der Staatliche Kunsthandel der DDR bei seinen Aktivitäten auf politische und bürokratische Schwierigkeiten stößt. Küttner schreibt: „Es war ein dauerhafter Seiltanz, der von außen unbemerkt blieb. Einer, der immer erfolgreich aus Sackgassen heraushalf, war Bernhard Heisig. Er setzte seine Autorität im eigenen wie im Interesse anderer ein."[132]

1973 bis 1975: Retrospektive · Präsidentschaft im VBK-DDR · Reisen nach Rom und Colmar

Retrospektive

Noch nicht 50-jährig wird Heisig im Jahr 1973 mit einer großen Retrospektive in der Gemäldegalerie Neue Meister in Dresden, im Museum der bildenden Künste Leipzig und in der Nationalgalerie im Alten Museum in Ostberlin geehrt. Im Vorwort des Ausstellungskatalogs schreibt der (partei-)linientreue Museumsdirektor Joachim Uhlitzsch, einer der ehemals schärfsten Heisig-Kritiker:

> „Er [Heisig] machte sich seinen Weg nicht leicht, wich niemals Schwierigkeiten aus und trachtete nie danach, die von der Gesellschaft aufgeworfenen Probleme oberflächlich zu lösen. Sein bisheriges Lebenswerk war nur möglich auf Grund der stets geübten Strenge gegen sich selbst. Heisig ist ein Künstler, der immer mehr von sich verlangte als es jeder andere von ihm erwartete."[133]

Bei der zweiten Station der Ausstellung, im Museum der bildenden Künste in Leipzig, hält Wolfgang Mattheuer die Eröffnungsrede:

> „Es mag schon irgendwie wahr sein, dass die Bildstoffe und Ideen auf der Straße liegen, und man braucht sie nur aufzuheben. [...] Natürlich sind sie, die ‚ungläubigen' Heinze und Hänse, noch und immer wieder auf der Straße zu finden. Aber Timofej als Gesprächs- und Bildpartner Lenins zu entdecken, dazu bedarf es dieser besonderen Gabe des Spürsinns und der Bereitschaft zuzupacken."[134]

Gezeigt werden unter anderem das Gemälde *Lenin und der ungläubige Timofej*, das große Porträt *Lenin* von 1971, drei Bildnisse der Mutter des Künstlers, das vierteilige Polyptychon zur Pariser Kommune von 1971, der *Brigadier II*, mehrere Stillleben, Stadtlandschaften und Porträts, insgesamt 144 Ölgemälde, 58 Grafiken sowie vier illustrierte Bücher.

Präsidentschaft im VBK-DDR

Der Maler und Grafiker Gerhard Bondzin, bis 1970 Rektor der HfBK Dresden und in der Nachfolge von Lea Grundig von 1970 bis 1974 Präsident des VBK-DDR, ist wegen seines sozialistischen Dogmatismus für eine Neuwahl als Präsident des Verbandes nicht vermittelbar. Der VBK-DDR ist als ideologisches Lenkungsorgan konzipiert, dessen Führungspositionen nach parteipolitischen Aspekten besetzt werden. Andererseits soll der Verband die Interessen der Künstler gegenüber den Funktionären der Partei und der Regierung vertreten. Diese Doppelfunktion stellt den Verband immer wieder vor schwierige Probleme.[135]

Die SED versucht, Bernhard Heisig für das Amt des Präsidenten des VBK-DDR zu gewinnen.[136] Er lehnt ab, aber die Partei gibt nicht auf. Sie glaubt aufgrund von Stasi-Berichten über Heisig, dass Gudrun Brüne erheblichen Einfluss auf ihren Lebensgefährten habe und hofft, sie werde ihn umstimmen. Kurt Hager, das für Kultur zuständige Mitglied des Politbüros, und Hans-Joachim Hoffmann, Minister für Kultur der DDR, besuchen deshalb Gudrun Brüne in Leipzig. Sie aber erwidert: „Wenn ihr ihn nicht unglücklich machen wollt, dann lasst ihn mit solchen Funktionen in Ruhe, der will malen!"[137]

Die Partei lenkt ein. Die Präsidentschaft übernimmt Willi Sitte. Er hat sich zu diesem Zeitpunkt seit gut 15 Jahren von seinen früheren formalistischen Bildern losgesagt, die für meine Frau und mich als „Sittes vor Sitte" einen besonderen Reiz haben. Zwei seiner Gouachen aus dem Jahr 1949 gehören zu den ersten Bildern, die wir von Künstlern aus der DDR erwerben.[138]

Heisig akzeptiert die Wahl zu einem der sechs Vizepräsidenten des VBK-DDR.

Willi Sitte
Phantastische Landschaft
1949
Gouache auf Papier
50 × 74,5 cm
Sammlung Marianne und Heiner Köster, München

Reisen nach Rom und Colmar

Zur Eröffnung der Ausstellung seiner Werke in der Galleria Alzaia reist Heisig 1974 nach Rom. Er nutzt diesen Aufenthalt zum Studium der Originalwerke der von ihm hoch geschätzten Maler Piero della Francesca, Fra Angelico sowie von Michelangelo und weiteren Meistern der italienischen Renaissance in den römischen Museen.

Eine andere Reise führt ihn nach Colmar zum Isenheimer Altar, dem Meisterwerk Matthias Grünewalds, das er von vielen Reproduktionen bereits im Detail kennt. Eine zentrale Szene des Isenheimer Altars zitiert der Künstler 2004 in seinem Porträt des Theologen Eugen Biser.

Heisig wird mit der Johannes-R.-Becher-Medaille in Gold (1975) und dem Orden „Banner der Arbeit" (1976) ausgezeichnet.

Willi Sitte
Landschaft mit Formen
1949
Gouache auf Papier
50 × 74,5 cm
Sammlung Marianne und Heiner Köster, München

Wolf Biermann

Im Herbst 1976 gestattet die Parteiführung dem Liedermacher Wolf Biermann auf Einladung der Gewerkschaft IG Metall eine Konzertreise in die Bundesrepublik. Sie verweigert ihm aber am 16. November die Wiedereinreise und entzieht dem Musiker die Staatsbürgerschaft mit der Behauptung, er habe die Treuepflicht gegenüber seinem Staat „bewusst und ständig grob verletzt".[139] Mit der Ausbürgerung Biermanns endet die Liberalisierung in der Kunstpolitik der DDR, die mit Honeckers Machtantritt 1971 begonnen hatte. Sie ist ein Meilenstein in der Entwicklungsgeschichte der DDR, weshalb ich hierauf detaillierter eingehen möchte.

Wolf Biermann

Zwölf namhafte Ostberliner Schriftsteller protestieren unverzüglich gegen die Ausbürgerung. Sie richten eine Petition an die Staatsregierung, die beschlossene Maßnahme zu überdenken.[140] Dieses Begehren, dem sich bis zum 21. November 106 Künstler und Schriftsteller, hauptsächlich aus Berlin, mit ihrer Unterschrift anschließen, wäre vermutlich ohne gravierende Folgen für die Unterzeichner geblieben. Aber die Entscheidung der Erstunterzeichner, je ein Exemplar der Petition an die Agence France Press und an Reuters zu überreichen, löst dramatische Entwicklungen aus.[141] Die ARD berichtet von einer Revolte der Intellektuellen in der DDR.

Die Staatsführung der DDR fürchtet einen Flächenbrand. Es geht nicht mehr (nur) um Biermann, sondern um und gegen die Menschen, die sich in der DDR öffentlich mit ihm solidarisieren.[142] Die SED und das Ministerium für Staatssicherheit setzen alles daran, die öffentliche Kritik an der Ausbürgerung mit Pressekampagnen zu unterdrücken und zu desavouieren.

Als Erste willigen einige der Verfasser der Petitionsschrift in einen Kompromiss mit den Regierenden ein, der ihnen gegen den Verzicht auf weiteres Unterschriftensammeln Straffreiheit gewährt. Sie hatten den Mut, ihre ethische Einstellung zur Ausbürgerung offen zu bekennen, aber den weiteren Schritt des Widerstands, die Organisation einer Großdemonstration mit politischen Folgen, gingen sie nicht.

Prominente DDR-Bürger, darunter Bernhard Heisig, werden von der Partei aufgefordert, sich zustimmend zu der Ausbürgerung zu äußern. Heisig lehnt ab.

Dem Beauftragten der Leipziger SED-Bezirksleitung, der eine von der Partei vorformulierte und Heisig übermittelte Zustimmungserklärung zur Ausbürgerung Biermanns abholen will, übergibt Heisig stattdessen ein Schreiben, das nach der Erinnerung von Gudrun Brüne sinngemäß lautet: Die Ausbürgerung ist falsch und wird die Intellektuellen in der DDR spalten, einen Keil in die Künstlerschaft treiben.[143] An einem solchen Statement hat die SED kein Interesse, es ist nicht mehr erhalten.[144]

Die Zurückweisung der SED-Forderung bleibt für Heisig – wie für andere „Zustimmungsverweigerer" – ohne Konsequenzen, weil sich die Staatsführung der DDR aus naheliegenden Gründen entscheidet, die Namen von prominenten Gegnern der Ausbürgerung Biermanns nicht publik zu machen.

Die Erfurter Dichterin Gabriele Stötzer schreibt: „Mit Biermann fing es an, dass man offen über Ausreisemöglichkeiten redete. Dies wurde früher überhaupt nicht ausgesprochen. Von Biermanns Ausbürgerung an war die Ausreise ein zeitgeschichtlicher Fakt in der DDR."[145] Stefan Heym meint ironisch: „Das Ausbürgern könnte sich einbürgern."[146] Biermanns Ausbürgerung gerät zum Symbol zunehmender Verunsicherung des Staates gegenüber einem immer emanzipierteren Auftreten der Künstler und Intellektuellen des Landes.

Harte Strafen – bis hin zu Berufsverboten – werden gegen einige der Unterzeichner der Petition verhängt, anderen wird die Ausreise gestattet. Dazu gehören Literaten wie Günter Kunert, Sarah Kirsch, Jurek Becker, Thomas Brasch und Publikumslieblinge von Film und TV wie Manfred Krug, Armin Müller-Stahl, Katharina Thalbach, Angelica Domröse oder Nina Hagen (sogar mit dem Recht auf Wiedereinreise!). Der Schriftsteller Günter de Bruyn kommentiert den sich fortsetzenden „Braindrain" mit den Worten: „Die unruhigsten, kritischsten und politisch aktivsten Leute suchten das Weite und schwächten damit die innere Opposition."[147]

1976 bis 1978: Erneute Berufung zum Professor und Rektor der HGB · Ehrungen, Erster Vizepräsident des VBK-DDR, Reisefreiheit · Tod der Mutter · Beobachtung durch die Staatssicherheit

Nach acht Jahren intensiver Tätigkeit als freischaffender Künstler ist Heisig nach reiflicher Überlegung bereit, wieder einen großen Teil seiner Arbeitskraft für die Hochschule und ihre Studierenden einzusetzen. Als passionierter Pädagoge nimmt er im Juli 1976 seine erneute Berufung zum Leiter einer Klasse für Grafik und Malerei sowie zum Rektor der HGB an.[148]

Heisigs Vorgänger als Rektor, Werner Tübke, will sich verstärkt der Arbeit an seinem großen Bauernkriegspanorama widmen, der Darstellung des Großen Deutschen Bauernkriegs von 1524/25, der ersten frühbürgerlichen Revolution, wie es in der DDR heißt. Der eigens für die bildkünstlerische Präsentation errichtete Rundbau auf dem Schlachtberg bei Bad Frankenhausen in der Nähe des Kyffhäusergebirges, der mythologischen Ruhestätte Kaiser Friedrich I. Barbarossas,[149] wird zwei Monate vor dem Fall der Berliner Mauer eröffnet.[150]

Mit dem zweiten Rektorat schließt Heisig inhaltlich an sein erstes Rektorat von 1961 bis 1964 an. Er organisiert die Mittel, um das im Obergeschoss völlig ausgebombte Hochschulgebäude wieder instand zu setzen und die räumlichen Verhältnisse für die Lehrenden und Studierenden zu verbessern. Es bleibt sein Ziel, die künstlerischen Fähigkeiten der rund 120 Studenten an der HGB optimal zu fördern. Zu diesem Zweck sucht er weitere Künstler für die Lehre an der HGB und setzt sich unter anderem für die Berufung von Sighard Gille, Ulrich Hachulla, Wolfgang Peuker, Arno Rink und Volker Stelzmann ein.

Heisig ist bestrebt, die Einflussnahme der Partei an der Hochschule einzuschränken. Die Studierenden sollen einen Schutzraum erhalten und in dessen Atmosphäre ihre Talente möglichst frei entfalten können.[151] Er setzt sich für studentische Angelegenheiten ein, ob das nun Geld-, Wohnungs- oder andere Probleme sind. Zwei Maler kann er, wie Gudrun Petersdorff in ihrer Studentenzeit erfahren hat, vor der Zwangsexmatrikulation bewahren.[152] Während seiner Amtszeit wird kein Student exmatrikuliert und kein Dozent entlassen. Christl Maria Göthner erinnert sich:

In der Hochschule, 1980er Jahre

„Dass er ein Genosse war, wusste jeder, aber angemerkt habe ich ihm das nicht. Klar ist er mit uns vor dem Hochschulfasching durch die Räume gegangen und hat gesagt, was von unseren Sprüchen und Bildern nicht geht. Wir hatten doch auch die Stasi im Haus und er wollte nicht, dass seinen Studenten was passiert oder der ganzen Hochschule. Er wusste genau, wie groß sein Spielraum war oder wie klein und hat ihn akzeptiert."[153]

An anderen Kunsthochschulen gelingt den Kulturfunktionären eine stärkere Mitwirkung bis hin zur Durchsetzung von Zwangsexmatrikulationen.[154] Die wöchentlichen Pflichtstunden für das Prüfungsfach Dialektischer Marxismus-Leninismus („Dia-Ma") lassen sich jedoch auch an der HGB nicht vermeiden, ebenso wenig der dreiwöchige Ernteeinsatz und die vormilitärische Ausbildung in jedem Sommer oder das Pflichtfach Russisch.

Jeder Jahrgang des fünfjährigen Studiums (zwei Jahre Grund- und drei Jahre Fachstudium) zählt maximal 20 bis 25 Studierende. Auf einen Professor einer Fachklasse kamen damals höchstens sechs Studierende.[155]

Im Fachstudium gelten die „Vorlieben" des jeweiligen Klassenleiters. Heisig vertritt die Auffassung:

„Ausbilden kann man Künstler nicht, man kann ihnen nur – und das vor allem im Grundstudium – die handwerklichen Mittel an die Hand geben, damit sie souverän mit der menschlichen Figur und dem Raum umgehen können und man kann sie im Fachstudium ermutigen, in der Reibung mit unterschiedlichen Bildstoffen zu ihrem Thema zu finden, zu dem, was sie subjektiv bewegt und umtreibt."[156]

Sein Credo ist das Mehrfiguren-Tafelbild[157], das zum Markenkern der HGB wird. Mit den Figuren sollen große Themen transportiert werden. Wer nicht gegenständlich und figürlich malt, den versteht Heisig nicht.[158]

Zum Unterricht von Bernhard Heisig an der HGB schreibt mir sein Sohn Johannes:

„Mein Vater argumentiert, dass eine am Mehrfigurenbild geschulte Formuntersuchung der flexibelste Ausgangspunkt sei für alle denkbaren später eingeschlagenen Individuationen, persönlichen Stile und

Matthias Grünewald
Kreuzigung Christi
Isenheimer Altar
1. Schauseite, Mitteltafel
zw. 1512–1516
Öl auf Lindenholz
269 × 307 cm
Musée Unterlinden, Colmar

Bildsprachen. Die bemerkenswerte Bandbreite, die in den höchst unterschiedlichen Œuvres seiner ehemaligen Schülerinnen und Schüler repräsentiert ist, belegt das eindrucksvoll. Man vergleiche etwa das Werk Hartwig Ebersbachs mit dem Arno Rinks.

Ein beinahe heiliggesprochener Ausgangspunkt im Vermitteln dieses Credos war meinem Vater Matthias Grünewald, speziell dessen Isenheimer Altar. Es konnte als Auszeichnung verstanden werden, wenn er zum Einstieg in das Fachstudium einzelnen Eleven das Kopieren der zentralen Kreuzigungsszene abverlangte. Dabei ging es nicht nur um den rein maltechnischen Vorgang. Vielmehr sollten die Zusammenhänge zwischen den verwendeten formalen Mitteln und dem thematischen Impetus des Ganzen sinnlich erlebbar werden. In der expressiven Verdrehung von Händen und Füssen des Christus etwa demonstrierte er eine Grünewald'sche Formel für existenzielle Bedrohung, die dessen Zeit eigen war. Der durchgebogene Querbalken der Washingtoner oder auch der Karlsruher Kreuzigung war ihm Exempel, wie Form sich mit einem geistigen Programm aufladen lasse: Hier wurden die tödlichen Spannungen der Zeit zum malerischen Zei-

In der Leipziger Hochschule, 1980er Jahre

chen. Im Kopieren, das heißt im tätigen Nachempfinden dieser gegenseitigen Bedingtheit von Form und Thema sollte erlebt werden, wie man eigene Problematik, eigenen künstlerischen Anspruch in einen adäquaten malerischen Gestus fassen kann."[159]

Alexander Morgenstern, ein Student der HGB, meint: „Wenn der mal was gesagt hat, hatten alle Schiss und haben genau das gemacht, was er gesagt hat. […] Bernhard Heisig als Rektor war ja Choleriker. Aber eins muss man natürlich auch sagen: Der war für seine Studenten da! […] Auf der einen Seite bestimmend, mitunter sogar despotisch, sehr rigoros in der Korrektur und auf der anderen Seite mit großer Zuwendung und Empathie. […] Also damals haben hier Leute Diplom gemacht, das war eigentlich unglaublich."[160]

Der Publizist Martin Tschechne bestätigt diese Aussage: „Und wer zu DDR-Zeiten und danach das ehrwürdige Gebäude der Leipziger Hochschule für Grafik und Buchkunst betrat, wer in die Ateliers vorgelassen wurde, die sich jeweils mehrere Studenten mit ihren Staffeleien, den Farbtöpfen, Kaffeekochern und durchgesessenen Sofas teilten, der spürte es sofort und unmittelbar: Hier hat einer das Sagen. Genießt Respekt, ob er nun in der Nähe war oder irgendwo fern in seinem Atelier auf dem Land."[161]

Anfügen ließe sich: „Es gab Studentinnen, die ahnten, wann Heisig in der Hochschule war, weil sie glaubten, irgendwo auf den Gängen sein Parfüm zu riechen."[162]

Mit seiner Persönlichkeit prägt der Meister viele Jahrgänge junger Künstler: Er vermittelt den Anspruch, nicht gleich mit den ersten Malergebnissen zufrieden zu sein, sondern so lange an einem Bild zu malen, bis das „gewisse

Etwas" tatsächlich herausgearbeitet ist. Gudrun Petersdorff beschreibt ihre Erfahrung: „Er lehrte mich ein Gefühl für die Sinnlichkeit der Malerei, die Leidenschaft, das ‚Brennen' auf mehr."[163] Dasselbe gilt für Trakia Wendisch.

Heisig fordert für die Studenten der HGB staatlich bewilligte Reisemöglichkeiten, damit sie häufiger künstlerische Werke im Original sehen: in ihrer ursprünglichen Dimension, in der Feinheit ihrer Peinture und ihrer Farbigkeit, die sich in der Regel von medialen Abbildungen unterscheiden. Er sorgt dafür, dass in der Bibliothek der HGB verschiedene westdeutsche Zeitschriften ausliegen. „Wir waren dadurch immer auf dem Laufenden", sagt Volker Stelzmann.[164] Freilich konnte man die Zeitschriften nicht mit nach Hause nehmen.

Schließlich richtet Heisig in der HGB eine Galerie ein, einen Raum in der Größe einer Turnhalle. Er beruft Christine Rink, Ehefrau seines Meisterschülers Arno Rink, zur Leiterin der Galerie, die 1979 mit einer Ausstellung von Werken Willi Sittes eröffnet wird und ein attraktives Ausstellungsprogramm zeigen wird, Werke von Picasso (160 Radierungen als Leihgabe von Peter Ludwig), El Lissitzky, Max Beckmann, Alfred Hrdlicka, Henri Cartier-Bresson, Joseph Beuys (aus der Sammlung van der Grinten), Klaus Staeck, August Sander, Man Ray oder der amerikanischen Pop-Art.

Trakia Wendisch
Der Saxophonist
1988
Öl auf Spanplatte
183 × 111,5 cm
Sammlung Marianne und Heiner Köster, München

Ehrungen, Erster Vizepräsident des VKG-DDR, Reisefreiheit
Bernhard Heisig erhält 1978 die höchste Auszeichnung der DDR, den Nationalpreis I. Klasse, für Künstler und Wissenschaftler. Im November wählen ihn die Mitglieder des Verbandes Bildender Künstler der DDR auf ihrem VIII. Kongress zum Ersten Stellvertreter des Präsidenten Willi Sitte.[165] Die Amtszeit beträgt fünf Jahre.

Künstler wie Heisig, Tübke und Sitte genießen seit Jahren fast unbeschränkte Reisefreiheit. Da Gudrun Brüne noch nicht mit Bernhard Heisig verheiratet ist, steht sogar gemeinsamen Reisen nichts im Wege, anders bei dem verheirateten Wolfgang Mattheuer, der dies heftig beklagt.

Heisig schreibt über Tübke: „Er […] akzeptierte Vergünstigungen wie Reisen nach Italien mit großer Selbstverständlichkeit und die Staatsmacht wusste, was sie ihm schuldete."[166] Tübke hätte das auch über Heisig schreiben können. Es ist eine privilegierte Situation, die in der Weise erweitert wird, dass alle bildenden Künstler der DDR bei Befürwortung durch den VBK-DDR in das westliche Ausland einschließlich der Bundesrepublik Deutschland reisen können. Wenn der Verband Bildender Künstler an die Kulturabteilung des ZK der SED (und des MfS) ein Empfehlungsschreiben für beantragte Reisen sendet, ist deren Genehmigung in der Regel nur noch Formsache. Nach dem Ende der DDR erheben mehrere Künstler Vorwürfe gegen den Verband, dass ihnen beantragte Reisen in die Bundesrepublik nicht gewährt worden seien.

Tod der Mutter
Im Alter von 83 Jahren stirbt Heisigs Mutter Hildegard im Herbst 1978 in einem Alters- und Pflegeheim in Leipzig. Ihr Sohn malt wenige Monate zuvor das Bild *Letztes Bildnis meiner Mutter*.

Beobachtung durch die Staatssicherheit
Die Staatssicherheit der DDR beauftragt den an der Karl-Marx-Universität in Leipzig lehrenden Kunsthistoriker Karl Max Kober als inoffiziellen Mitarbeiter zur Kontrolle und Beobachtung Bernhard Heisigs. Kober genießt dessen volles Vertrauen; er verfasst mehrere Artikel über Heisigs Malerei und Grafik, einschließlich des ersten Standardwerks *Bernhard Heisig*, das die Akademie der Künste der DDR 1981 veröffentlicht.[167] Heisig porträtiert Kober in den Jahren 1979/80 mit kritischem Blick, erhobenem linken Zeigefinger und langstieliger Pfeife in der rechten Hand.

Nach der Wende sucht der Sohn des im Jahr 1987 verstorbenen Karl Max Kober das Gespräch mit Bernhard Heisig und will ihm mit der Bitte um Entschuldigung für seinen Vater dessen Stasi-Berichte vorlegen. Heisig lehnt deren Lektüre ab. Kober sei ein Freund und wohl nur deshalb IM geworden, weil er an kunsthistorisch interessanten Auslandsreisen habe teilnehmen wollen. Er vertraue darauf, dass Kober für die Stasi nur unverfängliche Berichte über ihn geschrieben habe. Mir gegenüber scherzt der Künstler: „Kober hat der Stasi sicherlich über meinen unmäßigen Rotweinkonsum in Paris berichtet!" Einen nachweisbaren Nachteil habe er, so Heisig, durch Kobers IM-Tätigkeit nicht gehabt.
Arno Rink notiert in seinem Tagebuch:

> „Viele glauben tatsächlich, wir hätten in DDR-Zeiten eine Sicht auf die Stasi gehabt, wie wir sie heute haben. Das sind Projektionen und das ist nicht mal böswillig, meistens nicht. Sie war da und wir haben am Telefon auch unsere Scherze gemacht (‚Jetzt mal langsam zum Mitschreiben' etc.) aber sie war doch in meinem, in unserem Leben nie so umfassend, wie sie heute dargestellt wird. Das klingt oft, als wären wir mit der Stasi aufgestanden und zu Bett gegangen."[168]

Es steht aber fest: das durchorganisierte System der Bespitzelung und Denunziation, mit dem der „SED-Staat" seine Existenz aufrechtzuerhalten sucht, zerstört die Lebensentwürfe vieler Menschen. Nach der Wende werden Spitzelsystem und Denunziantentum in ihrer ganzen verbrecherischen Intensität und ihrem verheerenden Ausmaß bekannt. 200 000 bis 250 000 Bürger sind in der DDR aus politischen Gründen inhaftiert.

Nach den Unterlagen des Bundesarchivs Stasi-Unterlagen (BStU) führt das DDR-Ministerium für Staatssicherheit im Laufe seiner Existenz

Karl Max Kober, Gudrun Brüne,
Bernhard Heisig und Sighard Gille,
1980er Jahre

rund 624 000 Menschen als inoffizielle Mitarbeiter. Mitte der 1970er Jahre erreicht das IM-Netz mit über 200 000 Mitarbeitern seine größte Ausdehnung. Für das Jahr 1989 wird noch eine bestrittene Zahl 189 000 inoffiziellen Mitarbeitern errechnet. Im „Operationsgebiet" Bundesrepublik sind zuletzt rund 3000 inoffizielle Mitarbeiter beschäftigt sowie 300 bis 400 IMs im westlichen Ausland. Zum Spitzelnetz der IMs kommt eine große Zahl „gesprächsbereiter Auskunftspersonen" (AKP) hinzu, die freiwillig Informationen über ihre Nachbarn erteilen. In manchen Kommunen macht die Zahl der AKPs ein Vielfaches der IMs aus. Ein insgesamt gruseliges Überwachungsnetz, auf das sich die SED-Diktatur stützt.[169]

Leipziger Schule

Die in Leipzig tägigen Maler Heisig, Mattheuer, Tübke und hervorragende Absolventen der HGB[170] werden nicht wegen einer einheitlichen Malweise, die es nie gab, sondern wegen ihrer Exzellenz und des gemeinsamen Ortes ihres künstlerischen Arbeitens seit Ende der 1960er Jahre als Mitglieder der Leipziger Schule bezeichnet.

Heisig sieht die Bezeichnung Leipziger Schule pragmatisch. Er meint, „so heißt es nun mal", und zitiert Tübke mit den Worten: „Wir lieben uns nicht gerade, aber wir tolerieren und achten einander." Heisig stellt klar: „Das ist schon viel und bei Künstlern nicht sehr häufig anzutreffen."[171] Die unterschiedlichen Malstile – expressiv, neusachlich, altmeisterlich lasierend, surrealistisch – zeigen in kontroverser Gruppendynamik die Vielfalt der Leipziger Schule. Eine Klassifizierung der Künstler anhand der Malstile, wie Dieter Hoffmann sie vorschlägt,[172] ist akademisch interessant, grundlegender aber sind die Ausführungen von Werner Tübke, mit denen dieser die Leipziger Schule charakterisiert:

> „Betonung der zeichnerischen Komponente des Bildnerischen, Pflege des Zeichnerischen überhaupt, Detailfreudigkeit, Aufmerksamkeit fürs Handwerkliche, Einbeziehung von Allegorischem, von Symbolen, Beziehung zur Literatur (,Literarisches'), Kristallinisches und Überhöhung, scheinbares Anknüpfen an Verismus und Neue Sachlichkeit, auch Manierismus, enges Verhältnis zum Erbe überhaupt usw."[173]

Zu den speziellen Bildsujets der Leipziger Schule gehören Bildparabeln und Historienbilder, die für Eduard Beaucamp „die unverdaute deutsche Geschichte, aber auch die widersprüchliche Wirklichkeit der DDR verspiegelten und kritisch befragten."[174]

Zur zweiten Generation zählen die unter dem zweiten Rektorat von Bernhard Heisig berufenen Professoren der mittleren Generation, unter anderem Sighard Gille, Ulrich Hachulla, Wolfgang Peuker, Arno Rink und Volker Stelzmann. Ebenso wie Heisig unterrichten sie die Studierenden der „Dritten Generation", die sich im Hinblick auf ihre Diplomabschlüsse nach 1989 als Neue Leipziger Schule bezeichnen. Matthias Weischer erinnert sich, dass dieser Name Neue Leipziger Schule auf mehrere Kunstkritiker zurückgeht. Er taucht erstmals in Artikeln über ihre Produzentengalerie mit dem Namen LIGA in Berlin auf. Zu dieser kollektiv betriebenen Galerie – sie bestand bis 2004 zum Zwecke der Selbstvermarktung – gehörten die frisch gekürten Absolventen der HGB Tilo Baumgärtel, Peter Busch, Tim Eitel, Tom Fabritius, Martin Kobe, Oliver Kossak, Jörg Lozek, Bea Meyer, Christoph Ruckhäberle, Julia Schmidt, David Schnell und Matthias Weischer. Neo Rauch, der bekannteste aus dieser Generation, ist Meisterschüler von Bernhard Heisig und Arno Rink. Zu Letzterem tritt Rauch in enge Beziehung, während seine Malweise und Bildkonzeption Bernhard Heisig fremd bleiben.

Arno Rink begrenzt die Zeitdauer der Leipziger Schule auf etwa 20 Jahre: „[...] eine sehr gute, kreative Zeit von 1970 bis 1990 oder von 1965 bis 1985, das war spannend innerhalb dieser Mauern, wir waren auf Höchstleistungen getrimmt; auch geistig, keine große Show, harte Arbeit und Verteidigung der eigenen Form und Haltung. Ich will es nicht schöngucken. Aber es war ein guter Kampf."[175]

Eduard Beaucamp bezieht den Begriff Leipziger Schule auf drei Künstlergenerationen und erläutert:

„Der stupende Reichtum dieser Schule resultierte aus dem spannungsgeladenen Zusammenspiel, der Gruppendynamik dreier denkbar gegensätzlicher Lehrer – des expressiven, ja vulkanischen Temperaments Heisigs, des einerseits neusachlichen, aber auch romantischen Parabelmalers und Analytikers Mattheuer und des virtuosen Manieristen und Geschichtsvisionärs Tübke. Im Werk der Schüler lassen sich deutlich die Spuren und Eindrücke der drei Lehrer in wechselnden Konstellationen verfolgen."[176]

documenta 6

Bereits für die documenta 5 mit dem Titel *Befragung der Realität – Bildwelten heute* wünschte man sich eine Beteiligung von Künstlern aus der DDR, kommunizierte dies aber so ungeschickt, dass die Kulturfunktionäre in der DDR annahmen, die documenta wolle nur eine Überlegenheit der „Westkunst" gegenüber der Kunst aus dem Osten konstruieren.[177] Dem jungen documenta-Team gelingt es 1977, in die umfassende Bearbeitung des Ausstellungsthemas „Bildmedien" Werke des Sozialistischen Realismus einzubeziehen.[178]

Mit Schreiben vom 2. November 1976 lädt die documenta 6 Willi Sitte, Bernhard Heisig, Wolfgang Mattheuer und Werner Tübke zur Teilnahme ein und erläutert das Ausstellungsvorhaben.[179] Die Künstler fühlen sich angesprochen und nehmen die Einladung an. Willi Sitte erhält zusätz-

Neo Rauch
Fell
2000
Öl auf Mischgewebe
190 × 135,5 cm
Museum der bildenden Künste Leipzig

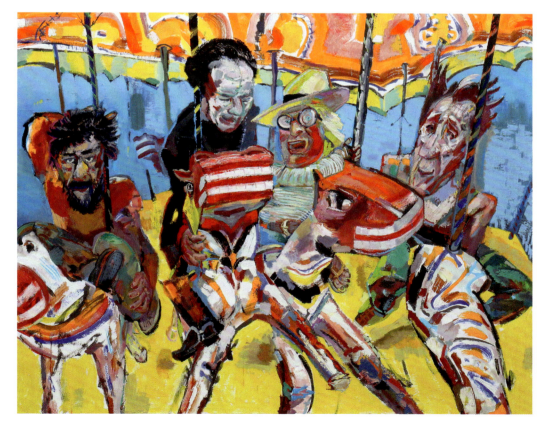

Sighard Gille
Die Apokalyptischen
(Kitaj, Auerbach, Hockney, Freud)
2012/13
Eitempera, Öl auf Leinwand
198 × 251 cm
Besitz des Künstlers

lich ein Einladungsschreiben als Vorsitzender des VBK-DDR. In dieser Funktion kümmert er sich um die staatliche Genehmigung der Teilnahme an der documenta, die er innerhalb von vier Wochen vom ZK der SED erhält, noch bevor sich das zuständige Ministerium mit der Sache befasst hat und Kulturfunktionäre Bedenken formulieren können. Die Parteispitze trifft die Entscheidung und wartet nicht auf die Meinung der Fachministerien.[180] Die Zustimmung beruht auf der Überzeugung, dass es „zum ersten Mal in einer Weltkunstausstellung wie Kassel möglich werde, die sozial-alternative Rolle der ostdeutschen Kunst und ihre inhaltliche Vielfalt darzustellen."[181] Die documenta 6 (vom 24. Juni bis 2. Oktober 1977) wird als eine hervorragende Möglichkeit angesehen, kulturpolitische Öffentlichkeitsarbeit mit dem Werk der eingeladenen Künstler zu betreiben.

Heisig übernimmt einen Teil der Koordinierungsaufgaben. Dazu gehört der Abschluss eines Vertrages mit dem ostdeutschen Kunsthistoriker Lothar Lang, der die Texte für den Ausstellungskatalog – einen Einführungstext *Zur DDR-Malerei der siebziger Jahre* und je einen einseitigen Text zu den Werken der teilnehmenden Maler und Bildhauer – schreiben soll.[182] Zusätzlich zu den vier eingeladenen Malern nehmen zwei Bildhauer, Fritz Cremer und Jo Jastram, an der documenta 6 teil.[183]

Heisig zeigt seine Gemälde *Festung Breslau – Die Stadt und ihre Mörder* (1969), *Ikarus – Schwierigkeiten beim Suchen nach der Wahrheit* (1973) und *Der Weihnachtstraum des unbelehrbaren Soldaten* (1976), dessen erste Fassung wohl aus dem Jahr 1964 stammt.

Im documenta-Katalog ist je ein Bild aller teilnehmenden Maler in alphabetischer Reihenfolge ganzseitig in Farbe abgebildet. In der Ausstellung hingegen werden die Werke der Maler aus der DDR in einem ausschließlich für sie reservierten Raum gezeigt und so zu einer Gesamtschau von Repräsentationsbildern der DDR vereinigt, statt die Werke der jeweiligen Künstler gesondert neben die Arbeiten anderer Künstler zu hängen.

Die westdeutschen Medien bezeichnen Heisig, Mattheuer, Sitte und Tübke als „Staatskünstler",[184] da sie für ihre Beteiligung einer staatlichen Genehmigung bedürfen (und erhalten) und weil einige ihrer Gemälde später vom Staatlichen Kunsthandel der DDR veräußert werden. Gegen die Teilnahme ihrer Kollegen aus der DDR protestieren Baselitz und Lüpertz. Sie verlangen die Abhängung ihrer eigenen Bilder aber auch wegen der „schlechten Präsentation der Abteilung Malerei". Ihre Flugblattaktion gegen die ostdeutschen Kollegen bleibt ohne große Resonanz.

Baselitz schiebt die Behauptung nach, er ziehe seine Werke zurück, weil die DDR die Ausstellungsbeteiligung von A. R. Penck (Ralf Winkler) verhindert hätte. Richtig ist hingegen, dass Penck seine Werkgruppe von seinem Galeristen Michael Werner entfernen ließ, weil er mit dem zugewiesenen Platz nicht einverstanden war. Eduard Beaucamp kommentiert, die

Weihnachtstraum des unbelehrbaren Soldaten
1964
Öl auf Hartfaser
41 × 52 cm
Monika und Karl-Georg Hirsch, Leipzig

vier DDR-Künstler malten interessanter als Baselitz und Lüpertz, sodass deren Fernbleiben kein Schaden sei.[185]

Heisig und Beuys verstehen sich, wie Jörn Merkert sagt, als Künstler „in der verpflichtenden Rolle als Aufklärer und Kritiker ihrer Gesellschaft […]. Und beide versuchen sie, aus ihrer jeweils individuellen Erfahrungsperspektive heraus mit ihrer Kunst der deutschen Geschichtsreflexion dreinzureden. […] Es waren aber vor allem Joseph Beuys und Bernhard Heisig, die in ihrem Werk deutsche Geschichte mit diametral entgegengesetzten Mitteln deutschen künstlerischen Denkens in Schärfe, Konsequenz und ‚innerer Notwendigkeit' (Kandinsky) reflektiert haben."[186]

Irene und Peter Ludwig · Ausstellung *Kunst heute in der Deutschen Demokratischen Republik* · Ausstellung in Bremen · Ausstellung in Paris *Peinture et Gravure en République Démocratique Allemande*
Irene und Peter Ludwig, leidenschaftliche Kunsthistoriker, Kunstliebhaber und vermögende Inhaber eines westdeutschen Schokoladenimperiums, haben in den 1960er und 1970er Jahren eine bedeutende Samm-

lung mit Werken international bekannter Künstler aus Westeuropa und den USA aufgebaut. Mehrere Werke werden in der Ausstellung *Westkunst – Zeitgenössische Kunst seit 1939* im Sommer 1981 in den Kölner Messehallen als Leihgaben des Museums Ludwig gezeigt.[187] Zu diesem Zeitpunkt hat sich das Interesse Peter Ludwigs bereits auf die Kunst der DDR erweitert.

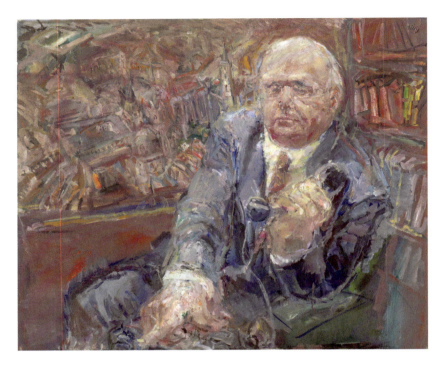

Bildnis Peter Ludwig
1984
Öl auf Leinwand
101 × 121 cm
Museum der bildenden Künste Leipzig,
Dauerleihgabe aus der Sammlung Ludwig

In Bezug auf die DDR sieht er die Möglichkeit, als Brückenbauer in der Kulturpolitik zwischen den beiden deutschen Staaten zu wirken: Westeuropäische sowie US-amerikanische Kunst möchte er in der DDR und ostdeutsche Kunst in der Bundesrepublik Deutschland einem breiten Publikum zugänglich machen.[188] Dafür setzt er sich im September 1976 mit dem Präsidenten des VBK-DDR, Willi Sitte, in Verbindung und erläutert sein Vorhaben. Er sei bereit, einem größeren Museum in der DDR aus seinen Beständen eine Dauerleihgabe zeitgenössischer „Westkunst" zur Verfügung zu stellen und zugleich ausgesuchte Werke von Künstlern der DDR für Ausstellungen in westdeutschen Museen zu erwerben.[189]

Sitte ist begeistert und empfiehlt als Ausstellungsort die Nationalgalerie in Berlin, deren Generaldirektor Eberhard Bartke an der Auswahl der Bilder mitwirkt. Sitte schreibt:

„Grundlage der Diskussion war eine Vorschlagsliste von Ludwig. Picasso war für ihn vorrangig, da er sich für diesen besonders interessiert und wußte, daß es in der DDR noch immer kein Werk von ihm gab. […] Uns war es wichtig, mit der Auswahl ein objektives Bild der westlichen Welt zu vermitteln, und wir wollten auch ein kleines Spektrum gegenstandsloser Kunst."[190]

Diese „qualitativ außerordentlich wertvolle [Dauer-]Leihgabe" enthält „Meisterwerke der 1960-er und 1970-er Jahre aus der amerikanischen-europäischen Kunst".[191] Sie wird vom 29. September 1977 bis zum Jahr 1991 in der Nationalgalerie, im Alten Museum in Ostberlin gezeigt. Die Zahl der ausgestellten Arbeiten variiert zwischen etwa 25 bis 30 Werken, da zu verschiedenen Anlässen Leihgaben abgezogen werden und neue hinzukommen. Bei der Ausstellungseröffnung unterstreicht Ludwig seine Intention: „Möge es dieser Ausstellung und möge es dem Katalog gelingen, Einsichten zu eröffnen, Erkenntnisse zu vermitteln und die Verständigung zu erleichtern."[192] Der Katalog zur Ausstellung erscheint erst 1982.

Der zweite Teil seines Vorhabens, der Erwerb qualitätvoller DDR-Kunst, führt Ludwig zu den großen Deutschen Kunstausstellungen in Dresden, mehreren Bezirkskunst- sowie kleineren Ausstellungen. Ludwig wird gestattet, seine Bilderauswahl bereits bei den Eröffnungen und Vorbesichtigungen zu treffen. Für alle ausjurierten Kunstwerke erhält er ein Vorkaufsrecht. Willi Sitte erinnert sich: „Natürlich versuchte er auch, die Werke preiswert zu bekommen. Ich wurde manchmal um meine Meinung gefragt und fand, wir sollten uns nicht zu billig verkaufen. Doch sah ich auch die kulturpolitische Seite: immer noch besser, für einen geringen Betrag draußen im ‚Feindesland' vertreten zu sein, als bei uns in irgendeinem Provinzmuseum zu landen."[193]

Ludwig stöbert außerdem in den Ateliers ausgewählter Künstler nach besonderen Werken. Seine unmittelbaren Atelierkäufe, auch im Atelier von Bernhard Heisig, erfolgen gelegentlich unter Umgehung des Staatlichen Kunsthandels der DDR. Es wird darüber hinweggesehen. Obwohl der staatliche Kunsthandel dadurch geschädigt wurde, habe er, schreibt Willi Sitte, „das aus zwei Gründen unterstützt. Zum einen bekamen auf diese Weise die Künstler alleine die Valuten [...], zum anderen, und das war der entscheidende Punkt, gelangte DDR-Kunst in einer Breite in westliche Ausstellungen, die über den Staatlichen Kunsthandel kaum realisierbar gewesen wäre."[194] So können die Künstler 100 Prozent der Valuten erhalten und nicht nur 15 bis (später) 30 Prozent, wie im Falle eines Verkaufs über den staatlichen Kunsthandel. Die von den Künstlern unmittelbar verkauften Gemälde übergeben sie zum Beispiel bei der nächsten genehmigten Ausreise aus der DDR.

Ludwigs Kunstkäufe tragen zur wesentlichen Verbesserung der Lebensverhältnisse vieler Künstler bei. Sarkastisch meint der ostdeutsche Kunstwissenschaftler Helmut Netzker, in vielen Ateliers der DDR werde nun so gemalt, wie es Peter Ludwig gefallen könnte.[195] Wolfgang Mattheuer erzählt mir lachend von Ludwigs Kunstkäufen: Als dieser bei Preisverhandlungen wieder einmal klagte, die Preise für den Kakao seien dramatisch gestiegen, habe er ihm geantwortet, dass dies leider auch auf Malfarben zutreffe. Heisig erinnert sich schmunzelnd, wie Peter Ludwig ihm bei seinen Besuchen in Köln keine D-Mark für den Kinobesuch gegeben, sondern seinen Chauffeur beauftragt habe, ihn zum Kino zu fahren, die Karte zu kaufen und ihn wieder abzuholen.

In der DDR wird zuweilen befürchtet, zu viele der besten Kunstwerke würden durch Ludwigs Käufe das Land verlassen. In Westdeutschland dagegen haben diese Kunstkäufe viele Schmährufe zur Folge.[196]

Willi Sitte schreibt rückblickend: „Das Verdienst Ludwigs für die Kunst in der DDR kann nicht hoch genug eingeschätzt werden. Er war auf Ausgleich bedacht, er wollte die Leistungen der Kunst in den beiden Systemen gleichberechtigt der Öffentlichkeit zugänglich machen."[197]

Heisig malt 1983/84 mehrere Porträts von Peter Ludwig und 1984 ein Bildnis des Sammlerehepaars *Peter und Irene Ludwig*, an dem er 1993 mit einigen wenigen Änderungen weitermalt.[198]

Im Sommer 1985 ist Heisig wieder in Aachen und vollendet ein anderes Doppelporträt von Irene und Peter Ludwig. „Das Doppelporträt ist ein Meisterwerk", schreibt Peter Ludwig im Juli 1985 an Heisig und ergänzt: „Ich liebe auch die frühere Fassung des Doppelporträts. Meine Frau und ich sind stolz, dass Sie sich so mit uns in Ihren Bildern und Zeichnungen auseinandergesetzt haben."[199]

Ausstellung *Kunst heute in der Deutschen Demokratischen Republik*
Anfang 1979 zeigen Irene und Peter Ludwig unter dem Titel *Kunst heute in der Deutschen Demokratischen Republik* in der Neuen Galerie Aachen ihre in den letzten drei Jahren aufgebaute Sammlung ostdeutscher Künstler, rund 150 Gemälde. Zu sehen sind Werke der Maler Bernhard Heisig, Wolfgang Mattheuer, Harald Metzkes, Willi Sitte, Volker Stelzmann, Werner Tübke und Heinz Zander sowie der Bildhauer Wieland Förster und Werner Stötzer.[200] Wolfgang Becker schreibt als Kurator der Ausstellung:

> „Diesen Künstlern gelingt es, seit 1973 internationale Aufmerksamkeit zu erregen. Die Auswahl der Werke, die diese Publikation anbietet, erhebt daher den Anspruch, sowohl die künstlerischen Persönlichkeiten selbst als auch eine aktuelle Entwicklungsphase in der Kunst der DDR zu repräsentieren. Es ist dieselbe, die die VIII. Dresdner Kunstausstellung 1977/1978 darstellte. Dort wurde sie zum Anlass einer leidenschaftlichen öffentlichen Auseinandersetzung."[201]

Die Ausstellung ist umstritten, aber gut besucht.[202] Sie wird an mehreren Orten in Westdeutschland und in Wien gezeigt und sie soll dazu beitragen, das Verständnis für die Kunst der DDR zu fördern. Manche Kunsthistoriker aus Westdeutschland bezeichnen die Werke aber abwertend als provinziell, rückwärtsgewandt und nicht als Kunst „im westlichen Sinne".[203]

Reise nach Paris
Anfang 1978 reist Bernhard Heisig auf Einladung des französischen Außenministeriums in seiner Funktion als Vizepräsident des VBK-DDR nach Paris. Es geht um die von Willi Sitte angeregte und seit Jahren geplante Ausstellung von DDR-Kunst im Musée d'art moderne de la Ville de Paris. Das französische Außenministerium behauptet, die Botschaft der DDR blockiere das Vorhaben. Diese erwidert, die französische Seite betreibe ein Intrigenspiel, weil die Ausstellung von der französischen Regierung politisch nicht gewollt sei. Heisig versucht erfolgreich, die festgefahrene Situation zu entkrampfen.
Nach Erledigung seines Auftrags besucht der Künstler gemeinsam mit Karl Max Kober den Louvre und die historischen Stätten des Aufstands der Kom-

**Doppelporträt
(Ehepaar Ludwig)**
1984/1993
Öl auf Leinwand
125 × 100 cm
Kunsthandel Brusberg Berlin

munarden von 1871, einschließlich der Mur des Fédérés auf dem Friedhof Père Lachaise. Bei unseren Gesprächen über Paris erzählt mir Heisig, er habe dank seiner Recherchen und der Lektüre des Buches von Prosper-Olivier Lissagaray,[204] einem Augenzeugen der Pariser Revolten von 1871, die meisten historischen Schauplätze der Kommunarden in Paris gefunden, ohne einen Stadtplan zu benutzen.

Bildnis Michael Hertz
1980
Bleistift auf Papier
61,5 × 49,5 cm
Sammlung Hertz, Bremen

Ausstellung in Bremen

Der Galerist Michael Hertz, der im Frühjahr 1980 in Bremen die erste Heisig-Ausstellung in Westdeutschland veranstaltet, ist mit deren Ergebnis hochzufrieden. Er vermittelt das Triptychon *Pariser Kommune* von 1979 an die Hamburger Kunsthalle, das *Atelier* an die Staatlichen Kunstsammlungen Kassel und den *Preußischen Soldatentanz* von 1978/79 an die Ostdeutsche Galerie in Regensburg. Zwischen Hertz und dem Künstler entwickelt sich ein freundschaftliches Verhältnis.[205]

Ausstellung in Paris *Peinture et Gravure en République Démocratique Allemande*

Im März 1981 wird die Ausstellung *Peinture et Gravure en République Démocratique Allemande* im Musée d'art moderne de la Ville de Paris eröffnet. Gezeigt werden Werke von Bernhard Heisig, Wolfgang Mattheuer, Willi Sitte, Werner Tübke, Arno Rink, Nuria Quevedo und Harald Metzkes sowie Zeichnungen und Grafiken von Carlfriedrich Claus, Klaus Dennhardt, Hermann Glöckner, Frieder Heinze und Max Uhlig.[206] Der Direktorin des Museums, Bernardette Contenson, ist die Ausstellung von Heisigs Kommune-Bild von 1980[207] wichtig. Nur wenige französische Künstler haben die blutigen Maitage der Niederschlagung des Kommune-Aufstands gemalt, weil die staatliche Zensur der Dritten Republik die Erinnerung an die „semaines sanglantes" aus dem öffentlichen Bewusstsein tilgen wollte.[208]

Unmittelbar vor der Ausstellung der Kunst aus der DDR zeigt das Museum westdeutsche Kunst unter dem Titel *Art Allemagne aujourd'hui* mit Werken von Georg Baselitz, Joseph Beuys, Jörg Immendorf, Anselm Kiefer, A. R. Penck, Sigmar Polke, Gerhard Richter, Dieter Roth und Ulrich Rückriem. Politisch geadelt wird die Ausstellung durch den Besuch von Bundeskanzler Helmut Schmidt in Begleitung des befreundeten französischen Staatspräsidenten Valéry Giscard d'Estaing.[209]

Das Echo in der französischen Presse auf die beiden Ausstellungen fällt sehr unterschiedlich aus. Während die westdeutsche, von der Leichtigkeit des Seins beseelte Kunst in ihrer Unverbindlichkeit bejubelt wird, ist die Reaktion auf die schwermütige ostdeutsche Kunst zwiespältig: „Der Gesamteindruck von den Arbeiten aus der DDR ist von großer Traurigkeit, trotz der kräftigen Farben, die das ganze menschliche Leben ausdrücken wollen."[210] Während der Ausstellung *Peinture et Gravure en République Démocratique Allemande* kommt es zu einem Eklat. Die französische Tageszeitung *Le Figaro* berichtet, dass einer der beteiligten Künstler, Bernhard Heisig, im Zweiten Weltkrieg in der Waffen-SS gedient habe. Heisig, der diese Tatsache verschwiegen hat, ist am Boden zerstört. Mit welchen Konsequenzen hat er zu rechnen?

In der DDR bleibt die Enthüllung für Bernhard Heisig ohne ernsthafte Folgen.[211] In der Bundesrepublik Deutschland hingegen wird Heisig die

Tatsache, dass er als 17-Jähriger als Soldat der Waffen-SS an der Westfront, in den Ardennen und in Breslau im Kriegseinsatz war, als gravierende moralische Verfehlung angelastet.

Heisig, der zumeist als Panzerfahrer diente, weiß, dass er wie fast jeder Kriegsteilnehmer Schuld auf sich geladen hat. Er spricht vom „Pflichttäter" der in seinem Bild *Menschen, Kriege, alter Maler* (vgl. Abb. S. 242/243) das Schriftband vor sich hält: „Wir taten nur unsere Pflicht. Keiner schuldiger als der Nachbar. Keiner feiger als der Nachbar. Pflichttäter."[212]

Die Pflege der Erinnerungskultur an die Zeit des „Dritten Reiches" und den Zivilisationsbruch ist für Heisig ein zentrales Gebot. Mit seinem künstlerischen Werk leistet er einen eigenen Beitrag.[213]

Mit Gudrun Brüne in Bremen, 1980

1982/83: Wiederwahl als Vizepräsident des VBK-DDR

Heisig wird 1982 mit dem Titel „Verdienter Hochschullehrer des Volkes" ausgezeichnet, obwohl er dem Regime „immer verdächtig" ist.[214] Ein Jahr später steht das Präsidium des VBK-DDR zur Neuwahl an. Heisig ermuntert den zögernden Willi Sitte: „Du kannst doch jetzt die Kollegen nicht im Stich lassen. Wer außer dir könnte es denn machen? Du bist der Einzige, der den Verband gegenüber Kurt Hager und ZK knallhart vertreten kann. Die Künstler stehen hinter dir."[215] Das politische Netzwerk von Willi Sitte und seine guten Beziehungen in die höchsten Parteikreise – er gehört sogar dem Zentralkomitee der SED an –, sind für den VBK-DDR trotz aller Rückschläge von nicht zu unterschätzender Bedeutung.

Heisig, der erneut eine Kandidatur als Präsident ablehnt, stellt sich wieder für die Wahl als Erster Vizepräsident zur Verfügung und nimmt die Aufgaben dieses Amtes weitere fünf Jahre ehrenamtlich wahr.

Ausstellung *Zeitvergleich. Malerei und Grafik aus der DDR*

Der Kunsthistoriker Uwe M. Schneede, der Kunsthändler Dieter Brusberg und der Staatliche Kunsthandel der DDR erarbeiten gemeinsam die Konzeption für die Ausstellung. Sie wird im November 1982 im Hamburger Kunstverein eröffnet und bis Januar 1984 an mehreren Stationen gezeigt. Im Vorwort des Ausstellungskatalogs schreibt Günter Grass:

> „Es lässt sich gröber und genauer nicht sagen: In der DDR wird deutscher [als in der Bundesrepublik Deutschland] gemalt. Dieser Staat und seine Bürger tragen sichtbar schwerer und ausfluchtloser an der deutschen Vergangenheit. […] Zwar örtlich geprägt und oft genug geschunden, sind die Künste und mit ihnen Dichter und Maler ortlos geblieben und deshalb Mauerspringer aus Passion; ihnen kann nachhaltig keine Grenze gezogen werden."[216]

Menschen, Kriege, alter Maler
2002/03/04
Öl auf Leinwand
130 × 480 cm
letzte Fassung
zuvor *Damals und gestern und heute …*
Privatsammlung Norddeutschland

Als ich die Völkerschlacht malen wollte
1984
Öl auf Leinwand
151,5 × 203 cm
Museum der bildenden Künste Leipzig

Die Behauptung, dass in der DDR „deutscher gemalt" werde, bezieht sich sowohl auf die Befassung der Maler mit der deutschen Geschichte als auch auf ihre Verbundenheit mit der deutschen Maltradition. Das gilt ohne Einschränkung auch für Bernhard Heisig.

Schneede schließt seinen Katalogbeitrag zur Kunst der DDR zwischen 1945 und 1981 mit den Worten: „Die Malerei in der DDR ist mittlerweile ein ganz spezifischer Bestandteil heutiger Kunst geworden. Wo sie uns fremd ist, spricht sie von der Realität zweier deutscher Staaten."[217]

Günter Grass schreibt 2005 über die Ausstellung, dass sie zwar als Sensation gewertet wurde, „doch schon damals sprach sich die bis heute virulente westdeutsche Ignoranz aus: figürliche, expressiv gegenständliche, komplexe und die Last deutscher Geschichte mitschleppende Bildgestaltung widersprach dem Zeitgeist und dessen Unverbindlichkeiten."[218]

1984/85: Begegnung mit Peter Beckmann · 1. Leipziger Herbstsalon · Ausstellungen *DDR heute* und *Durchblick* · Heisigs 60. Geburtstag · Das Porträt des Bundeskanzlers Helmut Schmidt

Zu Max Beckmanns 100. Geburtstag veranstaltet das Museum der bildenden Künste Leipzig im Frühjahr 1984 die Ausstellung *Max Beckmann. Graphik, Malerei, Zeichnungen*,[219] die Heisig gemeinsam mit Beckmanns Sohn, dem Arzt Peter Beckmann, besucht. Zwei Jahre zuvor haben sie sich in Leipzig bei Hans Marquardt kennengelernt. Der Leiter des Reclam-Verlags Leipzig will eine zweibändige Ausgabe zu Goethes *Faust* mit Werken von Max Beckmann und Bernhard Heisig herausbringen.

Zwischen Heisig und Peter Beckmann entwickelt sich eine herzliche Verbindung, wie Beckmanns Tochter Mayen berichtet.[220] Heisig bestätigt:

> „Am nächsten Tag haben wir uns gleich geduzt und viel Wodka getrunken […]. Er hat an der Leipziger Kunsthochschule etliche Vorlesungen gehalten, deren Rektor ich damals war […]. Zum Beispiel über die Faustillustrationen […], wobei er jede dort gezeichnete Glatze sogleich als mögliches Selbstporträt (Max) Beckmanns deutete. Aber was soll's, in jedem Bild steckt auch die Wahrheit des Betrachters, die des Autors ohnehin. Er war gern bei uns im Osten, wurde zunächst als Sohn des berühmten Max Beckmann bestaunt, später aber geschätzt wegen seiner lebendigen, souveränen und interessanten Vorlesungen."[221]

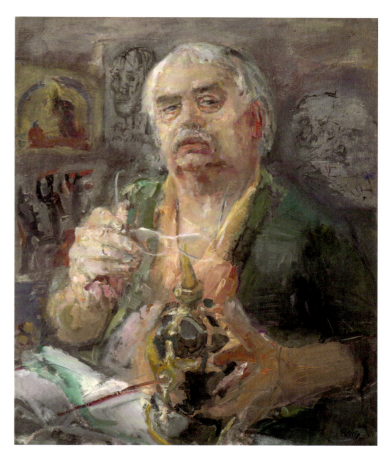

Bildnis Hans Marquardt
1985
Öl auf Leinwand
110 × 89 cm
Museum der bildenden Künste Leipzig

Die *Leipziger Volkszeitung* schreibt am 28. April 1983, dass die öffentlichen Vorträge von Peter Beckmann über die Kunst seines Vaters stets überfüllt waren und so einen „Vorgeschmack auf die zu erwartenden Ehrungen im kommenden Jahr, zum 100. Geburtstag des Künstlers" geben. Die Zeitung zitiert Peter Beckmann: „Seinem Vater sei es stets darum gegangen, die Magie der Realität zu erfassen und diese Realität in Malerei zu übersetzen."

Peter Beckmann beeindruckt seinen Freund Bernhard Heisig immer wieder mit seinem Talent und großem Vergnügen, die Dinge möglichst schockierend auf den Punkt zu bringen – so die Erzählung von dem Bauern in einem Leichenschauhaus, auf dessen Lieblingshosenträgern die Losung „G'sund samma" aufgestickt ist.

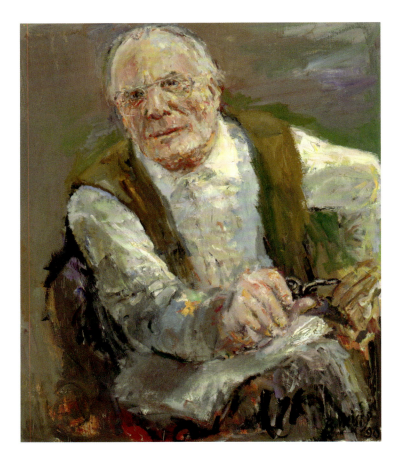

Bildnis Peter Beckmann
1990
Öl auf Leinwand
120 × 100 cm
Museum der bildenden Künste Leipzig

Das begonnene Porträt Peter Beckmanns[222] vollendet Heisig posthum:

„Sein Porträt hatte ich angefangen und wollte es so nach und nach mit Studien weitermachen. Und dann habe ich es beinahe in einem Ritt gemalt … Nach zwei Wochen war es ziemlich fertig. Körper- und Kopfhaltung, auch die Kleidung habe ich ein paarmal verändert, so lange, bis es mit dem, was ich von ihm wußte, übereinstimmte. Dann hat's eine Weile noch bei mir gehangen, und dann habe ich es Maja [der Witwe von Peter Beckmann] geschenkt."[223]

1. Leipziger Herbstsalon

Der erste Leipziger Herbstsalon von 1984 ist eine Reaktion darauf, dass die Teilnahme an den meisten Ausstellungen in der DDR von der Zustimmung und der Werkauswahl des VBK-DDR oder anderer staatlicher Stellen abhängig ist. Viele Künstler wollen aber selbst entscheiden, wann und wo sie welche und wie viele ihrer Werke der Öffentlichkeit zeigen. Deshalb starten Lutz Dammbeck, Günter Firit, Hans-Hendrik Grimmling, Frieder Heinze, Günther Huniat und Olaf Wegewitz, alle Mitglieder im VBK-DDR, im Herbst 1984 nach anfänglichem Zögern einen sorgfältig geplanten Coup. Ohne Wissen Dritter organisieren sie in Eigenregie – mit der Behauptung, im Auftrag des VBK-DDR zu handeln[224] – ihre Ausstellung, den 1. Leipziger Herbstsalon.

Der Verband und die staatlichen Stellen erfahren von dem Event erst, als Einladungen zur Ausstellungseröffnung in den Briefkästen der Kulturfunktionäre auftauchen. Deren Wut und Empörung über die Eigenmächtigkeit der Künstler scheint grenzenlos. Scharfe Reaktionen werden gefordert, die staatliche Autorität müsse wiederhergestellt und ein Exempel statuiert werden. In dem Bemühen, eine Eskalation zu vermeiden, beauftragt die Leipziger Parteileitung Bernhard Heisig mit der Aufgabe, die Sache nach Möglichkeit zu befrieden. Der Fortgang zeigt, wie Heisig im Rahmen des „Machbaren" an Lösungen arbeitet und sich für die Künstler einsetzt. Er will, dass die Ausstellung stattfinden kann.

Am Morgen der geplanten Eröffnung trifft Heisig die Künstler am Ausstellungsort und verständigt sich mit ihnen über den Rahmen der Konditionen, die er für eine etwaige Beilegung des Streits durchsetzen müsse. Danach verhandelt Heisig unter anderem mit der Kulturabteilung des ZK der SED und erreicht eine Vereinbarung.[225] Gegen die beteiligten Künstler werden keine

Strafen verhängt. Das vom Rat des Bezirks Leipzig beschlossene Ausstellungsverbot wird zurückgenommen und der Mietvertrag für die Ausstellungsräume insoweit bestätigt, dass die Ausstellung vom 15. November bis 7. Dezember 1984 stattfinden kann. Klaus Werner hat sein Vorwort für den Ausstellungskatalog mit den Worten *Geduld, Dulden, Ungeduld* überschrieben.[226]

Die Bedingungen für die offizielle Zulassung der zeitlich gekürzten Ausstellung sind: keine Werbung für die Ausstellung in der Öffentlichkeit, keine Besucher aus Westberlin oder Westdeutschland, keine Kontakte zu westlichen Medien. Aber die Ausstellung zieht mehr als 10 000 Besucher an. Unerwartete „Lockvögel" sind: eine Modelleisenbahnausstellung im Stockwerk über den Ausstellungsräumen, der Weihnachtsmarkt vor dem Messehaus und die Kurzfilmwoche im gegenüberliegenden Kino Capitol.

Bernhard Heisig im Gespräch, Leipzig 1984

Im Nachhinein und als sie bereits nach Westdeutschland ausgereist waren, sind Lutz Dammbeck und andere Künstler wegen der Streitbeilegung sehr unzufrieden. Ihr Projekt wurde legalisiert, sie aber hatten aufrührerisch sein wollen.[227] Heisig wird durch den vereinbarten Kompromiss zu ihrem „Spielverderber" stilisiert. Hans-Hendrik Grimmling wird seinen Ärger noch fünf Jahre später bei der Eröffnung der Heisig-Retrospektive im Herbst 1989 im Westberliner Martin-Gropius-Bau lautstark artikulieren. Lutz Dammbeck bezeichnet Heisig abwertend als „Malerfunktionär" und verunglimpft ihn in seinem Film *Dürers Erben* (1996).[228] Er unterscheidet nicht zwischen Heisigs eigenständiger künstlerischer Tätigkeit, seinem Wirken als Professor und Rektor der HGB und seinen gesellschaftlich-politischen Aktivitäten. Für Dammbeck, Grimmling und andere aus der Schülergeneration ist Heisig ein Mann des Establishments in der DDR-Kunstszene. Dahinter verschwindet seine Leistung als Künstler, Lehrer und – wie hier – als Vermittler und Ermöglicher. Die Jungen rennen gegen die Generation der Väter an, die – wie sie meinen – ihnen Wege in ihrer Entwicklung versperrt hat. Sie wollen nicht sehen, dass Heisig seine Ämter nicht als Marionette des Staatsapparats wahrnimmt, sondern sich in der Diktatur als engagierter Streiter für machbare Lösungen einsetzt, strategisch denkt und taktische Disziplin wahrt. Als Realist hält er es mit Gotthold Ephraim Lessing, dessen Nathan der Weise zu seiner Tochter sagt:

> „Begreifst Du aber,
> Wie viel einfacher andächtig schwärmen als
> Gut handeln ist? Wie gern der schlaffste Mensch
> Andächtig schwärmt, […]
> Um nur gut handeln nicht zu dürfen?"[229]

Der „halbe" Erfolg des 1. Leipziger Herbstsalons ermutigt die jüngere Künstlergeneration, die Ideen ihrer Kollegen aufzugreifen.[230] Aber die Hardliner unter den Kulturfunktionären haben wieder die Oberhand. Ursula Ragwitz,

Abteilungsleiterin für Kultur im ZK der SED, verkündet in Anwesenheit des Präsidenten sowie des Ersten Vizepräsidenten des VBK-DDR, Willi Sitte und Bernhard Heisig, im Februar 1985 den versammelten jungen Künstlern des Bezirks die zukünftigen kulturpolitischen Vorstellungen der Partei und bezeichnet den Leipziger Herbstsalon als „Beispiel konterrevolutionärer Entwicklung". Dies werde man ein nächstes Mal zu verhindern wissen. Wachsamkeit und Parteilichkeit seien geboten, die Partei werde sich „nicht noch einmal das Gesetz des Handelns aus der Hand nehmen lassen".[231] Dagegen kann Heisig nicht offen opponieren.

Manfred Schneckenburger, Kunsthistoriker, Hochschullehrer und künstlerischer Leiter der documenta 1977 und 1987, urteilt wenige Jahre nach der deutschen Einheit: „Bernhard Heisig war einer der konsequentesten Protagonisten des Umbruchs in der DDR. Er ist auch der herausragende Modellfall für die schwer entwirrbare Verstrickung von Anpassung an ein System und beharrlichem Widerspruch, (zeitweilig) offizieller Repräsentanz und (jederzeit) aufrechter Individualität, von Staatsaufträgen oder preisen und persönlicher Obsession."[232]

Ausstellungen *DDR heute* und *Durchblick*

In Worpswede findet 1984 die Ausstellung *DDR heute: Malerei, Graphik und Plastik* großes Interesse. Im gleichen Jahr zeigt das Ludwig-Institut für Kunst der DDR Oberhausen in der Ausstellung *Durchblick* seine bis dahin erworbenen 260 Werke von Künstlern aus der DDR in der Städtischen Galerie Oberhausen und in der Staatlichen Kunsthalle in Westberlin.[233] Gezeigt wird unter anderem Heisigs Gemälde *Ende des Abendprogramms* (1982).

Heisigs 60. Geburtstag

Zu seinem 60. Geburtstag am 31. März 1985 wird Heisig mit Ausstellungen in den Museen der Städte Leipzig, Moskau und Ostberlin geehrt. Im Ausstellungskatalog des Museums der bildenden Künste Leipzig schreibt der Kunstwissenschaftler Peter Pachnicke: „Wer sich auf die Bilder von Bernhard Heisig einläßt, setzt sich der Wirklichkeit aus, der geschichtlichen und der gegenwärtigen."[234] Von den neuen in dem Katalog abgebildeten Werken des Künstlers sind insbesondere folgende Gemälde zu erwähnen: *Als ich die Völkerschlacht malen wollte* (1984), *Um die Wurst* (1984) und *Christus verweigert den Gehorsam I* (1984–1986). An diesen Gemälden, wie an vielen anderen, arbeitet Heisig in den Folgejahren intensiv weiter, sodass ihre Urfassungen oder „Zwischenfassungen" häufig nur als Foto erhalten sind.

Auf die Frage zu seinem 80. Geburtstag, ob er seine alten Bilder immer noch ändere und übermale, antwortet der Künstler: „Ja. Das ist mein Naturell. Es gibt Arbeiten von mir, da sind zehn andere Bilder drunter."[235] Ein Werkverzeichnis würde deshalb immer lückenhaft sein und auch die Bilddatierungen sind schwierig, da Heisig in vielen Fällen an einem Bild weitermalt, wenn es in sein Atelier zurückkehrt.

Das Porträt des Bundeskanzlers Helmut Schmidt
Als bekannt wird, dass sich Helmut Schmidt entschieden hat, sein Kanzlerporträt malen zu lassen, gehen bis zum 8. März 1984 im Bundeskanzleramt in Bonn weit über 100 Angebote und über 200 Zuschriften ein. Aber keiner dieser Maler kann Schmidt überzeugen.[236] Seine Wahl fällt auf Bernhard Heisig. Hans Otto Bräutigam, der Leiter der Ständigen Vertretung der Bundesrepublik Deutschland in der DDR, fragt Bernhard Heisig im Frühjahr 1984, ob er bereit sei, das Porträt von Helmut Schmidt zu malen. Heisig empfindet das als hohe Auszeichnung und künstlerische Herausforderung, zumal er Helmut Schmidt, den er zu diesem Zeitpunkt nur aus dem Fernsehen kennt, als künstlerisch interessierten Politiker schätzt. Aber es gibt Schwierigkeiten vonseiten der DDR-Behörden, deren Genehmigung eingeholt werden muss. Darüber schreibt Kristina Volke detailliert in ihrem Buch *Heisig malt Schmidt*.[237]

Im Sommer 1985 wendet sich Bräutigam schließlich direkt an einen Mitarbeiter Erich Honeckers mit der Bitte: Helmut Schmidt habe den Wunsch, dass Bernhard Heisig ihn porträtiere. Honecker delegiert die Entscheidung. Dietmar Keller, der stellvertretende Kulturminister der DDR, fordert Heisig in einer Sitzung des VBK-DDR auf, er solle den Porträtauftrag ablehnen. Helmut Schmidt sei der Kanzler des NATO-Doppelbeschlusses. Solch eine Person dürfe man nicht würdigen. Viele von Heisigs Kollegen sind mit dieser Forderung einverstanden. Sie neiden ihm insbesondere den Ausstellungsort des fertigen Porträts im Bundeskanzleramt in Bonn. Heisig erwidert, Keller müsse, wenn er das so wolle, die Porträtanfrage selbst absagen. Dieser unternimmt nichts[238], Heisig nimmt den Porträtauftrag an und erhält am 2. August 1985 von Helmut Schmidt folgende Antwort: „Ich habe mich sehr gefreut, dass Sie bereit sind, mich für die Galerie des Bundeskanzleramtes zu malen und hierfür in die Bundesrepublik zu kommen."[239] Am selben Tag lässt Schmidt dem Chef des Bundeskanzleramtes Wolfgang Schäuble mitteilen, dass Heisig ihn malen werde und er um äußerste Diskretion bitte.

Der Porträtvertrag wird zwischen dem Bundeskanzleramt und dem Künstler, vertreten durch den Staatlichen Kunsthandel der DDR, am 15. Januar 1986 abgeschlossen. In Hamburg macht Heisig einige Zeichnungen. Die Porträtarbeit sei ihm schwergefallen, sagt der Künstler, da er das

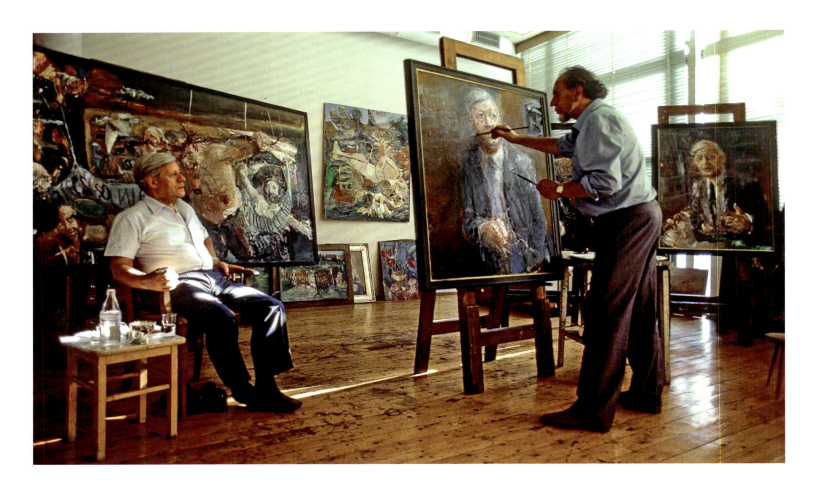

Helmut Schmidt im Atelier von Bernhard Heisig in Leipzig, Sommer 1986

Modell, wenn er es brauchte, kaum zur Verfügung hatte. Um das angestrebte Ergebnis zu erzielen, fertigte er sechs Fassungen. Zwei davon hat er zerstört. Aus den vier übrigen Fassungen wählt Helmut Schmidt das offizielle Kanzlerbild. Eine Porträtzeichnung schenkt ihm der Künstler.

Die Arbeiten an dem Porträt und die Gespräche bei den persönlichen Besuchen am Brahmsee, im privaten Domizil von Helmut und Loki Schmidt, begründen eine Freundschaft zwischen dem Politiker und dem Maler.[240] Zudem teilen Schmidt und Heisig das prägendste Erlebnis ihrer Jugend: Beide überleben als Soldaten den Zweiten Weltkrieg.

Als das für das Kanzleramt ausgesuchte Gemälde am 11. November 1986 offiziell präsentiert wird, bricht unter der westdeutschen Künstlerschaft und ihren Vertretern Empörung aus. Associated Press meint: „Eine ‚Kunstrevolution' bahnt sich im Bundeskanzleramt an. Erstmals soll ein Gemälde eines DDR-Künstlers an exponierter Stelle bewundert werden. […] Das Bild soll die ‚Ahnengalerie der Kanzler' der Bundesrepublik Deutschland in der Bonner Machtzentrale bereichern."[241]

Heisig ergänzt, „dass es natürlich auch in der DDR einige gegeben habe, die mir das Porträt verübelten. Aber vor allem in der Bevölkerung fand das Ganze viel Zustimmung."[242]

**1986 bis 1987: Ausstellung *Menschenbilder. Kunst aus der DDR* ·
Michail Gorbatschow · Erich Honecker in der
Bundesrepublik Deutschland · Niederlegung des Rektorats**

Die Museen in Bonn, Münster und Saarbrücken zeigen vom 13. November 1986 bis 26. April 1987 die Ausstellung *Menschenbilder. Kunst aus der DDR*. Das Grußwort des Katalogs schreibt Ministerpräsident Johannes Rau:

„Selbst unter kunstverständigem Publikum ist die Vielfalt der Entwicklungslinien, auf denen die Kunst im anderen deutschen Staat beruht, auch heute noch oft kaum bekannt. Mit den etwa einhundert Exponaten der Plastik, Malerei und der Grafik, von denen die überwiegende Mehrheit aus Museen der DDR stammt, wird ein zwar begrenzter, aber doch repräsentativer Ausschnitt des künstlerischen Schaffens von vierzehn namhaften Künstlern der DDR, ihrer Ausdrucksformen und ihres Menschenbildes gezeigt."[243]

Heisig ist in der Ausstellung mit fünf Gemälden vertreten, einschließlich des Bildes *Christus verweigert den Gehorsam* (3. Fassung, 1986), das Gegenstand seines Briefes an eine zehnte Klasse des Stadtgymnasiums Dortmund ist (vgl. S. 111).

Michail Gorbatschow

Nach dem Tod von Leonid Breschnew 1982 sowie seiner Nachfolger Juri Andropow 1984 und Konstantin Tschernenko 1985 endet die „Begräbnisdiplomatie" mit der Wahl Michail Gorbatschows zum Generalsekretär des ZK der KPdSU im März 1985. Er läutet eine Zeitenwende in der Sowjetunion und deren Deutschlandpolitik ein.

Im April 1986 fordert Gorbatschow auf dem XI. Parteitag der SED gesellschaftliche Reformen, „Glasnost" (Transparenz) und „Perestroika" (Erneuerung durch Umbau des kommunistischen Systems). Die Führungskader der DDR erkennen den gefährlichen Sprengstoff in diesen Ideen. Sie wissen, dass ihre Macht auf umfassender Überwachung und Verfolgung ihrer Gegner beruht. Reformen lehnen sie ab. Kurt Hager, Chefideologe und Mitglied des Staatsrats der DDR, witzelt in einem Interview: „Würden Sie, nebenbei gesagt, wenn Ihr Nachbar seine Wohnung neu tapeziert, sich verpflichtet fühlen, Ihre Wohnung ebenfalls neu zu tapezieren?"[244] Es wird nicht lange dauern, bis dem Führungskader der DDR seine „alten Tapeten" zum Verhängnis werden!

Die UdSSR nimmt ihr Veto gegen den Abschluss des seit Jahren unterschriftsreifen deutsch-deutschen Kulturabkommens zurück, sodass es im Mai 1986 unterzeichnet werden kann. Es ermöglicht eine verlässliche Kooperation zwischen west- und ostdeutschen Museen.[245] Zuvor agiert die im

Jahre 1973 errichtete Ständige Vertretung der Bundesrepublik Deutschland in Ostberlin als inoffizielles „deutsch-deutsches Kulturinstitut".[246]

Erich Honecker in der Bundesrepublik Deutschland

Erst unter Gorbatschow gestattet die UdSSR Erich Honecker den von ihm seit zwei Jahren gewünschten Staatsbesuch der Bundesrepublik, der, wie Wolfgang Schäuble schreibt, „(wie wir heute wissen) von umfangreichen operativen Maßnahmen der Staatssicherheit begleitet wurde"[247] und heftig umstritten war. Die nationale und internationale Aufmerksamkeit ist gewaltig. Rund 2400 Journalisten aus aller Welt versammeln sich in Bonn. Wolfgang Schäuble begrüßt den Staatsgast am 7. September 1987 am Flughafen Köln-Wahn. Bundespräsident Richard von Weizsäcker, Bundeskanzler Helmut Kohl, die Ministerpräsidenten Johannes Rau, Bernhard Vogel, Oskar Lafontaine und Franz Josef Strauß empfangen den Generalsekretär des Zentralkomitees der SED und Vorsitzenden des Staatsrats der DDR mit allen Ehren, die protokollarisch höchsten Repräsentanten anderer Staaten vorbehalten sind – im Falle Honeckers bedeuten sie eine Aufwertung seiner Person und der DDR als anderem deutschen Staat.

Angesichts der offensichtlichen gegensätzlichen Auffassungen in der Deutschlandpolitik geht es den westdeutschen Politikern in ihren Gesprächen mit Erich Honecker darum, Fortschritte in den gesamtdeutschen Angelegenheiten zu erreichen. Helmut Kohl, der einem Besuch Honeckers wegen der damit verbundenen Anerkennung bis zuletzt äußerst skeptisch gegenübersteht, meint rückblickend, dass es wohl „die wichtigste innerdeutsche Entscheidung gewesen [sei]", Honecker in der Bundesrepublik mit allen Ehren zu empfangen.[248] Seinerzeit aber steht für Helmut Kohl die Vereinbarung im Vordergrund, im DDR-Fernsehen die Position der Bundesregierung vermitteln zu dürfen mit den Worten: „Die Menschen in Deutschland leiden unter der Trennung [...], auch deswegen sollten wir uns noch intensiver darum bemühen, für die Deutschen ein Maximum an Miteinander und Begegnungen, an Reisen und Austausch zu ermöglichen."[249] Erich Honecker antwortet mit seinen bekannten Stereotypen: „Dabei messen wir den humanitären Fragen und den Menschenrechten, die in ihrer Gesamtheit von politischen, zivilen, ökonomischen und sozialen Rechten in der DDR im praktischen Leben ihre tägliche Verwirklichung finden, keine geringe Bedeutung bei."[250] Im Anschluss an dieses Zitat fasst Kohl den Rest der Rede Honeckers mit den Worten zusammen: „Ausgangspunkt für nützliche Politik könne nur die Realität sein, die Existenz von zwei voneinander unabhängigen souveränen deutschen Staaten."[251]

Viele Menschen in der DDR, auch Bernhard Heisig, sehen in Honeckers Reaktion die Bestätigung eines mangelnden Reformwillens und wissen, dass alles, was Honecker zum Thema Menschenrechte sagt, mit der Wirklichkeit in der DDR nichts zu tun hat. Die Flüchtlingszahlen steigen weiter. Als Honecker wenige Wochen später am 3. Oktober 1987 die X. Deutsche Kunstausstellung in Dresden eröffnet, loben ihn die Hardliner lautstark und mit Transparenten für seine „Standfestigkeit" in der Bundesrepublik.

Niederlegung des Rektorats
Wegen starker gesundheitlicher Beschwerden beendet Heisig auf Rat seines Arztes Mitte 1987 seine insgesamt 14-jährige Amtszeit als Rektor der HGB (1961–1964 und 1976–1987). Seine Lehrtätigkeit nimmt er bis zu seiner Emeritierung im Sommer 1990 wahr. Er hat den hohen internationalen Ruf der Hochschule im Fach Malerei und Grafik entscheidend mitbegründet. In einer Rückschau schreibt der Künstler:

> „Die Hochschule für Grafik und Buchkunst ist eine geachtete, manchmal geliebte und gelegentlich gehaßte Einrichtung. In den 1950er Jahren ging es eher um ideologische … und politische Positionskämpfe. Ich habe diese Zeit meiner Studienzeit von 1945 [sic] bis 1951 in schlechter Erinnerung. Es machte mir keine Freude, dort zu studieren, und ich ging bald weg. Später wollte ich verhindern helfen, daß sich dieses Klima wiederholte. Ich denke, daß mir das dann, als ich Rektor war, auch gelungen ist. Noch später erkannte ich auch, daß in der schwierigen Zeit des Neubeginns, mitten im Reibungsfeld der politischen Auseinandersetzungen, das Fundament für das gelegt wurde, was man erst abwartend, aber dann mit zunehmender, auch internationaler Anerkennung die Leipziger Schule nannte.
> Die Hochschule für Grafik und Buchkunst hat vielen jungen Künstlern, die heute öffentliche Anerkennung finden, das Rüstzeug geliefert. Es ist ihr manches zu danken. Ich tue das auch."252

Heisigs Nachfolger als Rektor der HGB wird sein Meisterschüler Arno Rink, der das Amt in der politischen Umbruchszeit umsichtig führt. Er bleibt als einziger Rektor einer Universität oder Hochschule in der DDR auch nach der Wende in seinem Amt und wird sogar für eine weitere Amtsperiode bis 1994 gewählt.253 Am 7. Mai 1999 vermerkt er kritisch in seinem Tagebuch: „Und ich bin mittlerweile fest überzeugt, der Einmarsch der meisten Westprofessoren ist kein Heil für diese Institution. Es geht mehr als nötig den Bach runter, wir denken grundverschieden, aber

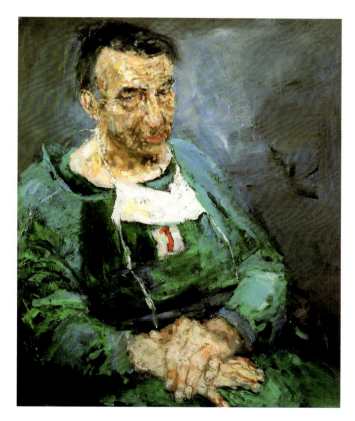

Bildnis Chefarzt Dr. Mättig
1989
Öl auf Leinwand
110 × 90 cm
Privatbesitz

sie werden am Ende gewinnen und keiner wird den echten Verlust mehr ansagen können."[254]

1988: Kurswechsel in der Politik der DDR zum Holocaust und zu Israel · Heisig stellt sich dem Thema der Shoah · Ausstellung *Zeitvergleich '88. 13 Maler aus der DDR* · X. Kongress des VBK-DDR

Seit ihrer Gründung weist die DDR jegliche juristische und moralische Verantwortlichkeit für den Holocaust im Deutschen Reich und in den von der deutschen Wehrmacht besetzten Gebieten zurück. Diese unhaltbare Position gibt die DDR-Führung im Frühjahr 1988 völlig überraschend auf, bekennt sich zur Mitverantwortung für den Holocaust und sucht Versöhnung und Ausgleich mit dem Staat Israel.[255]

In der DDR leben 1988 weniger als 1000 Mitglieder der Jüdischen Gemeinde, zumeist sehr alte Menschen.[256] Von den prominenten Rückkehrern nach dem Ende der NS-Zeit lebt nur noch Stefan Heym. Anna Seghers († 1983) und Arnold Zweig († 1968) sind bereits gestorben. Nur wenige wissen, dass auch Ernst Bloch, Paul Dessau, Hanns Eisler, Lea Grundig, Stephan Hermlin, Herbert Sandberg und Helene Weigel jüdischer Herkunft sind.

Heisig stellt sich dem Thema der Shoah
Heisig malt 1988 das Triptychon *Zeit der Haie*, ein horrendes Bild der Shoah, deren Schrecken ihn bis zu seinem Lebensende nicht loslässt. Auf der rechten Bildtafel des Triptychons zitiert er das erschütternde *Selbstbildnis mit dem Judenpass* des Malers Felix Nußbaum und setzt daneben die Bahngleise, die in das Todeslager Auschwitz-Birkenau führen. Dort wird der am 11. Dezember 1904 in Osnabrück geborene Künstler der Neuen Sachlichkeit 1944 ermordet, ein Opfer des Holocaust, des Mordes an sechs Millionen Juden. Die Häftlingsmauer im Hintergrund der Bildtafel und der Rücken eines nackten Mannes am Rand einer tiefen Grube erinnern an die erschütternden grafischen Blätter in Heisigs Werk *Der faschistische Alptraum*.[257]

Nußbaums *Selbstbildnis mit Judenpass* verwendet Heisig als Chiffre für die menschenverachtende Judenvernichtung. Die Gemälde *Zwei deutsche Maler* (1992 und 1996), *Kreuze und Stern und Der Meister aus Deutschland* (2001), *Der Befehl und das Lied von den morschen Knochen* (2002) sowie „*Aber Gott sieht zu, Herr Offizier …*" in mehreren Fassungen gemahnen mit höchster Eindringlichkeit an den deutschen Zivilisationsbruch.

Lea Rosh, Mitinitiatorin des Berliner Denkmals für die ermordeten Juden Europas,[258] sieht Heisigs Gemälde, die sich mit dem grauenvollen Schicksal der Juden befassen, erst mehrere Jahre nach der heftigen Diskussion über den Auftrag an Heisig für ein Gemälde im Deutschen Bundestag im

› Zeit der Haie
(Triptychon, rechte Tafel)
1989
Öl auf Leinwand
150 × 70 cm
Privatsammlung Norddeutschland

Jahre 1998.²⁵⁹ Sie hatte angedroht, die von ihr initiierte Gedenkstätte für die von den Nationalsozialisten verfolgten Reichstagsabgeordneten zurückzuziehen, wenn Heisig diesen Auftrag bekomme. Nun fragt sie, wie es möglich sei, dass sich Bernhard Heisig bei seiner Biografie als jugendlicher SS-Soldat viele Jahre später so eindringlich und emotional mit dem Schicksal der Juden habe auseinandersetzen können, und schreibt:

> „Da saß er nun, der Künstler Heisig, ein Maler mit diesem gewaltigen Œuvre, ein Mann von 79 Jahren, und fragte mich, ob ich ihm noch böse sei. Ich war beschämt ... Denn ich hätte seine Geschichte begreifen müssen, die Geschichte eines 17-jährigen. Ich hatte mir ja wieder und wieder seine Bilder angesehen: *Der Gejagte, Der Kriegsfreiwillige, Festung Breslau, Chronik aus dem unendlichen Krieg, Unterm Hakenkreuz, Schützengraben, Die Ardennenschlacht, Der faschistische Alptraum* und und und ... Einer, der sich diese Stoffe aussucht, der diese über Jahrzehnte zu seinen Bildstoffen macht, der hat sich mit seiner Geschichte beschäftigt, der hat zuverlässig aus der Geschichte gelernt."²⁶⁰

Ich erlebe, wie Lea Rosh den Jubilar bei der Feier seines 80. Geburtstags fragt, ob er ihr noch böse sei und Heisig mit freundlichen Worten verneint. Eine jüdische Weisheit sagt: „Das Vergessenwollen verlängert das Exil, und das Geheimnis der Erlösung heißt Erinnerung." Hans-Werner Schmidt greift diesen Gedanken auf und schreibt:

> „Heisigs Historienbilder sind Erinnerungsbilder für die Zukunft. Und wenn Erschütterndes in einer virtuosen Darstellung erscheint, muß das nicht befremden. Dies ist eine Form von Widerstand gegen das Destruktive. Die Virtuosität ist eine Gegenkraft. Es ist der sinnliche Anspruch auf die Bewahrung der Sinnlichkeit. Bernhard Heisig weiß, daß die Kunst keine gewaltsamen Auseinandersetzungen verhindern kann. Sein Credo lautet: ‚daran (zu) arbeiten, ... eine Hand so zu zeichnen, daß jeder spürt, daß man diese nicht zerstören darf.'"²⁶¹

Ausstellung *Zeitvergleich '88. 13 Maler aus der DDR*
Die Ausstellung *Zeitvergleich '88. 13 Maler aus der DDR* findet im Rahmen der Berliner Festwochen vom 11. September bis 20. November 1988 im Neuen Kunstquartier in Berlin-Wedding statt. Der Staatliche Kunsthandel der DDR ermöglicht dem Kunsthändler und Galeristen Dieter Brusberg sowie dem Kunsthistoriker Eberhard Roters den Besuch mehrerer Künstlerateliers in der DDR, um dort zusätzlich zu den bereits vorgemerkten Gemälden weitere Werke für die Ausstellung auszuwählen. Insgesamt werden

185 Arbeiten gezeigt. Alle an der Ausstellung Beteiligten, eine Künstlerin und zwölf Künstler, haben für den Katalog einen erhellenden Beitrag über sich und ihre Kunst geschrieben.

Von Bernhard Heisig werden unter anderem die Werke *Christus fährt mit uns* (1978/1988), *Preußischer Soldatentanz* (1978/1986), *Begegnung mit Bildern* (1982/1986), *Beschäftigung mit Fritz und Friedrich* (zweiteilig, 1987), *Fritz und Friedrich* (Triptychon 1986/1988), *Der Feldherrnhügel* (1988) und *Ja, wir sind die Garde* (1987) gezeigt.

Preußischer Soldatentanz II
1978/79
Öl auf Hartfaser
151 × 121 cm
Staatliche Kunstsammlungen Dresden, Galerie Neue Meister, Albertinum

Dieter Brusberg schreibt im Ausstellungskatalog:

> „Ging es bei dem ersten Zeitvergleich auch noch darum, die Mannigfaltigkeit der in der DDR möglichen Ausdrucksformen zu belegen, das Klischee vom alles beherrschenden ‚sozialistischen Realismus' zu korrigieren, so bekennt sich diese Ausstellung vorbehaltlos zu einer vollblutigen und sinnlichen Malerei, zu leidvollen und glücksuchenden Bildern vom Menschen. Und damit zu Bildern, die in einer europäischen Tradition stehen [...], dem Wissen um die Kontinuität von Kunst und geprägt vom Traum, das Leben durch Bilder verändern zu können: Bilder des Abendlandes, Bilder auch aus Deutschland."[262]

Lothar Lang zitiert zu der Ausstellung einen Satz von Harald Metzkes: „Der Realismus ist wie das Gras, das niedergetreten wieder aufsteht."[263]

X. Kongress des VBK-DDR

Die Unzufriedenheit vieler jüngerer Mitglieder des VBK-DDR mit der Arbeit ihres Verbandes ist offensichtlich. Es wird bemängelt, dass sein Engagement für die Interessen der jüngeren Generation viel zu gering sei. Sieben angesehene Kunstwissenschaftler fordern im Vorfeld des X. Kongresses:

> „Der Kongreß des Verbandes Bildender Künstler sollte das Terrain für die Neunziger Jahre abstecken. Über die Erscheinungsweise der Kunst in unserer Gesellschaft, über ihre Erneuerungsfähigkeit im Kreislauf der Generationen, ihren Selbstverwirklichungsanspruch und ihr Geschichtsverhältnis zu den jüngeren und älteren Vorgängern, zu den Quellen innerhalb und außerhalb unseres Landes muss kritisch und ernst unbedingt auf dem Kongress nachgedacht werden. [...] Wir machen erneut auf die belastende soziale Lage einiger unsrer freischaffenden Kollegen aufmerksam. [...] Wir wenden uns gegen die Einschränkungen in der Publikationstätigkeit, gegen Streichungen, Zusätze, die – vor allem von der Tagespresse – ohne unsere Zustimmung vorgenommen werden. Begrüßen würden wir es, wenn der sich erfreulich entwickelnde Reiseverkehr durch längere Aufenthaltszeiten, Stipendien, Austauschverfahren, eigener wissenschaftlicher Arbeit nutzbar gemacht werden könnte. Wir hoffen, daß alle Kunstwissenschaftler gleichberechtigt in nationalen und internationalen Gremien, Kongressen o. ä. mitwirken können."[264]

Zehn Jahre lang hat sich Heisig als Vizepräsident für mehr Freiheit in der Kunst eingesetzt, eine Verbesserung der Arbeits- und Reisemöglichkeiten sowie der Lebensverhältnisse der Künstler gefordert und gefördert. Entschieden hat aber letztlich die Partei und für die gilt: „Die Partei, die Partei, die hat immer recht!"265 Heisig lehnt es ab, erneut für ein Amt im Präsidium zu kandidieren.

Auf dem Kongress werden Claus Dietel zum Präsidenten, Werner Tübke zu einem der Vizepräsidenten und Willi Sitte zum Ehrenpräsidenten gewählt. An der Arbeit des VBK-DDR ändert sich bis zum Mauerfall nichts. Danach verliert der Verband jegliche Funktion im staatlichen Machtgefüge. Ein Jahr später löst er sich auf.266

1989/90: Retrospektive · Zum Fall der Mauer · Austritt aus der SED, Rückgabe der Nationalpreise und Emeritierung · Ausstellung zum 65. Geburtstag · Ausstellung *Ausgebürgert. Künstler aus der DDR 1949–1989*

Am 1. Oktober 1989 wird die große Retrospektive zum Werk Bernhard Heisigs im Westberliner Martin-Gropius-Bau eröffnet. Der Regierende Bürgermeister Westberlins, Walter Momper, und der stellvertretende Kulturminister der DDR, Dietmar Keller, sprechen von einem Höhepunkt des deutsch-deutschen Kulturaustausches auf der Grundlage des 1986 in Kraft getretenen Kulturabkommens zwischen den beiden Staaten. In gut zweijähriger intensiver Zusammenarbeit haben das Zentrum für Kulturausstellungen der DDR und die Berlinische Galerie die Ausstellung vorbereitet.

Mit Walter Momper bei der Eröffnung der Retrospektive im Martin-Gropius-Bau, 1989

Auf der Pressekonferenz am Tag vor der Ausstellungseröffnung fragt keiner der Journalisten nach Heisigs Kunst. Es geht nur um seine Stellung im Kulturbetrieb der DDR.267 Zwei Jahre später macht Arno Rink dieselbe Erfahrung: Er schreibt in sein Tagebuch: „Kein Wort über Kunst oder Bilder, keine Chance in diesem Scheißsystem, es geht nur um Schuld und Verstrickung."268

Ähnliches berichtet Angela Merkel aus der politischen Arena. In einem *Spiegel*-Interview sagt sie:

> „Mich hat irritiert, welche Jagd Journalisten in den Nachwendejahren veranstaltet haben, auf meine Pflichtarbeit an der Uni in Marxismus-Leninismus, nachdem ich am 3. Oktober 1992 bei einer Versammlung von ihr erzählt hatte. Nach dem Motto: Wo sind die Akten? Was hat sie geschrieben? Jetzt haben wir sie: Mein Leben in der DDR schien in manchen Medien nur zu Skandalisierung zu taugen."269

Heisig zeigt 122 Gemälde aus den Jahren von 1958 bis 1989 und eine Vielzahl von Papierarbeiten.270 Die Gemälde *Der Feldherrnhügel, Preußisches*

Stillleben II, Der Gejagte, Das Würfelspiel, Der Rattenfänger, das Porträt seines Arztes Dr. Mättig und des Kunstsammlers Henri Nannen sowie die drei Triptychen *Fritz und Friedrich, Rücksichten* und *Zeit der Haie* malt Heisig in einem wahren Schaffensrausch, nachdem er im Frühjahr 1987 von dem Ausstellungsvorhaben erfahren hat. Er sucht die Auseinandersetzung mit den Künstlerkollegen in Westdeutschland und will deshalb ein umfangreiches Werk und neueste Arbeiten präsentieren. Wegen der sich auferlegten ungeheuren Arbeitsleistung erleidet er einen Hörsturz.[271]

Der Künstler beklagt, dass nur wenige Besucher der Ausstellung mit ihm über seine Bilder hätten sprechen wollen. Der von ihm erhoffte Dialog bleibt aus. Das Premierenpublikum habe sich überwiegend dem Essen und Trinken gewidmet.[272] Einige der anwesenden ostdeutschen Künstler, vor allem der eine Generation jüngere Hans-Hendrik Grimmling aus Zwenkau bei Leipzig, beschimpfen Bernhard Heisig während der Eröffnungsfeier als angeblichen Staatskünstler der DDR. Das sich abzeichnende Ende der DDR ist für sie das Fanal für die verschobene Auseinandersetzung mit ihren „Vätern". Grimmling hat sein Diplom an der HGB Leipzig erhalten, ist Mitglied des VBK-DDR und Teilnehmer des 1. Leipziger Herbstsalons gewesen, bevor er 1986 nach Westberlin ausreist. Heisig bietet an, mit den Störern nach der Ausstellungseröffnung zu sprechen, aber daran haben sie überhaupt kein Interesse.

Wenige Wochen nach der Ausstellungseröffnung stehen die Sensation des Mauerfalls und seine Folgen im Vordergrund des allgemeinen Interesses und beinträchtigen die Aufmerksamkeit der Öffentlichkeit für das Werk Bernhard Heisigs.

Vom Martin-Gropius-Bau wandert die Bernhard-Heisig-Retrospektive in das Rheinische Landesmuseum in Bonn (25. Januar bis 11. März 1990) und danach in die Bayerischen Staatsgemäldesammlungen, Staatsgalerie moderner Kunst München (23. März bis 6. Mai 1990). Ein Teil der Grafik des Künstlers wird im Sprengel Museum Hannover und anschließend in der Städtischen Galerie Schloss Oberhausen/Ludwig Institut für Kunst der DDR ausgestellt.

Zum Fall der Mauer
Der Erfolg der Freiheitsbewegung Solidarnosc in der Volksrepublik Polen motiviert in der DDR Zehntausende zum politischen Engagement und stärkt das Selbstbewusstsein der Bürgerrechtsbewegungen, die Anfang 1989 nur eine kleine Minderheit der Bevölkerung der DDR vertreten. Sie fordern eine Reform des Sozialismus, einen „Dritten Weg" zwischen Kommunismus und Kapitalismus im eigenen Land.

Am 4. September 1989 beginnen die Montagsdemonstrationen in Leipzig gegen die sozialen, wirtschaftlichen und politischen Verhältnisse in der DDR.[273]

Am 9. Oktober versammeln sich aus der gesamten DDR 70 000 friedliche Demonstranten in Leipzig. Ihre Banner tragen Aufschriften wie „Wir sind das Volk", „Keine Gewalt", „Wir sind keine Rowdies". Die Friedensgebete in den vier evangelischen Kirchen geben vielen Teilnehmern innere Stärke gegen die Furcht vor einer blutigen Eskalation der Demonstration wie auf dem Tian'anmen-Platz in Peking am 3./4. Juni. Darüber hatte das DDR-Fernsehen mit voller Absicht mehrfach berichtet. Bernhard Heisig kann sich aus Furcht vor den sowjetischen Panzern, die er am 17. Juni 1953 erlebt hat, nicht zur Teilnahme an dieser Demonstration entschließen, anders seine Frau Gudrun Brüne.

Als während der Leipziger Demonstration am 9. Oktober 1989 bekannt wird, dass die sowjetischen Soldaten auf Michail Gorbatschows Weisung in den Kasernen bleiben und die friedliche Demonstration dulden, entscheidet sich die SED gegen einen militärischen oder polizeilichen Eingriff. „Das Wunder von Leipzig" ist dem Mut und der Disziplin der Demonstranten und zu einem großen Teil Michail Gorbatschow zu verdanken.

Viele Menschen bezweifeln, dass die DDR-Regierung substanzielle Reformen beschließen und durchführen wird. Sie fliehen verstärkt, unter anderem auch in die Botschaften der Bundesrepublik Deutschland in Warschau und Prag. Am 30. September verkündet Hans-Dietrich Genscher vom Balkon der Prager Botschaft den im weiträumigen Park der Botschaft kampierenden rund 6000 Flüchtlingen: „Wir sind gekommen, um Ihnen mitzuteilen, dass heute Ihre Ausreise …". Der Rest der Ansprache des Außenministers geht im unmittelbar ausbrechenden Jubel unter. Die Flüchtlinge erhalten die Erlaubnis, über das Territorium der DDR auszureisen.

Eine staatlich genehmigte Großdemonstration in Ostberlin zieht am 4. November weit über 500 000, manche meinen, fast eine Million Menschen an. Ihr Ziel ist mehrheitlich ein demokratischer Sozialismus bei Erhalt der DDR.

Wenige Tage später kommt es zum politischen Knall: Auf der am 9. November einberufenen Pressekonferenz erläutert Günter Schabowski, der Sprecher des SED-Zentralkomitees, die Reformvorhaben der neuen Regierung. Auf die Frage, ab wann nach dem neuen Gesetz die Reisefreiheit gelte, antwortet er: „Ab sofort. Unverzüglich." Welch ein Signal! Es ist kurz nach 18 Uhr. Um 20 Uhr meldet die ARD in der *Tagesschau*: „Die DDR öffnet die Grenzen." Der Ansturm auf die Grenzkontrollen bricht los, um Mitternacht tanzen jubelnde junge Menschen aus Ost und West auf der Mauer. Diese Bilder der Zusammengehörigkeit brennen sich in das kollektive Gedächtnis ein. In Leipzig verfolgt Bernhard Heisig im Fernsehen begeistert die Entwicklung und Hochstimmung in Berlin.

In den folgenden Tagen ziehen ostdeutsche Bürger voller Zuversicht durch Westberlin und überkleben stolz das Straßenschild „Straße des 17. Juni" mit dem Schriftzug „Straße des 9. November". Ist das der neue Nationalfeiertag? Doch dieses Datum erinnert zugleich an die Reichspogromnacht vom 9. November 1938.

Berlin 1989

Die Öffnung der Mauer beschleunigt den Kollaps der DDR. Allein im November 1989 flüchten mehr als 130 000 Menschen von Ost nach West, knapp 90 000 davon nach dem Fall der Mauer.[274] Der Ministerrat der DDR und das SED-Politbüro treten geschlossen (einschließlich Egon Krenz) zurück.

Die Volkskammer wählt Hans Modrow am 13. November 1989 zum Vorsitzenden des Ministerrats. Einen Monat später empfängt er Bundeskanzler Helmut Kohl in Dresden. Beide Herren wissen, dass – der gesellschaftliche Reformprozess unumkehrbar ist, aber Modrow setzt weiterhin auf einen selbstständig bleibenden, sozialistischen Staat, also auf eine Konföderation mit der Bundesrepublik. Über ihn schreibt der Historiker Alfred Grosser: „Hans Modrow, der vielleicht am Schluss einiges gerettet hat (aber auch Milliarden von Mark sichergestellt und unzählige Offiziere und Würdenträger befördert hat, um ihnen bessere Pensionen im demokratischen Staat zu sichern!), der jedoch zuvor ein echter Machtträger gewesen ist, [ist] viel schuldiger, jedenfalls viel mitverantwortlicher als jeder Informant."[275]

Nach seinem Treffen mit Hans Modrow spricht Helmut Kohl vor der Ruine der Dresdner Frauenkirche. Dort haben sich rund 10 000 erwartungsvolle Menschen versammelt. Helmut Kohl beginnt seine Rede: „Meine lieben Freunde, was ich Ihnen sagen möchte, ist ein Wort der Anerkennung und der Bewunderung für die friedliche Revolution in der DDR. Es ist zum ersten

Berlin 1989

Mal in der deutschen Geschichte, dass in Gewaltfreiheit, mit Ernst und Ernsthaftigkeit und Solidarität die Menschen für die Zukunft demonstrieren. Mein Ziel bleibt – wenn die geschichtliche Stunde es zulässt, – die Einheit unserer Nation."[276] Die Menschen rufen „Einheit. Einheit. Einheit!"

An der Volkskammerwahl am 18. März 1990 beteiligen sich 93,4 Prozent der Wähler. Die Befürworter der Aufrechterhaltung der Eigenstaatlichkeit der DDR (SPD, PDS und Bürgerlisten) vereinigen 43,0 Prozent der Stimmen. Die Mehrheit von 48 Prozent der Wähler entscheidet sich jedoch für die „Allianz für Deutschland", ein Wahlbündnis aus der früheren Blockpartei CDU (40,8 Prozent), der Demokratisch Sozialen Union (DSU, 6,3 Prozent) Prozent und dem Demokratischen Aufbruch (0,9 Prozent). An der Spitze dieses Wahlbündnisses steht Lothar de Maizière, der spätere, letzte Ministerpräsident der DDR.

Am 5. April votiert die Volkskammer für die am 1. Juli 1990 in Kraft tretende Wirtschafts-, Währungs- und Sozialunion und am 20. September für den am 31. August 1990 unterzeichneten Einigungsvertrag.[277] Den Beitritt der DDR zum Geltungsbereich des Grundgesetzes der Bundesrepublik nach dessen Artikel 23 zum 3. Oktober 1990 beschließt die Volkskammer am 23. August 1990. Nach dem Ländereinführungsgesetz werden mit Wirkung vom 14. Oktober 1990 die fünf Länder Sachsen, Sachsen-Anhalt, Thüringen, Brandenburg und Mecklenburg-Vorpommern wiederhergestellt.

Austritt aus der SED, Rückgabe der Nationalpreise und Emeritierung
In den vier Monaten von Oktober 1989 bis Januar 1990 gibt fast die Hälfte der ursprünglich 2,3 Millionen SED-Mitglieder ihr Parteibuch zurück. Auch der 64-jährige Bernhard Heisig tritt aus der SED aus. Sein Freund Wolfgang Mattheuer hat sich schon ein Jahr früher zu diesem Schritt entschieden. Willi Sitte bleibt Parteimitglied.

Heisig retourniert im Oktober die nationalen Ehrenpreise, die er für seine künstlerische Arbeit erhalten hat, und überweist die damit verbundenen Dotationen von 70 000 DDR-Mark an die HGB für die Ausbildung von Studenten. Er begründet seine Entscheidung mit den Worten: „Das mir bekannt gewordene Ausmaß von Machtmissbrauch und Korruption in der ehemaligen Führungsspitze der DDR lässt mich die mir unter der damaligen Staatsführung für meine künstlerische Arbeit erwiesenen Ehrungen nicht mehr als solche empfinden."[278]

Fünf Tage später folgt Werner Tübke dem Beispiel Heisigs, aber ohne Rückgabe der Dotationen.[279]

Zur Staatsform und zum repressiven Klima in der DDR erklärt Heisig in einem *Spiegel*-Interview unmissverständlich: „Was war sie denn sonst, wenn nicht eine Diktatur. Ganz eindeutig war sie das. Wer die Frage stellt, hat das Wesen der DDR nicht begriffen".[280] Es war eine unfreiheitliche und antidemokratische Herrschaftsform einer Minderheit über eine Mehrheit. Die Ideologie der „Diktatur des Proletariats" wird in der DDR als „Diktatur des Kleinbürgertums" praktiziert.

Mit Wirkung vom 30. September 1990 wird Heisig im Alter von 65 Jahren emeritiert. Damit enden seine Lehrverpflichtungen als Leiter einer Fachklasse für Malerei und Grafik an der HGB.

Auf einem undatierten Autograf Bernhard Heisigs aus dem Nachlass des Künstlers heißt es: „Aber es ist nicht erlaubt zu übersehen, daß viel Unrecht geschah. Man hätte es wissen müssen und nichts verdrängen dürfen und letzteres mache ich auch mir zum Vorwurf."[281] Wie viel Heisig selbst über konkrete Vorfälle wusste, lässt er offen, aber er bekennt 2005 in einem Gespräch mit Hanno Rauterberg: „Manchmal hätte ich schon mehr Mumm haben können. Zu oft weggesehen hab ich, wenn bei einer Demonstration so ein paar junge Leute mit ihren Transparenten weggefischt wurden. Da hätte ich mich hinterklemmen müssen."[282]

Vielen seiner Meisterschüler bleibt er freundschaftlich verbunden, was ich bei mehreren Feiern, insbesondere zu Heisigs 70. und 80. Geburtstag, gut beobachten kann.

Ausstellung zum 65. Geburtstag
Im Juli 1990 zeigt die Nationalgalerie der Staatlichen Museen zu Berlin im Alten Museum zu Heisigs 65. Geburtstag die Ausstellung *Bernhard Heisig,*

der Maler. Sie knüpft an die Heisig-Retrospektive von Oktober 1989 bis Mai 1990 in Berlin, Bonn und München an. Hans Jürgen Papies schreibt im Ausstellungskatalog:

> „Die eigene geschichtliche Erfahrung wird für Heisig häufig zum Antrieb einer vielgestaltigen Interpretation gegenwärtigen und vergangenen Weltgeschehens – für das Heute, für uns. Mit einem von ihm mittlerweile erarbeiteten Vokabular vorgefundener und selbsterfundener Bildmotive bzw. -themen stellt er immer wieder neue Zusammenhänge dar. Und so wie Heisig auf seine Motive wieder und wieder zurückgreift, sie in ihrer Gestalt und Bedeutung modifiziert, so greift er nicht selten auch auf seine ‚abgeschlossenen' Gemälde zurück und überarbeitet sie (sofern er sie nicht sogar zerstört) oder schafft dazu veränderte Fassungen. Die ‚Beharrlichkeit des Veränderwollens' scheint ihm überhaupt wesenseigen zu sein."[283]

Der Kriegsfreiwillige
1982/1984/1986
(finale Fassung)
Öl auf Leinwand
150 x 120 cm
Sammlung H. und D. Brusberg

Ausstellung *Ausgebürgert. Künstler aus der DDR 1949–1989*

Im Klima der neuen Freiheit werden die politischen Verhältnisse in der gerade untergegangenen DDR kritisch hinterfragt und Schuldige gesucht bzw. Ausgleich versucht. Dazu gehört die Ausstellung der Staatlichen Kunstsammlungen Dresden mit dem Titel *Ausgebürgert. Künstler aus der DDR 1949–1989*, die vom 7. Oktober bis 12. Dezember 1990 im Albertinum gezeigt wird. Die Fluchtgeschichten und das oftmals von politischer Repression und Schikanen belastete Schicksal von 665 ehemaligen DDR-Kunstschaffenden werden im Geist der versuchten Wiedergutmachung überzeugend dargestellt. Dabei wird der Gesichtspunkt der künstlerischen Qualität ihrer Werke nicht immer ausreichend berücksichtigt und die Lebens- und Arbeitsbedingungen der in der DDR gebliebenen Künstler sowie deren Werke werden nicht erörtert. Vielmehr wird die Frage in den Raum gestellt, warum nicht auch sie die DDR verlassen hätten und insinuiert, dass ihre Werke minderwertig seien, weil sie in einem unfreien Land geschaffen wurden. Die Behauptung, dass in Unfreiheit geschaffene Kunstwerke per se minderwertig seien, widerspricht in allen Erkenntnissen der Kunstgeschichte.

Henri Nannen im Porträt
Seit der Veröffentlichung des Porträts von Helmut Schmidt im November 1986 häufen sich die Porträtanfragen prominenter Persönlichkeiten bei Heisig. Der Künstler lehnt jedoch – wie schon in früheren Jahren – in der Regel ab. Für seinen Freund, den leidenschaftlichen Kunstsammler Henri Nannen, macht er eine Ausnahme und stellt dessen Porträt 1989 fertig. Drei Jahre später schreibt Nannen an Heisig:

> „Mit dem Porträt, das Sie von mir gemacht haben, ist es mir sehr merkwürdig ergangen. Sie wissen, und ich habe ja kein Hehl daraus gemacht, daß ich am Anfang den ‚Helmut Schmidt' viel besser fand, und da das Bessere des Guten Feind ist, konnte ich mit dem von Heisig gemalten Nannen nicht viel anfangen. Nun hängen aber die Bilder schon seit einiger Zeit wieder in einem Raum und dazu die *Dame mit der Zigarette* und das Bild vom *Havelland*, und ob sie glauben oder nicht, der von Heisig gemalte Nannen kommt mir immer näher."[284]

Seine Frau Eske Nannen ergänzt: „Er hat vielleicht am längsten gebraucht, um zu erkennen, dass Bernhard Heisig wahrhaftig Henri Nannen gemalt hat – und nicht nur ein Bild von ihm."

Integral zum Porträt gehören drei Attribute: die in rotem Leder gebundenen *Stern*-Hefte, Erinnerungen an seine jahrzehntelange, erfolgreiche Zeit als Chefredakteur, Franz Marcs *Blaue Fohlen* als Hinweis auf seine bedeutende Kunstsammlung, zu der auch Gemälde und Grafiken von Bernhard Heisig gehören, und schließlich das Buddelschiff rechts auf Höhe von Nannens Schulter als Hinweis auf seinen Geburtsort Emden und seine Freude an der Seefahrt.

⟩ **Bildnis Henri Nannen**
1989
Öl auf Leinwand
100 × 80 cm
Kunsthalle Emden,
Stiftung Henri Nannen

Deutsch-deutscher Bilderstreit

Solange die Mauer zwischen den beiden deutschen Staaten undurchlässig scheint, findet die DDR-Kunst im Westteil Deutschlands sowohl Interesse wie Ablehnung, aber keine zurückweisende Feindschaft.

Seit der documenta 6 von 1977 und der anschließenden VIII. Deutschen Kunstausstellung in Dresden finden in der Bundesrepublik mehrere große Ausstellungen mit Kunst aus der DDR statt, an denen Heisig mit mehreren Werken beteiligt ist: *Kunst heute in der DDR* (1979 in Aachen, Mainz, Heilbronn sowie in Wien), *Zeitvergleich* (1982 bis 1984 in Hamburg, Stuttgart, Düsseldorf, München, Nürnberg und Hannover), *Durchblick* (1984 in Oberhausen und Berlin), DDR heute (1984 in Worpswede und Bremen) sowie *Menschenbilder. Kunst aus der DDR* (1986 und 1987 in Bonn, Münster und Saarbrücken) und *Zeitvergleich '88. 13 Maler aus der DDR* (1988 in Westberlin).

Georg Baselitz

Kaum ein halbes Jahr nach dem Fall der Mauer beginnen westdeutsche Maler mit ihren Attacken gegen die neue Konkurrenz aus dem Osten. Sie verunglimpfen gerade die besten unter ihnen mit Kraftausdrücken wie „Arschlöcher", so Georg Baselitz in einem Interview mit dem art-Magazin im Sommer 1990.[285] Seine Kampagne findet aktive Unterstützung bei mehreren ostdeutschen Künstlern, Kunstwissenschaftlern und Ausstellungsmachern – überwiegend jenen, die aus der DDR geflohen oder ausgereist sind und sich als Opfer des DDR-Regimes empfinden.

Der Baselitz-Schmähruf, die Künstler im Osten hätten keine Bilder gemalt, sondern allenfalls Propaganda, relativiert sich bei der Lektüre seines Urteils über die Malkunst. Er sagt in dem vorgenannten Interview: „Ich kenne kein wirkliches Bild, das nach Regeln hergestellt ist. Es gibt nur Maler und der erfindet ein Bild. Und dabei verletzt oder tötet er andere Maler und andere Bilder."[286] Heisig ist diametral anderer Ansicht und zitiert Picasso: „Als man behauptete, daß es nur auf die Gefühle und Emotionen des Künstlers ankomme, daß jeder die Malerei neu schaffen könne, so wie er sie verstand, von da an gab es keine Malerei mehr. Es gab nur noch Individuen. Und die Skulptur starb denselben Tod."[287]

Baselitz meint weiter: „Ein guter Maler haßt sehr. Haß ist elementar. Und Neid."[288]

Weitere Gegensätze

Überlagert wird der deutsch-deutsche Kunststreit von gegensätzlichen Bildauffassungen über den Realismus und dessen Verwendung in der zeitgenössischen bildenden Kunst. Die in Westdeutschland verbreitete abstrakte

Malerei wird von den Kunstwächtern im Osten der Republik als „morbider Auswuchs" des kapitalistischen Kulturnihilismus gesehen.[289] Die Künstler in der DDR fühlen sich der malerischen Tradition eines Otto Dix, Oskar Kokoschka, Max Beckmann, Lovis Corinth, Wilhelm Leibl, Adolph Menzel und anderen verpflichtet. In ihren besten Werken steht die ostdeutsche Malerei der Klassischen Moderne näher als die westdeutsche Kunst.

Ist ein Künstler in der DDR geblieben, wird dies als Argument gegen seine Lauterkeit und die Qualität seiner Bilder eingesetzt. In der Unfreiheit der DDR habe keine Kunst entstehen können, wird suggeriert. Konzeption, Inhalt, handwerkliche Vollendung, Atmosphäre und Ästhetik der Werke werden nicht beachtet.

Als ich mit Bernhard Heisig über dieses Thema spreche, meint er, wenn die Protagonisten im deutsch-deutschen Bilderstreit eine fair kuratierte, museale Gesamtschau von Hauptwerken west- und ostdeutscher Künstler der Nachkriegszeit akzeptierten, wäre viel gewonnen. Aber was geschieht? In der Ausstellung der Nationalgalerie Berlin *Das XX. Jahrhundert. Ein Jahrhundert Kunst in Deutschland* sollen im Jahr 1999 nach der im Katalog beschriebenen Konzeption für das Thema Umgang mit der deutschen Geschichte Gemälde der Maler Georg Baselitz, Eugen Schönebeck, Markus Lüpertz und Bernhard Heisig gemeinsam gezeigt werden.[290] Doch bevor die Ausstellung eröffnet wird, erfährt Heiner Bastian, in der Berliner Museumslandschaft bekannt als Sponsor, einflussreicher Sammler und Freund des Malers Georg Baselitz, dass dessen Bilder *Der neue Typ* (1996), *Der Held* (1965) und *Partisan* (1965) in einem Raum mit Heisigs Bildern *Beharrlichkeit des Vergessens* und *Christus verweigert den Gehorsam* gehängt sind. Das sei eine Zumutung für Georg Baselitz! Heisigs Bilder werden abgehängt.[291]

Manche Museumsleute zucken nur mit den Schultern und meinen: „Die Ausstellung vergeht, aber der Katalog, der steht", sodass sich jeder Interessierte sein eigenes Urteil bilden kann.

Den deutsch-deutschen Bilderstreit schildern detailliert Eduard Beaucamp in dem Beitrag *Der deutsch-deutsche Kunststreit – 20 Jahre nach dem Fall der Mauer* und Karl-Siegbert Rehberg und Paul Kaiser in dem Buch *Bilderstreit und Gesellschaftsumbruch. Die Debatte um die Kunst aus der DDR im Prozess der deutschen Wiedervereinigung.*[292]

Ähnliches wie der bildenden Kunst widerfährt damals der ostdeutschen Literatur, wie der Literaturwissenschaftler Dirk Oschmann 2023 beschreibt:

> „Die DDR-Literatur, die Anfang der Neunzigerjahre in Bausch und Bogen verdammt wurde, interessiert keinen mehr. Man kennt und liest sie nicht, weil sie aus dem ehemaligen Osten kommt und deshalb nichts wert sein kann. Als würden Texte, um nur wenige Beispiele zu nennen, von Franz Fühmann, Jurek Becker, Christa Wolf, Günter

de Bruyn, Brigitte Reimann, Irmtraud Morgner, Heiner Müller, Volker Braun, Christoph Hein, Johannes Bobrowski oder Inge Müller nicht zur deutschen Nachkriegsliteratur gehören, als könnten sie es nicht aufnehmen mit der bundesdeutschen Literatur zwischen 1945 und 1989, als seien hier keine relevanten Einsichten in die *conditio humana* zu gewinnen. Wer behauptet, das sei nichts weiter als gesinnungskonforme ‚Staatskunst', hat vielleicht eine Agenda, aber keine Ahnung, weder vom Staat noch von der Kunst."[293]

Dieses Zurückweisen der Kunst aus dem Osten Deutschlands aus wirtschaftlichen Interessen seitens der westdeutschen Konkurrenz und das weitgehende Fehlen gegenseitigen Respekts vor den kulturellen Leistungen erschwert das Zusammenwachsen von Ost und West. Das Risiko der Entwicklung einer Ostdeutschtümelei als Gegenreaktion beschreibt Ilko-Sascha Kowalczuk in seinem Buch *Freiheitsschock*.[294]

Kunst in der DDR – eine faire Ausstellung

Als ein positives Beispiel im deutsch-deutschen Bilderstreit möchte ich die Ausstellung *Kunst in der DDR* in der Neuen Nationalgalerie vom 25. Juli bis 26. Oktober 2003 hervorheben. In der Ausstellung werden rund 400 Werke von 130 Künstlerinnen und Künstlern aus den Gattungen Malerei, Zeichnung, Skulptur, Fotografie, Video und Film in Szene gesetzt, die in den Jahren von 1949 bis 1989 in der DDR geschaffen wurden. Im Vorwort des Ausstellungskatalogs schreibt Museumsdirektor Peter-Klaus Schuster:

> „Die Ausstellung zeigt sowohl das Werk großer Künstlerpersönlichkeiten, die gleichsam unabhängig als Einzelgänger gewirkt haben, die gegenseitige Beeinflussung innerhalb von Künstlergruppen und künstlerische Strömungen und Schulen als auch die Wirkungsmacht staatsnaher Kunst. Die Ausstellung macht sichtbar, dass trotz aller kulturpolitischer Einschränkungen und Repressalien in der ‚geschlossenen Gesellschaft' DDR eine differenzierte und reiche Vielfalt der künstlerischen Äußerungen, vor allem in den Kunstzentren Berlin, Dresden, Halle, Leipzig möglich war."[295]

Die Ausstellung zieht in Berlin 210 000 Besucher an, während der Zuspruch in der Bundeskunsthalle in Bonn relativ gering ist.

Als ich im November 2017 die Ausstellung *Hinter der Maske. Künstler der DDR* im Museum Barberini Potsdam[296] sehe, höre ich im Vorbeigehen, wie sich ein älteres Ehepaar darüber freut, endlich einmal wieder eine faire Ausstellung mit „ihren" Künstlern zu sehen. Andererseits äußern sich viele Besucher unzufrieden und unterstellen dem westdeutschen Kurator Michael Philipp Unkenntnis usw. Aus meiner Sicht war die Ausstellung sehr verdienstvoll, indem sie einen breiten Einblick in die Arbeit der Künstler aus der DDR gegeben hat.

1991 bis 1996: Wegzug von Leipzig · Heirat · Strodehne · 70. Geburtstag Ausstellung im Krochhaus in Leipzig · Maximilian Speck von Sternburg Stiftung

In der zweiten Hälfte der 1970er Jahre lässt der Rat der Stadt Leipzig für mehrere Künstler Wohnhäuser errichten und stellt sie ihnen in Anerkennung ihrer Leistungen mietgünstig zur Verfügung. Heisig erhält ein nach den Plänen des Architekten Volker Sieg in den Jahren 1977 bis 1979 gebautes großzügiges Wohn- und Atelierhaus in Leipzig-Leutzsch zu einem monatlichen Mietzins von 800 DDR-Mark.[297] Zwölf Jahre später verlangt die Stadt Leipzig eine exorbitante Mieterhöhung (ein Vielfaches des bisherigen monatlichen Betrags in DM),[298] was wirtschaftlich einer fristlosen Kündigung des Mietverhältnisses gleichkommt.

Heisig will in Leipzig bleiben und fragt, ob er das Haus erwerben könne. Die Stadt reagiert jedoch nicht, sodass er sich gemeinsam mit seiner Lebensgefährtin Gudrun Brüne entschließt, ihren Lebensmittelpunkt in das von beiden geliebte Havelland mit seinem weiten Himmel, seinen Seen und schattenspendenden Alleen zu verlegen. Er folgt damit zugleich dem Rat seines Arztes, denn die stark verunreinigte Leipziger Luft bedeutet für ihn wegen seiner chronisch geschwächten Lunge ein gesundheitliches Risiko.

Vater und Söhne auf dem Weg zum Standesamt

Heirat
Bevor sie Leipzig verlassen, heiraten Bernhard Heisig und Gudrun Brüne am 15. März 1991, dem 50. Geburtstag der Künstlerin. Seine Söhne begleiten ihn auf dem Weg zum Standesamt.

Birgit Lahann notiert über ein Gespräch mit Gudrun Brüne und Bernhard Heisig: „Heiraten wollte sie [Gudrun Brüne] nicht, Kinder haben auch nicht. Malen und Kinder, sagt sie, geht nicht. Und warum haben sie nach der Wende dann doch geheiratet? Hat uns der Steuerberater empfohlen, sagt Heisig."[299]

Gudrun Brüne und Bernhard Heisig

Strodehne
In Strodehne, unweit ihres Sommerhauses in Warnau, erwirbt das Paar einen Bauernhof, baut das Wohnhaus um und errichtet auf dem freien Grundstücksteil ein großzügiges Ateliergebäude unmittelbar angrenzend an ein weites Naturschutzgebiet. Gelegentlich kommen Rehe in den Garten. Dort

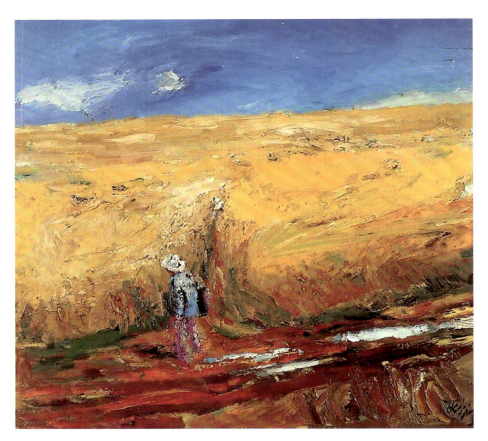

Maler im Kornfeld
1991
Öl auf Leinwand
60 × 70 cm
Privatbesitz

arbeitet Heisig von Anfang 1993 bis zu seinem Lebensende.

Während der Bauphase fahren Bernhard Heisig und Gudrun Brüne im Sommer und Herbst 1991 häufig von Leipzig nach Strodehne und genießen den Anblick weiter Kornfelder. So entsteht das Gemälde *Maler im Kornfeld,* das manchen Betrachter an van Gogh erinnert, der aber nicht zu Heisigs Vorbildern gehört.

In Strodehne will er ausschließlich für seine Kunst leben, alles Praktische überlässt er seiner Frau. „[E]r hat sich ganz bei ihr [Gudrun Brüne] abgegeben", umschreibt es der befreundete Arzt Heinz Mättig.[300] In Strodehne besucht Heisig häufig den Gasthof Dorfkrug, in dem „Goya", wie Heisig von den Dorfbewohnern genannt wird, zwei Bier und zwei Korn trinkt oder eine Bulette isst.[301]

Zu unserem ersten Besuch in Strodehne lädt uns Heisig launig ein: „Wir werden Sie am 20./21. März 1993 erwarten. Die Straße wird neu gepflastert, die Fahne herausgehängt und der Wasserturm abgerissen.[302]

70. Geburtstag

Zu seinem 70. Geburtstag lädt Bernhard Heisig mit humorvollen Worten nach Strodehne ein:

„Freunde, man verlangt von mir, dass ich das deprimierende Ergebnis meines 70. Geburtstags auch noch feiern soll. Dazu braucht man Mittäter. […] Wer übernachten muss, kann dies im Hotel Zum 1. Flieger tun. Das ist vorbereitet an historischer Stätte, wo Lilienthals Otto (nach seinem tödlichen Absturz am Gollenberg) die unsterblichen Worte sprach: ‚Opfer müssen gebracht werden.' Unter diesem Aspekt läuft dann auch die Feier."[303]

Die Galerie Berlin veranstaltet die Ausstellung *Geisterbahn* mit vielen neuen Werken des Künstlers.[304] Vorausgegangen ist im Jahr 1994 die Ausstellung *Zeiten zu leben*, für deren Katalog Eberhard Roters den grundlegenden Beitrag *Der Maler und sein Thema* geschrieben hat.[74]

Ausstellung im Krochhaus in Leipzig · Maximilian Speck von Sternburg Stiftung

Im Dezember 1996 reist der Künstler nach Leipzig zu seiner Ausstellung *Herbstspaziergang. Neue Bilder 1995/1996* im Krochhaus, dem Ausstellungszentrum der Universität. Er zeigt vom 3. Dezember 1996 bis 25. Januar 1997 52 neue Arbeiten. Einen Katalog gibt es leider nicht. Nach der Ausstellungseröffnung haben meine Frau und ich das Vergnügen, an einem gemeinsamen Abendessen mit Bernhard Heisig, Wolfgang Mattheuer, Werner Tübke und anderen Gästen teilzunehmen.

Wir sprechen über das Museum der bildenden Künste Leipzig (MdBK), das seit 1952 provisorisch im Gebäude des alten Reichsgerichts untergebracht ist und gemäß eines Beschlusses des Stadtrats von 1996 einen Neubau erhalten soll. Es besteht die Hoffnung, dass es gelingen werde, einen international angesehenen, im Museumsbau erfahrenen Architekten für den Neubau zu gewinnen.

Ich berichte von der von mir anwaltlich betreuten Maximilian Speck von Sternburg Stiftung, die vor wenigen Wochen errichtet wurde. Freiherr Wolf-Dietrich Speck von Sternburg und seine Familie waren so großzügig, das restituierte Eigentum der exzeptionellen, hochkarätigen Sammlung von 202 Gemälden Alter Meister, 126 Zeichnungen und mehr als 500 druckgrafischen Blättern auf die Stiftung zu übertragen, damit die Werke im Museum bleiben können. Zu diesem Zweck vereinbart die Stiftung mit dem MdBK eine Dauerleihgabe.

Als mir später in Weinlaune einfällt, die drei Meister der Leipziger Schule um ein gezeichnetes Autogramm auf einer Stoffserviette zu bitten, lehnt Werner Tübke ab. Als ihn seine Freunde Bernhard Heisig und Wolfang Mattheuer nach dem Grund fragen, meint er, dass ich die gewünschte Serviette im Westen teuer verkaufen könne! Die Idee bleibt unrealisiert.

Friedrich von Amerling
Bildnis Maximilian Speck von Sternburg
1835
Öl auf Leinwand
63,3 × 51,5 cm
Museum der bildenden Künste Leipzig,
Dauerleigabe der Maximilian Speck von Sternburg Stiftung

1997 bis 1999: Bild für den Deutschen Bundestag · Ausstellung *Bernhard Heisig. Bilder aus vier Jahrzehnten*

Fünf Millionen Besucher besichtigen im Sommer 1995 fasziniert das Reichstagsgebäude in Berlin, das von dem Künstlerehepaar Christo und Jeanne-Claude als Kunstobjekt eindrucksvoll mit silbrig glänzenden Stoffbahnen umwoben und verhüllt worden ist.[305]

Zeitgleich arbeitet ein Team von Architekten unter der Leitung von Sir Norman Foster an den Plänen für den Umbau des Gebäudes, da der Reichstag gemäß dem Hauptstadtbeschluss des Deutschen Bundestags vom 20. Juni 1991 in Zukunft als Parlamentsgebäude des Deutschen Bundestags (ab 19. April 1999) genutzt werden soll.[306] Zur Ergänzung der künstlerischen Ausstattung erteilt der Kunstbeirat des Deutschen Bundestags im November 1997 mehreren Künstlern, unter ihnen Bernhard Heisig, den

Auftrag, ein Kunstwerk für den Reichstag zu schaffen. Daraufhin bricht der deutsch-deutsche Bilderstreit erneut aus.

Zitieren möchte ich aus dem Offenen Brief des Malers Hartwig Ebersbach, einem Akteur der nonkonformen Kunstszene in der DDR, vom 20. Februar 1998:

> „Es scheint, was den Osten, ehemals DDR, betrifft, könnte nur derjenige noch für würdig befunden werden, der als Künstler ‚staatsfern' gewirkt hat oder im Exil. Im Streit um die Teilnahme von Bernhard Heisig stellt sich der besondere Verdacht ein, es geht gar nicht um eine inhaltliche Auseinandersetzung mit dem Werk und Leben, sondern es werde lediglich ein Klischee bedient: Heisig, das ist DDR. […]."[307]

Im Übrigen verweise ich auf die Beiträge von Norbert Lammert und Luc Jochimsen in diesem Band.

Die vielfältigen Arbeits- und Entwicklungsstufen, die das Gemälde *Zeit und Leben* (vgl. Abb. S. 34/35) mit den ungewöhnlichen Maßen von 12,55 × 5,91 m in der Zeit vom 18. September 1998 bis 22. März 1999 erlebt, sind in dem Bildband *Bernhard Heisig. Zeit und Leben* mit Fotografien von Bernd Kuhnert und Texten von Jörn Merkert vortrefflich dokumentiert.[308]

Ausstellung *Bernhard Heisig. Bilder aus vier Jahrzehnten*

Im September 1998 eröffnet das Museum Sinclair-Haus in Bad Homburg vor der Höhe die Ausstellung *Bernhard Heisig. Bilder aus vier Jahrzehnten*, die anschließend im Von der Heydt-Museum Wuppertal gezeigt wird.[309] Zu sehen sind komplexe Weltpanoramen, furiose Bilder zu Krieg und Gewalt, aber auch mehrere Selbstbildnisse, Porträts der Mutter und anderer Personen, Stillleben, Landschaften, Städtebilder sowie Gemälde zur Literatur, insbesondere zu Goethes *Faust. Der Tragödie erster Teil*, außerdem eine Auswahl von Heisigs Grafik zur Weltliteratur: zu Bertolt Brechts *Dreigroschenoper* und *Mutter Courage und ihre Kinder*, Heinrich Manns *Der Untertan*, Hugo Balls *Der Henker von Brescia* und Heinrich Bölls *Der Zug war pünktlich*.[310]

Jörn Merkert schreibt in seinem Katalogbeitrag:

> „Heisigs inszenierte Bilder [sind] nicht von dieser Welt, so sehr sie auch den Realismus der Wirklichkeitsinterpretation für sich beanspruchen können. Sie scheinen gleichsam der Welt des Traums zu entstammen, genauer: einer halluzinierten Hellsichtigkeit. Sie sind aber nicht etwa Illustrationen von Alpträumen. Diese sogende, stürmische Dynamisierung von Raum, Ding und Figur durch die Gleichzeitigkeit

des Ungleichzeitigen ist vielmehr das Instrument, die Mechanismen der Verdrängung zu zerschlagen und die ‚Beharrlichkeit des Vergessens' zu unterminieren."³¹¹

2000 bis 2004: Abschied von den Malerkollegen Wolfgang Mattheuer und Werner Tübke · Ausstellung *Eine Malerfamilie* · Ehrenmedaille der Stadt Leipzig · Drei Dirigenten · Preußentum und Friedrich II.
Im Jahr 2004 verfasst Heisig die Nachrufe für zwei seiner kurz nacheinander verstorbenen Leipziger Malerkollegen, für Wolfgang Mattheuer, „den ich für einen der wichtigsten deutschen Künstler halte […], [einen] unerbittlichen Wahrheitssucher, schwierig und kompromisslos, sodass seine Gegner lieber die Finger von ihm ließen, was ihm dann freilich auch nicht recht war"³¹² sowie für Werner Tübke: „[…] und damit fehlt ein großer Meister seiner Zunft. Ich sehe noch nicht den nächsten. […] Als er mir den Entwurf für das Riesenpanorama Bad Frankenhausen zeigte […], da sagte ich: ‚Großer Gott, wenn Du das Ding durchstehst, bin ich der erste, der dir Blumen bringt.' Er stand es, wie fast alle seine Arbeiten, mit seiner großen Arbeitsdisziplin durch. Ich habe ihm dazu neidlos gratuliert – mit dem Maß an Bewunderung, das ihm zustand."³¹³

Ausstellung *Eine Malerfamilie*
Zu Heisigs 75. Geburtstag präsentiert die Galerie Berlin in der Ausstellung *Eine Malerfamilie* Werke von Bernhard Heisig gemeinsam mit Gemälden seiner Söhne Johannes Heisig und Walter Eisler, seiner Ehefrau Gudrun Brüne und seiner Schwiegertochter Antoinette.³¹⁴ Sebastian Preuss schreibt für den Ausstellungskatalog einen Beitrag über Künstlerfamilien in der Geschichte.³¹⁵ Heisig fühlt sich nicht als Senior einer Malerfamilie und lehnt den Titel der Ausstellung (als publizistischen Coup seines Galeristen) zunächst ab, später freut er sich aber, dass die Ausstellung die künstlerischen Eigenständigkeiten der Familienmitglieder deutlich macht: Seine Frau und frühere Studentin Gudrun Brüne hat seit Jahren ihren eigenen künstlerischen Weg gefunden. Preuss schreibt zu ihren Puppenbildern: „[Sie] sind alles andere als harmlos und auch nicht altmeisterlich, vielmehr entladen sich hier die rätselhaften somnambulen, letztlich auch psychoanalytischen Traditionen der Moderne."³¹⁶

Die Fernsehsender Arte und ZDF zeigen in einem Vater-Sohn-Porträt mit dem Titel *Ende der großen Belehrung* die künstlerische Abnabelung des Sohnes Johannes von seinem „Übervater".³¹⁷ Hermann Raum schreibt im Vorfeld der Ausstellung, dass er sich auf die Bilder Heisigs freue, in denen „der Meister historischer, politischer und philosophischer Stoffe sich bescheidenen alltäglichen Sujets mit magischer Sensibilität und Delikatesse zuwendet."³¹⁸

Hartwig Ebersbach
Abwicklung eines Porträts, Tafel 1
1973
Öl auf Hartfaser
199,5 × 60 cm
Museum der bildenden Künste Leipzig

Bildnis Herbert Blomstedt
2004/05
Öl auf Leinwand
125 × 100 cm
Dr. Jürgen Marwitz, Lübeck

Bildnis Kurt Masur
1997
Öl auf Leinwand
125,4 × 100,3 cm
Museum der bildenden Künste Leipzig

> **Bildnis Václav Neumann**
1973
Öl auf Hartfaser
90 × 67,5 cm
Museum der bildenden Künste Leipzig

Ehrenmedaille der Stadt Leipzig · Drei Dirigenten
Oberbürgermeister Wolfgang Tiefensee überreicht Bernhard Heisig die Ehrenmedaille der Stadt Leipzig, in deren Auftrag er unter anderem die Bildnisse der Dirigenten des Gewandhausorchesters Herbert Blomstedt, Kurt Masur und Václav Neumann gemalt hat.

Preußentum und Friedrich II.
In seiner Laudatio bei der Verleihung der Ehrenmedaile der Stadt Leipzig an Bernhard Heisig im Atelier des Künstlers in Strodehne hebt Hans-Werner Schmidt, Direktor des Museums der bildenden Künste Leipzig, Heisigs intensive Beschäftigung mit dem Preußentum und Friedrich II. hervor, mit dem sich Heisig seit bald 20 Jahren beschäftigt. Er sei, wie Hans-Werner Schmidt ausführt,

> „der Mann des Militärs, der den Soldatentod favorisiert gegenüber dem Prozeß des Alterns, der schneidige Marschbefehle gibt und gleichzeitig in Voltaires Gedankenwelt zu brillieren versteht und dies im Originalton, der sich souverän bewegt vor der Kulisse des Kanonendonners

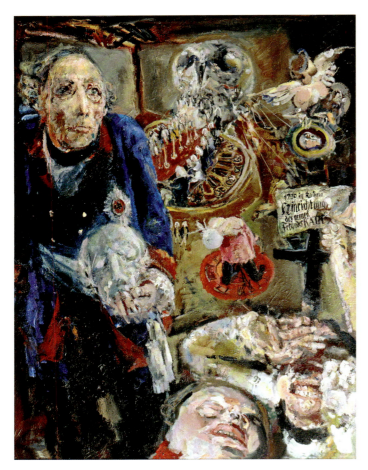

Fritz und Friedrich
(Triptychon)
1986/1988
Öl auf Leinwand
linke Tafel: 160 × 120 cm
rechts oben: 37 × 160 cm
rechts unten: 120 × 160 cm
Ludwig Forum für
Internationale Kunst Aachen,
Leihgabe Sammlung Ludwig

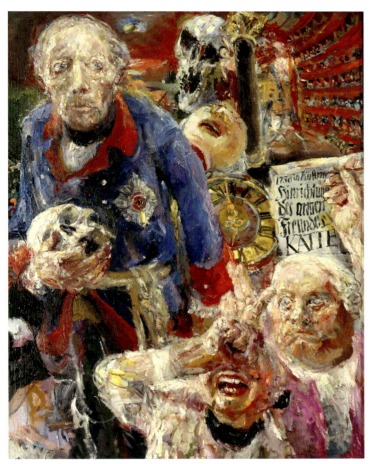

Beschäftigung mit Fritz und Friedrich
(Triptychon)
1987/1989
Öl auf Leinwand
linke Tafel: 160 × 129 cm
rechts oben: 45 × 130 cm
rechts unten: 100 × 130 cm
Ludwig Museum im Staatlichen
Russischen Museum, St. Petersburg

und eine ganz andere versteht zu gestalten mit dem Klang der Querflöte. Die Vielzahl von Heisigs Friedrich Bildern entspricht dem Prozeß permanenter Annäherung an eine fragwürdig bleibende Figur."[319]

Der väterliche Zwang, die Exekution seines Freundes von Katte im Gefängnishof von Küstrin ansehen zu müssen und seine tiefe Erniedrigung während der wochenlangen Inhaftierung haben den damals 18-jährigen Friedrich nach Heisigs Überzeugung in seiner Entwicklung entscheidend mitgeprägt. Friedrich II. gelangt zu der Erkenntnis, dass es für einen absolutistischen Monarchen keinen Triumph gebe, ohne grenzenlose Gewalt auszuüben.

2005: Heisig wird achtzig · Ausstellung Die *Wut der Bilder* · Ausstellung *Bernhard Heisig. Bilder einer Sammlung*

Zwei sich ergänzende Festschriften erscheinen zu Heisigs 80. Geburtstag. Die von meiner Frau und mir herausgegebene Festschrift *Gestern und in dieser Zeit*[320] enthält die Glückwünsche von 73 Weggefährten mit ihren Erinnerungen an den Jubilar und ihre Sicht auf seine Kunst. „Diese Festschrift", schreibt Dieter Gleisberg, „hat durch den sehr persönlichen Duktus der einzelnen Beiträge den Charakter einer echten Freundesgabe, deren Stimmenvielfalt die Fülle der Botschaften und Anregungen verdeutlicht, welche vom umfangreichen Lebenswerk dieses bedeutenden Künstlers ausstrahlen. [...] Dass dabei vor allem aus dem Schülerkreis auch manche Anekdote zur Sprache kommt, trägt durchaus dazu bei, Heisig, der ja längst eine historische Erscheinung ist, von der Starre eines Denkmals freizuhalten und ihm die menschlichen Züge zu bewahren, ohne die es ihm nicht möglich gewesen wäre, sein ebenso tiefsinniges wie konfliktbeladenes Werk hervorzubringen."[321]

Aus der Festschrift sei hier Günter Grass zitiert: „Bernhard Heisig ist einer, der nicht schmückt. Einer, dessen Bilder konfrontieren. Einer – wie altmodisch – der malen kann. Als 1982 die Ausstellung *Zeitvergleich. Malerei und Grafik aus der DDR* in Hamburg eröffnet wurde, nahmen die Funktionäre der DDR und etliche Kunstrichter des westlichen Staates Anstoß. Dass das Werk des großen Meisters weiterhin den Kunstideologen anstößig geblieben ist, spricht für den Künstler."[322]

Die zweite von Peter Engel, Rüdiger Küttner und Dieter Brusberg herausgegebene Festschrift mit dem Titel *Bernhard Heisig. Ruhig mal die Zähne zeigen. Über Kunst, Künstler und Gesellschaft*[323] ehrt den Künstler mit dem Abdruck einer Auswahl seiner Texte als Kenner der Kunst und als Meister des Wortes.

Bernhard Heisig und Gudrun Brüne in Strodehne, 2004/05

Widmung an das Ehepaar Köster, 2005

‹ **Preußisches Museum** (Diptychon)
1975–1977
Öl auf Leinwand
165 × 151 cm, 60 × 151 cm
Museum Moderner Kunst
Stiftung Ludwig Wien

Ausstellung *Die Wut der Bilder*

Höhepunkt der Ehrungen zu Bernhard Heisigs 80. Geburtstag ist die Ausstellung *Die Wut der Bilder,* die im Museum der bildenden Künste Leipzig am 20. März 2005 eröffnet und anschließend in der K20 Kunstsammlung Nordrhein-Westfalen in Düsseldorf, in den Staatlichen Museen zu Berlin, Nationalgalerie, und schließlich im Nationalmuseum in Wrocław (Breslau) gezeigt wird. Der Titel der Ausstellung führt zu der Frage, welche Wut gemeint sei. Ein Rezensent formuliert:

> „Es ist die Wut, die Bernhard Heisig zum Pinsel greifen ließ, wenn er in den Spiegel schaute oder sich erinnerte an die Zeit, da er mit 17 für Hitler freiwillig in die Normandie zog und später das Eiserne Kreuz zweiter Klasse erhielt; als er vom DDR-Staatsratsvorsitzender Honecker den Nationalpreis bekam; als er als Rektor der Hochschule für Grafik und Buchkunst hinausgeworfen wurde. Nicht zuletzt diese Ereignisse haben den oft als Staatskünstler bezeichneten Heisig davor bewahrt, zum Staatskünstler zu werden."[324]

Bundeskanzler Gerhard Schröder eröffnet die Ausstellung mit den Worten:

> „Gewiss: Für die einen war er und bleibt er bis heute der wichtigste Repräsentant der DDR-Kunst. Damit sind eben auch alle Ressentiments verbunden, die leicht mit einem solchen Etikett einhergehen. Für die anderen ist Bernhard Heisig einer der bedeutendsten deutschen Künstler des zurückliegenden Jahrhunderts. Ich gestehe ganz offen: Ich bekenne mich zu der letztgenannten Auffassung, weil ich dafür plädiere, aufrichtig und respektvoll vor allen Dingen mit Person und Werk umzugehen, denn beides ist nicht voneinander zu trennen."

Mit Gerhard Schröder bei der Eröffnung der Retrospektive 2005 in Leipzig

Damit spricht Schröder den langjährigen und in der Praxis bis heute nicht beendeten deutsch-deutschen Bilderstreit an. Er fährt in seiner Rede fort:

> „Bernhard Heisig hat den Großteil seines Lebens in zwei Diktaturen verbracht. Nach den harten Kriegserfahrungen als sehr junger Mensch lebte er fortan in der Überzeugung, dass unsere Gesellschaft sich ihrer Geschichte stellen muss und dass es ohne Auseinandersetzung keinen wirklichen Fortschritt geben kann. Ich finde, das sind Überzeugungen, für die man sich nicht entschuldigen muss."[325]

In ihrem Festvortrag erörtert Hortensia Völckers das Spannungsverhältnis von Kunst und Politik und sagt über Heisig: „Er hat es als Glück empfunden, die Chance zu haben, an einem Weltbild mitzuarbeiten, denn er war überzeugt, dass große Kunst gesellschaftlicher Bindung und Reibung bedürfe."[326]

Konzipiert hat die Werkschau der Kunsthistoriker Eckhart Gillen in Kooperation mit den Museumsdirektoren Hans-Werner Schmidt, Armin Zweite und Peter-Klaus Schuster. Im Fokus stehen Heisigs Panoramen traumatischer Erinnerungen an Krieg und Gewalt, seine Gemälde zum *Alten Fritz, Preußischer Totentanz, Der Zauberlehrling* und seine Weltbilder *Gestern und in unserer Zeit* sowie *Zeit und Leben*. Die Ausstellung setzt ausgewählte Schwerpunkte. „Der ganze Heisig ist das nicht, es ist der Nahkämpfer."[327]

Als Heisig am 10. Juni 2005 durch die Ausstellung in der K20 Kunstsammlung Nordrhein-Westfalen geht, sehe ich ihm seine große Freude über die gelungene Hängung seiner Gemälde an, die sie in den lichtdurchfluteten hohen Räumen des Museums optimal zur Geltung bringt. Dankbar spricht er darüber. Gerade in Düsseldorf, der Hochburg der ihn ablehnenden Westkünstler, der Abstrakten und Konzeptionisten, denen das Porträtieren und Allegorisieren eine Sache aus dem 19. Jahrhundert ist, möchte er als Künstler mit seinen Bildern überzeugen. Aber erneut findet ein Diskurs nicht statt. Er hätte ihn gern geführt.[328]

Heisig zögert, ob er die Einladung zur Eröffnung der Ausstellung im Nationalmuseum seiner Heimatstadt Breslau, nunmehr Wrocław, annehmen soll. Die Erinnerungen an seine Kindheit und Jugend in Breslau sowie an die Vertreibung aus seiner Heimat sind immer noch lebendig. Auch ist der Künstler unsicher, wie das polnische Publikum auf seine Kriegsbilder re-

Festung Breslau.
Erinnerung an Vorgestern II
2006
Öl auf Leinwand
100 × 120 cm
Privatbesitz

Bernhard Heisig und Willi Sitte

Lutz Friedel
Bernhard Heisig
2006
Öl auf Leinwand
35 × 30 cm
Besitz des Künstlers

agieren werde. Schließlich überwiegt sein Interesse an einem Wiedersehen der alten Heimat und an erwarteten Begegnungen mit polnischen Museumsbesuchern. Er wird, wie ich beobachte, überaus freundlich empfangen. Sein Werk findet sehr positive Resonanz, sodass er die Einladung zur Finissage der Ausstellung dankbar annimmt. Zurück in Strodehne, beginnt er mit der Arbeit an zwei Breslau-Gemälden, die er im selben Jahr fertigstellt: *Erinnerung an Vorgestern* und *Festung Breslau. Erinnerung an Vorgestern*.

Ausstellung *Bernhard Heisig. Bilder einer Sammlung*
Die Sammlerin Vera Schreck, eine gebürtige Hallenserin, schreibt in dem Katalog der Ausstellung, die vom 21. Juli bis 9. Oktober 2005 in Halle/Saale gezeigt wird, über die Gründe ihres Sammelns.

> „Liebe und Neugier waren die Auslöser nach Jahren der Abwesenheit von der alten Heimat, sich Ende der Sechziger, Anfang der Siebziger mit dem dortigen Leben, der Kunst – insbesondere der bildenden Kunst – und der Kultur der Nachkriegszeit zu beschäftigen.
>
> Das Angebot war interessant und reichhaltig. Im Gegensatz zur abstrakten und informellen Kunst des Westens hatte sich zum Beispiel in Leipzig die so genannte ‚Leipziger Schule' einen Namen gemacht: expressiv, modern, aber in der Tradition wurzelnd, mit Themen der Geschichte, des dortigen Alltags und eben in kraftvollen Farben und mit starker Aussagekraft
>
> Die Unmittelbarkeit und die Direktheit der Bilder von Bernhard Heisig verführten über Jahrzehnte hinweg immer zu neuen Ankäufen. Das Resultat liegt zu Ehren von Bernhard Heisigs 80. Geburtstag und zur Freude der Betrachter dieser Ausstellung vor."[329]

Bernhard Heisig und Willi Sitte, die der Sammlerin freundschaftlich verbunden sind, treffen sich bei der Ausstellungseröffnung.

2006 bis 2011: Die Kräfte lassen nach · Ehrungen und Ausstellungen zu Heisigs 85. Geburtstag
Obwohl Heisig durch mehrere Unfälle und Operationen geschwächt ist und ihn Atemnot, Krücken und Rollstühle stark beeinträchtigen, arbeitet er mit künstlerischem Furor – manche sagen, besessen – an seinem Werk. „Was soll ich denn sonst tun?", fragt er mich halb im Scherz und fügt hinzu, „ich habe ja sonst nichts gelernt".

Im Sommer 2006 sitzt Heisig seinem ehemaligen Meisterschüler, dem Maler und Bildhauer Lutz Friedel, Modell für ein Porträt und erfüllt damit einen Wunsch seines Galeristen Rüdiger Küttner. Friedel erinnert sich:

Weg im Havelland
1995
Öl auf Leinwand
100 × 80 cm
Privatbesitz

„Als ich meine Malsachen in seinem riesigen Atelier auspackte, überfiel mich das Gefühl ihm die Zeit zu klauen. Dann saß er vor mir, ein alter Mann im Rollstuhl! Der Fernseher lief, mir war alles nur recht, malen und reden konnte ich noch nie zusammen. Später, mitten in der Arbeit, nickte mein Gegenüber kurz ein. Als er wieder aufschaute, war da so ein Blick wie: tja, siehste, Scheiße wenn mal alt und klapprig wird. Und hinter ihm standen fünf Staffeleien, auf jeder ein angefangenes Bild."[330]

Dazu erklärt mir Heisig sinngemäß: „Wenn ich nicht weiter weiß, setze ich mich vor die nächste Leinwand und male erst mal da weiter."

Ehrungen und Ausstellungen zu Heisigs 85. Geburtstag

Matthias Platzeck verleiht dem Künstler den Ehrenpreis des brandenburgischen Ministerpräsidenten für sein Lebenswerk.

Die Galerie Berlin lädt zur Ausstellung *Bernhard Heisig. Eine unendliche Geschichte* ein. Im begleitenden Katalog schreiben Malerfreunde und Persönlichkeiten aus Kunstwissenschaft, Literatur und Darstellender Kunst brillante Bildtexte.[331]

Die Ausstellung *Das große Welttheater* im Kunstraum des Deutschen Bundestags eröffnet Bundestagspräsident Norbert Lammert zu Ehren des anwesenden Künstlers am 2. Dezember 2010 und berichtet darüber in seinem Beitrag zu diesem Gedenkband. Andreas Kaernbach beschreibt Heisigs ausgestellten Geschichtsfries *Zeit und Leben* als „Ausdruck eines altersweisen, verhalten-optimistischen Blickes auf die Gegenwart", während das politische Pendant, Heisigs *Ikarus* aus dem Jahr 1975, ein Auftragsbild für den Palast der Republik, „noch Ausdruck trotzigen Aufbegehrens" sei. Beide Bilder seien „Inkunabeln der Existenzbestimmung".[332]

Der 70. Geburtstag der Künstlerin Gudrun Brüne

Zu ihrem 70. Geburtstag am 15. März 2011 ehrt der brandenburgische Ministerpräsident Matthias Platzeck Gudrun Brüne durch die Übernahme der Schirmherrschaft ihrer Ausstellung *Gudrun Brüne: Traum und Wirklichkeit*. Eduard Beaucamp schreibt im Buch zur Ausstellung über die Künstlerin:

„Im Frühwerk der Sechziger und Siebziger Jahre folgt sie zunächst Heisigs expressivem Beispiel, betreibt aber dann eine stillebenhafte Verfestigung des Motivapparates und der Bildsprache, auch wenn eine expressive Unterströmung immer erhalten bleibt. Die weiche Tonigkeit weicht härteren, klareren Formen und einer kontrastreichen Farbigkeit. Brüne präpariert ihre metaphorische Bildbühne und schlägt sich damit auf den anderen, den gleichsam neusachlichen, den Dix-Flügel der Leip-

Gudrun Brüne
Selbst mit Vorbildern
2008
Mischtechnik auf Hartfaserpappe
100 × 130 cm
Sammlung Heiner und
Marianne Köster, München

ziger Schule, den vor allem Wolfgang Mattheuer oder auch ihr Generationsgenosse Volker Stelzmann, schließlich in dritter Generation Neo Rauch repräsentiert. [...] Eine Doppelschau Brünes mit der rheinischen Malerin Tremezza von Brentano im schwäbischen Albstadt zeigte 1993 eindringliche Affinitäten im Menschenbild: Beide Künstlerinnen berufen sich übrigens auf Paula Modersohn als Leitbild. Bei Brüne kommt als Patin die unbändige Rosa Luxemburg hinzu: Mit Paula und Rosa hat sich die Malerin auf dreigliedrigen Bildern 1980 und 1982 [und auch 2008] dargestellt [...]."[333]

Heisig ist es stets ein großes Anliegen, das Werk und die künstlerische Anerkennung seiner Frau zu fördern. Als wir den Künstler im November 1991 erstmals besuchen, führt er uns, wie jeden seiner Gäste, am Ende des Besuches in das Atelier seiner reisebedingt abwesenden Frau Gudrun Brüne. Besonders schätzen wir das Bild *Selbst mit Vorbildern*.

Im Laufe des Jahres 2008 entscheidet sich Heisig, nur noch an kleineren Bildformaten zu arbeiten. Er tauscht deshalb sein großes, lichtdurchflutetes Atelier mit dem benachbarten seiner Frau. Eine große Freude für sie. Am 25. Januar 2025 stirbt Gudrun Brüne im Alter von 82 Jahren. Drei Monate zuvor besuchen meine Frau und ich die Künstlerin in Strodehne. Bei herbstlichem Sonnenschein erinnern wir uns an viele schöne gemeinsame Erlebnisse mit ihr und Bernhard Heisig.

Selbst
2010
Öl auf Leinwand
80 × 60 cm
Nachlass Gudrun Brüne,
Strodehne

Der Tod des Künstlers
Im März 2011 verschlechtert sich Heisigs Gesundheitszustand dramatisch. Er erleidet zwei Schlaganfälle und kann nicht mehr malen. Verzweifelt verweigert er die Nahrungsaufnahme und stirbt in seinem Zuhause in den Morgenstunden des 10. Juni. Beerdigt wird der Freund in seinem geliebten Havelland, auf dem Friedhof in Strodehne. Der Religionsphilosoph und Priester Eugen Biser hatte dem zweifelnden Künstler bei ihren Gesprächen zwischen den Porträtsitzungen im Oktober 2003 gewünscht, dass er sich eines fernen Tages von der Liebe Gottes überraschen lassen möge.

Bei der säkularen Trauerfeier im altehrwürdigen Dom zu Havelberg schließt Armin Zweite am 2. Juli 2011 sein Gedenken mit den Worten: „Sein umfangreiches Œuvre, weitläufig, komplex und mit vielen Höhepunkten durchsetzt, ist präsent. Das erfüllt uns mit Hoffnung und Zuversicht."[334]

Johannes Heisig reflektiert sechs Jahre nach dem Tod seines Vaters:

> „Ich versuche mich zu erinnern, ob er ein glücklicher Mensch in einem tieferen Verständnis je gewesen wäre. Mit innerer Überzeugung kann ich das nicht bejahen, zumal seine eigenen Äußerungen dabei nicht hilfreich sind. Im ‚Nahkampf' sah er die Lebensform, die seine ‚Batterie' speiste. ‚Reibungsfeld' war ein anderes favorisiertes Wort. Was nach Idylle aussah, war ihm zutiefst verdächtig. Liebesfähigkeit kann mit Idylle verwechselt werden. In wenigen – mir sehr wertvollen – späten Gesprächen haben wir dieses schwierige Thema umkreist. Ich habe inzwischen verstanden, dass ich dazu neigte, ihm zuviel abverlangen zu wollen. Vielleicht tue ich das noch immer. Dabei hat er die Aufgabe, die ihm gestellt war, grandios gemeistert. Er war unter denen, die konsequent den Weg zur Verarbeitung der deutschen Dilemmata wiesen, indem sie sie bearbeiteten. Darin wurde ihm alles, sein ganzes biografisches Sein abverlangt."[335]

Fortwirken von Heisigs künstlerischer Arbeit
Jahrzehnte vor seinem Tod erklärt Bernhard Heisig: „Ich wäre sehr zufrieden, wenn das, was ich mache, die interessiert, mit denen ich lebe. Was danach kommt – aber das geht mich eigentlich nichts mehr an."[336] Nachruhm war für den Künstler nicht von Bedeutung, dennoch wünschte er sich ein Fortwirken seiner Bilder, seiner Lebensarbeit. Er wollte, dass seine Bilder gesehen werden, dass sie etwas auslösen.

Rüdiger Küttner und Dieter Brusberg setzen dem Künstler mit den in den Jahren 2012 und 2014 erschienenen Gedenkbänden *Bernhard Heisig. Selbst mit Trompete* und *Bernhard Heisig. Gestern und in unserer Zeit*[337] ein würdiges Denkmal.

Schiffbruch der Eroberer
1996
Öl auf Leinwand
150 × 200 cm
Privatsammlung Berlin

In den Jahren nach Heisigs Tod hat sich an der in Westdeutschland weit verbreiteten Unkenntnis des Werkes der Künstler aus der DDR und an ihrer Zurückweisung – häufig aus politischen Gründen – kaum etwas geändert. Dieser Tatsache entspricht, dass westdeutsche Museen, wenn überhaupt, nur wenige Arbeiten dieser Künstler erworben haben und nur selten Ausstellungen ihres Werkes veranstalten. Dementsprechend gering ist die Berichterstattung in den Medien.

Das Gedenken an Bernhard Heisigs 100. Geburtstag bietet Gelegenheit, sein fulminantes und facettenreiches Werk unvoreingenommen zu betrachten und zu würdigen. Bernhard Heisig ist kein Maler der DDR, wie auch Georg Baselitz und Markus Lüpertz keine Maler der BRD sind. Sie sind bedeutende deutsche Künstler.[338]

1   Heisig 1960, S. 268.
2   Heisig 1986a, S. 287.
3   Zur Biografie des Künstlers siehe unter anderem: Papies 2014, S. 259–265; Gillen/Heim/Kaiser 2005, S. 307–325.
4   Siehe Schumann 1976, S. 107 f.; Knöfel/Petersohn 2009, S. 140.
5   Stern 2007, S. 101. Auf S. 113 berichtet Stern über die Unruhen in den Straßen Breslaus und von einem „breiten Strom von ärmlich gekleideten Männern, Frauen und Kindern, die hinter roten Fahnen hermarschieren und ‚Hunger, Hunger' skandieren".
6   Gespräche des Verfassers mit Bernhard Heisig.
7   Beschluss des Deutschen Reichstags vom 23.03.1933.
8   Stern 2007, S. 116–138.
9   Gespräche des Verfassers mit Johannes Heisig.
10 Mülhaupt 1989, S. 94.
11 Leicht 2014, S. 128.
12 Gespräche des Verfassers mit Bernhard Heisig.
13 Heisig 1986b, S. 40.
14 Hametner 2018, S. 26.
15 Gespräche des Verfassers mit Gudrun Brüne und Johannes Heisig.
16 Schumann 1976, S. 123.
17 Gespräche des Verfassers mit Johannes Heisig.
18 Moritz [2005], S. 11; Eisler/Heisig, J. [2005], S. 11.
19 Dymschitz 1948, S. 11.
20 Ulbricht 1951, S. 6.
21 Baumann 2014, S. 26 f.
22 Schumann 1976, S. 121.
23 Kowalczuk 2023, S. 17.
24 Ebd., S. 20.
25 Ministerrat der DDR 1953.
26 Kowalczuk 2023, S. 26.
27 Ebd., S. 33.
28 Rogasch 1992, S. 83.
29 Mattheuer-Neustädt 2005, S. 16 f.
30 Ebd., S. 17.
31 Brecht 1997, Bd. 3, S. 404.
32 Mülhaupt 1989, S. 98, mit Hinweis auf eine Rede von Otto Grotewohl.
33 Bernhard Heisigs Diplomzeugnis der Hochschule für Grafik und Buchkunst Leipzig datiert vom 11.05.1959, Archiv der HGB Leipzig.
34 Ulbricht 1956, S. 1.
35 Ulbricht 1957.
36 Beaucamp 2011b, S. 32.
37 Lindner, B. 1998, S. 124.
38 Ulbricht 1958 (Nr. 164, 12.07.1958), S. 5.
39 Zitiert nach: Uhlitzsch 1966, S. 72 f.; Lindner, B. 1998, S. 125.
40 Gillen 2002, S. 108.
41 Pätzke 2003, S. 317.
42 Wolfrum 2009, S. 68.
43 Ausst.kat. *Baumeister – Hofer* 2005, S. 170.
44 Ebd., S. 162.
45 Knöfel/Petersohn 2009, S. 140.
46 Heisig 2014a, S. 281.
47 Heisig 1983, S. 57 f.
48 Sitte 1984, o. P.
49 Schmidt, H. 1996, S. 86.
50 Adorno 1951, S. 30
51 Knöfel/Petersohn 2009, S. 140.
52 Schreiben von Hans Bentzien an Bernhard Heisig vom 27.06.1961, Archiv der HGB Leipzig.
53 Schreiben von Erich Wendt an Bernhard Heisig vom 10.08.1961, Archiv der HGB Leipzig.
54 Leipnitz 2000, o. P.
55 Hartleb 1989, S. 42.
56 Schreiben von Prof. Hans Mayer-Foreyt an das Ministerium für Kultur, Abteilung Bildende Kunst und Museen vom 20.12.1961, Archiv der HGB Leipzig.
57 Knöfel/Petersohn 2009, S. 141.
58 Rink 2024, S. 191 f.
59 Hoyer 2023, S. 270.
60 Gaus 1986, S. 142.
61 Schäuble 2024, S. 183.
62 Ebd., S. 182.
63 Lahann 2014, S. 315.
64 Eisler 2005, S. 41.
65 Hametner 2017, S. 25 f.
66 E-Mail von Johannes Heisig an den Verfasser vom 09.04.2024.
67 Eisler/Heisig, J. [2005], S. 5.
68 Hametner 2017, S. 106.
69 Heisig 1964a, S. 433. April Eisman schreibt dazu: „Heisig then pointed out that art should not be limited to only portraying the positive side of life." Eisman 2018, S.67.
70 Heisig 1964a, S. 434.
71 Dietrich 2019, Bd. 2, S. 1048.
72 Bentzien 1964, S. 66.
73 Müller 1992, S. 178.
74 Heisig 1964b, S. 435.
75 IM-Bericht zitiert nach: Gillen/Heim/Kaiser 2005, S. 329, Anm. 125.
76 Hametner 2017, S. 29.
77 Lothar Lang: Interview mit Bernhard Heisig, zitiert nach: Schneckenburger 1994, S. 68.
78 Fest 2005, S. 53.
79 McNamara/Vandemark 1995, S. XVI.
80 Thumann 2024, S. 17.
81 Die alle vier Jahre in Leipzig (wie in anderen Bezirken) durchgeführten Bezirksausstellungen fanden regelmäßig circa ein bis zwei Jahre vor der großen Deutschen Kunstausstellung bzw. der Kunstausstellung der DDR in Dresden statt. Sie wurden in der Regel von den Spitzenfunktionären des Staates und der Kultur besucht und „bewertet".
82 Schneckenburger 1994, S. 67.
83 Fest 1995, S. 183.
84 Hartleb 1989, S. 42.
85 Ebd., S. 44.
86 Gillen 2009, S. 337 f., mit Beschreibung der beiden Bilder.
87 Rehberg 2009, S. 27, mit weiterführendem Hinweis.
88 Ebd., S. 24.
89 Aufhebungsvertrag zwischen der Hochschule für Grafik und Buchkunst und Bernhard Heisig vom 30.04.1968, Archiv der HGB Leipzig.
90 Kober 1973, S. 20–29.
91 Schumann 1976, S. 112.
92 Hametner 2018, S. 58, 108, 208.
93 Schumann 1976, S. 112.
94 Beaucamp 2011b.
95 ND/ADN 1961, S. 1.
96 Kober 1973, S. 24.
97 Lang 2002, S. 52.
98 Ebd., S. 118.
99 Kober 1973, S. 28.
100 Gillen 2002, S. 141.
101 Rehberg 2009, S. 27.
102 Gillen/Heim/Kaiser 2005, S. 321.
103 Hametner 2018, S. 111.
104 Bode 1982, S. 102.
105 Lahann 2014, S. 317.
106 Hametner 2018, S. 110.
107 Die Urfassung des Gemäldes *Weihnachtstraum des unbelehrbaren Soldaten* datiert bereits von 1964.
108 Kaiser 2005, S. 274 ff.
109 Mattheuer-Neustädt 2005, S. 5.
110 Eisman/Gillen 2005, S. 273.
111 Bode 1982, S. 103.
112 Ebd.
113 Honecker 1971, S. 5.
114 Baumann 2014, S. 99.
115 Kober 1973, S. 39.
116 Ciré 2014.
117 Rehberg 2012.
118 Rehberg 2005, S. 300.
119 Eisman 2022, S. 84.

120 Siehe Ausst.kat. *VIII. Kunstausstellung der DDR* 1977, S. 127.
121 Kaiser 2003, S. 103.
122 Raum 1987, S. 18.
123 Hametner 2018, S. 57.
124 Ebd., S. 80 f. Die Aufträge von Betrieben umfassen ein weites Spektrum: Porträts verdienter Mitarbeiter, Gemälde von Betriebsfeiern, aber auch spezielle Wünsche, wie die bildliche Darstellung der Probleme des Leipziger Altstoffhandels.
125 Ebd., S. 81.
126 Siehe Müller-Wenzel 2021.
127 Küttner 2005, S. 116 f.
128 Kaiser 2003, S. 103.
129 Brückner/Hauel/Müller 2024, S. 59 f., 63.
130 Küttner 2021, S. 32.
131 Ebd., S. 35.
132 Ebd., S. 37.
133 Uhlitzsch 1973, S. 12.
134 Mattheuer 1973, S. 156 f.
135 Gillen 2002, S. 21.
136 Hametner 2018, S. 76.
137 Ebd., S. 78.
138 Litt 2021, S. 226.
139 Dietrich 2019, Bd. 2, S. 1554–1564.
140 Abdruck der Protesterklärung, in: Dietrich 2019, Bd. 2, S. 1556.
141 Heym 2018, S. 894; Dietrich 2019, Bd. 2, S. 1557.
142 Heym 2018, S. 894.
143 Hametner 2018, S. 124 f.
144 Leipnitz 2000, o. P.
145 Stötzer 1997, S. 52.
146 Heym 1976, S. 5.
146 Bruyn 1998, S. 215.
148 Urkunde des Ministerrats der Deutschen Demokratischen Republik vom 15.07.1976, Archiv der HGB Leipzig.
149 Heinrich Heine spottet in seinem Gedicht *Deutschland. Ein Wintermärchen* in Kapitel XV: „Er watschelte durch die Säle herum, / Mit mir im trauten Geschwätze." Heine 1979, S. 42.
150 Rehberg 2009, S. 32.
151 Siehe die Beiträge von Sighard Gille, Christl Maria Göthner, Gudrun Petersdorf, Ulla Walter, in: Köster 2005.
152 Petersdorff 2005, S. 172.
153 Göthner 2018, S. 137.
154 Baselitz/Schwerfel 1990.
155 Pachnicke 2014, S. 299.
156 Pachnicke 2005, S. 164.
157 Hertel 2018, S. 50.
158 Göthner 2018, S. 137.
159 E-Mail von Johannes Heisig an den Verfasser vom 13.09.2024.
160 Morgenstern 2014, S. 94, 97, 171.
161 Tschechne 2014, S. 294.
162 Göthner 2018, S. 138.
163 Petersdorff 2005, S. 172.
164 Pooth 2024, S. 232.
165 Kaiser 2021, S. 139.
166 Heisig 2004, S. 37.
167 Kober 1981.
168 Rink 2024, S. 148.
169 Müller-Enbergs 2008, S. 35–38; siehe auch: Müller-Enbergs/Muhle 2008 und Müller-Enbergs/Booß 2014.
170 Unter ihnen Hartwig Ebersbach, Sighard Gille, Ulrich Hachulla, Wolfgang Peuker, Arno Rink sowie Volker Stelzmann.
171 Heisig 2004, S. 37.
172 Hoffmann 1997.
173 Tübke 1974, zitiert nach: Hartleb 1989, S. 44.
174 Beaucamp 1997, S. 33.
175 Rink 2024, S. 194.
176 Beaucamp 2011a, S. 6.
177 Pooth 2024, S. 140.
178 Ebd., Kapitel 4: Der Auftritt der DDR 1977 in Kassel, S. 162 ff.
179 Ebd., S. 168 f.
180 Ebd., S. 170.
181 Ebd., S. 177, und weiterführende Hinweise auf S. 194, Fn. 87.
182 Siehe Lang 1977b sowie im Kapitel „Ausgestellte Werke, Malerei": S. 84 (Bernhard Heisig), S. 102 (Wolfgang Mattheuer), S. 128 (Willi Sitte), S. 132 (Werner Tübke) und im Kapitel „Ausgestellte Werke, Plastik Environment": S. 64 (Ulrich Erben), S. 198 (Jo Jastram).
183 Pooth 2024, S. 170 f.; siehe auch Schröter 2009, S. 188.
184 Dittmar 2011, S. 25.
185 Beaucamp 1977.
186 Merkert 1998, S. 12 f.
187 Ausst.kat. Westkunst 1981.
188 Kreutzenbeck 1984, S. 14.
189 Sitte 2021, S. 249.
190 Ebd., S. 250 f.
191 Lang 1977a, S. 163.
192 Ludwig 1982, S. 11.
193 Sitte 2021, S. 253; Rehberg 2005, S. 297.
194 Sitte 2021, S. 254 f.
195 Zitiert nach: Rehberg 2003, S. 57, Fn. 71.
196 Sitte 2021, S. 252.
197 Ebd., S. 253.
198 Brusberg 2014, S. 33.
199 Brief von Peter Ludwig an Bernhard Heisig, Aachen, im Juli 1985, Privatbesitz.
200 Siehe Ausst.kat. *Kunst heute in der Deutschen Demokratischen Republik* 1979.
201 Becker 1979, o. P.
202 Wyrwoll 2023, S. 19.
203 Werner Schulze-Reimpell meint: „Was hier gezeigt wird, ist in gigantischer Weise provinziell, vor allem aber rückwärtsgewandt. Bei jedem […] kann man sofort ablesen, welchem Vorbild sie nacheifern oder wohin sie aus der Gegenwart flüchten" in: Schulze-Reimpell 1979, S. 15.
204 Lissagaray 1953.
205 Hohenfeld 2020, S. 27.
206 Fey/Seewald 2017, S. 127–145.
207 Lang 2002, S. 178.
208 Gillen 2005a, S. 96.
209 Fey/Seewald 2017, S. 140.
210 Ebd., S. 142
211 Hametner 2018, S. 24, 140.
212 Knöfel/Petersohn 2009, S. 141.
213 Als Beispiele seien genannt: Die Grafikmappe *Der faschistische Alptraum* oder die Gemälde zur „Festung Breslau".
214 Rehberg 2009, S. 25.
215 Sitte 2021, S. 270.
216 Grass 1982, S. 12 f.
217 Schneede 1982, S. 28.
218 Grass 2005, S. 86.
219 Müller, Dr. 1984, S. 5.
220 Beckmann, Mayen 2005.
221 Heisig 1994, S. 14 f.
222 Ebd., S. 12.
223 Ebd., S. 15.
224 Baumann 2014, S. 83.
225 Dammbeck 1990, S. 160.
226 Siehe Werner 1984, o. P.
227 Dammbeck 1990, S. 160.
228 Ebd., S. 159.
229 Lessing 2023, S. 238.
230 Grundmann 2012.
231 Dammbeck 1990, S. 160.
232 Schneckenburger 1994, S. 67.
233 Siehe Ausst.kat. *Durchblick* 1984.
234 Pachnicke 1985, S. 8.
235 Kascher 2005.
236 Schuster 2024.
237 Volke 2018, S. 128–179.
238 Ebd., S. 135 f.
239 Schreiben von Helmut Schmidt an Bernhard Heisig vom 02.08.1985, Archiv der HGB Leipzig.
240 Schmidt, H. 2005b, S. 9.
241 Volke 2018, S. 163.
242 Heisig 2014b, S. 289.
243 Rau 1986, S. 6 f.

244 Neues Deutschland 1987.
245 Zum Abkommen über kulturelle Zusammenarbeit zwischen den Regierungen der DDR und der Bundesrepublik Deutschland: Lindner, Seb. 2015.
246 Volke 2018, S. 62.
247 Schäuble 2024, S. 173.
248 Ebd., S. 174.
249 Kohl 2005, S. 470.
250 Ebd., S. 573.
251 Ebd.
252 Pachnicke 2005, S. 161.
253 Rink 2024, S. 120.
254 Ebd., S. 125.
255 Siehe Mieves 2024.
256 Dietrich 2019, Bd. 3, S. 2101, 2230.
257 Siehe Heisig 1976. Die Mappe II wurde in 30 Exemplaren gedruckt, die Mappe I entstand bereits 1965/66, erschien jedoch nicht im Druck, vgl. den Beitrag von Dietulf Sander in diesem Band, ab S. 96.
258 Im Januar 1989 veröffentlicht Lea Rosh gemeinsam mit dem Historiker Eberhard Jäckel den ersten Aufruf der Bürgerinitiative Perspektive Berlin für die Errichtung eines Denkmals für die ermordeten Juden Europas, siehe https://www.holocaust-denkmal-berlin.de/das-denkmal/die-chronologie (letzter Abruf 18.09.2023).
259 „Lea Rosh ging so weit, anzudrohen, ihre Gedenkstätte für die von den Nazis verfolgten Reichstagsabgeordneten zurückzuziehen, wenn Heisig einen Auftrag dort bekomme", schreibt Eckhart Gillen in: Gillen 2005b, S. 76 f.
260 Rosh 2005, S. 179 f.
261 Schmidt, H.-W. 2005, S. 204.
262 Brusberg 1988, S. 13.
263 Lang 2002, S. 179.
264 Barbara Barsch, Ina Gille, Wolfang Kil, Gabriele Muschter, Henry Schumann, Christoph Tannert, Klaus Werner: Schreiben an das Präsidium des Verbandes Bildender Künstler der DDR, vom 19.04.1988, zitiert nach: Barsch 1996, S. 772.
265 Fürnberg 1997, S. 153–157.
266 Barsch 1996, S. 770–785.
267 Merkert 2014, S. 309.
268 Rink 2024, S. 199 (Eintrag vom 23.03.2001).
269 Merkel 2024.
270 Siehe Ausst.kat. Heisig 1989.
271 Hametner 2018, S. 204.
272 Ebd., S. 197 f.
273 Dietrich 2019, Bd. 2, S. 2227. Die Transparente der Demonstranten tragen zum Teil witzige Texte: „Pässe für alle – der SED den Laufpass" oder „Kein Artenschutz für Wendehälse".
274 Dietrich 2019, Bd. 2, S. 2260, mit weiteren Angaben zu den Zahlen der Flüchtlinge aus der DDR.
275 Grosser 1993, S. 193 f.
276 Teltschik 1991, S. 91.
277 Den Einigungsvertrag vom 31. August 1990 nimmt die Volkskammer am 20. September an. Acht Tage zuvor haben die beiden deutschen Staaten sowie die Siegermächte USA, UdSSR, Frankreich und Großbritannien in Moskau den sogenannten Zwei-plus-Vier-Vertrag unterzeichnet. Er gilt als ein Meisterwerk internationaler Diplomatie und beinhaltet die endgültige Anerkennung der neuen deutsch-polnischen Grenze an der Oder und der Lausitzer Neiße, was in dem anschließenden deutsch-polnischen Vertrag vom 14. November 1990 nochmals bekräftigt wird.
278 Heisig 1989c.
279 Heim/Kaiser 2009, S. 116.
280 Knöfel/Petersohn 2009, S. 138–141.
281 Zitiert nach: Volke 2018, S. 188.
282 Rauterberg 2005.
283 Papies 1990, S. 2 f.
284 Beide Zitate aus: Nannen 2005, S. 159 f.
285 Hecht/Welti 1990.
286 Ebd., S. 64.
287 Heisig 1986a, S. 282.
288 Hecht/Welti 1990, S. 72.
289 Beaucamp 2022, S. 59.
290 Ebd., S. 64.
291 Hametner 2021, S. 140.
292 Siehe Beaucamp 1994 und Rehberg/Kaiser 2013.
293 Oschmann 2023, S. 160.
294 Kowalczuk 2024.
295 Schuster 2003, S. 12.
296 Siehe Ausst.kat. *Hinter der Maske* 2017.
297 Der Journalist Jackie Richard berichtet von 8500 DM monatlich in: Richard 2022.
298 Mayer 1996.
299 Lahann 2014, S. 315.
300 Hametner 2018, S. 228.
301 Mayer 1996.
302 Postkarte von Bernhard Heisig an Heiner und Marianne Köster, undatiert, Privatbesitz.
303 Einladung von Bernhard Heisig zum 70. Geburtstag, Privatbesitz.
304 Siehe Ausst.kat. Heisig 1995, mit einem Widmungstext von Rüdiger Küttner für Eberhard Roters.
305 Schäuble 2024, S. 298.
306 Ebd., S. 296 f. Der Hauptstadtbeschluss zugunsten von Berlin am 20. Juni 1991 wäre im Bundestag in Bonn fast gescheitert.
307 Ebersbach 1998.
308 Siehe Raum 1999.
309 Siehe Ausst.kat. Heisig 1998.
310 Heisig/Brecht 1978; Heisig/Brecht 1965; Heisig/Ball 1993; Heisig/Mann 1992; Heisig/Böll 1998.
311 Merkert 1998, S. 9 f.
312 Heisig 1987, S. 36.
313 Ebd., S. 37.
314 Siehe Ausst.kat. *Eine Malerfamilie* 2000.
315 Preuss 2000, o. P.
316 Ebd., o. P.
317 Arndt/Bersch 2000.
318 Raum 2000, S. 43.
319 Schmidt, H.-W. 2005, S. 203.
320 Köster 2005.
321 Schreiben von Dieter Gleisberg an den Verfasser vom 14.04.2005, Privatbesitz.
322 Grass 2005, S. 86.
323 Siehe Heisig 2005a.
324 Hö 2005.
325 Beide Zitate in: Schröder 2005.
326 Völckers 2005, o. P.
327 Michael 2005, S. 9.
328 Rauterberg 2005.
329 Schreck 2005, S. 4.
330 Friedel 2010.
331 Siehe Ausst.kat. Heisig 2010.
332 Kommentar von Johannes Heisig in: Hametner 2018, S. 253.
333 Beaucamp 2011a, S. 7.
334 Zweite 2014, S. 232.
335 Hametner 2018, S. 253 f.
336 Schumann 1976, S. 125.
337 Küttner 2012 und Brusberg 2014.
338 Sommer 2000, S. 27.

Kurzvita Bernhard Heisigs

1925	Geboren in Breslau am 31. März als Sohn des Malers Walter Heisig und seiner Frau Hildegard, geb. Rossa
1941	Tod des Vaters
1941/42	Studium der Gebrauchsgrafik an der Kunstgewerbeschule, Breslau
1942–1945	Wehrdienst, Panzerfahrer in der 12. SS-Panzerdivision in der Normandie und den Ardennen, 1945 Einsatz in Breslau, sowjetische Gefangenschaft, Entlassung als Invalide
1945/46	Rückkehr in das jetzt polnische Breslau (Wrocław), Mitarbeit in der Künstlergenossenschaft Paleta, gemeinsam mit der Mutter Vertreibung nach Zeitz bei Leipzig
1948	Studienbeginn an der Fachhochschule für angewandte Kunst in Leipzig, Eintritt in die SED
1949	Studium an der Akademie für grafische Kunst und Buchgewerbe in Leipzig
1951	Abbruch des Studiums, Heirat mit Brunhild Eisler
1951–1954	Tätigkeit für die Leipziger Messe und Gestaltung weiterer Ausstellungen, Zeichnungen und Lithografien zur 1848er Revolution und der Pariser Kommune, Geburt der Söhne Johannes (1953) und Walter (1954)
1954	Rückkehr als Assistent an die Hochschule für Grafik und Buchkunst Leipzig (HGB)
1956	Scheidung von Brunhild Eisler, Berufung als Dozent für Grafik an der HGB
1956–1959	Vorsitz des Verbands Bildender Künstler im Bezirk Leipzig
1961	Ernennung zum Professor und Wahl zum Rektor der HGB, Einrichtung einer Klasse für Malerei und Grafik, Beginn der Lebensgemeinschaft mit Gudrun Brüne
1962–1987	Beteiligung an den Deutschen Kunstausstellungen in Dresden (alle fünf Jahre)
1964	Abberufung als Rektor der HGB durch den Minister für Kultur
1968	Kündigung der Professur an der HGB
1968–1976	Freiberufliche Tätigkeit
1972	Vorsitz des Verbands Bildender Künstler im Bezirk Leipzig (bis 1974), Wahl zum Ordentlichen Mitglied der Akademie der Künste der DDR, Nationalpreis der DDR II. Klasse
1973	Erste Retrospektive in Dresden, Leipzig und Berlin
1974–1988	Vizepräsident des Verbands Bildender Künstler der DDR, ab 1978 Erster Vizepräsident
1976	Rückkehr als Professor an die HGB, erneute Wahl zum Rektor

1977	Teilnahme an der documenta 6 in Kassel	1992	Umzug von Leipzig nach Strodehne im Havelland
1978	Nationalpreis der DDR I. Klasse	1997/98	Gemälde *Zeit und Leben* (12,55 × 5,91 m) für das Reichstagsgebäude
1979–1984	Mitglied der Bezirksleitung der SED in Leipzig		
1980	Erste Einzelausstellung in Westdeutschland	2005/06	Retrospektive anlässlich des 80. Geburtstags in Leipzig, Düsseldorf, Berlin und Wrocław (Breslau)
1982–1984	Teilnahme an der Ausstellung *Zeitvergleich. Malerei und Grafik aus der DDR* in Hamburg, Stuttgart, Düsseldorf, München, Nürnberg, Hannover	2010	Ausstellung im Kunstraum des Deutschen Bundestags
		2011	Bernhard Heisig stirbt am 10. Juni in Strodehne im Havelland
1985	Retrospektive in Leipzig, Porträt des Altbundeskanzlers Helmut Schmidt		
1987	Rücktritt als Rektor der HGB aus gesundheitlichen Gründen, Ehrendoktorwürde der Karl-Marx-Universität Leipzig		
1988	Teilnahme an der Ausstellung *Zeitvergleich '88* in Westberlin		
1989/90	Retrospektive in Westberlin, Bonn, München und Ostberlin		
1989	Fall der Berliner Mauer, Austritt aus der SED, Rückgabe der Nationalpreise und Geldzuwendungen, Kündigung der Mitgliedschaft in der Akademie der Künste der DDR		
1991	Heirat mit Gudrun Brüne		

EINZELAUSSTELLUNGEN (Auswahl)

1966 *Bernhard Heisig. Lithografien*, Erfurt, Angermuseum, 17.07.–14.08.1966

1968 *Bernhard Heisig. Malerei und Grafik*, Leipzig, Galerie Kunst der Zeit, Genossenschaft bildender Künstler, 14.–31.03.1968

1973 *Gemälde, Zeichnungen, Lithographien*, Konzeption der Ausstellung in Dresden: Joachim Uhlitzsch, Konzeption der Ausstellung in Leipzig: Gerhard Winkler; Dresden, Gemäldegalerie Neue Meister, 05.05.–05.08.1973; Leipzig, Museum der bildenden Künste Leipzig, 30.08.–20.10.1973; Berlin, Altes Museum Berlin, o. D. 1973

Prof. Bernhard Heisig: Malerei und Grafik, Frankfurt/Oder, Galerie Junge Kunst, 13.06.–14.07.1974

1977 *Bernhard Heisig, Leipzig: Lithografien*, Grafikmappe des Verlages der Kunst „Der faschistische Alptraum", Magdeburg, Klubgalerie, 18.05.–05.06.1977

Bernhard Heisig: Zeichnungen und Druckgrafik, Leipzig, Klub der Intelligenz „Gottfried Wilhelm Leibniz", 04.10.–29.10.1977

1978 *Bernhard Heisig. Malerei und Grafik*, Magdeburg, Museen, Gedenkstätten und Sammlungen der Stadt Magdeburg, Nov. 1978–Jan. 1979

Bernhard Heisig, Greifswald, Greifen-Galerie, 04.09.–30.09.1978

1979 *Bernhard Heisig. Druckgrafik und Zeichnungen*, Halle, Grafisches Kabinett der Staatlichen Galerie Moritzburg, 14.12.1979–28.01.1980; Leipzig, Hochschule für Grafik und Buchkunst, Galerie, 22.02.–23.03.1980

1980 *Bernhard Heisig. Bilder aus den siebziger Jahren*, Bremen, Galerie Hertz, 07.03.–15.04.1980

Bernhard Heisig. Die Beharrlichkeit des Vergessens und andere Bilder, Frankfurt/Main, Frankfurter Kunstverein, Steinernes Haus am Römerberg, 25.03.–04.05.1980

1981 *Bernhard Heisig. Gemälde und Druckgraphik*, Burgk an der Saale, Staatliches Museum Schloss Burgk, Neue Galerie, 15.06.–30.08.1981

Bernhard Heisig, Leipzig. Druckgrafik, Karl-Marx-Stadt, Klub der Intelligenz „Pablo Neruda", Okt./Nov. 1981

1982 *Bernhard Heisig*, Hannover, Galerie Brusberg, 28.11.1981–14.02.1982

1984 *Bernhard Heisig, Grafik*, Berlin, Kulturpalast, 23.06.–30.08.1984

Bernhard Heisig, Grafik, Maxhütte (Unterwellenborn), Kulturpalast „Johannes R. Becher", 23.06.–30.08.1984

1985 *Bernhard Heisig. Malerei, Graphik, Zeichnungen*, Leipzig, Museum der bildenden Künste Leipzig, 15.02–24.04.1985

1986 *Bernhard Heisig, Grafik, Zeichnungen, Malerei*, Berlin, Zentrales Haus der Deutsch-Sowjetischen Freundschaft, 13.02.–29.03.1986

1987 *Bernhard Heisig. Gemälde, Zeichnungen, Grafik*, Leipzig, Ausstellungszentrum der Karl-Marx-Universität Leipzig (Goethestr. 2), 23.10.–19.12.1987

1989 *Bernhard Heisig. Retrospektive*, Berlin (Ost), Zentrum für Kunstausstellungen der DDR und Berlin (West), Berlinische Galerie im Martin-Gropius-Bau, 01.10.–31.12.1989; Bonn, Rheinisches Landesmuseum Bonn, 25.01.–11.03.1990; München, Bayerische Staatsgemäldesammlungen, Staatsgalerie Moderne Kunst, 23.–06.05.1990; Ausstellung eines Teils der Grafik und der Illustrationen: Hannover, Sprengel-Museum, 25.02.–16.04.1990; Oberhausen, Städtische Galerie Schloss Oberhausen/Ludwig-Institut für Kunst der DDR, 28.04.–10.06.1990

Bernhard Heisig. Gemälde, Frankfurt/Main, Kunstkabinett Hanna Bekker vom Rath, 06.04.–27.05.1989

1990 *Bernhard Heisig, der Maler*, Berlin, Staatliche Museen, Nationalgalerie, Altes Museum, in Zusammenarbeit mit dem Zentrum für Kunstausstellungen der DDR, 05.07.–26.08.1990

1994 *Bernhard Heisig. Zeiten zu leben. Malerei,* Herford, Herforder Kunstverein im Daniel-Pöppelmann-Haus der Hans-Thoma-Gesellschaft, 15.01.–27.03.1994; Siegen, Städtische Galerie Haus Seel, 14.04.–15.05.1994; Oldenburg, Landesmuseum für Kunst und Kultur, 19.06.–11.09.1994; Reutlingen, Kunstverein Reutlingen im Städtischen Kunstmuseum Spendhaus, 16.10.–27.11.1994; Berlin, Galerie Berlin, Frühjahr 1995

1995 *Bernhard Heisig. Geisterbahn*, Berlin, Galerie Berlin, 25.10.1995–13.01.1996; Goslar, Mönchehaus Museum für Moderne Kunst, 27.04.–04.08.1996

Mit den Augen des Händlers: Bernhard Heisig. „Begegnung mit Bildern" zum 70. Geburtstag von Bernhard Heisig, Berlin, Galerie Brusberg, 13.05.–08.07.1995

1996 *Bernhard Heisig. Grafik und Zeichnungen,* Köln, Galerie Toennissen, 12.05.–26.06.1996

1998 *Bernhard Heisig. Bilder aus vier Jahrzehnten,* Bad Homburg vor der Höhe, Sinclair-Haus, 01.09.–11.10.1998; Wuppertal, Von-der-Heydt-Museum, 08.11.1998–24.01.1999, Berlin, Galerie Berlin, 04.02.–27.03.1999

1999 *Bernhard Heisig: Schutzversuche – Lithographien 1963–1999 und Entwürfe zum Reichstagsbild*, in Zusammenarbeit mit der Galerie Berlin, Würzburg, Martin-von-Wagner-Museum, 13.09.–17.10.1999

2001 *Bernhard Heisig. Der Maler und sein Thema. Bilder auf Stein und Leinwand*, Berlin, Galerie Brusberg, 03.02.–21.04.2001

2002 *Bernhard Heisig. Zeichnungen und Grafik zur Literatur,* Berlin, Galerie Berlin Küttner & Ebner GmbH, 25.09.–16.11.2002

2003 *Bernhard Heisig. Herbstspaziergang,* Berlin, Galerie Berlin, 05.09.–15.11.2003

Bernhard Heisig. „Gestern und in unserer Zeit", Berlin, Galerie Brusberg, 06.09.–15.11.2003

2005 *Bernhard Heisig. Die Wut der Bilder,* Leipzig, Museum der bildenden Künste Leipzig, 20.03.–29.05.2005, Düsseldorf, K20 Kunstsammlung Nordrhein-Westfalen, 11.06.–25.09.2005; Berlin, Staatliche Museen zu Berlin, Nationalgalerie, 22.10.2005–30.01.2006

Bernhard Heisig. Bilder einer Sammlung, Halle an der Saale, Kunstverein „Talstrasse", e. V., 21.07.–11.09.2005

Bernhard Heisig. Die Lust der Malerei. Neue Bilder, Berlin, Galerie Berlin, 22.10.2005–14.01.2006

Bernhard Heisig. Zum „Untertan" von Heinrich Mann, Coburg, Kunstverein Coburg e. V., Pavillon im Hofgarten 18.06.–14.08.2005

Bernhard Heisig: eine Hommage – aus gegebenem Anlaß; „Dies und das ...", Bilder und Blätter aus 35 Jahren, Angebote und Leihgaben, Berlin, Galerie Brusberg, 15.10.2005–28.01.2006

2008 *Bernhard Heisig. Neue Bilder,* Berlin, Galerie Berlin, o. D. 2008

2009 *Und merkt euch wie der Teufel spaße: Bernhard Heisig und Goethes „Faust"*, Frankfurt/Main, Goethe-Haus, 17.05.–30.08.2009

2010 *Bernhard Heisig. Das große Welttheater*, Berlin, Deutscher Bundestag, Kunstraum, 03.12.2010–13.03.2011

Bernhard Heisig. Eine unendliche Geschichte, Berlin, Galerie Berlin, 01.04.–15.05.2010

2016 *Bernhard Heisig. Gegenüber*, Cottbus, dkw Kunstmuseum im Dieselkraftwerk Cottbus, 30.01.–03.04.2016

2021 *Bernhard Heisig. Menschheitsträume. Das malerische Spätwerk*, Potsdam, Potsdam Museum – Forum für Kunst und Geschichte, 21.08.2021–13.02.2022

GRUPPENAUSSTELLUNGEN (Auswahl)

1977 *documenta 6*, Kassel, 26.06.–02.10.1977

1979 *Kunst heute in der Deutschen Demokratischen Republik*, Aachen, Neue Galerie, Sammlung Ludwig, 13.01.–08.03.1979; Wien, Künstlerhaus, 04.09.–07.10.1979; Heilbronn, Städtische Museen, Deutschhof, 09.11.1979–20.01.1980

1981 *Künstler der DDR, Gerhard Altenbourg, Wieland Förster, Bernhard Heisig, Gerhard Kettner, Harald Metzkes, Willi Sitte, Werner Stötzer, Werner Tübke,* Höchst, Galerie Jahrhunderthalle, 05.–29.04.1981

1984 *Durchblick,* Oberhausen, Städtische Galerie, Schloss Oberhausen, 07.06.–12.08.1984, Berlin, Staatliche Kunsthalle, 26.08.–07.10.1984

DDR heute. Malerei, Graphik, Plastik, Worpswede, Worpsweder Kunsthalle Friedrich Netzel, 14.03.–17.05.1984; Bremen, Villa Ichon, Bremen, 03.–27.05.1984

1986 *Menschenbilder. Kunst aus der DDR,* Bonn, Vertretung des Landes Nordrhein-Westfalen, 13.11.1986–16.01.1987; Münster, Westfälisches Landesmuseum für Kunst und Kulturgeschichte, Landschaftsverband Westfalen-Lippe, 08.02.–15.03.1987; Saarbrücken, Stadtgalerie, 25.03.–26.04.1987

1987 *Landschaften, Stilleben, Porträts. Gudrun Brüne, Bernhard Heisig,* Worpswede, Kunsthalle, 26.09.–28.10.1987

1988 *Zeitvergleich '88. 13 Maler aus der DDR.* (Bernhard Heisig, Wolfgang Mattheuer, Harald Metzkes, Werner Tübke, Max Uhlig, Rolf Händler, Hartwig Ebersbach, Wolfgang Penker, Walter Libuda), Berlin, Neues Kunstquartier des T.I.P. (Technologie- und Innovationspark), 11.09.–20.11.1988

1990 *Ausgebürgert. Künstler aus der DDR und aus dem sowjetischen Sektor Berlins 1949–1989,* Dresden, Albertinum, 07.10.–12.12.1990

Bilder aus Deutschland: Kunst der DDR aus der Sammlung Ludwig; Malerei, Skulptur, Grafik, Köln, Josef-Haubrich-Kunsthalle, 30.09.–04.11.1990

1993 *Otto Dix – Bernhard Heisig: Schrecken des Krieges, druckgraphische Bildfolgen;* Böblinger Museen in Verbindung mit dem Otto-Dix-Haus in Gera, 07.10.–28.11.1993

1995 *Auftrag: Kunst 1949–1990, bildende Künstler in der DDR zwischen Ästhetik und Politik,* Berlin, Deutsches Historisches Museum, 27.01.–14.04.1995

Spiegelbilder. Marc de Bye, Joseph Beuys, Albrecht Dürer, Dorothee von Windheim, Hendrick Goltzius, Bernhard Heisig, Matthäus Merian, Rudolf Schoofs, Antonie Waterloo, Bernd Zimmer, Villingen-Schwenningen, Städtische Galerie, 22.10.–17.12.1995

1997 *Ostwind: Fünf deutsche Maler aus der Sammlung der GrundkreditBank: Gerhard Altenbourg, Bernhard Heisig, Wolfgang Mattheuer, Harald Metzkes, Werner Tübke,* Berlin, Grundkreditbank/Kunstforum, 05.09.1997–08.01.1998

1998 *Fontane zu ehren ...;* Matthias Düwel, Dieter Hacker, Bernhard Heisig, Harald Metzkes, Ruth Tesmar, Bilder und Blätter zu Büchern, Berlin, Galerie Brusberg, 05.09.–14.11.1998

2000 *Eine Malerfamilie. Bernhard Heisig, Gudrun Brüne, Walter Eisler, Antoinette, Johannes Heisig,* Berlin, Galerie Berlin, 01.04.–17.06.2000

2001 *„Wieviel Freiheit braucht die Kunst?": Hommage an Adolf Dresden.* Mit Bildern und Blättern von Max Ernst, Hans Brosch, Achim Freyer, Hubertus Giebe, Bernhard Heisig, Wolfgang Mattheuer, 3. merzSalon, Berlin, Galerie Brusberg, 17.11.2001–19.01.2002

2003 *Kunst in der DDR. Eine Retrospektive der Nationalgalerie,* Berlin, Staatliche Museen, Neue Nationalgalerie, 25.07.–26.10.2003

2006 *Deutsche Bilder aus der Sammlung Ludwig, Oberhausen,* Ludwiggalerie Schloss Oberhausen, 11.02.–14.05.2006

Made in Leipzig. Bilder aus einer Stadt, Klosterneuburg, Sammlung Essl, Kunst der Gegenwart, 31.05.–03.09.2006

Deutsche Buchkünstler des 20. Jahrhunderts illustrieren deutsche Literatur, Köln, Universitäts- und Stadtbibliothek, 07.11.–22.12.2006

2009 *Drei – das Triptychon in der Moderne,* Stuttgart, Kunstmuseum, 07.02.–14.06.2009

Förster, Heisig, Metzkes, Stötzer im Land Brandenburg, Cottbus, Kunstmuseum Dieselkraftwerk, 12.07.–04.10.2009

2012 *Tischgespräch mit Luther: Christliche Bilder in einer atheistischen Welt,* Erfurt, Angermuseum, 21.10.2012–20.01.2013

2014 *Emotionsräume: Gedanken über den Ersten Weltkrieg* (u. a. mit Werken von Hans Baluschek, Otto Dix, Heinrich Ehmsen, Bernd Göbel, Otto Griebel, George Grosz, Bernhard Heisig, Ludwig Meidner), Halle, Kunstverein „Talstrasse" e. V., 17.07.–19.10.2014

2017 *Gerhard Altenbourg und Bernhard Heisig,* Berlin, Galerie Brusberg, 25.11.2017–10.02.2018

2017 *Hinter der Maske: Künstler in der DDR,* Potsdam, Museum Barberini, 29.10.2017–04.02.2018

2019 *Utopie und Untergang: Kunst in der DDR* (Bernhard Heisig, Wolfgang Mattheuer, Werner Tübke, Willi Sitte, Elisabeth Voigt, Wilhelm Lachnit, Carlfriedrich Claus, Gerhard Altenbourg, A. R. Penck, Cornelia Schleime, Angela Hampel, Michael Morgner, Hermann Glöckner), Düsseldorf, Kunstpalast, 05.09.2019–05.01.2020

2021 *Perspektivwechsel: Kunst nach 1945 aus den Sammlungen der Kunsthallen in Lübeck und Rostock,* Lübeck, Kunsthalle St. Annen, Rostock, Kunsthalle, 10.11.2021–23.01.2022

2023 *Die Sammlung Fritz P. Mayer: Leidenschaftlich figurative Bildwelten,* Aschaffenburg, Kunsthalle Jesuitenkirche, 05.08.2023–14.01.2024

Literaturverzeichnis

Adorno 1951
Theodor. W. Adorno: *Prismen. Kulturkritik und Gesellschaft* (1951), in: ders.: *Kulturkritik und Gesellschaft I. Gesammelte Schriften*, Bd. 10.1., hg. v. Rolf Tiedemann, Darmstadt 1977, S. 30

Albus 1999
Anita Albus: *Die Kunst der Künste. Erinnerungen an die Malerei*, München 1999

Arloth 2005
Horst Arloth: *Lieber Bernhard,* in: Köster 2005, S. 9

Arndt/Bersch 2000
Jens Arndt/Günther Bersch: *Das Ende der großen Belehrung*, Film, 60 min, ZDF/ARTE

Ausst.kat. *60 40 20* 2009
60 40 20. Kunst in Leipzig seit 1949, hg. v. Karl-Siegbert Rehberg und Hans-Werner Schmidt, Ausstellungskatalog Leipzig, Museum der bildenden Künste und Kunsthalle der Sparkasse Leipzig, 04.10.2009–10.01.2010, Leipzig 2009

Ausst.kat. Arloth 2000
Ein Leben für die Lithografie. Der Steindrucker Horst Arloth, zum 75. Geburtstag von Horst Arloth hg. v. Grafikart e. V., Ausstellungskatalog Weimar, Stadtbücherei; Erfurt, „E. A." Grafik-Galerie, 31.10.–30.12.2000, Erfurt 2000

Ausst.kat. Baumeister – Hofer 2005
Willi Baumeister – Karl Hofer. Begegnung der Bilder, hg. v. Hans-Werner Schmidt, Ausstellungskatalog Leipzig, Museum der bildenden Künste, 19.12.2004–27.02.2005, Bielefeld 2005

Ausst.kat. Bruegel 2018
Bruegel. Die Hand des Meisters, hg. v. Sabine Haag, Ausstellungskatalog Wien, Kunsthistorisches Museum Wien, 02.10.2018–13.01.2019, Wien 2018

Ausst.kat. Cranach 2009
Lucas Cranach der Schnellste, hg. v. Rainer Stamm, Ausstellungskatalog Bremen, Kunstsammlungen Böttcherstraße, 17.05.–23.08.2009, Bremen 2009

Ausst.kat. Cranach d. J. 2015
Lucas Cranach der Jüngere. Entdeckung eines Meisters, hg. v. Roland Enke, Katja Schneider, Jutta Strehle, Ausstellungskatalog Lutherstadt Wittenberg, Stiftung Luthergedenkstätten in Sachsen-Anhalt, Augusteum, 26.06.–01.11.2015, München 2015

Ausst.kat. *Durchblick* 1984
Durchblick, hg. v. Bernhard Mensch, Ausstellungskatalog, Oberhausen, Städtische Galerie, Schloss Oberhausen, 07.06.–12.08.1984; Berlin, Staatliche Kunsthalle Berlin, 26.08.–07.10.1984, Oberhausen 1984

Ausst.kat. *Eine Malerfamilie* 2000
Eine Malerfamilie. Bernhard Heisig, Gudrun Brüne, Walter Eisler, Antoinette, Johannes Heisig, Ausstellungskatalog Berlin, Galerie Berlin, 01.04.–17.06.2000, Berlin 2000

Ausst.kat. Heisig 1973
Bernhard Heisig. Gemälde, Zeichnungen, Lithographien, Ausstellungskatalog hg. v. Ministerium für Kultur der DDR, Dresden, Gemäldegalerie Neue Meister, 05.05.–05.08.1973; Leipzig, Museum der bildenden Kunst Leipzig, 30.08.–20.10.1973; Berlin, Altes Museum Berlin, o. D., Dresden/Leipzig 1973

Ausst.kat. Heisig 1985
Bernhard Heisig. Malerei, Graphik, Zeichnungen, Ausstellungskatalog Leipzig, Museum der bildenden Künste, 15.02– 24.04.1985, Leipzig 1985

Ausst.kat. Heisig 1989
Bernhard Heisig. Retrospektive, hg. v. Jörn Merkert und Peter Pachnicke, Ausstellungskatalog Zentrum für Kunstausstellungen der DDR und Berlinische Galerie im Martin-Gropius-Bau, Westberlin, 01.10.–31.12.1989; Rheinisches Landesmuseum Bonn, 25.01.–11.03.1990; Bayerische Staatsgemäldesammlungen, Staatsgalerie Moderne Kunst, München, 23.–06.05.1990; Ausstellung eines Teils der Grafik und der Illustrationen: Sprengel-

Museum Hannover 25.02.–16.04.1990; Städtische Galerie Schloss Oberhausen/Ludwig-Institut für Kunst der DDR 28.04.–10.06.1990, München 1989

Ausst.kat. Heisig 1994
Bernhard Heisig. Zeiten zu leben. Malerei, hg. v. Theodor-Helmert Corvey, Ausstellungskatalog Herford, Herforder Kunstverein im Daniel-Pöppelmann-Haus Herford der Hans-Thoma-Gesellschaft, 15.01.–27.03.1994; Reutlingen, Kunstverein Reutlingen im Städtischen Kunstmuseum Spendhaus, 16.10.–27.11.1994; Berlin, Galerie Berlin, Frühjahr 1995, Bielefeld 1994

Ausst.kat. Heisig 1995
Bernhard Heisig. Geisterbahn, hg. v. Rüdiger Küttner, Ausstellungskatalog Berlin, Galerie Berlin, 25.10.1995–13.01.1996; Goslar, Mönchehaus Museum für Moderne Kunst, 27.04.–04.08.1996, Berlin 1995

Ausst.kat. Heisig 1998
Bernhard Heisig. Bilder aus vier Jahrzehnten, hg. v. Ernst Walter Brüggemann und Rüdiger Küttner, Ausstellungskatalog, Bad Homburg vor der Höhe, Sinclair-Haus, 01.09.–11.10.1998; Wuppertal, Von-der-Heydt-Museum, 08.11.1998–24.01.1999; Berlin, Galerie Berlin, 04.02.–27.03.1999, Köln 1998

Ausst-kat. Heisig 2003
Bernhard Heisig. Herbstspaziergang, hg. v. Rüdiger Küttner, Ausstellungskatalog Berlin, Galerie Berlin, o. D., Berlin 2003

Ausst.kat. Heisig 2005
Bernhard Heisig. Die Wut der Bilder, hg. v. Eckhart Gillen, Ausstellungskatalog Leipzig, Museum der bildenden Künste, 20.03.–29.05.2005; Düsseldorf, K20 Kunstsammlung Nordrhein-Westfalen, 11.06.–25.09.2005; Berlin, Staatliche Museen zu Berlin, Nationalgalerie, 22.10.2005–30.01.2006, Köln 2005

Ausst.kat. Heisig 2010
Bernhard Heisig. Eine unendliche Geschichte, hg. v. Rüdiger Küttner, Ausstellungskatalog Berlin, Galerie Berlin, 01.04.–15.05.2010g

Ausst.kat. *Hinter der Maske* 2017
Hinter der Maske. Künstler in der DDR, hg. v. Ortrud Westheider und Michael Philipp, Ausstellungskatalog Potsdam, Museum Barberini, 29.10.2017–04.02.2018, München 2017

Ausst.kat. *Kokoschka und Dresden* 1996
Kokoschka und Dresden, hg. v. Hans-Werner Schmidt und Birgit Dalbajewa, Ausstellungskatalog Dresden, Gemäldegalerie Neue Meister, Albertinum, 29.09.–04.12.1996; Wien, Österreichische Galerie Belvedere, 18.12.–02.03.1997, Leipzig 1996

Ausst.kat. *Kunst heute in der Deutschen Demokratischen Republik* 1979
Kunst heute in der Deutschen Demokratischen Republik, hg. v. Wolfgang Becker, Ausstellungskatalog Aachen, Neue Galerie, Sammlung Ludwig, 13.01.–08.03.1979; Wien, Künstlerhaus, 04.09.–07.10.1979; Heilbronn, Städtische Museen, Deutschhof, 09.11.1979–20.01.1980, Aachen 1979

Ausst.kat. *Lust und Last* 1997
Lust und Last. Leipziger Kunst seit 1945, hg. v. Herwig Guratzsch und G. Ulrich Großmann, Ausstellungskatalog Nürnberg, Germanisches Nationalmuseum, 15.05.–07.09.1997; Leipzig, Museum der bildenden Künste und Hochschule für Grafik und Buchkunst Leipzig, 02.10.–31.12.1997, Ostfildern-Ruit 1997

Ausst.kat. Max Beckmann 1951
Max Beckmann zum Gedächtnis 1884 bis 1950, Ausstellungskatalog Berlin, Schloss Charlottenburg, 25.08.–30.09.1950; München, Haus der Kunst 08.06.–05.08.1951, München 1951

Ausst.kat. Max Beckmann 1984
Max Beckmann. Graphik, Malerei, Zeichnungen, Gesamtred.: Dieter Gleisberg, Ausstellungskatalog Leipzig, Museum der bildenden Künste, 11.02.–22.04.1984, Leipzig 1984

Ausst.kat. *Renaissance im Norden* 2023
Renaissance im Norden. Holbein, Burgkmair und die Zeit der Fugger, hg. v. Guido Messling/Jochen

Sander, Ausstellungskatalog Frankfurt am Main, Städel Museum, 02.11.2023–18.02.2024; Wien, Kunsthistorisches Museum, 19.03.–30.06.2024, München 2023

Ausst.kat. Tilla Durieux 2022
Tilla Durieux. Eine Jahrhundertzeugin und ihre Rolle, hg. v. Daniela Gregori und Hans-Peter Wipplinger, Ausstellungskatalog Wien, Leopold Museum, 14.10.2022–27.02.2023; Berlin, Georg Kolbe Museum, 13.05.–20.08.2023, Köln 2022

Ausst.kat. *Verkehrte Welt* 2016
Verkehrte Welt. Das Jahrhundert von Hieronymus Bosch, hg. v. Franz Wilhelm Kaiser und Michael Philipp, Ausstellungskatalog Hamburg, Bucerius Kunst Forum, 06.06.2016–11.09.2016, München 2016

Ausst.kat. *VIII. Kunstausstellung der Deutschen Demokratischen Republik* 1977
VIII. Kunstausstellung der Deutschen Demokratischen Republik. Dresden 1977/78, hg. v. Ministerium für Kultur der DDR und dem Verband Bildender Künstler der DDR, Dresden, 01.10.1977–02.04.1978, Dresden 1977

Ausst.kat. Walter Schiller 1985
Wortspalterei. Typographie: Walter Schiller, hg. v. Staatlichen Lindenau-Museum Altenburg, Ausstellungskatalog, Altenburg, Staatliches Lindenau-Museum, o. D., Altenburg 1985

Ausst.kat. *Westkunst* 1981
Laszlo Glozer: *Westkunst. Zeitgenössische Kunst seit 1939,* Ausstellungskatalog Köln, Rheinhallen der Kölner Messe, 29.–16.08.1981, Köln 1981

Ausst.kat. *X. Kunstausstellung der Deutschen Demokratischen Republik* 1987
X. Kunstausstellung der Deutschen Demokratischen Republik. Dresden 1987/88, Ausstellungskatalog Dresden, Albertinum Brühlsche Terrasse, Ausstellungszentrum Fučíkplatz, Galerie Rähnitzgasse, 03.10.1987–03.04.1988, Berlin 1987

Ausst.kat. *Zeitvergleich. Malerei und Grafik aus der DDR* 1982
Zeitvergleich. Malerei und Grafik aus der DDR, Verkaufsausstellung des Staatlichen Kunsthandels der DDR in Zusammenarbeit mit der Galerie Brusberg [Hannover], Red.: Axel Hecht/Hanne Reinecke, Hamburg, Kunstverein, 20.11.1982–09.01.1983; Stuttgart, Württembergischer Kunstverein, 02.02.–13.03.1983; Düsseldorf, Städtische Kunsthalle, 14.04.–08.05.1983; München, Städtische Galerie im Lenbachhaus, 08.06.–31.07.1983; Nürnberg, Städtische Kunsthalle, 02.09.–30.10.1983; Hannover, Kunstverein, 27.11.1983–22.01.1984, Hamburg 1982

Ausst.kat. *Zeitvergleich '88* 1988
Zeitvergleich '88. 13 Maler aus der DDR, hg. v. Ulrich Eckhardt und Dieter Brusberg im Auftrag der Berliner Festspiele, der Galerie Brusberg Berlin, des Staatlichen Kunsthandels der DDR, Ausstellungskatalog Berlin, Neues Kunstquartier des T. I. P. (Technologie- und Innovationspark), 11.09.–20.11.1988, Berlin 1988

Barsch 1996
Barbara Barsch: *Anmerkungen zum X. Kongresses des Verbandes Bildender Künstler der DDR 1988,* in: Feist/Gillen/Vierneisel 1996, S. 770–785

Baselitz/Schwerfel 1990
Georg Baselitz im Gespräch mit Heinz Peter Schwerfel, in: *Ausgebürgert. Künstler aus der DDR und aus dem sowjetischen Sektor Berlins, 1949 bis 1989,* hg. v. Werner Schmidt, Ausstellungskatalog Dresden, Staatliche Kunstsammlungen Dresden, Albertinum Dresden, 07.10.–12.12.1990; Hamburg, Kleine Deichtorhalle, 10.01.–01.03.1991, Berlin 1990, S. 21 f.

Bauer 1974
Judith Bauer: *Vergnügen bereiten und Ratschläge geben* [Gespräch mit Bernhard Heisig], in: *Leipziger Volkszeitung,* 28.05.1974, S. 6

Baumann 2014
Claus Baumann: *„Es war einmal …". Vom Mythos der Leipziger Schule,* Leipzig ²2014

Baumeister 1960
: Willi Baumeister: *Das Unbekannte in der Kunst*, Köln 1960

Beaucamp 1977
: Eduard Beaucamp: *In Kassel wurde die documenta eröffnet*, in: *FAZ*, Nr. 144, 25.06.1977

Beaucamp 1980
: Eduard Beaucamp: *Wie Kunst die Welt bewegt*, in: *FAZ*, 13.03.1980, S. 23

Beaucamp 1994
: Eduard Beaucamp: *Der deutsch-deutsche Kunststreit. 20 Jahre nach dem Fall der Mauer*, in: Ausst.kat. *60 40 20* 2009, S. 256–261

Beaucamp 1997
: Eduard Beaucamp: *Dämon des Krieges. Ein Besuch: Der Maler Bernhard Heisig im Havelland*, in: *FAZ*, 28.03.1997, S. 33

Beaucamp 2005
: Eduard Beaucamp: *Die verzweifelte Erinnerung. Geschichtskonstrukte und Bewusstseinsanalysen*, in: Ausst.kat. Heisig 2005, S. 19–27

Beaucamp 2011a
: Eduard Beaucamp: *Gudrun Brüne*, in: *Gudrun Brüne. Traum und Wirklichkeit. Malerei und Grafik*, Red.: Gudrun Brüne und Friederike Sehmsdorf, Ausstellungskatalog Berlin, Galerie Berlin; Potsdam, Mittelbrandenburgische Sparkasse, Berlin 2011, S. 6–8

Beaucamp 2011b
: Eduard Beaucamp: *Das Weltgericht im Selbstversuch. Zum Tod Bernhard Heisigs*, in: *FAZ*, 11.06.2011, S. 32, https://www.faz.net/aktuell/feuilleton/kunst-und-architektur/zum-tod-bernhard-heisigs-das-weltgericht-im-selbstversuch-1656337.html (letzter Abruf: 20.03.2023)

Beaucamp 2022
: Eduard Beaucamp: *Jenseits der Avantgarden. Texte und Gespräche zur zeitgenössischen Kunst*, hg. v. Michael Knoche, Göttingen 2022

Becher 1971
: Johannes R. Becher: *Gedichte 1911–1958*, München 1971

Becker 1979
: Wolfgang Becker: *Anders sein. Über Kunst und Künstler in der Deutschen Demokratischen Republik*, in: Ausst.kat. *Kunst heute in der Deutschen Demokratischen Republik* 1979, o. P.

Beckmann, Max 1938
: Max Beckmann: *Über meine Malerei. Vortrag, gehalten in den New Burlington Galleries, London*, 1938, in: Peter Eckhardt: *Kunstzitate*, Braunschweig, http://www.kunstzitate.de/bildende-kunst/manifeste/beckmann1938 (letzter Abruf 11.02.2025)

Beckmann, Max 1984
: Max Beckmann: *Tagebücher 1940–1950*, zusammengestellt von Mathilde Q. Beckmann, hg. v. Erhard Göpel, München/Zürich 1984

Beckmann, Mayen 2005
: Mayen Beckmann: *Erben*, in: Köster 2005, S. 13–15

Beckmann/Goethe 1982
: Johann Wolfgang Goethe: *Der Tragödie zweiter Teil*, mit 143 Federzeichnungen von Max Beckmann, Bd. 2, Leipzig 1982 [Bd. 1 siehe Heisig/Goethe 2002]

Bentzien 1964
: Hans Bentzien: *Schreiben an Bernhard Heisig vom 11.04.1964*, in: Michael Hametner: *Bernhard Heisig und Gudrun Brüne*, Halle/Saale 1964, S. 66

Biser 2005
: Eugen Biser: *Bernhard Heisig zu Ehren*, in: Köster 2005, S. 19–21

Bode 1982
: Peter M. Bode: *Bernhard Heisig. Leben und Werk*, in: Ausst.kat. *Zeitvergleich. Malerei und Grafik aus der DDR* 1982, S. 99–114

Brecht 1959
: Bertolt Brecht: *Mutter Courage und ihre Kinder.*

Eine Chronik aus dem Dreißigjährigen Krieg, Berlin 1959

Brecht 1997
    Bertolt Brecht: *Ausgewählte Werke in sechs Bänden,* Bd. 3: *Gedichte 1,* Frankfurt am Main 1997

Brecht 2010
    Bertolt Brecht: *Mutter Courage und ihre Kinder. Eine Chronik aus dem Dreißigjährigen Krieg,* Frankfurt am Main ⁶⁶2010 (Erstausgabe 1963)

Brecht 2013
    Bertolt Brecht: *Kalendergeschichten,* Berlin 2013

Brückner/Hauel/Müller 2024
    Jenny Brückner, Toni Hauel, Claudia Maria Müller: *Zum privaten Dresdner Kunsthandel von 1945 bis 1989. Einblicke in ein Forschungsprojekt,* in: *Händler und Sammler, Dresdener Kunstblätter* 1/2024, S. 59–67

Brusberg 1981
    Dieter Brusberg: *Zur Eröffnung. 28.11.1981 Hannover,* in: ders. (Hg.): *Bernhard Heisig,* München 2014, S. 202 f.

Brusberg 1988
    Dieter Brusberg: *Anmerkungen sehr persönlicher Art,* in: Ausst.kat. *Zeitvergleich '88* 1988, S. 9–15

Brusberg 2014
    Dieter Brusberg (Hg.): *Bernhard Heisig. „Gestern und in unserer Zeit" oder „Das Elend der Macht". Das Welttheater eines deutschen Malers in sechs Akten,* München 2014 (Brusberg Bücher 3)

Bruyn 1998
    Günther de Bruyn: *Vierzig Jahre. Ein Lebensbericht,* Frankfurt am Main ¹¹1998

Buchheim 2005
    Lothar-Günther Buchheim: Bernhard Heisig zum 80., in: Köster 2005, S. 35

Büttner/Nauhaus/Pokorny/Silver 2020
    Nils Büttner, Julia M. Nauhaus, Erwin Pokorny, Larry Silver: *Hieronymus Bosch in der Akademie der bildenden Künste Wien,* Wien 2020

Cammann 2023
    Alexander Cammann: *Evelyn Richter. Zeigen, wie der Mensch zu sich findet,* in: *Die Zeit,* Nr. 38, 07.09.2023, S. 61

Cassanelli 1998
    Roberto Cassanelli: *Künstler in der Werkstatt,* in: ders. (Hg.): *Künstlerwerkstätten der Renaissance,* Zürich/Düsseldorf 1998, S. 7–30

Celan 2004
    Paul Celan: „Todesfuge" *und andere Gedichte. Text und Kommentar,* hg. v. Barbara Wiedemann, Frankfurt am Main 2004, S. 11 f.

Ciré 2014
    Annette Ciré: *Sommer im Havelland,* in: Brusberg 2014, S. 335 f.

Cripps 2011
    Charlotte Cripps: Ideas festival: Great minds think and drink alike. Leonard Cohen: That's how the light gets, in: *Independent,* 25.05.2011, features/ideas-festival-great-minds-think-and-drink-alike-2288454.html (letzter Abruf 08.01.2024)

Dammbeck 1990
    Lutz Dambeck: *1. Leipziger Herbstsalon,* in: Feist/Gillen 1990, S. 159 f.

Decker 2005
    Kerstin Decker: *Fragen an Bernhard Heisig,* in: Köster 2005, S. 241 f.

Deloffre 1990
    Jacqueline Deloffre: *Alles auf einmal,* in: *Deutsches Allgemeines Sonntagsblatt,* 05.01.1990, S. 21

Dietrich 2019
    Gerd Dietrich: *Kulturgeschichte der DDR,* 3 Bde., Bonn 2019 (Sonderausgabe der Bundeszentrale für politische Bildung)

Dittmar 2011
: Peter Dittmar: *Ist die Kunst Waffe, wird der Pinsel schwer. Geschichtspessimistisch doch gegenstandsgläubig: Zum Tode des ostdeutschen Malers Bernhard Heisig*, in: *Die Welt*, 11.06.2011, S. 25

Draguet 2015
: Michael Draguet (Hg.): *Museum of Ancient Art. A Selection of Works*, Brüssel 2015

Dresen 2001
: Adolf Dresen: *Der Stein beginnt zu reden. Bernhard Heisigs Steinzeichnungen zu Brechts Mutter Courage und ihre Kinder*, in: *Bernhard Heisig. Der Maler und sein Thema. Bilder auf Stein und Leinwand*, Ausstellungskatalog Berlin, Galerie Brusberg, 03.02.–21.04.2001, Berlin 2001 (Kabinettdruck 17 der Edition Brusberg), S. 42–47

Du Noyer 2020
: Paul Du Noyer: *John Lennon. Seine Songs komplett von 1969–1980*, Oetwil am See/Zürich 2020

Dymschitz 1948
: Alexander Dymschitz: *Über die formalistische Richtung in der deutschen Malerei. Bemerkungen eines Außenstehenden*, in: *Tägliche Rundschau*, 19./24.11.1948, S. 11, https://archive.org/stream/Dymschitz.UberDenFormalismusInDerDeutschenMalerei1948/Dymschitz.%20%C3%9Cber%20den%20Formalismus%20in%20der%20deutschen%20Malerei%201948_djvu.txt (letzter Abruf: 01.02.2025)

Ebersbach 1994
: Susanne Jaschko: *Interview mit Hartwig Ebersbach am 28.01.94*, in: dies.: *Selbstbildnis und Selbstverständnis in der Malerei der SBZ/DDR von 1945 bis in die achtziger Jahre*, Aachen, Rheinisch Westfälische Hochschule, Diss., 1999, Kap. X: Interviews, S.1–3, https://publications.rwth-aachen.de/record/57194/files/Jaschko_Susanne.pdf (letzter Abruf: 11.02.2025)

Ebersbach 1998
: Hartwig Ebersbach: *Offener Brief vom 20.02.1998*, in: Rehberg/Kaiser 2013, S. 426

Eisler 2005
: Walter Eisler: *Als Malersohn gezeichnet*, in: Köster 2005, S. 41

Eisler/Heisig, J. [2005]
: Walter Eisler/Johannes Heisig (Hg.): *Brunhild Schmidt-Eisler. Bilder und Keramik*, o. O. u. J. [2005]

Eisman 2005
: April Eisman: *Selbstbildnisse*, in: Ausst.kat. Heisig 2005, S. 228–230

Eisman 2018
: April Eisman: *Bernhard Heisig and The Fight for Modern Art in East Germany*, Rochester 2018

Eisman 2022
: April Eisman: *Bernhard Heisig*, in: Stefanie Michels (Hg.): *Leipziger Schule und Kritischer Realismus. Die Sammlung Fritz P. Mayer*, München 2022, S. 81–89

Eisman/Gillen 2005
: April Eisman/Eckhart Gillen: *Epilog. Zwei Landschaften*, in Ausst.kat. Heisig 2005, S. 273

Engelhard 1989
: Günter Engelhard: *Bernhard Heisig. Ein Grübler liebt den Kampf*, in: *art – Das Kunstmagazin*, 10/1989, S. 30–50

Faber 2005
: Michael Faber: *Meine erste Begegnung mit Bernhard Heisig*, in: Köster 2005, S. 46–49

Feist/Gillen 1990
: Günter Feist/Eckhart Gillen: *Kunstkombinat DDR. Daten und Zitate zur Kunst und Kunstpolitik der DDR 1945–1990*, hg. v. Museumspädagogischen Dienst Berlin. 2., erw. u. aktual. Aufl., Berlin 1990

Feist/Gillen/Vierneisel 1996
: Günter Feist/Eckhart Gillen/Beatrice Vierneisel (Hg.): *Kunstdokumentation SBZ/DDR. 1945–1990. Aufsätze Berichte, Materialien*, Berlin 1996

Ferdinand-Ude 1998
> Patricia Ferdinand-Ude: *Gemalte Selbstbildnisse in Bernhard Heisigs Spätwerk*, in: Ausst.kat. Heisig 1998, S. 19–26

Fest 1995
> Joachim Fest: *Das nie endende Menetekel der Geschichte* [1995], in: Ausst.kat. Heisig 1998, S. 177–194

Fest 2005
> Joachim Fest: *Das Memento der Geschichte*, in: Köster 2005, S. 53–55

Fey/Seewald 2017
> Felice Fey/Enrico Seewald: *Aushängeschild Kunst. Die Ausstellung „Malerei und Graphik der DDR" in Paris 1981*, in: ZdF – Zeitschrift des Forschungsverbundes SED-Staat der FU Berlin, 41/2017, S. 127–145

Florstedt 1979
> Renate Florstedt: *Aus unscheinbaren Flecken. Ein graues Kriegsbild zusammengetupft*, in: *Leipziger Volkszeitung*, 21./22.04.1979, Beilage, S. 3

Friedel 2010:
> Lutz Friedel: *Regentag*, in Ausst.kat. Heisig 2010, S. 170

Fürnberg 1997
> Louis von Fürnberg: *Das Lied der Partei*, in: Michael Sauer: *Historische Lieder*, Stuttgart 1997, S. 153–157

Gaus 1986
> Günter Gaus: *Die Welt der Westdeutschen. Kritische Betrachtungen*, Frankfurt am Main 1986

Giebe 2005
> Hubertus Giebe: *Zum 80. Geburtstag von Bernhard Heisig*, in: Köster 2005, S. 58 f.

Gillen 1988
> Eckhart Gillen: *Beharrlichkeit des Vergessens. Arbeit an der Erinnerung. Zur Malerei von Bernhard Heisig*, in: Ausst.kat. *Zeitvergleich '88* 1988, S. 112

Gillen 2002
> Eckhart Gillen: *„Schwierigkeiten beim Suchen der Wahrheit". Bernhard Heisig im Konflikt zwischen ‚verordnetem Antifaschismus' und der Auseinandersetzung mit seinem Kriegstrauma. Eine Studie zur Problematik der antifaschistischen und sozialistischen Kunst der SBZ-DDR 1945–1989*, mit umfangreichem Bildteil, Heidelberg, Univ., Diss., 2002, https://archiv.ub.uni-heidelberg.de/volltextserver/4475/1/diss.pdf (letzter Abruf: 21.02.2025)

Gillen 2005a
> Eckhart Gillen: *Bernhard Heisig scheitert als Historienmaler und findet sein Thema: Die Pariser Kommune als Schützengrabenbild*, in: Ausst.kat. Heisig 2005, S. 95–123

Gillen 2005b
> Eckhart Gillen: *Schwierigkeiten beim Suchen der Wahrheit*, in: Köster 2005, S. 73–78

Gillen 2009
> Eckhart Gillen: *Feindliche Brüder? Der Kalte Krieg und die deutsche Kunst 1945–1990*, Berlin 2009

Gillen/Heim/Kaiser 2005
> Eckhart Gillen/Tino Heim/Paul Kaiser: *Wir glaubten alle, da muss noch was kommen … Stichworte zu einer Biographie*, in: Ausst.kat. Heisig 2005, S. 307–329

Goethe 1973
> Johann Wolfgang von Goethe: *Werke*, Bd. 1: *Gedichte, West-östlicher Divan, Epen*, Bd. 2: *Dramen*, Stuttgart/Hamburg/München 1973

Goldberg 2002
> Gisela Goldberg: *Die Alexanderschlacht und die Historienbilder des bayerischen Herzogs Wilhelm IV. und seiner Gemahlin Jacobaea für die Münchner Residenz*, hg. v. d. Bayerischen Staatsgemäldesammlungen, München 2002

Göthner 2018
> Christl Maria Göthner: [o. T.], in: Hametner 2018, S. 136–138

Grass 1982
Günter Grass: *Sich ein Bild machen*, in: Ausst.kat. *Zeitvergleich. Malerei und Grafik aus der DDR* 1982, S. 10–13

Grass 2005
Günter Grass: *Trompetengold*, in: Köster 2005, S. 86

Greschat 1996
Isabel Greschat: *Bernhard Heisig*, in: Ausst.kat. *Kokoschka und Dresden* 1996, S. 269

Grosser 1993
Alfred Grosser: *Mein Deutschland*, Hamburg 1993

Grundmann 2012
Uta Grundmann: *Der „1. Leipziger Herbstsalon". Autonome Kunst in der DDR*, in: *bpb.de*, Stand: 06.09.2012, https://www.bpb.de/themen/deutsche-teilung/autonome-kunst-in-der-ddr/55829/der-1-leipziger-herbstsalon/ (letzter Abruf: 19.08.2023)

Grundmann/Michael/Seufert 1996
Uta Grundmann/Klaus Michael/Susanna Seufert (Hg.): *Die Einübung der Außenspur. Die andere Kultur in Leipzig 1971–1990*, Leipzig 1996

Guratzsch 1997
Herwig Guratzsch: *Selbstbildnisse und Gruppenbilder*, in: Ausst.kat. *Lust und Last* 1997, S. 48–53

Hachulla 2005
Ulrich Hachulla: *Souverän*, in: Köster 2005, S. 93 f.

Hametner 2017
Michael Hametner: *Übermalen. 15 Gespräche – ein Porträt des Malers Johannes Heisig*, Halle/Saale 2017

Hametner 2018
Michael Hametner: *Bernhard Heisig und Gudrun Brüne. Ein Künstlerpaar über 50 Jahre*, Halle/Saale 2018

Hametner 2021
Michael Hametner: *Deutsche Wechseljahre. Nachdenken über Literatur und Bildende Kunst*, Halle/Saale 2021

Hartleb 1971
Renate Hartleb [RH]: *Artige Stücklein*, in: *Sächsisches Tageblatt*, 31.07.1971, S. 4

Hartleb 1976
Renate Hartleb: *Gespräch mit Bernhard Heisig* (1976), in: Heisig 2005, S. 139–142

Hartleb 1989
Renate Hartleb: *Die Malerei der „Leipziger Schule" und die Hochschule für Grafik und Buchkunst*, in: *Hochschule für Grafik und Buchkunst Leipzig 1945–1989. Malerei, Grafik, Fotografie*, hg. v. Arno Rink/Dieter Gleisberg, Ausstellungskatalog, Leipzig, Hochschule für Grafik und Buchkunst Leipzig und Museum der bildenden Künste, 08.04.1989–28.05.1989, Leipzig 1989, S. 39–45

Hecht/Welti 1990
Axel Hecht/Alfred Welt: *Ein Meister, der Talent verschmäht. Werkstattgespräch mit Georg Baselitz*, in: *art – Das Kunstmagazin 12/1990*, S. 54–73 (auszugsweise abgedruckt in: Rehberg/Kaiser 2013, S. 358 f.)

Heim/Kaiser 2009
Tino Heim/Paul Kaiser: *Verdeckte Konflikte, offene Brüche. Die Leipziger Schule als genalogisches Projekt*, in: Ausst.kat. *60 40 20* 2009, S. 116–222

Heine 1979
Heinrich Heine: *Deutschland ein Wintermärchen*, Stuttgart 1979

Heinke 2005
Sabine Heinke: *Mutterbildnisse*, in: Ausst.kat. Heisig 2005, S. 168–177

Heinke 2008
Sabine Heinke: *Das Werk Bernhard Heisigs nach dem Systemwechsel von 1989 am Beispiel seiner Bilder zu Geschichte und Gesellschaft*, Gießen, Univ.,

Diss., 2008, http://geb.uni-giessen.de/geb/volltexte/2010/7409/ (letzter Abruf: 19.02.2025)

Heinzmann 2014
Richard Heinzmann: *Revision des Christentums. Zum Tod Eugen Bisers*, München 2014

Heisig 1960
Bernhard Heisig: *Es gibt keine Kunst an sich*, in: *Bildende Kunst* Jg. 1960, Nr. 4, S. 213 (wieder abgedruckt in: Brusberg 2014, S. 266–270, danach zitiert)

Heisig 1964a
Bernhard Heisig: *Rede auf dem V. Kongreß des VBKD am 24. 3. 1964*, in: Gillen 2002, S. 431–435

Heisig 1964b
Bernhard Heisig: *Selbstkritik auf der Parteiaktivtagung am 10. 6. 1964 im Berliner Künstlerklub „Möwe"*, in: Gillen 2002, S. 435–439

Heisig 1965
Bernhard Heisig: *Über die Kunst der Illustration. Der Fall Adolph Menzel*, in: *Marginalien. Blätter der Pirckheimer-Gesellschaft im Kulturbund der DDR*, Heft 18/1965, S. 42–58

Heisig 1966
Bernhard Heisig: [o. T.], in: Lothar Lang (Hg.): *Bildnisse*, Ausstellungskatalog Berlin (Ost), Kunstkabinett am Institut für Lehrerweiterbildung, 11.06.–09.07.1966, Berlin 1966, o. P.

Heisig 1975
Bernhard Heisig: *Kritiker der vom Kapitalismus diktierten Lebensform. Zum 25. Todestag Max Beckmanns* (1975), in: Heisig 2005, S. 71–75

Heisig 1976
Der faschistische Alptraum. Grafikmappe mit 25 Lithografien, Dresden 1976 (= Mappe II)

Heisig 1978
Bernhard Heisig im Gespräch mit Lothar Lang, Tonbandprotokoll von 1978, in: Kober 1981, S. 202

Heisig 1979
Bernhard Heisig: *Max Beckmann – die Verantwortung zur Form* (1979), in: Brusberg 2014, S. 276

Heisig 1983
Bernhard Heisig: *Aspekte sowjetischer Kunst* [Rede in Köln und Aachen im Jahr 1983], in: Heisig 2005, S. 57 f.

Heisig 1986a
Bernhard Heisig: *Pablo Picasso* [Vortrag vor dem Verein der Freunde des Sprengel Museums in Hannover 1986], in: Heisig 2005, S. 38–50

Heisig 1986b
Bernhard Heisig: *Pablo Picasso* [Vortrag vor dem Verein der Freunde des Sprengel Museums in Hannover 1986], in: Brusberg 2014, S. 282–287

Heisig 1987
Bernhard Heisig: *Laudatio auf Wolfgang Mattheuer* (1987), in: Heisig 2005, S. 32–35

Heisig 1988
Bernhard Heisig: *Notizen* (1988), in: Heisig 2005, S. 30–32

Heisig 1989a
Bernhard Heisig: *Der faschistische Alptraum. Lithographien und Texte*, hg. v. Dietulf Sander, Leipzig 1989

Heisig 1989b
Bernhard Heisig: *Proust-Fragebogen*, in: *FAZ-Magazin*, 25.08.1989 (wieder abgedruckt in: Brusberg 2014, S. 291)

Heisig 1989c
Bernhard Heisig: Erklärung zur Rückgabe der Nationalpreise vom 5.12.1989, in*: Neues Deutschland*, Berliner Ausgabe, 06.12.1989, S. 4

Heisig 1994
Bernhard Heisig: *Über Beckmann*, in: Ausst.kat. Heisig 1994, S. 13–15 (wiederabgedruckt in: Heisig 2005, S. 16–21)

Heisig 1996a
: Bernhard Heisig: *Selbstmörder. Liebling der Frauen (für O. K.)*, in: Ausst.kat. *Kokoschka und Dresden* 1996, S. 270

Heisig 1996b
: *Bernhard Heisig im Gespräch mit Vera Schreck*, in: *Bernhard Heisig. Grafik und Zeichnungen*, Ausstellungskatalog, Köln, Galerie Toennissen, 12.05.–26.06.1996, Köln 1996, o. P.

Heisig 1998
: Bernhard Heisig: *Leserbrief*, in: *Der Spiegel*, 2/1998, 05.01.1998, S. 12

Heisig 2004
: Bernhard Heisig: *Abschied von Werner Tübke* (2004), in: Heisig 2005, S. 37

Heisig 2005
: *Ruhig mal die Zähne zeigen. Über Kunst, Künstler und Gesellschaft. Bernhard Heisig zum 80. Geburtstag*, hg. v. Peter Engel, Rüdiger Küttner und Dieter Brusberg, Berlin 2005

Heisig 2014a
: Bernhard Heisig: *Avantgarde ist kein Austauschbegriff für Schöpfertum*, in: Brusberg 2014, S. 279–281

Heisig 2014b
: Bernhard Heisig: *Einiges zu dem Bildnis Helmut Schmidt 1992*, in: Brusberg 2014, S. 288 f.

Heisig/Ball 1993
: Hugo Ball: *Der Henker von Brescia. Drei Akte der Not und Ekstase*, mit sechs Originallithografien von Bernhard Heisig, Berlin 1993 (Druck der Sisyphos-Presse 6)

Heisig/Böll 1998
: Heinrich Böll: *Der Zug war pünktlich*, mit sieben Originallithografien von Bernhard Heisig, gestaltet von Horst Schuster, Leipzig 1998 (Die graphischen Bücher, 14)

Heisig/Brecht 1965
: Bertolt Brecht: *Mutter Courage und ihre Kinder. Eine Chronik aus dem 30jährigen Krieg*, mit Zeichnungen von Bernhard Heisig, Leipzig 1965

Heisig/Brecht 1978
: Bertolt Brecht: *Dreigroschenroman*, mit Zeichnungen von Bernhard Heisig, Berlin 1978

Heisig/Brecht 2001
: Bertolt Brecht: *Mutter Courage und ihre Kinder. Eine Chronik aus dem 30jährigen Krieg*, mit Zeichnungen von Bernhard Heisig, Frankfurt am Main 2001

Heisig/Büchner 2004
: Georg Büchner: *Woyzeck*. Mit neunzehn Zeichnungen von Bernhard Heisig, Frankfurt am Main/Leipzig 2004

Heisig/Goethe 1982
: Johann Wolfgang von Goethe: *Faust*, Bd. 1: *Der Tragödie erster Teil*, mit 44 Zeichnungen von Bernhard Heisig, Leipzig 1982 [zu Bd. 2 siehe Beckmann/Goethe 1982]

Heisig/Goethe 2002
: Bernhard Heisig: *Goethe: Faust*. Erster Teil mit Illustrationen von Bernhard Heisig. Zweiter Teil mit Illustrationen von Max Slevogt, Leipzig 2002 [siehe auch Slevogt/Goethe 2002]

Heisig/Mann 1992
: Heinrich Mann: *Der Untertan*, mit Zeichnungen von Bernhard Heisig, Frankfurt am Main 1992

Heisig/Renn 1979
: Ludwig Renn: *Krieg*, mit 24 Lithografien von Bernhard Heisig, hg. v. Lothar Lang, Leipzig 1979

Heisig/Seghers 1988
: Anna Seghers: *Das siebte Kreuz*, mit Zeichnungen von Bernhard Heisig, 2. Aufl., Leipzig 1988

Heisig, J. 2005
: Johannes Heisig: *Heimvorteil*, in: Köster 2005, S. 100–103

Heisig, J. 2008
Johannes Heisig: *Gedächtnisprotoll über ein Gespräch mit seinem Vater*, 04.11.2008, Privatbesitz

Heisig, J. 2012
Johannes Heisig: o. T. [Der Tod meines Vaters …], in: Küttner 2012, S. 30–32

Hervol 2010
Anke Hervol: *Zwei deutsche Maler – oder „Wenn Du vergessen hast, dass Du Jude bist – die Umwelt wird Dich daran erinnern"*, in: Ausst.kat. Heisig 2010, S. 76–79

Hertel 2018
Bernd Hertel: [o. T.], in: Hametner 2018, S. 49–51

Heym 1976
Stefan Heym: *Worte der Woche*, in: *Die Zeit*, Jg. 1976, Nr. 49, S. 5

Heym 1989
Stefan Heym: *Rede am 4.11.1989 auf dem Berliner Alexanderplatz*, in: Deutsches Historisches Museum, https://www.dhm.de/archiv/ausstellungen/4november1989/heym.html (letzter Abruf: 20.04.2020)

Heym 2018
Stefan Heym: *Nachruf*, München 2018

hö 2005
hö (Pseud.): *Ein Bild ist selten fertig. Leipzig ehrt den Maler Bernhard zum 80. Geburtstag mit einer großen Schau*, in: *Allgäuer Zeitung Kempten*, 30.03.2005

Hoffmann 1997
Dieter Hoffmann: *Lehrer und Schüler der Leipziger Schule*, in: Ausst.kat. *Lust und Last* 1997, S. 11–15

Hofmann 2013
Heini Hofmann: *Nie bei Knie: Waruuum? Nid möööglich! Clown Crock: Der König des Lachens erfährt ein Revival*, in: *DoxMedical*, Nr. 1/2013, S. 10 f.

Hohenfeld 2020
Kai Hohenfeld: *Jenseits von Picasso. Der Bremer Kunsthändler Michael Hertz und sein Wirken für deutschsprachige Künstler von Ernst Wilhelm Nay bis Bernhard Heisig*, in: *Die Picasso Connection. Der Künstler und sein Bremer Galerist*, Ausstellungskatalog Bremen, Kunsthalle, 21.11.2020–21.03.2021, Bremen 2020, S. 20–29

Honecker 1971
Erich Honecker: *Zu aktuellen Fragen bei der Verwirklichung der Beschlüsse unseres VIII. Parteitages. Aus dem Schlußwort des Ersten Sekretärs des ZK der SED, Genossen Erich Honecker*, in: *Neues Deutschland*, Jg. 26, Nr. 349, 18.12.1971, S. 3–5

Hoyer 2023
Katja Hoyer: *Diesseits der Mauer. Eine neue Geschichte der DDR 1949–1990*, Hamburg ³2023

Hütt 1979
Wolfgang Hütt: *Grafik in der DDR*, Dresden 1979

Kaernbach [o. J.]
Andreas Kaernbach: Bernhard Heisig, in: Webarchiv Bundestag, ohne Datum, https://webarchiv.bundestag.de/archive/2015/0626/kulturundgeschichte/kunst/kuenstler/heisig/heisig/199218.html (letzter Abruf: 14.12.2024)

Kaiser 2003
Paul Kaiser: *„Leistungsschau" und „Ideenverkörperung": die zentralen Kunstausstellungen der DDR*, in: *Kunst in der DDR. Eine Retrospektive der Nationalgalerie*, hg. v. Eugen Blume unter Mitwirk. v. Eduard Beaucamp, Ausstellungskatalog Berlin, Staatliche Museen zu Berlin, Neue Nationalgalerie, 25.07.–26.10.2003, Berlin 2003, S. 93–106

Kaiser 2005
Paul Kaiser: *Prinzip Zugriff. Bernhard Heisigs Wandbild „Gestern und in unserer Zeit" vor und nach 1989*, in: Ausst.kat. Heisig 2005, S. 274–281

Kaiser 2021
: Paul Kaiser: *Der Maler Willi Sitte als SED-Kulturfunktionär*, in: Ausst.kat. *Sittes Welt* 2021, S. 129–146

Kascher 2005
: Hartmut Kascher: *Ich feiere nicht. Ich werde gefeiert. Bernhard Heisig wird heute 80. BILD-Interview mit dem großen Leipziger Maler*, in: *Bild Leipzig*, 31.03.2005

Klemperer 2022
: Victor. Klemperer: *„Ich will Zeugnis ablegen bis zum letzten." Tagebücher 1933–1945*, hg. v. Walter Nowojski und Hadwig Klemperer, 8 Bde., Berlin ²2022

Klinger/Lusznat 1981
: Thomas Klinger/Hans Albrecht Lusznat: *Charlie Rivel: „Schööön!". Zum 85jährigen Geburtstag des großen Clowns*, Frankfurt am Main 1981

Knöfel/Petersohn 2009
: Ulrike Knöfel/Hannah Petersohn: *„Man konnte damit leben". Bernhard Heisig, der Vorzeigemaler der DDR, über den schwierigen Umgang mit der ostdeutschen Malerei, seine SS-Vergangenheit und den berühmten Schüler Neo Rauch. Spiegel-Gespräch*, in: *Der Spiegel*, Nr. 22, 24.05.2009, S. 138–141

Kober 1973
: Karl Max Kober: *Bernhard Heisig. Leben und Werk*, in: Ausst.kat. Heisig 1973, S. 13–48

Kober 1981
: Karl Max Kober: *Bernhard Heisig*, Dresden 1981

Kohl 2005
: Helmut Kohl: *Erinnerungen. 1982–1990*, München 2005

Kokoschka 1971
: Oskar Kokoschka: *Mein Leben*, München 1971

Koldehoff 2021
: Stefan Koldehoff: *Gerhard Richter. „Die Bilder müssen in Deutschland bleiben"*, in: *Die Zeit*, Nr. 12, 18.03.2021. S. 46

Köster 2005
: Heiner und Marianne Köster (Hg.): *Gestern und in dieser Zeit. Festschrift zum 80. Geburtstag von Bernhard Heisig*, mit Reproduktionen und Selbstporträts des Künstlers, Leipzig 2005

Kowalczuk 2023
: Ilko-Sascha Kowalczuk: *Für soziale Gerechtigkeit, Freiheit und Einheit – Der Volksaufstand vom 17.06.1953*, in: Reiner Hoffmann/Peter Seideneck (Hg.): *Der lange Weg zur Demokratie. Von Berlin über Budapest nach Prag und Danzig*, Bonn 2023, S. 10–61

Kowalczuk 2024
: Ilko-Sascha Kowalczuk: *Freiheitsschock. Eine andere Geschichte Ostdeutschlands von 1989 bis heute*, München 2024

Kreutzenbeck 1984
: Inge Kreutzenbeck: *„Künstler, die Wesentliches auszusagen haben". Gespräch mit Prof. Ludwig*, in: Ausst.kat. *Durchblick* 1984, S. 11–15

Küttner 2005
: Rüdiger Küttner: *Der Bilderverschwender*, in: Köster 2005, S. 115

Küttner 2012
: Rüdiger Küttner (Hg.): *Bernhard Heisig. Selbst und Trompete. Späte Bilder und Zeichnungen*, Berlin 2012

Küttner 2021
: Rüdiger Küttner: *Kunsthandel in der DDR. Geschichte und Geschichten eines Zeitzeugen. Die Phantasie ist schlimmer als die Wirklichkeit in Kunst und Politik*, in: *Kunst und Politik*, Jahrbuch der Guernica-Gesellschaft, Bd. 22, Göttingen 2021, S. 29–38

Lahann 1998
: Birgit Lahann: *Salto mortale in zwei Diktaturen. Bernhard und Johannes Heisig*, in: *Väter und Söhne. Zwölf biografische Porträts*, Reinbek bei Hamburg 1998, S. 395–421

Lahann 2014
> Birgit Lahann: *„Es lebe die Kunst!" – „Jaja"*, in: Brusberg 2014, S. 314–317

Lang 1977a
> Lothar Lang: *Vortrag zur Dokumenta, gehalten am 16.11.1977 in Karl-Marx-Stadt, Galerie Oben*, Auszug abgedruckt in: Pooth 2024, S. 163

Lang 1977b
> Lothar Lang: *Zur DDR-Malerei der siebziger Jahre*, in: *documenta 6*, Ausstellungskatalog Kassel, 26.6.–02.10.1977, Bd. 1: *Einführung, Malerei, Plastik/ Environment, Performance*, Kassel 1977, S. 47 f.

Lang 2002
> Lothar Lang: *Malerei und Graphik in Ostdeutschland*, Leipzig 2002

Leicht 2014
> Robert Leicht: *Traum und Trauma*, in: Brusberg 2014, S. 124–130

Leipnitz 2000
> Martin Leipnitz: *Nehm'n Sie'n Alten! Der Maler und Grafiker, Bernhard Heisig wird am 31. März 75*, in: Ausst.kat. *Eine Malerfamilie* 2000, o. P.

Lessing 2023
> Gotthold Ephraim Lessing: *Nathan der Weise*, Ditzingen 2023

Lindner, B. 1998
> Bernd Lindner: *Verstellter, offener Blick. Eine Rezeptionsgeschichte bildender Kunst im Osten Deutschlands 1945–1995*, Köln/Weimar/Wien 1998

Lindner, Seb. 2015
> Sebastian Lindner: *Zwischen Öffnung und Abgrenzung. Die Geschichte des inner-deutschen Kulturabkommens. 1973–1986*, Berlin 2015

Lissagaray 1953
> Prosper Olivier Lissagaray: *Geschichte der Kommune von 1871*, Berlin 1953

Litt 2021
> Dorit Litt: *Form- und Farbspiele*, in: Ausst.kat. *Sittes Welt* 2021, S. 226

Ludwig 1982
> Peter Ludwig: *Rede zur Eröffnung der Ausstellung*, in: Roland März/Hans Jürgen Papies: *Zeitgenössische Kunst aus der Sammlung Ludwig*, Ausstellungskatalog Dauerausstellung Berlin, Staatliche Museen, Altes Museum, 29.09.1977–1983, Berlin 1982, S. 11

Lüpertz 2005
> Markus Lüpertz: *Für Bernhard Heisig zum 80.*, in: Köster 2005, S. 139–143

Maaz 2014
> Bernhard Maaz: *Gemäldegalerie Alte Meister Dresden. Eine Geschichte der Malerei*, Köln/Dresden 2014

Maaz 2015
> Bernhard Maaz: *„abgrundtief und toll". Hieronymus Bosch im Blick moderner Künstler und Dichter*, in: *Hieronymus Boschs Erbe*, hg. v. Tobias Pfeifer-Helke, Ausstellungskatalog Dresden, Staatliche Kunstsammlungen Dresden, Kupferstich-Kabinett, 19.03.–15.06.2015, Berlin/München 2015, S. 40–43

Maaz 2022
> Bernhard Maaz: *Die Gemälde der Münchner Pinakotheken*, München 2022

Maisak 2010
> Petra Maisak: *Faust. Das große Welttheater neu gesehen*, in: Ausst.kat. Heisig 2010, S. 149–157

Mattheuer 1973
> Wolfgang Mattheuer: *Rede zur Eröffnung der Heisig-Ausstellung im Museum der bildenden Künste (1973)*, in: Köster 2005, S. 156–157

Mattheuer-Neustädt 2005
> Ursula Mattheuer-Neustädt: *56 Jahre. Zum 80. Geburtstag von Bernhard Heisig*, in:

Marginalien. Zeitschrift für Buchkunst und Bibliophilie, hg. v. der Pirckheimer-Gesellschaft, 178. Heft, 2005, S. 3–19

Mayer 1996
Thomas Mayer: *Der Trompeter aus dem Fontane-Land*, in: *Leipziger Volkszeitung*, 03.12.1996, S. 9

McNamara/Vandemark 1995
Robert S. McNamara/Brian Vandemark: *In Retrospect: The Tragedy and Lessons of Vietnam*, New York 1995

Michael 2005
Meinhard Michael: *Triptychon aus der Kampfzone*, in: *Leipziger Volkszeitung*, 31.03.2005, S. 9

Merkel 2024
Angela Merkel: *Ja, da können Sie sagen: Die Merkel war's, Interview*, in: *Der Spiegel*, 23.11.2024, S. 18

Merkert 1989
Jörn Merkert: *Die eindeutig vieldeutige Wirklichkeit*, in: Ausst.kat. Heisig 1989, S. 26–35

Merkert 1998
Jörn Merkert: *Das „Denken in Bildern". Anmerkungen zur Bilderwelt von Bernhard Heisig nebst einigen Polemiken*, in: Ausst.kat. Heisig 1998, S. 8–15

Merkert 2014
Jörn Merkert: *Schweineköpfe*, in: Brusberg 2014, S. 307–309

Mieves 2024
Kirsten Mieves (Red.): *Neue Synagoge, Aktion „Kristall" und ein großer Plan*, in: Stasi-Unterlagen Archiv, https://www.bundesarchiv.de/themen-entdecken/online-entdecken/themenbeitraege/neue-synagoge-aktion-kristall-und-ein-grosser-plan/ (letzter Abruf: 11.01.2024)

Morgenstern 2014
Alexander Morgenstern: *Der Kopf, eine andere Kunstgeschichte, Geschichten vom Fahrer, vom Tischler und vom Schlosser*, Leipzig 2014

Moritz [2005]
Klaus Moritz: [o. T.], in: Eisler/Heisig, J. [2005], S. 10 f.

Mülhaupt 1989
Freya Mülhaupt: *Biographische Dokumentation*, in: Ausst.kat. Heisig 1989, S. 94–107

Müller 1992
Heiner Müller: *Krieg ohne Schlacht. Leben in zwei Diktaturen*, Köln 1992

Müller 2015
Andreas Müller: *Meisterschaft in der Werkstattproduktion*, in: *Lucas Cranach der Jüngere. Entdeckung eines Meisters*, hg. v. Roland Enke, Katja Schneider, Jutta Strehle, Ausstellungskatalog Lutherstadt Wittenberg, Stiftung Luthergedenkstätten in Sachsen-Anhalt, Augusteum, 26.06.–01.11.2015, München 2015, S. 18–27

Müller, Dr. 1984
Dr. [Karl-Heinz] Müller: *Vorwort*, in: Ausst.kat. Max Beckmann 1984, S. 5

Müller-Brandes 2021
Jörg Müller-Brandes: *Lammert eröffnet Ausstellung „Das große Welttheater"*, Video von der Eröffnung, hg. v. Deutschen Bundestag, https://www.bundestag.de/webarchiv/textarchiv/2010/32505595_kw48_heisig-203440 (letzter Abruf: 20.03.2021)

Müller-Enbergs 2008
Helmut Müller-Enbergs: *Die inoffiziellen Mitarbeiter (MfS-Handbuch)*, hg. v. der Bundesbeauftragten für die Unterlagen des Staatssicherheitsdienstes der Ehemaligen Deutschen Demokratischen Republik, Abteilung Bildung und Forschung, 3., durchges. Aufl., Berlin 2008

Müller-Enbergs/Booß 2014
Helmut Müller-Enbergs/Christian Booß: *Die indiskrete Gesellschaft Studien zum Denunziationskomplex und zu inoffiziellen Mitarbeitern*, Frankfurt am Main 2014

Müller-Enbergs/Muhle 2008
> Helmut Müller-Enbergs (Hg.) unter Mitarbeit v. Susanne Muhle: *Inoffizielle Mitarbeiter des Ministeriums für Staatssicherheit*, Teil 3: *Statistiken*, Berlin 2008

Müller-Wenzel 2021
> Christin Müller-Wenzel: Der Staatliche Kunsthandel in der DDR – ein Kunstmarkt mit Plan? Ein Kompendium, Halle/Saale 2021 (zugl. Diss., Univ. Marburg 2020)

Musper 1961
> Theodor Musper: *Gotische Malerei nördlich der Alpen*, Köln 1961

Nannen 2005
> Henri und Eske Nannen: *Bernhard Heisig zum 80. Geburtstag*, in: Köster 2005, S. 159 f.

ND/ADN 1961
> *Walter Ulbricht besuchte Leipziger Kunstausstellung. Freundschaftliche Gespräche mit Arbeitern und Künstlern*, in: *Neues Deutschland*, 08.12.1961, S. 1

Ministerrat der DDR 1953
> Kommuniqué über die Sitzung des Ministerrats der DDR, in: *Neues Deutschland*, 12.06.1953, S. 1, abgedruckt in: Deutsche Geschichte in Dokumenten und Bildern. Bd. 8: Die Besatzungszeit und die Entstehung zweier Staaten 1945–1961, https://ghdi.ghi-dc.org/pdf/deu/SZEcon%20Polit%206%20GER.pdf (letzter Abruf 01.02.2025)

Negendanck 2005
> Ruth Negendanck: *Die Untertänigkeit der Untertanen,* in: *Bernhard Heisig. Zum „Untertan" von Heinrich Mann*, hg. v. Ruth Negendanck und Claus Pese in Zusammenarbeit mit der Galerie Berlin, Ausstellungskatalog Coburg, Kunstverein Coburg e. V., Pavillon im Hofgarten 18.06.–14.08.2005, Coburg 2005, S. 12

Neues Deutschland 1987
> *Kurt Hager beantwortete Fragen der Illustrierten „Stern"*, in: *Neues Deutschland*, 10.04.1987, S. 3

Oschmann 2023
> Dirk Oschmann: *Der Osten: eine westdeutsche Erfindung*, Berlin 2023

Pachnicke 1985
> Peter Pachnicke: *Bernhard Heisig*, in: Ausst.kat. Heisig 1985, S. 8–17

Pachnicke 2005
> Peter Pachnicke: *Es ist später als Du denkst*, in: Köster 2005, S. 164

Pachnicke 2014
> Peter Pachnicke: *Bernhard Heisig als Rektor der Hochschule für Grafik und Buchkunst Leipzig*, in: Brusberg 2014, S. 299

Papies 1990
> Hans Jürgen Papies: *Einführende Bemerkungen*, in: *Bernhard Heisig. Der Maler*, Ausstellungskatalog, Berlin, Nationalgalerie der Staatlichen Museen zu Berlin in Zusammenarbeit mit dem Zentrum für Kunstausstellungen der DDR, Altes Museum Berlin, 05.07.–26.08.1990, Berlin, S. 2 f.

Papies 2005
> Hans Jürgen Papies: *Verzögerte Ankunft in Reutlingen*, in: Köster 2005, S. 167 f.

Papies 2014
> Hans Jürgen Papies: *Biographisches. Maler, Macher, Mensch*, in: Brusberg 2014, S. 259–265 f.

Pätzke 2003
> Hartmut Pätzke: *Von „Auftragskunst" bis „Zentrum für Kunstausstellungen". Lexikon zur Kunst und Kunstpolitik in der DDR*, in: Ausst.kat. *Kunst in der DDR* 2003, S. 217–328

Petersdorff 2005
> Gudrun Petersdorff: *Erinnerung an Bernhard Heisig*, in: Köster 2005, S. 170–172

Petersen 1981
> Wolfgang Petersen: *Das Boot*, 1981, Verfilmung des gleichnamigen Romans von Lothar-Günther Buchheim, 149 min

Pooth 2024
: Alexia Pooth: *Exhibition Politics. Die documenta und die DDR*, Bielefeld 2024

Preuss 2000
: Sebastian Preuss: *Tradition und Experiment – die Malerfamilie Heisig*, in: Ausst.kat. *Eine Malerfamilie* 2000, o. P.

Raev 2022
: Ada Raev: *„Wir gegenseitig". Das Künstlerpaar Bernhard Heisig und Gudrun Brüne*, https://dialogemb.hypotheses.org/1114 (letzter Abruf: 10.02.2023)

Rau 1986
: Johannes Rau: *Grußwort*, in: *Menschenbilder. Kunst aus der DDR*, Ausstellungskatalog Bonn, Vertretung des Landes Nordrhein-Westfalen, 13.11.1986–16.01.1987; Münster, Westfälisches Landesmuseum für Kunst und Kulturgeschichte, 08.02.–15.03.1987; Saarbrücken, Stadtgalerie Saarbrücken, 25.03.–26.04.1987, Köln 1986, S. 6 f.

Raum 1987
: Hermann Raum: *Malerei*, in: Ausst.kat. *X. Kunstausstellung der DDR* 1987, S. 17–94

Raum 1999
: Hermann Raum (Hg.): *Bernhard Heisig. Zeit und Leben. Das Bild für den Reichstag*, mit Fotos von Bernd Kuhnert und Texten von Jörn Merkert, Berlin 1999

Raum 2000
: Hermann Raum: *Phantastische Familienbande*, in: *Welt am Sonntag*, Nr. 13, 26.03.2000, S. 43

Rauterberg 2005
: Hanno Rauterberg: *Bernhard Heisig: Nur Wut, Wut, die kann ich richtig gut malen*, in: *Die Zeit*, Nr. 12, 17.02.2005, S. 51

Rehberg 2003
: Karl-Siegbert Rehberg: *„Mitarbeit an einem Weltbild". Die Leipziger Schule*, in: *Kunst in der DDR* 2003, S. 45–60

Rehberg 2005
: Karl-Siegbert Rehberg: *Expressivität zwischen Machtkalkül und „produktiver Verunsicherung". Bernhard Heisig als ‚Motor' und Integrationsfigur der Leipziger Malerei*, in: Ausst.kat. Heisig 2005, S. 282–306

Rehberg 2009
: Karl-Siegbert Rehberg: *Ideenzwang und Bildgleichnisse, Leipzig als Zentrum der DDR-Malerei*, in: Ausst.kat. *60 40 20* 2009, S. 19–37

Rehberg 2012
: Karl-Siegbert Rehberg: *Künstlerische Leistungsschau und ästhetischer ‚Vorschein'. Die zehn Zentralen Kunstausstellung der DDR in Dresden*, in: *Jahrbuch der Staatlichen Kunstsammlungen Dresden*, Bd. 36, Dresden, S. 215–225

Rehberg/Kaiser 2013
: Karl-Siegbert Rehberg/Paul Kaiser (Hg.): *Bilderstreit und Gesellschaftsumbruch. Die Debatte um die Kunst der DDR im Prozess der deutschen Wiedervereinigung*, Berlin/Kassel 2013

Reichert/Kneif 1998
: Ursula Reichert/Tibor Kneif: *Requiem*, in: Ludwig Finscher (Hg.): *Die Musik in Geschichte und Gegenwart*, Sachteil, Bd. 8 (Querflöte–Suite), Kassel u. a. ²1998, Sp. 156–170

Reinhold/Werkner 2013
: Bernadette Reinhold/Patrick Werkner (Hg.): *Oskar Kokoschka – ein Künstlerleben in Lichtbildern*. Aus dem Oskar Kokoschka-Zentrum der Universität für angewandte Kunst Wien, Wien 2013

Richard 2022
: J.[ackie] Richard: *Heisig-Villa zu verkaufen!*, in: *Bild Leipzig*, 16.06.2022

Rink 2024
: Arno Rink: *Ich bin kein moderner Künstler. Tagebücher, Skizzenbücher, Notizen Briefe. 1960–2017*, München 2024

Rogasch 1992
> Dieter Rogasch: *Ätherkrieg über Berlin. Der Rundfunk als Instrument politischer Propaganda im Kalten Krieg 1945–1961*, in: *Deutschland im Kalten Krieg. Deutsch-Deutsche Feindbilder in der politischen Propaganda 1945–1963*, hg. v. Deutschen Historischen Museum, Ausstellungskatalog, Berlin, Zeughaus Berlin, 28.08.1992–23.03.1993, Berlin 1992, S. 69–84

Ronte 2005
> Dieter Ronter: *Für Bernhard Heisig. Museal und festschriftlich – persönlich*, in: Köster 2005, S. 176 f.

Ronte 2010
> Dieter Ronte: *Bernhard Heisigs Spätwerk*, in: Ausst.kat. Heisig 2010, S. 180

Rosh 2005
> Lea Rosh: *Ich habe Bernhard Heisig zwei Mal in meinem Leben getroffen*, in: Köster 2005, S. 178–180

Roters 1994
> Eberhard Roters: *Der Maler und sein Thema*, in: Ausst.kat. Heisig 1994, S. 17–24

Roters 1995
> Eberhard Roters: *Bernhard Heisig. Zeiten zu leben*, in: Ausst.kat. Heisig 1995, S. 37–41

Sager 1997
> Peter Sager: *Bilder einer Baustelle*, in: *Die ZEITmagazin*, Nr. 16, 29.08.1997, S. 24–31

Salm-Salm 2008
> Marie-Amélie zu Salm-Salm: *Da steckt eine Menge Corinth drin! Bernhard Heisig im Gespräch mit Marie Amélie zu Salm-Salm*, in: *Lovis Corinth und die Geburt der Moderne*, hg. v. Ulrike Lorenz, Ausstellungskatalog Paris, Musée d'Orsay in Paris, 01.04.–22.06.2008; Leipzig, Museum der bildenden Künste, 11.07.–19.10.2008; Regensburg, Kunstforum Ostdeutsche Galerie, 09.11.2008–15.02.2009, Bielefeld 2008, S. 368–373

Sander 1989
> Dietulf Sander: *Der Alptraum – ‚was mich beunruhigt'*, in: Heisig 1989a, S. 55–83

Sander 2005
> Dietulf Sander: *Der faschistische Alptraum*, in: Ausst.kat. Heisig 2005, S. 141–149

Sander 2007
> Dietulf Sander: *„Den Text nicht stören …" – Der Illustrator Bernhard Heisig*, in: ders.: *Bernhard Heisig als Buchillustrator*, Leipzig 2007 (Leipziger Liebhaber Drucke Nr. 9), 2007a, S. 5–30

Schaller 1999
> Andreas Schaller: *Gott brach sein Schweigen. Ein Gespräch mit Eugen Biser*, München 1999

Schäuble 2024
> Wolfgang Schäuble: *Erinnerungen. Mein Leben in der Politik*. Stuttgart 2024

Schiller 1997
> Friedrich Schiller: *Das Lied von der Glocke*, in: Ludwig Reiners: *Der ewige Brunnen. Ein Hausbuch deutscher Dichtung*, München 1997, S. 617–622

Schirmer 2011
> Gisela Schirmer: *Willi Sitte – Lidice. Historienbild und Kunstpolitik in der DDR*, Berlin 2011

Schmidt, D. 1981
> Diether Schmidt: *Otto Dix im Selbstbildnis*, Berlin ²1981

Schmidt, H. 1996
> Helmut Schmidt: *Weggefährten, Erinnerungen und Reflexionen*, Berlin 1996

Schmidt, H. 1998
> Helmut Schmidt: *Geschätzte Malweise. Leserbrief*, in: *Der Spiegel*, 2/1998, 05.01.1998, S. 12

Schmidt, H. 2005a
> Helmut Schmidt: [o. T.], in: Köster 2005, S. 206–208

Schmidt, H. 2005b
Helmut Schmidt: *Kunst aus der Tiefe des eigenen Erschreckens*, in: *Leipziger Volkszeitung*, 31.03.2005, S. 9

Schmidt, H. 2011
Helmut Schmidt: *Besessen bis zum Ende. Meine Erinnerung an den großen deutschen Maler Bernhard Heisig*, in: *Die Zeit*, Nr. 49, 10.06.2011, S. 49

Schmidt, H.-W. 2005
Hans-Werner Schmidt: *Laudatio zur Verleihung der Ehrenmedaille der Stadt Leipzig*, in: Köster 2005, S. 200–205

Schmidt, W. 1996
Werner Schmidt: *Kokoschka-Rezeption in der DDR*, in: Ausst.kat. *Kokoschka in Dresden*, 1996, S. 264–268

Schneckenburger 1994
Manfred Schneckenburger: *Verantwortung und peinture pure*, in: Ausst.kat. Heisig 1994, S. 67–75

Schneede 1982
Uwe M. Schneede: *Farbe und merkwürdiges Vorbild ins Land tragen – Entwicklung in der Kunst der DDR*, in: Ausst.kat. *Zeitvergleich. Malerei und Grafik aus der DDR* 1982, S. 14–29

Schönemann 1988
Heinz Schönemann: *Wolfgang Mattheuer*, Leipzig 1988

Schreck 2005
Vera Schreck: Intentionen einer Sammlung im Rheinland, in: *Bernhard Heisig. Bilder einer Sammlung*, hg. v. Matthias Rataiczyk und Dorit Litt, Ausstellungskatalog Halle/Saale, Kunstverein „Talstrasse" e. V., 21.07.–11.09.2005, Halle/Saale 2005, S. 4

Schröder 2005
Gerhard Schröder: *Rede zur Ausstellungseröffnung Bernhard Heisig „Die Wut der Bilder" am 20.03.2005 in Leipzig*, in: *Bulletin der Bundesregierung*, Nr. 26–3, 04.04.2005

Schröter 2009
Kathleen Schröter: *„DDR-Stars" in Kassel. Der offizielle Beitrag der DDR auf der „documenta 6*, in: Ausst.kat. *60 40 20* 2009, S. 188–191

Schulze-Reimpell 1979
Werner Schulze-Reimpell, in: art Kunstmagazin Heft 3, März 1979, S. 15

Schumann 1976
Henry Schumann: *Ateliergespräche*, Leipzig 1976

Schumann 1985
Henry Schumann: *Geschichte im Kontext zum Heute. Ein Vormittagsgespräch bei Prof. Bernhard Heisig*, in: *Leipziger Volkszeitung*, 30./31.03.1985, S. 6

Schuster 2024
Axel Schuster: *Stillhalten fiel ihm schwer. Porträt von Helmut Schmidt*, in: Zeit-Online, 08.12.2024, https://www.zeit.de/kultur/kunst/2024-12/portraet-helmut-schmidt-kanzler-bernhard-heisig (letzter Abruf: 17.12.2024)

Schuster 2003
Peter-Klaus Schuster: *Kunst in der DDR. Eine Retrospektive der Nationalgalerie. Zur Vorgeschichte und Absicht der Ausstellung*, in: Ausst.kat. *Kunst in der DDR* 2003, S. 9–13

Sitte 1984
Willi Sitte: *Vorwort*, in: *DDR heute, Malerei, Graphik, Plastik*, Ausstellungskatalog Worpswede, Kunsthalle Friedrich Netzel, 14.03.–17.05.1984; Bremen, Villa Ichon, 03.–27.05.1984, Worpswede 1984, o. P.

Sitte 2021
Willi Sitte: *Farben und Folgen. Eine Autobiographie*, hg. v. Gisela Schirmer, Leipzig 2021

Sommer 2000
Achim Sommer: *Zur Geschichte der Kunsthalle in Emden und der Sammlung Henri Nannen*, in: ders. (Hg.): *Sammlung Henri Nannen. Meisterwerke der Kunsthalle in Emden*, Bd. 1, Emden 2000, S. 11–29

Slevogt/Goethe 2002
: Johann Wolfgang von Goethe: *Faust. Der Tragödie zweiter Teil*, Bd. 2 mit 130 Illustrationen von Max Slevogt, Leipzig 2002 [zu Bd. 1 siehe Heisig/Goethe 2002]

Stern 2007
: Fritz Stern: *Fünf Deutschland und ein Leben. Erinnerungen*, München 2007

Stolle 1997
: Peter Stolle: *Schwatzhafter Schnupfi*, in: *Der Spiegel*, 52/1997, S. 180

Stötzer 1997
: Gabriele Stötzer: *Biermann und die Folgen. Zum politischen Selbstverständnis der Boheme*, in: *Boheme und Diktatur in der DDR, Gruppen Konflikte Quartiere 1970–1989*, Konz.: Claudia Petzold und Paul Kaiser, Ausstellungskatalog Berlin Deutsches Historisches Museum, 04.09.–16.12.1997, Berlin 1997, S. 52–59

Tacke 2009
: Andreas Tacke: *Lucas Cranach der Schnellste. Ein Künstler als Werkstattleiter*, in: *Lucas Cranach der Schnellste*, hg. v. Rainer Stamm, Ausstellungskatalog Bremen, Kunstsammlungen Böttcherstraße, 17.05.–23.08.2009, Bremen 2009, S. 12–28.

Teltschik 1991
: Horst Teltschik: *329 Tage. Innenansichten der Einigung*, Berlin 1991

Thumann 2024
: Michael Thumann: *Machtwechsel in Moskau*, in: *Die Zeit*, Nr. 12, 14.03.2024, S. 17

Tschechne 2014
: Martin Tschechne: *Das Prinzip Verantwortung*, in: Brusberg 2014, S. 293–295

Tübke 1974
: Werner Tübke: *Interview*, in: *Messemagazin UZ*, Frühjahr 1974

Uhlitzsch 1966
: Joachim Uhlitzsch: *Bildende Kunst auf dem Bitterfelder Weg*, Berlin 1966

Uhlitzsch 1973
: Joachim Uhlitzsch: *Vorwort des Direktors der Gemäldegalerie Neue Meister*, in: Ausst.kat. Heisig 1973, S. 11 f.

Ulbricht 1951
: Walter Ulbricht: *Der Fünfjahrplan des friedlichen Aufbaus. Rede in der Volkskammer der DDR am 31.10.1951*, in: *Neues Deutschland*, 6. Jg., Nr. 254, 01.11.1951, S. 3–6

Ulbricht 1956
: Walter Ulbricht: *Was wir wollen und was wir nicht wollen*, in: *Neues Deutschland, Berliner Ausgabe „Vorwärts"*, 11. Jg., Nr. 310, 30.12.1956, S. 1, 3 f.

Ulbricht 1957
: Walter Ulbricht: *Grundfragen der Politik der Sozialistischen Einheitspartei Deutschlands. Referat auf der 30. Tagung des Zentralkomitees der Sozialistischen Einheitspartei Deutschlands am 30.01.1957*, in: *Wissenschaftliche Beilage des „Forum"*, Nr. 3/1957, wiederabgedruckt in: Elimar Schubbe (Hg.): *Dokumente zur Kunst-, Literatur- und Kulturpolitik der SED [1946–1970]*, Stuttgart, 1972, S. 452 (Dok. 142)

Ulbricht 1958
: Walter Ulbricht: *Der Kampf um den Frieden, für den Sieg des Sozialismus, für die nationale Wiedergeburt Deutschlands als friedliebender demokratischer Staat*, in: *Neues Deutschland, Berliner Ausgabe „Vorwärts"*, 13. Jg., Nr. 163, 11.07.1958, S. 3–11, und Nr. 164, 12.07.1958, S. 4–7

Völckers 2005
: Hortensia Völckers: *Festvortrag zur Eröffnung der Ausstellung „Wut der Bilder am 20. März 2005 in Leipzig*, unveröff. Manuskript

Volke 2018
: Kristina Volke: *Heisig malt Schmidt. Eine deutsche Geschichte über Kunst und Politik*, Berlin 2018

Weidinger 1996
> Alfred Weidinger: *Kokoschka und Alma Mahler. Dokumente einer leidenschaftlichen Begegnung*, München/New York 1996

Weimar 2020
> Friederike Weimar (Hg.): *Kanzlers Kunst. Die private Sammlung von Helmut und Loki Schmidt*, München/Hamburg 2020

Werner 1984
> Klaus Werner: *Vorwort*, in: *1. Leipziger Herbstsalon*, mit Lutz Dammbeck, Günter Firit, Hans-Hendrik Grimmling, Frieder Heinze, Günther Huniat, Olaf Wegewitz, Ausstellungskatalog Leipzig, Messehaus am Markt, 10.01.–07.12.1984, o. P.

Wingler 1956
> Hans Maria Wingler: *Oskar Kokoschka. Das Werk des Malers*, Salzburg 1956

Wolfrum 2009
> Edgar Wolfrum: *Die Mauer. Geschichte einer Teilung*, München 2009

Wyrwoll 2023
> Regina Wyrwoll: *Ein Gespräch mit Wolfgang Becker über sein Arbeitsverhältnis zu Peter Ludwig und dessen kulturpolitische Bestrebungen, internationale Museen zu gründen*, in: Carla Cugini/Benjamin Dodenhoff (Hg.): *Irene und Peter Ludwig – Einblicke in die internationalen Aktivitäten des Sammlerpaares. Regina Wyrwoll im Gespräch mit Zeitzeugen*, Köln 2023, S. 12–33

Zeiller 2022
> Christiane Zeiller: *Argonauten – Ankunft?*, in: *Max Beckmann – departure*, hg. v. Oliver Kase, Sarah Louisa Henn, Christiane Zeiller, Ausstellungskatalog München, Pinakothek der Moderne, 25.11.2022–12.03.2023, Berlin 2022, S. 319–321

Zweite 2014
> Armin Zweite: *Breslau ist wie ein schwarzer Schlund im Herzen. Trauerrede im Dom zu Havelberg am 02.07.2011*, in: Brusberg 2014, S. 225–232

Die Autorinnen und Autoren

Eduard Beaucamp, geboren 1937 in Aachen, absolvierte 1956/57 eine Buchverlagslehre in Köln. Anschließend studierte er deutsche Literaturgeschichte, Kunstgeschichte und Philosophie und promovierte 1966 in Bonn bei Benno von Wiese mit einer Studie über Wilhelm Raabe. 1962 war er Sekretär des Dichters Rudolf Alexander Schröder in Bergen/Obb. Von 1966 bis 2002 arbeitete er als Redakteur und Kunstkritiker der FAZ. 1990 erhielt er die Wilhelm-Heinse-Medaille der Mainzer Akademie der Wissenschaften und der Literatur, 2006 den Johann-Heinrich-Merck-Preis für literarische Kritik und Essay der Deutschen Akademie für Sprache und Dichtung. Bücher (u. a.): Literatur als Selbstdarstellung. Wilhelm Raabe und die Möglichkeiten eines deutschen Realismus (1968); Das Dilemma der Avantgarde (1976); Werner Tübke. Arbeiterklasse und Intelligenz (1985); Die befragte Kunst (1988); Der verstrickte Künstler (1998); Werner Tübke. Meisterblätter (2004); Kunststücke. Ein Tanz mit dem Zeitgeist (2012); Im Spiegel der Geschichte. Die Leipziger Schule der Malerei (2017); Werner Tübke: „Mein Herz empfindet optisch" Aus den Tagebüchern, hg. mit Annika Michalski (2017); Werner Tübke: Wer bin ich. Briefe an einen Freund (2021).

Eugen Biser, geboren 1918 in Oberbergen am Kaiserstuhl, begann sein Studium der Theologie in Freiburg im Breisgau, das er im Zweiten Weltkrieg unterbrechen musste. Er wurde im Krieg in Russland schwer verwundet. 1946 wurde er zum Priester geweiht und wirkte mehrere Jahre als Vikar in verschiedenen Pfarrgemeinden. Ab 1951 war er als Religionslehrer am Helmholtz-Gymnasium in Heidelberg tätig und zusätzlich verantwortlicher Leiter für kirchliche Sendungen im Studio Heidelberg des Süddeutschen Rundfunks. Neben diesen Aufgaben promovierte Eugen Biser mit einer theologischen (1956) und einer philosophischen Arbeit zu Friedrich Nietzsche (1961). Er habilitierte sich 1965 in Würzburg und wurde Professor für Fundamentaltheologie. 1974 übernahm er den Guardini-Lehrstuhl für Christliche Weltanschauung und Religionsphilosophie an der Philosophischen Fakultät der Ludwig-Maximilians-Universität München (LMU). Nach seiner Emeritierung gründete Biser 1987 das von ihm 20 Jahre geleitete Seniorenstudium an der LMU sowie 2002 die nach ihm benannte Eugen-Biser-Stiftung, die sein Werk bewahrt, erschließt, weiterführt und sich dem interreligiösen und interkulturellen Dialog widmet. Er starb 2014 in München im Alter von 96 Jahren.

Gudrun Brüne, geboren 1941 in Berlin, absolvierte zunächst eine Buchbinderlehre, bevor sie die Abendakademie der Leipziger Hochschule für Grafik und Buchkunst besuchte, an der sie von 1961 bis 1966 studierte. Nach dem Diplom arbeitete sie als freischaffende Künstlerin in Leipzig sowie in dem Atelier ihres Partners Bernhard Heisig, den sie 1991 heiratete. Von 1979 bis 1999 war Brüne als Dozentin und Leiterin der Fachklasse für Malerei und Grafik an der Hochschule Burg Giebichenstein in Halle/Saale tätig. 1987 erhielt sie den Kunstpreis der DDR. Brüne stellte 1988 auf der Biennale in Venedig und 1999 auf der Art Cologne aus. Ab 1999 lebte und arbeitete sie mit ihrem Mann in Strodehne im Havelland. Brüne stand bis kurz vor ihrem Tod im Januar 2025 an der Staffelei. Die wichtigsten Genres ihres Schaffens sind Stillleben mit Puppen und Masken, Porträts und Landschaften, in altmeisterlicher Maltechnik, aber auch in Form von Aquarellen, Holzschnitten und Zeichnungen, die regelmäßig in zahlreichen Einzel- und Gruppenausstellungen im In- und Ausland präsentiert werden.

Johannes Heisig, geboren 1953 in Leipzig als Sohn von Bernhard und Brunhild Heisig (geb. Eisler), studierte von 1973–1977 Malerei und Grafik an der Hochschule für Grafik und Buchkunst Leipzig (HGB). Parallel assistierte er in der Werkstatt des Vaters Bernhard Heisig. 1978–1980 war Johannes Heisig Meisterschüler von Prof. Gerhard Kettner an der Hochschule für Bildende Künste Dresden (HfBK). 1979/80 erhielt er ein Stipendium der Schweizer Eidgenossenschaft für ein postgraduales Studium an der F+F Schule für experimentelle Gestaltung Zürich. 1980 begann seine Lehrtätigkeit an der HfBK Dresden. Ab 1985 leitete er (gemeinsam mit Hubertus Giebe) das dortige Grundlagenstudium, ab 1988 den Fachbereich Freie Kunst. 1988 wurde er auf eine Professur für Malerei und Grafik berufen. 1989 wählte ihn die HfBK zu ihrem Rektor. In der Folge führte er die HfBK durch die Wendezeit und entwarf gemeinsam mit dem Präsidenten der Hochschule der Künste

Berlin (West) eine alternative innere Verfassung der HfBK. Diese Reform wurde mit der Gründung des Freistaates Sachsen außer Kraft gesetzt, was zu seinem Rücktritt vom Amt des Rektors 1991 und seiner Kündigung des Lehramts beitrug. Seitdem arbeitet Johannes Heisig freischaffend in Dresden, Berlin und ab 2015 in Brandenburg. In diese Zeit fallen zahlreiche Ausstellungen und künstlerische Projekte sowie eine temporäre Professur an der Universität Dortmund 2002/03. 2020 erhielt er den Kunstpreis des Landes Brandenburg.

Luc Jochimsen, geboren 1936 in Nürnberg, wurde nach ihrem Studium von Politikwissenschaft, Sozio- logie und Philosophie 1961 in Münster promoviert. Von 1975 bis 1985 war sie Redakteurin beim NDR und arbeitete für das ARD-Magazin Panorama. Anschließend war sie als ARD-Korrespondentin in London und leitete von 1991–1993 das dortige ARD-Fernsehstudio. Von 1994 bis 2001 war sie Chefredakteurin des Hessischen Rundfunks. Ab 2001 arbeitete sie im Ruhestand als freie Publizistin. Von 2005 bis 2013 war sie für Die Linke/PDS Mitglied des Bundestags, 2010 kandidierte sie für ihre Partei für das Bundespräsidenten-Amt. Ihre Autobiographie mit dem Titel *Die Verteidigung der Träume* erschien 2014 im Aufbau-Verlag, wo sie zehn Jahre zuvor *Dieses Jahr in Jerusalem. Theodor Herzl – Traum und Wirklichkeit* veröffentlicht hatte.

Heiner (Karl-Heinrich) Köster, geboren 1942 in Berlin, studierte Rechtswissenschaften. Seinen bayerischen Referendardienst unterbrach er als Stipendiat eines Masterstudiums an der Law School der New York University und Praktikant in einer New Yorker Anwaltskanzlei. Nach dem Assessorexamen und der Promotion an der Ludwig-Maximilians-Universität München begann er seine Anwaltstätigkeit mit den Schwerpunkten Gesellschafts-, Urheber- und Medienrecht sowie der Beratung nationaler und internationaler Filmproduzenten. Gemeinsam mit seiner Frau Marianne (Heirat 1973) reiste er beruflich oft für mehrere Wochen in die USA, nach Israel und in die Hauptstädte Europas und konnte dabei seine kulturellen Interessen vertiefen. Nach der Wiedervereinigung beriet er in Restitutionsfragen enteigneter Vermögen und begegnete häufig Künstlern aus der ehemaligen DDR. Mit vielen von ihnen schloss er Freundschaft, in besonderer Weise mit Bernhard Heisig. Neben seiner beruflichen Tätigkeit engagiert sich Heiner Köster ehrenamtlich seit 2002 für die von ihm und seiner Frau mitgegründeten Eugen-Biser-Stiftung in München und später auch für die Stiftung eines seiner ersten medienrechtlichen Mandanten, Werner Herzog.

Norbert Lammert, geboren 1948 in Bochum, ist seit Januar 2018 Vorsitzender der Konrad-Adenauer-Stiftung. Er hat die Politik in Deutschland über fast vier Jahrzehnte aktiv begleitet und in wichtigen Ämtern mitgestaltet. Zwölf Jahre war er Präsident des Deutschen Bundestages, dem er von 1980 bis 2017 angehörte. In den Regierungen von Helmut Kohl amtierte er als Parlamentarischer Staatssekretär in den Bundesministerien für Bildung und Wissenschaft, für Wirtschaft und schließlich für Verkehr sowie als Koordinator der Bundesregierung für die Luft- und Raumfahrt. Seine zahlreichen Publikationen befassen sich mit gesellschafts-, wirtschafts- und kulturpolitischen Themen.

Bernhard Maaz, geboren 1961 in Jena, hat u. a. Kunstgeschichte studiert, war ab 1986 an den Staatlichen Museen zu Berlin tätig, zuletzt Stellvertretender Direktor der Nationalgalerie, dann ab 2010 Direktor des Kupferstich-Kabinetts und der Gemäldegalerie Alte Meister in Dresden und ist seit 2015 Generaldirektor der Bayerischen Staatsgemäldesammlungen in München. Er veröffentlichte zahlreiche Ausstellungskataloge, diverse Quellenschriften zum 19. und 20. Jahrhundert, publizierte zu Museumsbau und -geschichte, zur Kunst des 19. Jahrhunderts mit besonderem Schwerpunkt auf der Skulptur von der Französischen Revolution bis zum Ersten Weltkrieg (Bestandskatalog der Nationalgalerie 2006, Überblicksdarstellung 2010) sowie zu Malerei und Zeichenkunst vom Mittelalter bis heute.

Dietulf Sander, geboren 1948 in Mügeln/Sachsen, legte 1966 sein Abitur ab und absolvierte eine Lehre als Maurer. Nach dem Wehrdienst von 1967–1969 studierte er Vor- und Frühgeschichte, bis er zur Kunstgeschichte wechselte. An der Karl-Marx- Universität Leipzig war er von 1972–1980 zunächst Führungsassistent, dann Leiter der Ab- teilung Erwachsenenbildung. Von 1980–1986 war er am Museum der bildenden Künste Leipzig wissenschaftlicher Mitarbeiter in der Abteilung Gemälde/Plastik, von 1986–2009 deren Leiter, ab 2009 dort wieder wissenschaftlicher Mitarbeiter. 1993 promovierte er über *Bernhard Heisig – Das druckgraphische Werk. Kommentiertes Verzeichnis der Lithographien, Radierungen und Monotypien. 1950–1990*. Bereits 1989 hatte er *Bernhard Heisig. Der faschistische Alptraum: Lithographien und Texte* herausgegeben, 2007 erschien der Band *Bernhard Heisig als Buchillustrator*. Seit 2013 ist er im Ruhestand. Weitere Publikationen widmen sich den Beständen und der Geschichte des Museums der bildenden Künste Leipzig.

Hans-Werner Schmidt, geboren 1951 in Sprendlingen/Kreis Offenbach, studierte von 1971–1976 Kunstpädagogik an der Hochschule für bildende Künste Kassel. Danach war er als Kunsterzieher im gymnasialen Schuldienst tätig. Von 1976–1982 folgte ein Studium der Kunstgeschichte, Europäischen Ethnologie und Pädagogik an der Philipps-Universität Marburg, das er mit einer Promotion über ein Thema zur Historienmalerei im 19. Jahrhundert abschloss. Von 1982–1984 absolvierte er ein Volontariat der Hamburger Kunsthalle, arbeitete von 1985–1992 als Kurator an der Kunsthalle Düsseldorf und war von 1992–2000 Direktor der Kunsthalle zu Kiel und Geschäftsführer des Schleswig-Holsteinischen Kunstvereins. Von 2000–2017 war er Direktor Museum der bildenden Künste Leipzig. Er hatte Lehraufträge an den Universitäten Marburg und Trier und an der Kunstakademie Düsseldorf sowie eine Gastprofessur an der Universität Jena. 2005 war er Mitbegründer von „Leipziger Kreis. Direktoren und Direktorinnen deutscher Kunstmuseen". Von ihm stammen zahlreiche Veröffentlichungen zur Kunst des 19., 20. und 21. Jahrhunderts. Er lebt als freier Autor bei Frankfurt am Main und in einem Dorf in Schleswig-Holstein.

Helmut Schmidt, geboren 1918 in Hamburg, geriet im Zweiten Weltkrieg in britische Kriegsgefangenschaft. Er studierte Volkswirtschaft und wurde als Mitglied der SPD Abgeordneter im Deutschen Bundestag *von 1953–1962*. Als Hamburger Innensenator bewährte er sich als Krisenmanager in der Hochwasserkatastrophe von 1962. Nach dem Sturz Willy Brandts führte er als Bundeskanzler die sozial-liberale Koalition von 1974–1982. In der weltweit schwierigen Lage der Volkswirtschaften setzte er in Deutschland auf eine konsequente Stabilitätspolitik und die Bekämpfung der steigenden Arbeitslosigkeit. Außenpolitisch führte er den Entspannungskurs Willy Brandts unter Beibehaltung der Westbindung fort. Im Kampf gegen die Terrororganisation RAF („Rote Armee Fraktion") machte er deutlich, dass die Bundesrepublik nicht erpressbar ist. 1983 wurde er Mitherausgeber der ZEIT und gehörte zu den bekanntesten und beliebtesten Politikern und Publizisten in Deutschland. Helmut Schmidt starb im November 2015 im Alter von 96 Jahren.

Jörg Sperling, geboren 1953 in Weimar, absolvierte nach dem Abitur den Grundwehrdienst bei der NVA (Nationale Volksarmee der DDR) von 1972 bis 1974. Ein Jahr arbeitete er als Bauhilfsarbeiter. Er wechselte danach als Museumsassistent an das Winckelmann-Museum in Stendal. 1978 begann er ein Studium der Kunstwissenschaft und Kulturwissenschaft an der Humboldt-Universität zu Berlin und arbeitete nach dem Diplom ab 1983 freischaffend in Berlin. 1983 bis 1990 war er Mitglied im Künstlerverband (VBK) der DDR und dort u. a. tätig in der Zentralen Arbeitsgruppe Junge Kunst. Als Kustos für Bildende Kunst wirkte er von 1986 bis 2019 im Brandenburgischen Landesmuseum für moderne Kunst Cottbus/Frankfurt an der Oder (vormals Brandenburgische Kunstsammlungen Cottbus). 1989 war er Mitbegründer der Galerie Haus 23, heute Ma/rie/mix 23, in Cottbus. Seit 2007 ist er Mitglied der Association Internationale des Critiques d'Art (AICA). Seine Arbeitsgebiete sind die deutsche Kunst seit 1800, speziell ostdeutsche Kunst.

Danksagung

Der Verfasser hat in vielerlei Hinsicht Dank zu sagen. Nicht alle, die das Entstehen dieses Buches mit ihrem Zuspruch begleitet haben, können hier ausdrücklich genannt werden.

Johannes Heisig bin ich in großer Dankbarkeit verbunden. Aus Sicht des Künstlers und Sohnes von Bernhard Heisig beantwortete er viele Fragen und gab zahlreiche weiterführende Anregungen.

Dankbar denke ich an Bernhard Heisigs Ehefrau Gudrun Brüne. Als meine Frau und ich die Künstlerin im Oktober 2024 in Strodehne besuchten, ahnten wir nicht, dass sie Heisigs 100. Geburtstag nicht mehr erleben würde. Sie starb am 25. Januar 2025.

Richard Heinzmann hat mich nach seiner Lektüre der Erstfassung des Buches bestärkt, an dem Gedenkband weiterzuarbeiten und mich mit vielen wertvollen Gedanken unterstützt. Ihm gilt mein besonderer Dank.

Allen Autoren danke ich für Ihre Beiträge und die guten Gespräche. Bernhard Maaz erschloss mir mit seinen tiefgründigen Gedanken die altmeisterlichen Wurzeln im Werk des Künstlers. Hans-Werner Schmidt und Jörg Sperling begleiteten mich von Anbeginn des Projektes mit ihrem großen Erfahrungsschatz, gleiches gilt für Dietulf Sander. Die Auswahl und Beschaffung der Abbildungen sind in hohem Maße sein Verdienst.

Michael Hametner stand mir mit seiner Expertise in allen Fragen des gesellschaftlichen, kulturellen und wirtschaftlichen Lebens in der DDR und in den ostdeutschen Bundesländern mit großem Engagement zur Seite. Dafür sage ich ihm ein herzliches Dankeschön.

Manche meiner Freunde haben die eine oder andere Fassung des sich entwickelnden Textes gelesen. Ihnen gilt mein großer Dank. Namentlich hervorheben möchte ich Hartmut Bomhoff und Gerd Trautmann, die sich eingehend mit verschiedenen Entstehungsphasen des Buches befasst und mir wichtige Hinweise gegeben haben.

Dem Galeristen Rüdiger Küttner danke ich für wertvolle Informationen über den Künstler Bernhard Heisig, dem er seit Gründung des Staatlichen Kunsthandels der DDR eng verbunden war.

Felix Brusberg bin ich für seine großzügige Genehmigung zu Dank verpflichtet, auf das Bildmaterial seines Vaters, dem Heisig-Galeristen Dieter Brusberg, zugreifen zu können.

Ich habe mich sehr gefreut, Haydar Koyupinar für die ausgezeichneten Ablichtung unserer Sammlung gewinnen zu können.

Nicht unerwähnt lassen möchte ich die Unterstützung, die ich von zahlreichen Fotografen, Archivaren und Kunsthistorikern erfuhr. Sie ermöglichten mir den Zugang zu wertvollen Ressourcen, die diesen Band bereichern.

Für ihre Kompetenz, ihren großen Einsatz und die verlässlichen Schreibarbeiten bei der Erstellung des Manuskriptes danke ich sehr herzlich Elisabeth Jünger und in der Endphase auch Ulrike Deiser.

Ich mag mir nicht vorstellen, wo ich mit dem Gedenkband heute stünde ohne das leidenschaftliche Engagement von Angela Stüber. In die vertrauensvolle Zusammenarbeit brachte sie ihre wissenschaftlichen Kenntnisse als Historikerin und Germanistin, aber auch ihre Erfahrungen in der Gestaltung und Herstellung von Büchern ein.

Die Gestaltung des Bandes konnte ich in die erfahrenen Hände von Michael de Maizière legen, der auch noch Last-Minute-Wünsche bravourös in die Druckvorlage einbaute.

Ein herzliches Dankeschön geht an Caroline Keller und ihr Team vom E. A. Seemann Verlag, deren Expertise und Enthusiasmus mich sehr unterstützt haben.

Mein tiefempfundener Dank gilt meiner lieben Frau Marianne für ihr Vertrauen und ihre Geduld, mit der sie das uns beide beglückende Vorhaben, Bernhard Heisig zu ehren, begleitet und mit ihrem klugen Rat nachhaltig gefördert hat.

Abkürzungsverzeichnis

Ausst.kat.	Ausstellungskatalog
d. Ä.	der Ältere
d. J.	der Jüngere
DEFA	Deutsche Film Aktiengesellschaft
DSU	Deutsche Soziale Union
FDGB	Freier Deutscher Gewerkschaftsbund
HfBK	Hochschule für Bildende Künste Dresden
HGB	Hochschule für Grafik und Buchkunst Leipzig
HJ	Hitlerjugend
IM	Inoffizieller Mitarbeiter des Ministeriums für Staatssicherheit in der DDR
KPD	Kommunistische Partei Deutschlands
KPdSU	Kommunistische Partei der Sowjetunion
MdB	Mitglied des Deutschen Bundestages
MfS	Ministerium für Staatssicherheit der DDR
NATO	North Atlantic Treaty Organization – Nordatlantische Vertragsorganisation
NSDAP	Nationalsozialistische Deutsche Arbeiterpartei
o. Bl.	ohne Blattnummer
o. J.	ohne Jahr
o. P.	ohne Paginierung
PDS	Partei des Demokratischen Sozialismus
RIAS	Rundfunk im amerikanischen Sektor
SBZ	Sowjetische Besatzungszone
SED	Sozialistische Einheitspartei Deutschlands
SS	Schutzstaffel
Stasi	Staatssicherheit (Ministerium für Staatssicherheit)
UdSSR	Union der Sozialistischen der Sowjetrepubliken
VBK, VBK-DDR	Verband Bildender Künstler in der DDR
VBKD	Verband Bildender Künstler Deutschlands
VEB	Volkseigener Betrieb
ZK	Zentralkomitee

Verzeichnis der abgebildeten Gemälde von Bernhard Heisig

„Aber Gott sieht zu, Herr Offizier …" (1995 u. 2006) S. 139

Allee in Brandenburg (2008) S. 80

Als ich die Völkerschlacht malen wollte (1984) S. 244

Alter Lehrling (2003) S. 154

Alter Puppenspieler (1996) S. 150

Atelierbesuch (Bildnis Helmut Schmidt) (1986) S. 40

Beharrlichkeit des Vergessens (1977) S. 125

Beschäftigung mit Fritz und Friedrich (1987/1989) S. 279

Bildentwicklung, Entwurf für Zeit und Leben (1998) S. 38/39

Bildnis Chefarzt Dr. Mättig (1989) S. 253

Bildnis der Mutter III (1967) S. 78

Bildnis Hans Marquardt (1985) S. 245

Bildnis Anwalt Dr. Köster (1998) S. 169

Bildnis Helmut Schmidt (1986) S. 19

Bildnis Henri Nannen (1989) S. 267

Bildnis Herbert Blomstedt (2004/05) S. 276

Bildnis Kurt Masur (1997) S. 276

Bildnis Peter Beckmann (1990) S. 246

Bildnis Peter Ludwig (1984) S. 236

Bildnis Václav Neumann (1973) S. 277

Bildnisse Eugen Biser (2004 u. 2005) S. 172 u. 174

Bildnisse Marianne Köster (1994–2004) S. 163, 165 u. 167

Blumenstillleben (1990 u. 1991) 176 u. 179

Böse Puppe Hugo (2010) S. 151

Brigadier II (1979) S. 120 u. 211

Christus fährt mit uns (1985/1987) S. 203

Christus verweigert den Gehorsam I (1984–1986) S. 110

Christus verweigert den Gehorsam II (1986–1988) S. 76 u. 112

Das Atelier (1979) S. 28

Das Endspiel (1995) S. 83

Der alte gejagte Jude (1987/1991) S. 136

Der Feldherrnhügel (1988) S. 76

Der Gejagte I (1988/89) S. 137

Der kleine Katastrophenfilm I S. 74

Der Kriegsfreiwillige (1982/1984/1986) S. 265

Der Maler und sein Thema (1977/1979) S. 115

Der Ruhm von gestern (1981) S. 116

Der sterbende Ikarus (1978/79) S. 61 u. 72

Der Tod des Weißclowns (1992) S. 148

Der Zauberlehrling I (1978/1981) S. 77

Der Zauberlehrling II (1981) S. 126

Die Ardennenschlacht (1979/1981) S. 108

… die Armee konnte sich der Verantwortung nicht länger entziehen … (1973) S. 214

Die Dorfstraße im Regen (1988) S. 131

Die erste Bürgerpflicht (1977) S. 219

Die Festung (1979/80) S. 47

Die Geraer Arbeiter am 15. März 1920 (1960/1984) S. 193

Die Mutter misstraut den Bildern (1972) S. 42

Doppelporträt (Ehepaar Ludwig) (1984/1993) S. 239

Draußen ist wieder Sommer (1982) S. 216

Dresden (1996) S. 50 u. 159

Erinnerung an meine Mutter (1997) S. 22

Es regnet (1972) S. 213

Festung Breslau – Die Stadt und ihre Mörder (1969) S. 36

Festung Breslau. Erinnerung an Vorgestern II (2006) S. 283

Fliegen lernen im Hinterhof (1996) S. 75

Freiheitsbrücke in Budapest (1972) S. 79

Fritz und Friedrich (1986/1988) S. 278

Geburtstagsstillleben mit Ikarus (1985) S. 81

Geisterbahn (1995) S. 106

Gestern und in unserer Zeit (1972/1974) S. 31

Gulliver und der Babelturm (1978) S. 180

Heroenwechsel (1973/74) S. 24

Hinter der Dorfkirche (1986/1988) S. 217

Ich auf abendlicher Dorfstraße (1989) S. 51

Ikarus – Schwierigkeiten beim Suchen nach der Wahrheit (1973) S. 70 u. 123

Ikarus (1975) S. 32

In mir warst du am Leben … (zur Pariser Commune) (1997/98) S. 207

Lenin und der ungläubige Timofej (1970) S. 212

Lob der gelegentlichen Unvernunft (1979/80) S. 52

Maler im Kornfeld (1991) S. 272

Mann am Fenster (1992) S. 140

Mechanismen des Vergessens (1981) S. 204

Die Malerin Gudrun Brüne (1994) S. 16

Meine Mutter vor brennender Stadt (1976) S. 170

Menschen am Fenster und ein blaues Schiff (1990/91) S. 81 u. 142

Menschen, Kriege, alter Maler (2002/03/04) S. 242/243

Mutter Courage und ihre Kinder, Ölstudie (2008) S. 156

Neues vom Turmbau (1977) S. 63 u. 73

Pariser Kommune (1971/72) S. 48 u. 208/209

Pariser Kommune III (1962) S. 67

Picassoides I (1965) S. 43

Picassoides II (1965) S. 44

Preußischer Soldatentanz II (1978/79) S. 257

Preußisches Museum (1975–1977) S. 280

Schiffbruch der Eroberer (1996) S. 289

Seeräuberjenny (1979/80) S. 20

Selbst (2010) S. 288

Selbst als Puppenspieler (1982) S. 134

Selbst mit Puppe I (1991) S. 135

Selbstbildnis mit erhobenem Pinsel (1973/74) S. 45

Selbstbildnis mit erhobener Hand (1973) S. 11

Selbstbildnis vor Staffelei (1973) S. 128

Sommermorgen im Havelland (1986) S. 218

Sportlersommer (Sohn Walter) (1972) S. 200

Unterm Hakenkreuz (1973) S. 57

Weg im Havelland (1995) S. 285

Weihnachtstraum des unbelehrbaren Soldaten (1964) S. 235

„Wenn wir uns drüben wiederfinden …" (2002) S. 145

Zeit der Haie (1989) S. 255

Zeit und Leben (1999) S. 34/35

Zwei deutsche Maler, Felix Nussbaum und Max Liebermann (1996) S. 138

Bildnachweis

Die Geltendmachung der Ansprüche gem. § 60h UrhG für die Wiedergabe von Abbildungen der Exponate/Bestandswerke erfolgt durch die VG Bild-Kunst.

2, 10, 18, 20o., 50, 80, 130, 132, 133, 135, 136, 140, 143, 145, 146, 148, 150, 154, 156, 159, 163, 165, 167, 169, 172, 174, 176, 179, 186, 229, 287: Foto: Haydar Koyupinar | 4: Foto: Udo Hesse | 11: Brusberg 2014, S. 21, Nachlass Heisig | 13: bpk/Bundesstiftung Aufarbeitung/Günter Bersch | 16: Ausst.kat. Heisig 2010, S. 35, Nachlass Heisig | 19: Brusberg 2014, S. 37, Nachlass Heisig | 20u.: Brusberg 2014, S. 192, Nachlass Heisig | 21, 23, 26/27, 119, 281: Heiner Köster | 22: Brusberg 2014, S. 112, Privatsammlung | 24: Brusberg 2014, S. 61, Nachlass Heisig | 28: Brusberg 2014, S. 103, Nachlass Heisig | 31: Brusberg 2014, S. 63, Nachlass Heisig | 32, 123: Brusberg 2014, S. 182/183, Nachlass Heisig | 34–35: Brusberg 2014, S. 204/205, Nachlass Heisig | 36: Brusberg 2014, S. 98, Nachlass Heisig 38–39: Brusberg 2014, S. 202, Privatsammlung |40: Brusberg 2014, S. 34, © Museum der bildenden Künste Leipzig | 42: Brusberg 2014, S. 25, Nachlass Heisig | 43o., 227: bpk/GrandPalaisRmn/Stéphane Maréchalle/Mathieu Rabeau | 43: Brusberg 2014, S. 282, Privatsammlung | 44o.: © VG Bild-Kunst, Bonn, Foto: Punctum/Bertram Kober | 44u.: © akg-images/WHA/World History Archive | 45 o.: Ausst.kat. Heisig 2005, S. 45, Foto: Reinhard Hentze | 44u., 81, 120, 200, 211, 214, 236, 245, 246, 273: © InGestalt/Michael Ehritt | 46, 57, 58, 60, 62, 63, 73, 83, 138, 212, 213, 235, 267: © akg-images | 47: Brusberg 2014, S. 101, Nachlass Heisig | 48–49: Foto: Karin Plessing/Reinhard Scheiblich | 48, 208–209: Brusberg 2014, S. 56, Museum der bildenden Künste Leipzig/Gerstenberger | 51: Brusberg 2014, S. 39, Nachlass Heisig | 52: Brusberg 2014, S. 186, Nachlass Heisig | 54: © Bayerisches Nationalmuseum München/Karl-Michael Vetters | 55: Foto: Rheinisches Bildarchiv Köln, Albers, Michael | 56: © akg-images/Erich Lessing | 61, 72: Brusberg 2014, S. 185, Nachlass Heisig | 65: © akg-images/Joseph Martin | 67: Brusberg 2014, S. 175, © PUNCTUM/Bertram Kober | 74, 84, 85, 86, 87, 88, 90, 91, 92, 94, 95, 97, 99, 101, 104: © Museum der bildenden Künste Leipzig | 75: Brusberg 2014, S. 94, Nachlass Heisig | 76o., 112: Brusberg 2014, S. 147, Museum der bildenden Künste Leipzig/Gerstenberger | 76u. Brusberg 2014, S. 125, Privatsammlung | 77: Brusberg 2014, S. 105, Nachlass Heisig | 78: © Lindenau-Museum Altenburg/Foto: Punctum/Bertram Kober | 79: © VG Bild-Kunst, Bonn 2024, Foto: Historisches Archiv der Stadt Köln mit Rheinischem Bildarchiv, rba_c003155 | 81, 142: Brusberg 2014, S. 93, Nachlass Heisig | 103: Büchergilde Gutenberg, 1992, Nachlass Heisig 106: Ausst.kat. Heisig 1995, S. 16, Nachlass Heisig | 108: Brusberg 2014, S. 196, Nachlass Heisig | 110: Brusberg 2014, S. 143, Nachlass Heisig | 115: Brusberg 2014, S. 84, Privatbesitz | 116: Brusberg 2014, S. 107, Nachlass Heisig | 120, 211: Brusberg 2014, S. 88, Nachlass Heisig | 121, 122, 199: Johannes Heisig | 125: Brusberg 2014, S. 102, Nachlass Heisig | 126: Brusberg 2014, S. 106, Nachlass Heisig | 128: Foto: Christoph Beer | 131: Brusberg 2014, S. 89, Privatbesitz | 134: © Kunstsammlungen Chemnitz/Jürgen Seidel | 137: Brusberg 2014, S. 161, Privatbesitz | 139: Brusberg 2014, S. 165, Nachlass Heisig | 139: Brusberg 2014, S. 169, Nachlass Heisig | 151: © www.360degrees.art by courtesy of www.artat-berlin.com | 161: bpk/Nationalgalerie, SMB/Andres Kilger, © Fondation Oskar Kokoschka/VG Bild-Kunst Bonn 2025 | 170: Brusberg 2014, S. 104, Nachlass Heisig | 173o.: bpk/GrandPalaisRmn/image GrandPalaisRmn | 180: bpk/Nationalgalerie, SMB/Jörg P. Anders | 181, 182, 185, 190, 197: Familienalbum Heisig/Eisler | 188: Bundesarchiv, Bild F005187-0048/Foto: Richard Perlia | 189: Bundesarchiv, Bild P131654/Foto: Richard Perlia | 193: Brusberg 2014, S. 176, Nachlass Heisig | 194: Ausst.kat. Heisig 1998, S. 198, Nachlass Heisig | 195: Bundesarchiv/Bild 173-1321/Foto: Helmut J. Wolf | 200o.: © Museum der bildenden Künste Leipzig | 200u.: Archiv Brusberg | 203: Brusberg 2014, S. 144, Nachlass Heisig | 204: Brusberg 2014, S. 194, Nachlass Heisig | 206: Brusberg 2014, S. 261, Nachlass Heisig | 207: Brusberg 2014, S. 71, Nachlass Heisig | 216: Brusberg 2014, S. 334, Privatbesitz | 217: Brusberg 2014, S. 338, Nachlass Heisig | 218: Brusberg 2014, S. 336, Privatbesitz | 219: Brusberg 2014, S. 119, Nachlass Heisig | 224: picture alliance/Wilhelm Bertram | 226: Brusberg 2014, S. 292, SLUB Dresden/Deutsche

Fotothek/Klaus Morgenstern | 228: Brusberg 2014, S. 293, Helfried Strauss | 231: Foto: Helfried Strauss | 233: bpk/Museum der bildenden Künste, Leipzig/Ursula Gerstenberger, © courtesy Galerie EIGEN + ART, Leipzig/Berlin und Zwirner, New York/VG Bild-Kunst, Bonn 2025 | 233: © 2016 Ina und Sighard Gille, Leipzig | 239: Brusberg 2014, S. 33, Nachlass Heisig | 240: Brusberg 2014, S. 301, Nachlass Heisig | 241: Brusberg 2014, S. 262, Nachlass Heisig | 242–243: Brusberg 2014, S. 218/219, Nachlass Heisig | 244: © MdbK Leipzig | 247: bpk/Bundesstiftung Aufarbeitung/Klaus Meh-ner | 250: Brusberg 2014, S. 35, Foto: Dirk Reinartz/Visum | 255: Brusberg 2014, S. 162, Privatbesitz | 257: © Foto: Albertinum | GNM, Staatliche Kunstsammlungen Dresden, Jürgen Karpinski, © VG Bild-Kunst, Bonn | 259: Brusberg 2014, S. 309, Gabriele Senft | 262: dpa/picture alliance/Wolfgang Krumm | 263: Foto: © Josè Giribás | 265: Brusberg 2014, S. 109, Nachlass Heisig | 271: Foto: © Christiane Eisler | 272: Ausst.kat. Heisig 1998, S. 241, Nachlass Heisig | 273: Museum der bildenden Künste Leipzig | 275: MdbK Leipzig, Foto Michael Ehritt, Leipzig, 2022 | 276l.: Brusberg 2014, S. 242, Privatbesitz | 276r.: Brusberg 2014, S. 241, © Museum der bildenden Künste Leipzig/Gerstenberger | 277: Brusberg 2014, S. 29, Nachlass Heisig | 278: Brusberg 2014, S. 126, Nachlass Heisig | 279: Brusberg 2014, S. 129, Nachlass Heisig | 280: Brusberg 2014, S. 120, Nachlass Heisig | 282: Brusberg 2014, S. 265, © Bundesregierung/Thomas Härtrich | 283: Bernhard Heisig. Neue Bilder, Galerie Berlin, S. 29, Nachlass Heisig | 284o.: picture alliance/ZB | Waltraud Grubitsch | 285: Ausst.kat. Heisig 2010, S. 167, Privatbesitz | 288: Brusberg 2014, S. 231, Nachlass Gudrun Brüne, Strodehne | 289: Brusberg 2014, S. 18, Privatbesitz

Quellennachweis
Bertolt Brechts Gedicht *Legende von der Entstehung des Buches Taoteking auf dem Weg des Laotse in die Emigration* (S. 14–15) ist folgender Veröffentlichung entnommen: Bertolt Brecht, Jan Knopf: *Kalendergeschichten*, Berlin 2013, S. 121–123, © Suhrkamp Verlag AG, 2025

Impressum

Herausgeber
Heiner Köster

Projektleitung E. A. Seemann Verlag
Caroline Keller

Bildredaktion
Nora Schröder, Lena Pellegrin

Gestaltung
Michael de Maizière, Berlin

Druck und Bindung
Druckhaus Sportflieger, Berlin

Cover
Alter Puppenspieler, 1996
Sammlung Marianne und
Heiner Köster, München

Frontispiz
Selbst, 1969/1971, Lithografie

© 2025 E. A. Seemann Verlag in der E. A. Seemann
Henschel GmbH & Co. KG
Karl-Tauchnitz-Str. 6, 04107 Leipzig
www.seemann-henschel.de
produktsicherheit@seemann-henschel.de

© VG Bild-Kunst, Bonn 2025, für alle Werke von:
Gudrun Brüne, Bernhard Heisig, Johannes Heisig,
Lutz Friedel, Neo Rauch, Oskar Kokoschka, Sighard Gille,
Trak Wendisch, Willi Sitte

Alle Rechte vorbehalten. Die Verwertung der Texte und
Bilder, auch auszugsweise, ist ohne Zustimmung der
Rechteinhaber:innen urheberrechtswidrig und strafbar.
Dies gilt auch für Vervielfältigungen, Übersetzungen,
Mikroverfilmungen und für die Verarbeitung mit
elektronischen Systemen sowie das Text- und
Data-Mining nach § 44b UrhG.

Wir danken allen Inhaber:innen von Bildnutzungsrechten
für die Genehmigung der Veröffentlichung. Sollten trotz
intensiver Bemühungen nicht alle Rechteinhaber:innen
ermittelt worden sein, bitten wir die betroffenen
Rechtsträger:innen, sich mit dem Verlag in Verbindung
zu setzen. Berechtigte Ansprüche werden im Rahmen
der üblichen Vereinbarungen abgegolten.

Die Deutsche Nationalbibliothek verzeichnet diese
Publikation in der Deutschen Nationalbibliografie;
detaillierte bibliografische Daten sind im Internet über
http://dnb.dnb.de abrufbar.

ISBN 978-3-69001-009-2